西方语言学名家译丛

姚小平　主编

卡尔·比勒语言哲学文集

〔德〕卡尔·比勒　著

温仁百　译

创于1897 商務印書館 The Commercial Press

2017年·北京

图书在版编目(CIP)数据

卡尔·比勒语言哲学文集/(德)卡尔·比勒著;温仁百译.—北京:商务印书馆,2017
(西方语言学名家译丛)
ISBN 978-7-100-13434-7

Ⅰ.①卡…　Ⅱ.①卡…②温…　Ⅲ.①语言哲学—文集　Ⅳ.①H0-53

中国版本图书馆 CIP 数据核字(2017)第 082614 号

西方语言学名家译丛
卡尔·比勒语言哲学文集
〔德〕卡尔·比勒 著
温仁百 译

商 务 印 书 馆 出 版
(北京王府井大街36号　邮政编码100710)
商 务 印 书 馆 发 行
北京市十月印刷有限公司印刷
ISBN 978-7-100-13434-7

2017 年 9 月第 1 版　　开本 880×1230 1/32
2017 年 9 月北京第 1 次印刷　　印张 15⅞

定价:48.00 元

《西方语言学名家译丛》总序

西方语言学史上的重要著作，过去国内已译出不少，尤以商务印书馆的一批最具规模，传布最广。如赫尔德《论语言的起源》(1772)、洪堡特《论人类语言结构的差异及其对人类精神发展的影响》(1836)、索绪尔《普通语言学教程》(1916)、萨丕尔《语言论》(1921)、布龙菲尔德《语言论》(1933)，无一不是世所公认的经典作品，译本均已收入"汉译世界学术名著"，成为国人认识西方语言思想的梯航。名作要著的翻译，是考察西方语言学史的一项基础工作，在这方面我们已经取得的成绩不可谓小，但有待进行的工作仍然很多。仅举西方语言思想史上经常征引的一些著作，惠特尼《语言的生命和生长》(1875)、保罗《语言史原理》(1880)、甲柏连孜《语言学的任务、方法和成就》(1891)、浮士勒《语言学上的实证主义和唯心主义》(1904)、博厄斯《美洲印第安语言手册》(1911)、叶斯柏森《语言的本质、发展和发生》(1922)、乔姆斯基《笛卡尔语言学》(1966)等等，我们都知道这些作品值得译介，却始终未见译出。即便是洪堡特、萨丕尔、布龙菲尔德，虽然各有汉译名著行世，其单篇的论文仍需要逐一译解，辑录成书。

以往国内翻译西方语言学名著，对单篇的作品着眼较多，于名家的文集则下力不足。专著固然能凝聚一位学者的思想观点，但文集自有文集的好处，为专著所不能取代。与专著相比，文集的时间跨度更大，收取的作品更多，因此更能展示学者一生思想发展的轨迹和学术成长的历程。弗斯的《论言语》(1930)值得一读，而他的《语言学文集》(1957)选收撰于1934—1951年的文章，涵盖了更多的话题、更丰富的内容，更不能不读。有些学者终其一生，也没有一部专著行世，这种情况下相关的文集就尤其不能缺少。以美国人类语言学家沃尔夫为例，今人欲了解他的语言相对论，不必四处寻觅他的论文，只需找到卡罗尔编辑的《论语言、思维和现实——沃尔夫文集》(1956)，就有了一册既权威又方便的沃尔夫理论读本。

本系列所收的各家文集，有些虽有原语的集子可资参照，而翻译时未必悉数采纳，或有增补、或予删汰，内容编排上会做一些调整；有些文集并无原本可据，属于自行编选，则收录哪些、舍弃哪些，要求编者斟酌后再做选择。无论有无原本、怎样选篇，编辑一部文集必定有一些讲究，能显出编者的意图、趣识和眼力。在选篇、译解、注释诸方面，各本集子的编者享有充分的自由，本系列的创设无非是要提供一块园地，供有志于译介的语言学者聚首耕耘。至于这块园地的总体建设，谨试提三点：

致力发掘确有史料价值的作品，尤以迄今尚无汉译的论著为首选；

将各时期开一派天地、领风气之先的代表人物作为基础，兼采当代有特出创为的研究者；

以梳理语言思想、贯达人文哲理为鹄的，兼纳各家分析技艺。

中国现代语言学起步于译介，一个世纪以来也从未中断过译介。译介不只是为当世服务，也是为了认识过去，为探求学术的本源铺筑道路。译介之难之苦，实过于自由撰著，好在终有一些学者不惧艰辛，甘尝苦味，所以译事不会告断，永远不会。这项译事，这个系列，就期待着这样的同人来参与。香港海德基金会、湖南教育出版社曾经支持过本系列部分书籍的翻译和梓行，感念旧谊，犹不能忘，愿以更多更好的译作答谢朋友们的信托。

姚小平

2010年晚夏于北外语言所

卡尔·比勒

目　　录

译者序

一　卡尔·比勒生平[①]

卡尔·比勒(Karl Bühler)(1879—1963)是语言心理学家、语言哲学家,德国思维心理学维尔茨堡学派的领袖,格式塔心理学的重要代表。

1879年5月27日,卡尔·比勒出生于海德堡附近麦克斯海姆的一户农家,是家里四个孩子中的老大。因家境关系,他小学只能就读于平民的公立学校和市立学校,在当地神父的帮助下才得以完成高中学习。1898年7月,卡尔以平均1分的优异成绩高中毕业。

卡尔·比勒聪颖好学,兴趣十分广泛,本来计划在大学学习神学,但后来放弃了这一计划,来到布莱斯高的弗莱堡大学,准备学习数学,却再次改变计划,师从医学名家约翰·冯·克里斯(Johannes von Kries)教授学习医学,同时选修哲学大家海因里希·李凯尔特(Heinrich Rickert)的哲学课程,1903年以《颜色的生理

① 本节资料取自:(1)Thomas Schreiber. *Karl Bühler. Sein Leben und Werk*. Diss. Universität Würzburg,2009. (2)Achim Eschbach(Hrsg.). *Karl Bühler. Schriften zur Sprachtheorie*. Tübingen:Mohr Siebeck,2012.

学感知》为题完成了博士学位论文，获得医学博士学位。

获得医学博士学位之后，比勒怀着对心理学的热爱转往斯特拉斯堡大学和柏林大学，师从本诺·埃尔德曼(Benno Erdmann)和卡尔·斯通普夫(Carl Stumpf)学习哲学，主要研究经院派道德哲学家亨利·霍姆(Henry Home)，并于1904年11月5日在斯特拉斯堡大学以《亨利·霍姆研究》(Studien über Henry Home)的毕业论文获得哲学博士学位。斯通普夫和埃尔德曼都是当时研究感知问题的哲学大家，对比勒的哲学思想产生了深刻的影响。在攻读哲学博士学位期间，比勒曾在冯·克里斯的生理学研究所兼职，开展对神经问题的研究，还短期在航海轮船上担任过医生。1904—1905年冬季，比勒在柏林心理学研究所工作，1905年夏季曾赴波恩聆听埃尔德曼的讲座。他一直醉心于思维心理学的研究，1905年秋天受到著名心理学家奥斯瓦尔德·屈尔佩(Oswald Külpe)的邀请如愿来到德国思维心理学重镇维尔茨堡大学，从1906年10月初起在心理学研究所担任屈尔佩的助手。

威廉·冯特(Wilhelm Wundt)是生理学家、心理学家和哲学家，是当时德国乃至世界公认的大家，屈尔佩是他的门生，同样赫赫有名，“维尔茨堡学派”(Würzburger Schule)在学界名声大噪，比勒被选为助手意义非凡。期间，比勒于1907年完成了教授资格论文，题为《思维过程心理学的现状和问题》(Tatsachen und Probleme einer Psychologie der Denkvorgänge)，该文是思维心理学实验研究的一部力作，于1907年和1908年分两部分在《心理学档案杂志》(*Zeitschrift Archiv für die gesamte Psychologie*)上发表。这部著作不仅使比勒获得了编外讲师资格，而且更重要的是，引发了一场与威廉·冯特的激烈争论，即德国哲学史上著名的“冯特—

比勒之争”(Bühler-Wundt-Kontroverse)。冯特是德国思维心理学的泰斗,所以,这场争论对于比勒意义巨大,使他一夜成名,而《思维过程心理学的现状和问题》随之也成为维尔茨堡学派的纲领性文献。屈尔佩思维心理学维尔茨堡学派被誉为“20世纪以来的一个国际品牌”,比勒作为该学派的一员干将,得以巩固自己的学术地位。

1909年比勒跟随屈尔佩转职到波恩大学,后于1913年随师至慕尼黑大学任职。在波恩和慕尼黑,他们很快建立起心理学实验室,深入开展思维心理学研究。第一次世界大战期间,比勒曾以上尉军医的身份在西线部队服役,1915年屈尔佩在野战医院因罹患传染病去世,比勒随即返回大学并接替了屈尔佩的教席,同时继续在野战医院开展对大脑损伤患者的治疗,由此获得的生理学认识为日后在维也纳从事失语症研究提供了基础。

一战期间,比勒在慕尼黑结识了夏洛特·马拉科夫斯基(Charlotte Malachowski)。夏洛特当时受斯通普夫举荐,来到慕尼黑屈尔佩门下攻读思维心理学博士学位,屈尔佩逝世之后,比勒接任导师之职。1916年4月4日,比勒在柏林迎娶夏洛特为妻,1917年诞下女儿英格博格(Ingeborg),1919年又添儿子罗尔夫(Rolf)。

夏洛特·马拉科夫斯基1893年12月20日出生于柏林一个富裕的犹太家庭。母亲萝丝(Rose)兴趣广泛,热爱历史和考古,掌握多种语言,见多识广,虽因时代所限,女子不入大学,但完全称得上知性才女,且高傲严苛。父亲赫尔曼(Hermann)是柏林赫赫有名的建筑师,幽默风趣,结交广泛。与大多数犹太家庭一样,马拉科夫斯基一家也信奉新教,这并没有多少宗教信仰的意涵,而只不过是外来族群接受同化的一种表达。在当时的德国,他们虽然信奉基督教,却仍被视为犹太人,这为卡尔·比勒日后的遭遇埋下了伏笔。

高中毕业之后,夏洛特于1913年开始在布莱斯高的弗莱堡大学和柏林大学学习,1918年在慕尼黑大学完成博士论文《论思想的起源:关于思维心理学的实验研究》(Über Gedankenentstehung:Experimentelle Untersuchungen zur Denkpsychologie),获得哲学博士学位,同年,随夫来到德累斯顿工业大学(TH Dresden),继续从事儿童心理学和青年心理学研究。1920年她完成教授资格论文,并在萨克森获得一个教席,日后成为一名优秀的儿童心理学家。

比勒夫妇的婚姻关系并不和谐,多有蹉跎,甚至在1930年代一度达到离婚的边缘。究其根源,一方面,夏洛特是美丽才女,心气高昂,长时间生活在作为学界名流的丈夫的阴影之下,不为学界认可,难免产生心理压抑。在维也纳期间,夏洛特从未获得教授之职,只是受聘于丈夫的研究所,最后才获得了一个特设教授的职位。另一方面,比勒夫妇二人的学术思想存在巨大分歧。在《心理学的危机》中,比勒对美国行为主义给予猛烈抨击,同时也与弗洛伊德的心理分析学说存在激烈冲突。相反,夏洛特1920年代访学美国,对行为主义心向往之,欣然将其纳入自己的理论体系;此外,她也是维也纳心理分析学派的活跃分子。再者,比勒夫妇不仅年龄相差14岁,性格上也有很大差异。比勒的行为举止体现出19世纪德国典型的学究和绅士风范,优雅之中透着威严,且颇具大男子主义,这从他那鲜明的巴洛克文风、在研究所斯文严谨的领导作风可见一斑;而夏洛特美丽开朗,思想前卫,乐于交际,堪称维也纳名流。况且比勒出身贫寒，而夏洛特则是来自帝国首都柏林的大家闺秀。凡此种种，加大了比勒夫妻关系磨合的困难。作为比勒夫妇婚姻关系的佐证，比勒研究专家阿希姆·艾施巴赫（Achim Eschbach）曾提到夏洛特在维也纳时期的绯闻。

1918年，比勒受聘为德累斯顿工业大学副教授。1922年，他接受维也纳大学的聘请，在洛克菲勒基金会的支持下组建心理学研究所，同时承担维也纳师范学院的教学工作。1921—1927年，比勒担任德国心理学学会（Deutsche Gesellschaft für Psychologie）秘书，自1928年起出任学会主席，主办了1929年维也纳第11届和1931年汉堡第12届国际心理学大会，直到1933年纳粹时期因妻子夏洛特的犹太血统而被迫退出学会。在国际学界，比勒俨然成为德国心理学学会的化身，享有“比勒学派”之誉。

纳粹统治之前很长一个时期，比勒一直是德国心理学的核心人物，享有崇高的学术声望，尤其为美国学界所青睐。1927—1929年，他先后三次收到美国大学的客座教授聘书，但三次都拒绝前往。1927年，他接受俄亥俄威顿堡学院（Wittenberg College）授予的法学荣誉博士学位。1930年，他婉拒了哈佛大学和福特汉姆大学的聘请，1937年再次婉拒来自美国大学的聘请。1927—1928年比勒在美国访学一年，被斯坦福、约翰·霍普金斯、哈佛、芝加哥等多所知名大学聘为客座教授。但他不为所动，坚守在维也纳的研究。不过，1930年婉拒哈佛大学的聘任被认为是一个巨大的错误，否则，他后来的学术道路可能非常不同。

很多事实都说明比勒当时在学界享有很高的声望。当年柏林大学招聘斯通普夫的继任者，比勒在应聘者中排名第二，呼声很高，同时，格拉茨大学也力邀他加盟。特别值得一提的是比勒参加

1921年维也纳大学的招聘，当时激烈的竞争非同寻常，而比勒仍然能够过关斩将，成功获聘。当时招聘委员会的赖宁格尔教授(Reininger)写有如下评语："我们需要一位全能的心理学家，而比勒正是这样的人选，他成功地开辟了心理学研究的新领域，开创了全新的方法。他工作热情饱满，方法灵活，一定能够通过实验的方法推进心理学棘手难题的解决。录用他无疑将是一个巨大的收获。"

1922—1938年，比勒以心理学教授身份任职于维也纳大学，领导该校的心理学研究所。在维也纳，比勒获得了优越的实验心理学研究条件，包括高水准的心理学实验室、学术报告厅、练习室，甚至拥有一座图书馆。在维也纳任职的16年是比勒学术生涯的辉煌期，此时的比勒在学术界异常活跃，参加了众多的学术组织，如"维也纳教育学会"(Wiener pädagogische Gesellschaft)、"维也纳社会学学会"(Soziologische Gesellschaft in Wien)、"文化学学会"(Kulturwissenschaftliche Gesellschaft)、"精密科学领域外国学者讲学委员会"(Komitee zur Veranstaltung von Gastvorträgen ausländischer Gelehrter der exakten Wissenschaften)、"奥地利科学院"(Österreichische Akademie der Wissenschaften)、"学术研讨小组"(Seminaristische Arbeitsgemeinschaft)、"奥地利文化协会"(Österreichische Kulturbund)、"国际学者联盟"(Fédération Internationale des Unions Intellectuelles)。1922—1938年，比勒指导了来自世界各地大量的博士研究生。在维也纳，他的心理学讲座开始在小教室上课，却很快改在最大的报告厅，听众多过千人。当时在维也纳并存三大学派：弗洛伊德学派、阿德勒学派和比勒学派，足见比勒学术地位之高。

经过长期的实验研究和资料积累，比勒的理论构思臻于成熟。1922年，他将研究重心由实验室转向书斋，潜心于语言理论三部曲的创作：语言的描述理论、表达理论和感召理论。《表达理论》(*Ausdruckstheorie*)和《语言理论——语言的描述功能》(*Sprachtheorie. Die Darstellungsfunktion der Sprache.*)相继于1933年和1934年出版，按照既定计划，他应该在完成“感召理论”之后进而提出自己的普通符号学理论体系，建立一种“人文科学逻辑学”(Logik der Geisteswissenschaften)。

正值学术辉煌，却不料黑暗突然降临。1938年，德国纳粹吞并奥地利，维也纳大学心理学研究所自然在劫难逃。妻子夏洛特因犹太血统而受到迫害，比勒也因拒绝与她离婚而招致连坐。1938年3月末，比勒被捕。当时其妻正在奥斯陆访学，通过诸多外交途径的努力，比勒被监禁六周之后得以重获自由。他的获释没有履行任何文字程序，于是他的入狱也就成为一个不明不白、没有“说法”的事件，对此，比勒在1938年5月所写的一份个人履历中，将自己被捕入狱归咎于“错误的告发”(irrtümliche Anzeige)。获释当年10月，比勒携女儿投奔妻子，一家人在挪威获得政治庇护。在挪威，夏洛特一度被聘为奥斯陆大学的教授，而比勒则自1938年5月起被迫退休。虽然退休令于1939年初撤销，被纳粹没收的家产却是一去不返，其中包括比勒珍爱的藏书。1940年5月，纳粹侵袭挪威前夕，比勒受聘前往美国，夏洛特也得以搭乘纳粹占领之前的最后一班飞机逃往英国，投奔正在那里就学的儿子罗尔夫，之后也接受了伯克利的教授职位去往美国。1940年，比勒夫妇加入美国国籍。在美国，比勒曾经在多所大学担任教授。

1945年，罗尔夫获得加利福尼亚大学伯克利分校工学博士学位,比勒夫妇随之迁往加州。在美国,比勒虽然获得了自由和尊严,却为生计所迫,完全停止了理论研究。为了资助儿子的学业和支付女儿从瑞典来美国的路费,比勒尽可能多地承担教学等各种琐碎的任务:接受了南加州大学一个教授助理的职位,同时在洛杉矶担任心理咨询师,1950 年又来到好莱坞经营心理学诊所。

比勒学术生涯的终结还在于美国当年的学术生态。20 世纪初期,行为主义盛行于美国心理学界,其主要观点是:心理学应该研究可以被观察和直接测量的行为,而不应该研究意识,因为意识存在于人脑之中,无从观察,不可捉摸,就像无形的"鬼火"一样,没有科学根据。心理学应该运用自然科学的实证方法,特别是以定量方法研究行为,因为人的行为是由意识折射出的客观现象,看得见、摸得着;行为是有机体用以适应环境变化的各种身体反应的组合,而这些反应不外乎是肌肉的收缩和腺体的分泌。行为主义者认为,具体的行为反应取决于具体的刺激强度,因此把"刺激—反应"作为解释一切行为的公式,反对内省的研究方法。行为主义心理学的任务就在于发现刺激与反应之间的规律性联系,从而根据刺激而推知反应,反过来又可通过反应推知刺激,最终达到预测和控制行为的目的。如此,心理学的问题主要被归结为生理学问题。

而比勒主张采取客观观察与内省相结合的方法,认为行为现象包括那些看不见的"现象",心理学观察的对象自然也包括经内省而得的"现象",所解决的是心理生理学的问题。美国行为主义心理学与比勒心理学形成严重的对立,也最终成为一道令比勒无法逾越的鸿沟。

比勒心理学研究的方法和成就产生了深远的影响。1960 年,第16届国际心理学大会在波恩召开，组委会特别邀请比勒担任大会荣誉主席，同时，德国心理学学会将代表德国心理学最高荣誉的"威廉·冯特奖章"授予比勒，以表彰他对德国心理学的杰出贡献。此前1959年，德国同行还为比勒出版了纪念文集，以表达对这位心理学前辈的崇高敬意。

1963年10月24日，卡尔·比勒在洛杉矶逝世，享年84岁。

二　卡尔·比勒的语言哲学思想

比勒属于20世纪初叶的语言学家，其语言学思想深刻而系统，我们无疑需要通盘研读才能得其真谛。下面的概述只是以点带面，无意影响读者自己的理解。

1. 语言的符号性

人们当时普遍认为词是具有意义的符号，而语音则是不具意义的声音现象。然而，比勒首先将"符号"概念用于语音，指出语音也是意义的载体，作为人类语言的一级单位，毫无例外地具备符号性。

那么，语言符号的符号性有何特质呢？根据当时语言学的现状，比勒采取了针锋相对的论述策略。首先，"符号"这个单词的词源包含两个原始意义，说明符号在传达信息的社会交往过程中"呈现某物"和"指示某物"，而传达信息则同时对交往伙伴的思想和行为发挥"控制性"影响。从本质上看，"控制"是动物和人类社会交往活动中"信号"(Signal)的功能。比勒先对符号做了一般性的解释，揭示了符号最为主要的功能及其必要条件，其目标首先是说明语言符号的描述功能，即柏拉图所谓“一个人向另一个人传达关于事物的信息”，在此基础上进而提出语言符号功能三重性的理论，揭示人类语言区别于其他符号交往系统的特性。一方面，并非一切符号都是信号，如我们所熟悉的表征符号、识别符号、记忆符号，等等；另一方面，人类语言符号即使被用作信号，也并非像动物社会交往中的信号那样仅仅发挥控制伙伴行为的功能。通过对动物和人类交往活动的心理学比较，比勒指出：动物交往信号有其局限性，而人类交往中使用的符号具备“人类特有”的心理生理条件。

比勒不惜花大量篇幅讨论“指示”问题，提出语言指示的理论体系，因为，语言“指示”乃是人类特有的交往能力，其中包含着人类区别于其他动物的基本特征。比勒提出了人类交往符号的“客观稳定性原理”：基于对事物中某种“客观稳定性”的认识，人类具备了把握事物、解决问题的能力；人类之所以能够超越客观场景，将语言符号自由、无限地运用于主体间性交往活动，或者说，人类语言符号之所以能够在社会交往活动中具备主体间性，成为彼此可理解的交往工具，就在于语言符号的这种“客观稳定性”。这样的符号不仅具备动物交往符号的信号功能，而且还具备象征性和表达性，因此能够满足人类运用有限的手段对无限世界进行描述和内心表达的需求。

这里，比勒指出了人类语言的第二种基本功能，即象征性。象征符号是语言符号功能的主导形式，也是人类语言符号其他功能的基础，每一个符号的运用都以其他符号的运用及其意义为条件，符号的运用呈现出结构性。词汇结构和句子结构是人类语言“二维系统”特征的基本表现。

比勒坚持现象学方法论，以此追求符号概念的正确定义。为了从语言学上对语言现象做出准确的定义，比勒一方面对语言现象本身进行现象学分析，另一方面则将现象学方法运用于非语言系统的“感官数据”；同时，借鉴逻辑学和心理学的现有成果，通过类比和推理，阐明了人类语言符号的系统特性。

比勒认为，古希腊哲学中蕴藏着丰富的认识论资源，经院派提出“一物代替一物”(aliquid stat pro aliquo)的模式，其中就蕴含着重要的语言学原理。比勒认为“代替”是符号的一种基本特征，而相比较动物世界的社会交往系统和道路交通、逻辑学或数学等其他人类交往符号，人类语言符号的代替性又具备无比的优越性。

比勒指出，语言符号并非只是“代替”了世界上的事物，或许代替的是人们对世界的主观认识，成为主体间社会交往的媒介，故而同时也在改变着世界，建构着世界；言语不仅是针对存在的一种“表达”，而且更是人类行为的一种形式，是一种创造。这其中包含着人类对语言与世界、语言与做人(Sprechen und Menschsein)的关系的追问。

针对代替关系，必然要问：语言符号凭借什么特征实现代替的功能？它代替了什么，又以怎样的形式体现代替？比勒提出这些问题，目的在于建立语言符号二维性以及与此相关的语言学观察二维性的理论。根据代替关系中的两个成分，人们应该首先看到符号之“本身所是”，即它的物理性，同时又要看到它的“本质所能”，即符号的系统功能性。这是比勒音位学理论的核心，被视为语音学和音位学的分水岭。据此，比勒认为，语音学和音位学虽各司其职，又密不可分，互为基础。

比勒对语言现象的符号学认识，揭示了语言符号意义的复杂性。语言符号不仅具有象征性，具备“描述”功能，而且具备“表达”

和“感召”的功能。语言符号的意义不仅是多维的，而且还是多重的。这一认识突破了以索绪尔为代表的符号所指论的局限性，是比勒对语言理论的贡献。

符号一方面为其“本身所是”，另一方面为其“本质所能”。通过对上述第二种观察维度的阐述，比勒提出了著名的“抽象相关性原理”(das Prinzip der abstraktiven Relevanz)，这一原理构成其语言符号系统性思想的核心。每一种语言都有一个单位数量有限的系统，而其中的关键就是“抽象相关性原理”，这一点最明显地体现于音位学。

及至20世纪初叶，西方传统的语音学已经历了近百年的发展，德国莱比锡的“青年语法学派”(Junggrammatiker)在当时颇具影响。该派在语言学研究中追求自然科学的精确性，但仍然停留于对语音的感官物质属性进行生理学和物理学的分析，囿于原子论，缺乏系统论的认识，没有认识到语音在语言系统之中的功能，更没有认识到语音之系统功能的关键所在。

在音位学方面，比勒受到特鲁别茨柯依语音学思想的启发，通过对德语语音的讨论，并比较阿迪吉语语音系统和旗语符号系统，说明了语音不仅是简单的声学现象，更因“抽象相关性原理”而具备区别功能；语音作为语义单位，即音位，在词汇中具备意义建构的功能。音位的界定必须在特定语言之中进行，而且只相对于特定语言而存在。比勒指出，同一个音在不同的语言里属于不同的音位，它们“不是另一色标中的同一种颜色，而是另一种颜色”，同理，不同的音在同一种语言里可能属于同一个音位，因为它们具备相同的“符号价值”。

今天，音位学早已成为语言学非常成熟的组成部分，但在特鲁别茨柯依那篇纲领性论文《音位学元音系统概论》(Zur allgemeinen Theorie der phonologischen Vokalsysteme. 1929)发表之时,音位学还远没有形成,正在迎接“洗礼”。比勒在符号学原则指导下提出自己的音位学认识,并进而提出自己的语言学原理。他将语言学与符号学的关系比作物理学与数学的关系,类比开普勒之“物质所在,几何所在”(ubi materia ibi geometria),比勒强调指出,语言从句子(话语)、词汇直至每一个音位都是“一个地道的符号系统”。

20 世纪初叶,语言学的先进思想集中体现于索绪尔的《普通语言学教程》(1916),由此引发了符号学大讨论。尤其是与语言研究相关的科学,如心理学、社会学和语言学,都从不同的视角参与符号科学的建构。在此背景下,比勒创造性地提出自己的语言学模式,目标明确地向自己的符号学体系迈进。

索绪尔提出“语言”和“言语”的区分,这是一个历史性的转折。同时,他还提出了“语言语言学”和“言语语言学”之分,但却过分强调了“语言语言学”,无形中低估了“言语”对于语言学至关重要的地位。比勒赞同索绪尔对“语言”系统性的认识,但强调语言学研究的对象首先是生活场景中具体的“言语事件”。对于正处于萌芽期的现代符号学和现代语言学而言,这无疑是一个十分必要、影响深远的补充。比勒花费大量的篇幅阐述语言符号的社会性,同时特别突出语言符号个体性的重要意义,当然,所谓个体性是社会性框架下的个体性,主体性受制于社会性,同时具备主观性和客观性,在主体间性之中辩证统一。

在生活场景中,语言首先不是一种语音现象,而是社会场景中交往伙伴之间的一种“媒介”、一种“语义机制”,这样,比勒的语言理论直指话语伙伴,认为那才是语言的基本结构。语言是“符号发

送者和符号接受者的双重系统”。(《文集》45 页起)

比勒对语言符号学的阐述蕴含着深刻的方法论思想，首先，语言学必须针对那些“直接给定”的可观察的对象，即“语言产品”(Sprachgebilde)。语言产品既是主观的也是客观的，既是个体的也是社会的。比勒提出的语言“产品观”，不仅道出语言学对象的复杂性和语言学方法的复杂性，而且也蕴含着对主观和客观辩证关系的重要认识。其次，非语言符号系统中包含着语言符号的元素，而且显而易见，因此，类比是认识事物的便捷途径。

2. 语言产品和语言行为

洪堡特提出语言“产品”和“创造”的二元观，索绪尔也提出“语言”和“言语”的区分，据此，比勒提出自己的语言二维观，即“语言产品”和“语言行为”(Sprechakt)，阐述了二者的辩证统一关系。

“语言产品”首先是指某一特定语言，如英语、德语等，是特定语言呈现在我们眼前的客观现象，如语音、词汇、特定的语义关系、语法规则，等等。这些方面的客观性就是洪堡特所谓“内在语言形式”在不同层面的体现，构成了某一语言的结构特点，也构成了此语言相对于彼语言的特点。

这说明，语言是作为产品而被使用和感知的，具备高度的系统性和稳定性，在一定程度上独立于具体的说者，同时，语言的创造和使用都拥有一定的自由度，可以产生或设计出全新的意义和意义单位。但是，任何新的创造都必须为语言系统所接受，亦即为语言社团所接受，这意味着，现存的语言产品是可变的，但又不可以随意改变，体现出强大的系统力量，每一个社会成员的语言实践都受制于斯。语言产品既是每一次言语活动的规范和标准，又允许一定的自由度和创造空间。所以，语言行为无法独立于语言产品，同样，离开具体的言说也就无所谓语言产品。从逻辑上讲，语言产品优先于语言行为，因为，前者是后者的参照系，人们如何言说，如何实施言语行为，都受制于语言产品的系统性和规则性，语言产品是“观念性”的。语言产品的优先性意味着语言产品理论相对于语言行为理论的优先性，对语言产品的研究是语言行为理论的基础。

对语言产品与语言行为关系的论述也是针对索绪尔思想缺陷的回应。在比勒看来，索绪尔的主要不足是将语义问题归结为联想心理学的问题，而“抽象相关性原理”指导下的“语言产品观念性”的认识正是对症之药。

任何一种语言都是相关社会的集体财富，其语言产品是一个“观念性的”类型概念，而且与其他语言的语言产品之间存在着某种同质性，体现出人性特有的品质，这样，“语言”的内涵超出了索绪尔的“语言”(la langue)，不仅涉及某一特定语言的特性，而且涉及所有人类语言的共性，涉及人类语言相对于其他描述机制的特性。

一种语言的结构并非是自足的，而是有赖于其使用者，因此，语言产品同时具备客观性和主观性，主观性与客观性之间存在辩证关系，对此，语言理论不可忽视。索绪尔指出言语有别于语言，强调言语不是语言，反之亦然，而比勒将言语理解为“语言行为”或“言语行为”，语言行为既是“言语的”，也是“语言的”，这使得二者之间的辩证关系凸显无遗，不仅矫正了索绪尔对“语言”的过分强调(和对“言语”的忽视)，还指出了言语之于语言学的重大意义，非常具有前瞻性。

言语即行为，并受控于一定的目标，这是比勒从语言和非语言、人类和动物等领域的相关研究中得出的结论。比勒从心理学出发,认为“需求”和“机会”乃是行为发生的两大要素,这也适用于语言行为,因此也是语言行为理论不可或缺的元素。说者具有言说的需求,并接受观念性语言产品及其规则的规范,在适当的机会中获得适当的满足,这凸显出语言行为与语言产品之间的辩证关系。

比勒指出,对言语行为的分析必须涉及行为主体的个体历史,也就是相关行为的形成历史,其中既具有言说者的个体特征,又具有相关群体的社会特征:个体在其“被社会化”的整个过程中接受来自于社会(和语言)的“塑造”,同时,每一个言语行为都受到其行为主体个体化“行为历史”的影响,具备相关个体的色彩,如此,语言与言语、语言与社会、个体与社会之间参与、创造、建构等形式的辩证关系便得以实现。比勒的这些论述,为日后言语行为理论的发展指明了方向。

根据柏拉图关于“观念”的论述,比勒提出语言产品“观念性”的思想。语言行为就是具体化的语言产品,其中被具体化的,是一种普遍性、抽象化的内容;语言产品所蕴含的普遍性与其在语言行为中的具体表现既相关又不同,形成抽象与具体的一种互动。

观念性语言产品与具体的言语行为之间是一种“实现”的关系。在具体的言语行为中,不仅语言生产体现出语言产品的观念性,而且语言理解也是语言产品观念性的实现形式。这里的核心概念是“意图”(Intention),语言产品、说者和听者通过意图而相互联系起来。通过对句子的论述,比勒指出,语言学如果单单以语言产品为对象,或仅仅在心理学视角下探究语言行为,都将是片面的,因为这两个方面相互交融,互为条件,语言学必须把它们有机地融合起来。

3. 语言的结构

比勒的目标是针对整个人类语言提出语言学原理，通过对德语、阿迪吉语等特定语言的音位、词汇和句子的讨论，揭示人类语言的结构模式。他指出，每一种人类语言都是一个音位系统、词汇系统和句子系统的集合，这些系统相互制约，共处于一个结构之中，而结构的成分体现为各个层面的语言产品、产品的类型及其组织规则。这是人类语言的一条基本原理，因此也是语言学的基本原理。比勒对这一原理的论证既不是纯粹心理学的，也不是纯粹逻辑学的，而是以语言的系统功能为出发点。作为一种符号系统，语言首先是象征性的，其基本功能是“描述”。对事物进行象征性描述是人类语言符号特有的功能。蜜蜂、蚂蚁等动物的语言，以及交通信号、航海旗语信号等符号交往系统，都只具备“信号”的功能，而且无法进行二次切分，属于“整体象征”，它们都只是某种单级符号系统。另外，语言符号是观念性的，具备相对于符号体的独立性，这也是上述其他系统所不具备的。人类语言符号系统至少具备两个层级的规定性，任何一个语言描述都至少包含两个步骤：词汇选择和句子建构，而且，比勒认为词汇并非优先于句子。

儿童的语言发展须经历一个“单词句”的阶段，这一认识颇具语言学原理意义。为了建构自己的语言理论，比勒对儿童“单词句”展开视角独特的论述。他认为儿童的“单词句”既不是句子也不是单词，既不属于单级系统也不属于两级系统，其中蕴含着儿童语言发展由单级向两级系统过渡时期的某种转变。这一视角对于理解人类语言的两级系统，并进而理解人类语言的结构特性十分有益。

词语虽有其词汇意义，但只有在句子的“场域”之中才能获得意义的确定性。这里，比勒区分了词语在字典中和交际中的句子中的意义，指出不存在永远固定不变的词汇意义。另一方面，句法结构具有歧义性，需要通过词汇占位才能得以确定，更何况还存在具备句法意义的词汇和句法结构词汇化的现象。总之，词汇与句法虽然是两种结构，是不同层级的语言产品，但二者相互交融。词汇和句子的关系体现出世界结构的二重性，其本质是人类思维结构的二重性，比勒认为：“……词汇选择和句子组构。其中，一个层级的使用给人的印象是，似乎世界可以被切分为碎片或者孤立的元素，每一个元素对应于一个符号；相反，另一个层级则要考虑将同一世界（所要描述的世界）整体性地建构于特定关系之中，并为之准备适当的手段。对于描述理论而言，这是两个完全不同的过程。”（《文集》166 页）

4. 语言的功能

通过对语言指示词的详尽阐述，通过与其他非人类语言系统的比较，比勒不仅说明了人类语言符号实施象征性描述是人类独有的特性，而且引出了人类语言符号的其他功能，并进而提出语言功能多重性和多层性的理论，概括地讲就是语言功能三维论。逻辑、数学等人工符号系统也具备象征性描述的功能，也是由一定量的基本符号组成的系统，但是，它们不具备人类语言的其他两种功能，即感召和表达。

受到柏拉图“工具论”的启发，比勒提出了语言“工具模式”（Organonmodell der Sprache）的理论。在任何言语场景中，都存在“一个人向另一个人传达关于事物的信息”，其中至少包含了一种关系的三个要素：说者、听者和事物。语言符号相对于这三种要素呈现出不同的关系，并实施三种相应的功能。在言语交际中，语言符号相对于所言指的事物发挥“象征”的功能，实施一种“描述”，亦即说者向听者传达关于事物的信息；相对于听者发挥“信号”的功能，实施一种“感召”，引发听者对说者的言语行为做出适当的反应；相对于说者发挥“表征”的功能，实施一种“表达”，表达说者针对所言内容的内心态度。

语言符号与所指事物之间的象征性对应，涉及语言与世界的关系，比勒赞同洪堡特的思想，认为人类诸语言之间的不同，反映了语言社团各自世界观的差异，相应地，语言之间的差异也表现为各自“内在语言形式”的差异。语言符号的三种功能相互交融，不可分割。说者是语言行为的主体，他传达信息的行为对听者产生某种“感召”，同时也是自己内心的表达；从听者的角度看，说者发出的语言符号是对特定事物的象征性“描述”，同时被理解为说者某种内心态度的“表达”，是某种“信号”，目的是对听者的行为和思想施加“控制性”影响。

在三种功能中，语言“描述”功能具有主导性地位，但在具体言语交际中，语言行为究竟主要实施哪一种功能，最终取决于说者的意图和听者的理解，二者可以是一致的，但也可以不一致。借用奥斯汀言语行为理论的话语体系，即：以言行事（Illokution）可以是成功的，但也可以是不成功的，关键既在于说者的表达也在于听者的理解。对于语言符号功能的三重性，语言理论家必须有清醒的认识和全面的分析。这就要求语言学不仅要研究语言符号本身，还要研究说者、听者、语音、语调、场景、上下文等相关因素。

比勒提出语言符号的“抽象相关性原理”，这是语言的基本原理,贯穿语言符号的各个层面,当然也适用于语言符号的三种功能。因此也解释了同一个话语在具体语境中实施不同的言语行为的可能性及其根源所在,因为,不同的语境要求不同的相关性,不同的相关性则导致不同的言语行为。

比勒指出,语调、韵律和语速等虽与"描述"功能无关,却决定着话语的"表达"功能。这些是说者愤怒、欢乐等情绪的外溢;在极端情况下,话语的命题内容甚至无关紧要,语音符号的象征功能有可能被极端弱化,譬如诗歌即是对这种语言特性的充分利用。相反,在科学等话语类型中,关键是对事物进行象征性"描述",而音位自由度范围内的语音变化不具本质意义。

关于"感召"与"描述"的关系,比勒认为,"描述"本身包含着"感召",话语的不同发音即是感召功能的表露。语言的结构性不仅涉及语言的描述机制,而且涉及语言的感召和表达机制;语言三种功能的关联性意味着其结构之间的共通性,但无论从功能还是从结构看,语言的描述机制都是主导性的。

说者发出语言符号,对听者实施"感召",影响其思想和行为。为了便于说明问题,比勒借用了比较心理学的观点。动物的交往信号发挥感召的功能,其信号都通过外在行为发送,并且只发挥感召功能,不具象征描述功能。与之不同,人类语言同时具备三种功能,这意味着感召功能具有依赖性,例如,感召不仅仅在于说者的意图,而且取决于听者是否以及在多大程度上将说者的话语理解为"感召"。这也意味着,听者不仅是说者感召的对象,而且也是共建感召功能的伙伴。这是比勒通过比较动物和人类社会活动中交往伙伴行为受控的情形而得出的结论。

比勒指出,与生命的其他机制一样,语言也是人类的目的性产品。语言行为创造性的自由度和“一次性”产品的个体气息，这些是语言学理论必须承认和尊重的事实。他认为，这正是语言的功能概念得以定义的关键所在(《文集》70 页)。语言功能虽然超越了主体性，但语言学永远都不能将“目的性”和主体相关性从“语言功能”的概念中排除出去。离开目的性，离开主观相对性，功能概念就无从谈起。

对话语意义的理解就是知晓或解读它的功能，辨认它的目的性，而不是它的真值。比勒是格式塔理论的主要代表，通过大量思维心理学实验，他试图说明对交际话语的理解充满了“恍然大悟”的体验(Aha-Erlebnis)(《文集》80 页)，其基础是“猛然”发现了“某种关系”，一种介于旧有思想与新思想之间的关系，形象地说，就是新的思想在旧有思想的体系中找到了自己的逻辑“空位”。在整个目的性意义(=功能)的理解过程中，这样一种“占位”也即一种推理体验。比勒通过话语中省略句的理解凸显了这种体验，他认为那是一种格式塔体验，是在一个整体与另一个整体之间建立联系。系统整体之间横向关系的建立，就是在理解达成之时出现所谓“恍然大悟”式的体验。比勒将整体比作成就思维和理解的一座“桥梁”，人们藉此将感官数据与抽象概念连接起来，完成一种格式塔体验。

三 《卡尔·比勒语言哲学文集》翻译

早在 2000 年，我便萌发了翻译比勒《语言理论》之意，并制订了计划。2011 年 9 月三亚“国际洪堡学者大会”期间，姚小平教授提出信任之托，希望我选编一本德国语言学名家文集，收入“西方语言学名家译丛”，我欣然受命。2012 年 12 月，我向商务印书馆提交了立项申请报告和文集选编篇目，获得认可后，便正式开始翻译《文集》。

比勒语言哲学思想产生的背景，是现代语言学形成和发展的初期。索绪尔的《普通语言学教程》出版于 1916 年，莫里斯的《符号理论基础》(*Foundations of the Theory of Signs*)出版于 1938 年，特鲁别茨柯依的《音位学原理》(*Priniciples of Phonology*)出版于 1939 年，叶尔姆斯列夫的《语言理论导论》(*Omkring sprogteoriens grundlaeggelse*)出版于 1943 年……那么，比勒的语言理论在其中占据怎样的位置？又有怎样独特的视角？比勒是卓越的心理学家，而且是格式塔心理学的重要代表，他的研究由心理学而语言学，这对于现代语言学而言，意义非凡。从语言的习得来认识语言的结构，从人类语言符号与动物交际符号等非语言符号的对比来揭示语言的“人类特性”，在此背景下对语言进行深入细致的考察，进而阐释语言学的本质和原理，提出深刻而系统的语言思想，这是比勒语言研究的优势所在，也是《文集》选编的出发点。

同时，《文集》的编排以作品见世的时间为序，以便体现作者语言思想的发展和文本的史料价值，为此，《文集》选编有两段内容大致相同的文本，以供读者比对。对于两段“大致相同”文本原有的注释，译者采取了相互参照的办法，以节约篇幅。《文集》章节结构的安排以忠实原著为原则，一种原著自成一章，次级章节也保留原著风格，只有第三章“语音学与音位学”的小标题为译者所加，以求目录层级的齐整。索引部分为译者所加，以方便阅读和查证，同时尽量减少在译文中加注人名和概念的原文，以节约篇幅。

在《文集》翻译的过程中，得到来自各方的帮助。2011 年岁末起，恰在德国明斯特大学就读的朱强博士、李竞硕士等陆续发来所能搜集到的比勒著述和研究文献，西安外国语大学的 Raphael Fendrich 先生释解了许多德语、拉丁语和希腊语的疑点，日语、法语、意大利语、音乐、绘画、动物、医学等方面的专家给予了热情耐心的解答，姚小平教授两度就译例、术语等提出宝贵建议，并悉心审订了译文，妻子王兰教授（高级工程师）提供了专业的 CAD 插图，最后，没有商务印书馆语言学著作期刊编辑室文学春编辑专业而高效的工作，《文集》的出版不可想象。《文集》翻译获得陕西省教育厅科学研究项目"卡尔·比勒语言哲学研究"（15JZ053）的支持。诸方援手不可悉数，在此一并致谢。

温仁百

2015 年 11 月 21 日于西安外国语大学

一　儿童心理发展概论*

1　儿童及其母语

A. 动物和人类概述

关于动物王国交往(Kontakt)和交际(Verständigung)的手段,人们已经通过蜜蜂和鸟类得以基本了解。在某种程度上,那可以称为一种蜜蜂语言和鸟语(Vogelsprache),这样说有充分的理由,不至于被诟病为拟人化。蜜蜂使用的不是有声语言(Lautsprache),但是,从鸟类吟唱和鸣叫的情况看,那是一种有声交际(lautliche Verständigung)。飞行、交配、喂养老鸟和幼鸟,还有防卫,等等,这些事关生死的行为,都通过群居鸟类的吟唱和鸣叫而得以调节。至于无声的蜜蜂,其交际主要在于它们的飞行,例如采集花蜜和花粉,或者寻找和选择新的筑巢之地。蜜蜂的事例

---

* 本章内容译自《儿童心理发展概论》(*Abriß der geistigen Entwicklung des Kleinkindes*. 9., erweiterte Auflage. Heidelberg:Qulle & Meyer. 1967.)。——译者注

告诉我们,社会事件即使在蜂群之中也通过交际性接触而得以规范,具体形式为发生于蜂巢之外所谓的圆舞(Rundtanz)和尾舞(Schwänzeltanz)。“交际”这个词是一个适当的表达,问题是,其中是否存在着类似于人类的“理性”成分。

上述比较分析可作为论述儿童早期有声语言习得的导引,其原因甚多。第一,儿童母语的形成也是基于交往手段,是遗传性的,伴随着出生即开始运作,然后逐渐成熟,并经历了一系列人类特殊的变化。第一阶段发展的沃土是围绕母亲怀抱或奶瓶而发生的护理和喂养等社会性活动。第二,在此变化的过程中,婴儿开始发声,其声音与啮齿动物、哺乳动物或鸟类等动物的声音同属一个范畴。哺乳类和鸟类发出各自物种特有的声音,但这样的物种差异有时对喂养活动并无影响,幼小的布谷鸟与其“养父母”之间的情形即是一例。至于智人(homo sapiens)之间是否也存在类似的种类差异,我不清楚。但清楚的是,第三,在发育的开始阶段,影响儿童原始声音构成的是外部因素,主要是听的影响(也包括听自己的声音)。

现在我们讨论下一个发育阶段,它不仅涉及发声,而且也涉及其他身体功能,包括本能冲动、散状习得(vielverzweigtes Lernen)和智力发育,如坐与立、跑与抓、动手与制作等行为,其中再现了我们提出的模式。儿童的发声也是一个训练的过程,而且在外界的刺激下,所说的话语越来越远离某种任意语言,越来越接近他的母语。这里有两点非常重要,一是发音和拼读能力的形成和进步,二是由此形成的某些语音产品脱颖而出,并成为语音象征符号。我们词汇的大部分不是对所指对象的语音模仿(或许曾经是,但现在不再是),而是符号性产物,在言语交际中发挥表达(Ausdruck)、信号(鼓动手段)和象征三重功能。这就是人类语言意义在言语交际中的三重性。

任何一种人类语言的大词典都有数千个语音形象(Lautbild),它们都是符号性产品,构成不同的符号类型。交际伙伴在一个语言社团里进行语言交际,它们在其中发挥表达、信号刺激(或直接"要求")和象征功能。换一种说法,在人类交往活动中,话语被适当地生成和理解,这意味着表达(Ausdruck)、描述(Darstellung)和感召(Appell)(亦即在特定场景中对交际伙伴施加影响)构成意义的三位一体。有兴趣的读者可参见拙著《语言理论》(《文集》203 页起)①。

为了全面阐述上述观点,这里需要强调指出,在思维的基础上解决问题是人类自幼养成的能力,但并不仅仅限于语言,否则,先天聋哑的儿童(如失语症患者)所遭遇的困难就会比实际大得多,这是一个浅显的例子。当然,更严重的还有文学上著名的盲聋儿童的故事,如海伦·凯勒在课堂上只能借助于盲文(Tastfingersprache)。

评注:华生(Watson)等片面行为主义心理学家进一步夸大了历史上对智人肌肉因素的过高判断,认为人依靠喉头和嘴唇肌能就可以解决思维问题。我们只需通过对健康人的几个实验就可推翻该假设。箭毒通常是无害的,但可以使相关肌肉暂时失去知觉,并导致完全功能性失语,但绝不会如人们所预想的那样导致思维能力的丧失。因此,必须承认,语言思维和非语言

---

① 关于"参见页码",本《文集》中出现 3 种情况:a. 引用其他作者;b. 引用原著作者自己,但未出现于《文集》;c. 引用原著作者自己,且出现于《文集》。针对 a. b. c,《文集》具体处理为:a. 保留原文样式;b. 注为"原著×页";c. 注为"《文集》×页",其中 b、c 两种及"(原著)"字样为译者所加。——译者注

思维(如果有)无论如何不只是一个喉唇过程,而是一个由大脑控制的肌能感知过程,简单地说,是一个心理生理过程。

B. 儿童发育的过程

(1)模式思想

自古以来,儿童两岁前"语言发展"(Sprachentwicklung)的戏剧性引发语言学家和儿童专家的各种猜想,在过去半个世纪成为诸多研究的对象,取得了一致的认识,其实验研究的结果体现在麦卡锡的研究里(D. McCarthy,94,504/5 页)。皮亚杰(Piaget)也有深刻思考,后文再议。这里,我们从英语意译出麦卡锡的观点,列为以下 8 条:

1)新生婴儿的声音表达具备原材料性质,之后逐渐成为真正的语音。

2)在发音清楚的词汇产品出现之前,某些声音包含发音含混的元音,已经具备交际功能。

3)在自己说出语音产品之前,幼儿在一定程度上能够理解成年人说出的语音产品。

4)一岁幼儿已经掌握少量真正的词汇。

5)之后到 2 岁,词汇由慢而快得以扩展,满 2 岁时,幼儿已不同程度地掌握相当多的词汇。

6)这些词汇中极少有专名,它们的含义一般说来是模糊的,具有某种"普遍性"。(我们承认,这种现象具有普遍性,但相反的情况也有,且为数不少。)

7)儿童语言习得的顺序是:首先是名词,然后是动词和形容词,再后是连词,最后是代词。“我”和“你”、“我的”和“你的”等代词在快满 2 岁时才出现。

8)最初的词汇已经具备句子意义(即麦卡锡所谓的“短语功能”(force of phrase))。

第 8 条听起来像《新约·约翰福音》的第一句话:“太初有道。”而“道”(希腊语为“逻各斯”)可能是诉求的表达,或者说具备句子意义。这是一个有根有据的判断。

麦卡锡总结的这些论点是对大量美国家庭儿童量化分析的结果,它们可能首先具有教育学意义,可用于儿童的早期护理和教育,此外,还引发了一个看似遥远但却合理的问题,即诸如中国儿童、霍皮印第安儿童或语言上接近英语的德国儿童的情形会有多少偏差或彻底不同?

上述人种相互不能理解,但是,我们同时代的人都说某一种语言,而且,对具体某事物的理解在功能和结构方面具有共同特点。在麦卡锡的第 8 条中,“词”和“句子”这对概念显然触及这些特点之一。同样,第 1 条和第 2 条涉及一定量的音位,为任何一种人类语言所不能缺少。塞音与噪音近似,与塞音等辅音相伴随的元音化(Vokalisation)存在于每一种语言,无论在哪里都构成一定量的区别性特征,以区别音节,从而也区别词汇。麦卡锡的立论中未言及言语发展中的拼读过程。发音与拼读根本不同,我们所谓的说话与喊叫也完全不同。最后,立论中也没有提及(单数)语言的第三种结构要素,即句法。

由一个词以上单位构成句子的句法手段虽然因语系而异,但却普遍存在。“儿童及其母语”一章也需要有一节论及句子结构的习得,即句法的习得。

(2)第一个词

现有的实验结果表明,身体和社会人格都健康的儿童一般在0.1岁时说出其第一个真正的词。这个词一般为单音节,或带有唇辅音、齿辅音(p、b、m、w,或t、d、n)的叠音(Reduplikation)双音节,根据专家的判断,其含义可辨,也就是说,在当前或将来的社会交往中,它是一个表达性、感召性或称谓性的词(Nennwort),或将成为这样一个词,甚或诸种功能同时兼备。在个别情况下,第一个词的出现也会提早或推迟,大概在0.8—1.4岁之间,但这不具备多少预测性意义。

其他词大多发生于兴奋的情况下,这时,儿童第一次自己说出早已耳熟且理解的词语,例如普莱耶尔(Preyer)的儿子在他第一个生日会上说出"bursta"(＝Geburtstag生日),或者他早已理解的保姆的名字"betta"(＝Berta)。对此,施泰恩(W. Stern)描写道:

> 在1.4岁时,幼儿看到保姆的照片,说"tante"(阿姨),然后一愣,看一眼一旁的姑娘,再反复交替细看照片和姑娘,最后高兴地喊出"betta",即保姆的名字Berta。

这里究竟发生了什么?又是怎样发生的?

开始是一个比较常见的语言反应,最后为一个比较贴切的解释,期间则是发愣、目光来回运动以及解决问题所获得的快乐过程。如果我们能够断言"发愣"表示疑惑,那么,似乎可以说,答案之中存在着某种"肯定";如果交替变换的目光具有比较的意义,那么就可以说,儿童最终发现了照片与姑娘之间的相似性,亦即一种关系。这里出现了一个判断所需的所有特征。

普莱耶尔通过观察一个23个月大的幼儿，也得出近似的结论：

> 孩子用双手将杯子送到嘴边喝牛奶，牛奶太烫，他很快又将杯子放下，瞪大眼睛看着我，高声、坚决、严肃地说：烫。同一周，孩子走向发烫的炉子，站立于前，注视着，突然坚决地说：烫。

普莱耶尔认为这是他的孩子最早用语言所表达的判断，我也认为那的确是一些判断。然而，科学如果要有所成就，就必须找到客观的标准。凭什么说那些就是判断呢？我们必须建构一个标准体系。如果判断的确属于新的精神机制，那么，它们必然以某种方式体现出可供鉴别的特征，或为它们的发生，或为它们的伴随现象，或为它们所产生的效果。从这些方面考察喝奶的故事，就会发现，无论是那个反应还是其效果，都还不包含人类特有的东西，因为，一只猫遇到很烫的汤糊原则上也会如此反应，只是它不说“烫”。一遇到称谓(Benennung)的问题，就超出猫的能力。但是，并非每次说出一个称谓词都是一个判断，因此，特殊之处只能存在于伴随现象，存在于肢体动作和声音的变化之中。孩子仰头看着爸爸，这本身没有什么特别之处，因为，一只狗在类似的场景中也会“求助地”仰头看他的主人。这属于体姿动作(Gebärde)的召唤功能。睁大眼睛也没有什么特殊意味，那只是孩子吸引注意力的符号，婴儿出生几周后即有此举。余下的就只有说出词语之时“大声和坚决的”态度。对于成年人而言，它们是表明态度的强化手段。“有一个上帝！”这句话，用大声、坚决和某种变化的声音说出来，就是强调说者的信念。经常还会有一个含义丰富的肢体表情相伴（绷紧身体，使用拳头或脚，它们都是表达的器官）。我们用德语说“表态”（Stellung nehmen），其本义大概是采取一种姿势，做好身体防卫的准备。所有这些在儿童那里又是怎样的呢？对此必须认真研究，才能明白最初的信念表达到底是怎么发生的。

(3)从单词句到多词句

在我们所讨论的这个发育阶段，儿童似乎已经发现了“烫”的一般性表现，发现每一个东西都有一个称谓。一个一岁的幼儿竟然能够取得这样的哲学认识！没有人会想到这样一个书本常识，至少绝不可能如我们所描述的那样。至于“似乎”的含义，暂时还是一个不解的问题。但它却引发了另一个问题：如果儿童浅显的满足之中包含着简单的称谓，那么，这一称谓是否具备判断的价值。事实上，在我们成年人的表达中，简单的用词无需动用信念、认识和论证之类繁复的机制，只是在适当之时正好有某个联想机制被激活，某个适当的语词被模仿，除此之外别无奥妙。同样，在儿童简单而顺利的称谓活动中，说出适当称谓词的诱因可能是看到了某个对象，发愣、警觉性注视、目光往复运动、标准被激活，并最终获得确信的解决。简言之，一个称谓得以成为判断，其原因只能是在于不寻常、不顺利的状况。

但是，无论怎样，这个阶段的儿童表达内心都只使用一个词，因为每一个这样的词本身都表达一个完整的意义，人们用“单词句”（Einwortsatz）这个称谓也不失恰当。但是，如果将所有单词句都视为有限条件下简单的词汇模仿（Wortmalerei）或词汇判断，那可就大错特错了。孩子温柔地抚摸着玩具娃娃，说“乖”；满脸笑容地对着一小块褐色的东西,说“巧克力”;眼泪汪汪、生气而痛苦地对着椅子说“可恶”;瞪大眼睛躲在妈妈裙子后面寻求保护,同时对着一个可怕而陌生的人说“男人”,——这时,对他而言,首要的问题不是给对象一个称谓,一个正确的称谓,其中除了我们所谓的判断之外还蕴含着说者的某种态度。当前,要在理论上清楚地解释这一切,依据客观的标准将它们明晰区分,对每一个儿童的发育过程进行跟踪,我们还缺乏基本的科学手段。我推测,这类处于萌芽状态的句子,其类型非常丰富,但最终都是表达、感召和描述的复杂交织和互动。然而,无论出于内心原因还是因为成年人的语言本就如此,描述功能(Darstellungsfunktion)——即所谓的陈述句——总是占据主导地位,其他功能则退居其次。

上述情形在无数事件中屡试不爽,其原因当然首先在于语言要求本身十分简单,规则少变,而且与特定的感知场景(Wahrnehmungssituation)相互吻合,因此,凭成年人的洞察力一般能够大致猜出它们的含义。声音的变化清楚地表达激动和平静、恐慌、要求和满足、高兴和厌烦或逆反等等情绪,而且,生动的肢体动作体现出儿童想要什么或拒绝什么,意指什么以及表达怎样的感情冲动等,这些都是对语言表达的支持。虽然如此,人们经常不能完全理解一个陌生的儿童,而只有在较长时间的接触之后,才能准确地说明他所指向的东西及其动作所表达的愿望。而充满爱心的父母对自己孩子的语词一般能够做出更多符合逻辑的解读。

总之,由此不会引发不良后果,除非是发生这样一种情况:人们对儿童残缺不全的言语方式采取草率的态度,或按照通常的规则粗暴地做出误解,于是便会阻碍其进步。儿童不会自愿放弃其舒适的单词句,况且人们也不能人为地训练他们一口气说出两个儿童语词，他们会自发地进步到双词句(Zweiwortsatz)和多词句(Mehrwortsatz)。至今对智力正常的儿童所做的观察说明，这一事件的时间点一般在2岁半之后。我曾经在14个月大的幼儿身上有此发现，也有些直到3岁才发生，但由此无法得出具有深远意义的相同或相反的推论和预测。那么，向多词句的进步意味着什么呢?

首先，随着言说能力的提高，迈向多词句的内心准备也同时发生于发音器官之中。试想照谱弹琴的情形，新手一个音符一个音符地弹奏，而老手则一次看到较长的一串音符，并顺利地转化到指尖动作。另外，由同一个言语诱因引发的多词句，其语言刺激达到了一定的复杂程度，其中有些还只是所谓“双胞胎单词句”，例如两个呼叫词相叠而出，如“mama papa!”，或我们德语中两个表示惊呼的词合二为一“auweh!”，[①]或一口气连续喊出两个称谓词“tante betta”。这时，多词句中的每个词都是对整体思想某个特殊部分或特殊因素的表达，最终，也体现出儿童内心思想的某种结构。因为，正如冯特(Wundt)所言，我们说出句子时一般是先产生整体思想，然后才是它的结构性表达，儿童大概也是如此。不过，恰恰在这个问题上，针对儿童初次使用多词句目前还无法做出更多的解释。从双词句向多词句的过渡，就不再有什么值得关注的困难了，因为很快就会多个词一涌而出。这些词像是一个句子，却没有明显的结构规则(Strukturgesetz)，例如 fallen tul bein anna ans，用正常的德语来说大概是：Hans(说者)ist ans Bein von Annas Stuhl gefallen(汉斯被安娜的椅子腿绊倒了)。

---

① auweh 意为“哎哟”(因为疼痛等而发)，在现代德语里为感叹词，是 au 与 weh 的组合。——译者注

施泰恩和施泰恩(Cl. & W. Stern)关于儿童语言的著作备受褒奖,书中对所有当时已知的儿童双词句和多词句进行了认真细致的分析,试图发现它们的结构规则,但还没有提出一个十分清晰的结论。我认为,对于有心理学背景的语言学家而言,有必要在更大的范围内、运用更新的辅助手段重新研究问题,而首先必须认真考虑节奏、语速和语调,因为,我们至今仍不清楚,这些极为重要的表达手段是怎样为儿童所习得和掌握的,又是怎样在构句时进行句法处理的。在词汇的变格、变位及其他句法变化形式出现之前,这些辅助手段的表现方式一定非常独特而含义丰富,有些问题在那些幼稚的句子结构中已然清晰可见、含义明确,例如颇受钟爱的"反命题"(antithetisch)结构,即先肯定句子中的某个对象,再否定其反面,或相反,如"stul nei nei-schoβel"(不要椅子,不要,怀里),"goβe nich puppe,kleine ja"(我不想拿那个大的玩具娃娃,要小的),"olol pa nä,ich pa ja"(不是 Rudolf,而是我自己应该得到几块[糖])。

(4)词形的变化

儿童起初使用的词都是没有屈折变化的单位,即通常所谓没有语法形态,也就是说,在所有场合,儿童对词语反复地接受或使用,但却不做变化:名词多为主格,动词为不定式,形容词为原级,且没有词尾变格形式,但是,却也出现诸如 bennt(brennen)、gibt(geben)、will(wollen)等现象。[①] 这些全部都是称谓词,是同时实施表达和感召的手段。但是,在具体语境中这些基本功能中哪种

---

① 简单地说,德语动词规则变化时第三人称单数形式的词尾为-t,但此处例举的都是不规则变化动词。儿童这里使用的变化规则为"混合型"。——译者注

占据主导地位，人们只能从声音变化、伴随体姿动作和场景因素推知。这就是语言的现状，应该引起比较语言学家的特别关注！我认为，首先是呼语(Ausruf)、命令和称呼(Anruf)(呼格)获得较为固定、逐渐常态的结构，所以，人们可以将它们视为初始的形态。显然，与这些意义形式相匹配的只能是音高和音强或者音调和节奏的变化，而不是音位的变化。另外，诸如 papa brav(爸爸乖)、bös olol (Rudolf 坏)、fallen puppe(玩具娃娃掉了)之类的儿童表达(经书面转写)，都可以表达“断定”“问题”或“命令”，彼此难以区分开来。

在具体语境中，面对这类词语组合，幼稚的听者会不假思索地套用自己已发展到一定程度的语感进行解读，要求句子包含主语和谓语，名词、动词和形容词都以特定的方式组织起来。其实我们并不清楚儿童相应的表现究竟如何。在一般性称谓和表达实践中，儿童的思维能力不断发展，体现出对词类的区分。我们应该运用心理学和语言学的方法，考察这样的区分是否有其客观根据。

儿童语言没有语音形态变化，这种现象持续数月，从开始牙牙学语直至 1 岁。德语儿童最初出现语音形态变化的时间点平均在 3 岁之始，但如上所述存在很大的个体差异。我观察到一个幼儿，在 1.2 岁左右时已经说出多词句(参见原著 5 页起)，大约 1.3 岁时出现语音形态的变化，在 1.5 岁时开始正确、自觉、轻易地完成词形变化。无词形变化这个阶段通常在双词句和多词句阶段还会持续几个月时间，然后，突然之间，词形变化的所有主要形式(变格、变位、比较级)几乎同时出现，这说明，它们可能处于儿童精神发育的同一水平。理解和模仿发生于自主构造之前，这个阶段的儿童更像是一个小小的“应声虫”(断章取义、掐头去尾)，一听到“nun wird spazieren gegangen”(现在去散步)，就自动确认：“baz egangen”（马上去），听到“gehen wir”（我们走），就说：“gehen wir”，有时听到“groβ”（大），有时听到“gröβer”（更大），就会学着说，这时，同一个词的两种或更多形式就出现于他的词汇中。至于这些形式在思维中是否以某种方式相互关联，还无从知晓。随即情形就会发生变化，这是一个明显的信号：开始类比构词（Analogiebildung）了！

因此，同样的形态一旦达到一定的量，诸如 gröβer（更大）、länger（更长）、stärker（更强），就会出现十几个其他形态，其中也包括成年人语言里没有的现象，如把 besser（更好）说成 güter，把 mehr（更多）说成 vieler，把 höher（更高）说成 hocher，或者根据 es ist nacht（夜里）而说出 noch nächter（更夜）。这些形式一定是儿童根据其他规则，同时参照诸如 groβ 与 gröβer 的关系，自己构造而成的，如从 gut 变出 güter。① 这说明在儿童这个阶段的思维中，这种关系十分活跃，这些形式以某种方式相互关联。

这些错误的构造十分清楚地体现出儿童自主进行词形变化的情形，但如果认为儿童的构形只以这种方式发生，当然毫无根据。恰恰相反，在大多数情况下，儿童也会使用正确的类比构形。从非常多的错误、奇怪的构形中，人们可以得知，类推原理（Analogieprinzip）在儿童那里非常活跃，他时刻准备根据规则构造新词，或者更应该说，旧知识发挥着某种心理学影响，Cl. 施泰恩和 W. 施泰恩（136 页）甚至认为，儿童以所接受的少量形式为基础，自行习

① 这里的德语例子中，gröβer、länger、stärker 分别为 groβ（大）、lang（长）和 stark（强）的比较级，为弱变化的一种形式，主要体现为在原形后加-er 和可能的词干变音；而 gut、viel 和 hoch 为强变化形容词，其比较级形式分别为 besser、mehr 和 höher，而不是 güter、vieler 和 hocher；而 nacht 根本就没有比较级。儿童错误地（创造性地）运用了变化的规则。——译者注

得其余大量的形式。

我们还将分析推理过程，以进一步考察儿童思维中的类推原理。这里，我们首先考察一下施泰恩著作中汇总的那些广为人知的离奇、错误的构形。例如，德语儿童将变位形式简化，将所有动词按照所谓弱变化规则进行变位，于是出现了诸如 gebleibt、geeβt、getrinkt、gegieβt、genehmt 等变位形式，[1]或者对名词也进行升级变化，如 es ist nächter、es ist noch tager 等。不过，最具创造性的还要数儿童造出的复合构词和派生构词，如 mama-bäh und ilda-bäh（“老绵羊和小绵羊”，Hilda 是她自己的名字），wach-hemdchen（“醒着的小衫子”，与夜里所穿的那件相反），eiβheiβ（冰热）、bitterheiβ（苦热）、wunderheiβ（酷热）、mausetrocken（老鼠一样的干燥）、hintermorgen（明天后的那天）、übergestern（昨天前的那天）、einblättern（孩子将树叶收集到一个袋子里），hinaufgeliebt（她爬到父亲怀里，并爱抚他）。典型的派生如 eine nasserei（被当作水泼出去）、besuppt（从喝汤用过的勺子里）、vollgeascht、benacken（脱光）、dieben（stehlen 偷窃）、lebendigen（使复活）、der mappler（一个拿着公文包的邮差）、hergeblasen（在街上奏乐的士兵，如 sie kommen hergeblasen）。[2]

---

① 在这一段中，gebleibt、geeβt、getrinkt、gegieβt、genehmt 等变化形式应该都源自强变化动词，为儿童使用弱变化规则变位的结果；Nacht 和 Tag 均为名词，不应该有比较级；mama-bäh、wach-hemdchen 和 eiβheiβ 等复合构词和派生构词都体现了某种构词规则，虽然属于生搬硬套，但体现出儿童类推运用已知规则的意识和创造性。——译者注

② 我们从大量语料中选出一些特殊的构形。人们有一种错误的认识，以为所有这些，而且也仅有这些可以发生在同一个儿童身上。其实绝大多数更为糟糕，而且没有什么审美刺激可言。甚至不能期望从中获知儿童幼稚构形的迹象，但是，成年的语言创造者（如诗人）若要与人切磋技艺，还是要求教于儿童。

发育障碍可以导致词汇构形受阻，这一事实具有理论意义。有些儿童并无严重的智力障碍，但在5岁多的时候还不能自己构造出语法正确的句子，甚或也不能正确地模仿口语。他们的话语由没有屈折变化的词堆砌而成，即语法缺失（Agrammatismus）。在轻度情况下，词形变化开始出现典型而严重的错误。有时，有些比较复杂的合成规则会给年龄较大的儿童带来明显困难，以致到了12岁说话还像外国人，虽然词汇量很大，造句却有困难。一般情况下，结巴（Stottern）、口吃（Stammeln）和囔囔（Poltern）等先天性障碍导致练习过少，可能是引起这类障碍的主要原因。

这样的障碍多为外因所致，过去没有发现这些现象的时候，人们会归咎于注意力和记忆力方面的缺陷。正常的成年人有时由于中风和其他神经损伤，也会出现类似的后遗症，我认为有必要与这些障碍进行比较，应该能够发现更详细的原因。在这样的病理情况下，用词几乎无懈可击，而词汇和句子的语法结构却严重受损，结果，两种过程一定程度上互不相干，并行不悖。深入研究儿童的这些表现，将会对语言心理学产生巨大影响。

类推原理是儿童思维的方法和工具，那么，哪些语言冲动和语言目的是这种工具服务的对象和产生的根源呢？

例如形容词的升级变化。儿童早已会说、会想“爸爸大”“玩具娃娃小”，随后，他还会把两个句子并列使用，表达丰富的思想。此刻，人们发现，其目的不仅仅是每一个断言本身，而且还试图表达它们之间的关系。这种关系一开始是简单的对立关系，儿童将表达自己坚定态度的“是”和“不是”运用于反命题表达式的多词句中（比较《文集》第6页），但随后就开始区分量的多和少之间的关系。必要时，这些也通过已经常用的表达手段得以实现，如对“更多”

“更少”等形容词和某些独立词的重复、强调。深入研究儿童的这些表现，会很有启发。不过，开始阶段的模仿似乎是内容空洞的鹦鹉学舌，例如上述形容词的比较级变化，但其中却蕴含着词形变化的新手段。

我们又一次看到儿童语言发展的重大而意义深远的进步。他理解一切事物皆有其名，同样，他也感觉到所有屈折语言的基本原理，即通过词汇的语音变化可以表达关系。这种状态的出现，意味着他成长到了自发产生此类表达需求的阶段，可以说一只脚已经不由自主地踏进了形式的王国。真正有意义、最具特色的发现，莫过于一般化概括，莫过于将曾经理解的原理应用于各种具体情况。因此，如果上述判断正确的话，我们就应该提出理论的预测：主要形式的词形变化在儿童身上几乎同时发生。

(5)句子结构

关于句子的精细组织和句子结构的发展，除了出于直觉的认识之外，科学上知之甚少。句子与句子并排而列，并且没有出现连词，所以，人们会产生并列的印象。至于后面的成分是表示扩展、限定、让步、条件、证明或者其他，就必须根据内容、场景和声调来推测。句子从属结构的出现意味着巨大的进步，不仅对言说而言如此，对思维而言亦然。据观察，语言能力正常的儿童一般在临满3岁之时才出现这种情况。然而在我的观察中，大量德语从句早出现足足一年。一般情况下，首先出现的是表达外部关系的时间从句和关系从句，以及对于儿童而言十分重要的间接问句，然后才出现原因从句、条件从句和结果从句。根据施泰恩的观察，最大的困难在于非现实条件句。

(6)词汇

在美国,通过大量细致的数据统计反复说明了儿童从0.10岁使用第一个词到6岁入学时词汇量的增长情况。在这方面史密斯(M. E. Smith)有个列表非常可信,表明美国儿童词汇量的平均值为2岁272个,6岁2562个。儿童大致能理解这些词,但还不能自己说出来。德语的情况也大致如此,如下是夏洛特·比勒(Charlotte Bühler)的统计(《儿童与青年》159页):

表3 30个儿童词汇量的高值和低值

年龄	1.1	1.4	1.7	1.10	2.1	2.5	3.3
高值	58	232	382	707	1227	1509	2346
低值	3	4	44	27	45	171	598

请注意,这是一组智力未受损伤的儿童,所表现出的数值差异很大,而另一组智力受损儿童2.6岁的平均值只有92。小学毕业生的情况,美国人统计为6位数。篇幅所限,这里不对这些研究一一作评,请参看麦卡锡(94页)。

(7)语言与环境

儿童与成年人发生个体言语接触(Sprechkontakt),在此前提条件下,满1岁时开始使用称谓词。儿童在能够理解话语的实体意义之前,如果没有长时间与他人"交谈"的环境,则不会形成称谓能力。这时,不会出现正常语言习得环境下的情况。正常情况下,儿童在使用已习得词汇的同时还会使用自我构造的词汇,但他们并不使用自我构造的词汇来称谓人、物和场景。据我们所知,对语言词汇的处置绝不会自发而成,而只能依赖于语言范例和外部刺激。家庭环境中的儿童初次使用词汇的时间介于11—16个月之间，一般说来男孩晚于女孩；相反，慈善机构中的儿童直到4—6岁才艰难地开始说话，因为在那里他们根本得不到成年人一对一的照顾。在孤儿院和幼儿园，会有人关心儿童的语言发展，例如安娜·弗洛伊德（Anna Freud）所在的伦敦战争托儿所（Londoner War Nurseries）的情形，但是，这些儿童的语言发展在时间和内容上都落后于得到个别照顾的家庭儿童。与母亲的情感联系构成语言发展的特殊动力。有许多著名的案例说明，正常儿童因与母亲关系不佳而不会学习说话。语言接触在幼儿阶段具有双重意义，一方面是学习说话，另一方面是获得交往启蒙和交往安全感，这在3岁的问题年龄阶段表现得非常明显，儿童通过喋喋不休和反反复复的问题，不仅建构和扩大自己的词汇，而且同时希望保持与成年人的接触，这对他的情感安全感至关重要。个体接触的缺失意味着语言的迟滞和贫乏。

(8)语言发展迟滞的其他原因

语言发展滞后还另有原因，比如，严重的智力低下经常根源于语言使用的滞后。申克-旦齐格尔（Schenk-Danzinger，127页）对孤儿院遗弃儿童的研究表明，在智力差异很大的范围内，语言的萌发更多取决于环境而非智力，智力较弱的儿童就其天资而言学习说话的时间应该滞后，但因在孤儿院生活的时间短暂，相比智力水平较高而在孤儿院生活时间较长的儿童，开始学习说话的时间反而较早。

同样，1岁时发高烧或患传染病而后遗的轻微大脑损伤，也有可能导致语言萌发（Sprachbeginn）滞后。

即使没有语言障碍症(Sprachstörung)造成的后果,语言萌发滞后在幼儿阶段也会难以弥补。一般情况下,这些儿童的语言发展,直到学龄都不能达到应有的水平,不能根据经验将语言与内容相联系,不能用孤立的词和音来将语言客观化,而这些在我们的认识中是学习阅读的前提。

(9)语言障碍症及其根源

最常见的语言障碍症为口吃、结巴和语法错乱。"口吃"是指不能说出单个的音,其中,S、Sch 和 R 困难最大。我们发现许多儿童在 3 岁前有发音缺陷,但一般无需特殊的医疗矫正即可克服。然而,如果到了 4 岁仍然存在这样的缺陷,那么,依靠自身就很难克服了,需要借助于语言治疗。口吃的根源多为智齿阻生,[①]以及舌头与颌骨动作失调,最为严重的症状也许为语言中枢障碍所致。

"语法错乱"主要见于智力偏低的儿童,正常儿童出现这类症状的案例极少,这时,他们的语言中枢受过局部损伤,这种障碍表现为儿童不会语言屈折变化,使用名词时不用冠词和代词。智障儿童的语言成熟过程非常缓慢,但却可以逐渐克服语法错乱,而如果是正常儿童,对这样的语言障碍症就必须进行语言治疗。

"结巴"有两种表现,单纯的音节重复(功能性结巴)和伴有痉挛状呼吸紧张的音节重复(神经性结巴)。第一种形式经常见于低龄儿童,但如果不太在意其语言错误,不使儿童产生自觉意识,就会自己消失。相反,神经性结巴几乎都是神经症兆,是非常恐惧的表现。不过也有一些结巴根源于大脑受损,或者左撇子被强制改

① 据相关专家称,这种观点值得怀疑。——译者注

变习惯转用右手所致。无论哪种情况，都要进行彻底的心理学和儿童精神病理学的检查。对结巴儿童的医治，如果只针对其语言障碍症是徒劳的，治疗必须深入，同时，儿童父母的工作也十分重要。

1957、1958年，人们在维也纳的幼儿园组织了一次体检，在被观察的5岁儿童中，28.2%患有语言障碍症。[①]

2 儿童的思维

A. 判断与推理

儿童最初对事物的理解在于感知，据我们观察，那都是一些简单的事实，例如“炉子很热”“玩具娃娃在睡觉”或者“鹦鹉不在（它经常所在的）杆上”等。最后那个例子说明记忆的作用十分明显，对此前习得的某种知识的运用经常不易察觉。开始构句的儿童已经有判断的经验，或者为儿童自己曾经所为，或者从别人那里接受而来，而他们针对感知场景所做的简单分析，绝大多数是对这些判断的重复。当复杂的称谓行为成熟起来，而对事物的简单命名逐渐衰退，便会出现这种情况。W.施泰恩根据儿童语汇中最主要词类出现的情况，清楚地区分出儿童早期思维的三个阶段，即实体

① 关于儿童语言发展的资料：Nr.81、130、136，关于语言障碍症的资料：Nr.51、51、89、93。

(Substanz)阶段、行为阶段和关系阶段，因为，表达过程和行为的词汇大量出现要比名词晚，而形容词和关系词(Beziehungswort)出现得更晚。这很正常，因为动词、形容词和关系词只有在判断中才能获得其真正的意义。

现在，在儿童新的判断当中，我们感兴趣的是那些由其他原因推导出来的判断，或者谨慎地说，是那些在其他判断的某种影响下产生的新判断。这在理论上主要有两个途径，或者沿用原有方法，即将判断功能运用于不同的对象，或者相反，以特定对象为出发点进行判断。可惜目前还缺乏充分、扎实的观察资料，我想以常见的偶发现象为例说明我的观点。

(1)类推原理

儿童说出的双词句具有明显的判断特性。这时，他不满足于此类单一功能(如说出 papa brav“爸爸乖”)，而是将同一谓语逐个用于所有在场的人，如果我们还沿用上例，他会说：妈妈乖，姑姑乖，等等。这里，很显然，第二个以及之后的句子构成的刺激源不在于外部，而是儿童将他的判断行为反复运用于其他主语对象。他循环使用自己的模式，将其他人逐个套入，或者换句话说，他是在沿用已有的方式，将之用于新的情况。我不知道，在这样的早期阶段儿童是否也已经在保持同样模式中的主语不变，只变换谓语，以满足简单变化的要求，甚或主语和谓语同时变换，也就是说出现了一个几乎全新的判断模式，或形象地说，一张空白表格。

如此将同一行事方式延续和引申，这个原理本身极具理论意义。这正是类推原理的一般模式，显现于每一种原始思维之中，不仅是人类思维的杠杆，而且也是人类幻想行为的杠杆。[①] 人们获取新的想象（Vorstellung），产生新的思想，其途径或者是通过现有基本材料的组合相加，即 $N=\sum(a,b,c...n)$，或者是将一种通行的方法（行事方式 V）应用于具体给定的个案，即 $N=V(A)$，例如，通过缩小和放大一个具体的人而出现矮子和巨人，即运用模式2，或者将一个新的对象套用于通行的模式以产生新的判断。至于类推对儿童仍然十分幼稚的思维有多大影响，我们从前文关于词形变化的阐述可得解答。我相信，只要继续深入研究，就会发现更为丰富的类推判断形式，而且不仅仅针对儿童！根据亚里士多德的观点，人们可以十分肯定地预言事物可分为内容和形式；而根据黑格尔的观点，事物发展都分为三步；同样，小人物也有他们自己简单的方式。

我们先前的例子说明思维与言语紧密交融，因此，思维模式与句子模式一样，都有其固有形态，所谓“语言为人而思考”不无道理。要想彻底研究这一观点的心理学意味和影响，必须从低龄儿童开始，说明组合能力与类推能力一样，也植根于语言，也值得关注。

(2)客观判断和推理

孤立的感知对象通过思维而获得存在，并发生相互关联，它们因此而获得秩序，被赋予意义、历史和未来。我们将在后面几段认识这种秩序活动。这里要讨论的是人们所熟悉的补充性和解释性

---

① 比较 W. 施泰恩《大众思维中的类推》(*Die Analogie im volkstümlichen Denken*. 1893)，还有(《文集》)17 页起所引夏洛特·比勒的著述。

推理过程。儿童有一个非常有趣而重要的发育阶段，即所谓“为什么”的问题成堆的阶段，对于思维活跃的正常儿童而言，这个阶段一般始于3岁末和4岁期间，会持续数月。这时的典型表现是，儿童以某个过去特定的场景为出发点展开新的思考。每一位幼教人员都十分熟悉那些稀奇古怪的问题，并应用于教育学和预测性目的。但我们对其中的心智状态知之甚少。萨利(Sully)的描述非常深刻：“出生之痛是稚嫩的理性初次遭遇一个残酷而迷乱的世界之时必须承受之痛，而思考的冲动之所以直接引发提问，即与此相关。”所以，陷入精神困境的儿童以问题求助于成年人。情形的确如此，那么，现在的问题是，如何理解这种理性困境的产生？

如果我没有搞错的话，那些简单的判断直接蕴含着最初希望获取解释的心理需求。我观察到一个2¼岁的小女孩，她刚刚经历过特征和行为的简单判断阶段。这时，孩子要求我们给她讲述包含某种依赖关系的小故事，例如，在饭桌上讲述“喝汤的卡斯帕尔”的故事。孩子以常见的方式用两只手向我们展示那个小矮人如何瘦小，但其实她对这个故事可能只是一知半解。当然，父母在故事中所说的话，每次都必须原字原句且绘声绘色地讲给她听，然后，小家伙自己就会给我们表演卡斯帕尔抵触喝汤的独特模样。这样，故事也就不知不觉成为现实的感知，其中的依赖关系则会继续活跃在她的思维中：如果N(她的名字)喝汤，她就能推动车子；如果N长大了，她就……；如果N乖的话，她就……；等等。此刻，“如果”句式成为她思维和想象活动最喜爱的模式，而且几乎总是内容上相同的句子，自己特有的模式也偶有出现，但是很少。这样的句子一般不会被完整说出，除非在第一个成分和第二个成分之间存在某种极常见的联想关系。有时，她不是将此类“如果”语段说出来，而是哼出来，而且直到“就”的位置，然后卡在那里，半张着嘴，瞪大眼睛，脑袋摆出固定而特别的姿势——她智穷计尽，似乎意识中一片空白。显而易见，依赖关系似乎以不变或少变的模糊状态存在和活跃在她的思维中。但是，小孩子距离“为什么”的年龄还很遥远，还没有一般性解释的需求。谁又能给我们揭示这期间的秘密啊！

萨利的观察确切无疑：最初那些“为什么”的问题是针对新的现象而提出的（W. 施泰恩[136 页]也有此观察），回答时只要指出与旧的、已经常见的事物之间的某种关联，哪怕只是肯定“从来如此”，就可以使提问者心满意足。“儿童问：地板为什么这么硬？这问题让保姆很难堪，但如果她回答‘因为地板从来都是这么硬’，就算有了解答，否则就会被指责为妇人逻辑。”事实上，提问活动发生于日常生活之中，任何低级幼稚的追问都在习惯之中获得满足。这里，与成年人思维活动之间的相似性显而易见。果真如此，这一机制也许就是通过联想而适应新对象的漫长过程的缩影。

仔细考察可见，在此最原始的解释形式中存在着不同的变体。首先是不同的级差，例如，对于新的对象，是应用一个熟知的称谓词呢，还是套用一个规则，这之间的区别很大。另外，规则只表达某种现成习惯，原理则具有逻辑价值，之间存在着许多级差。对此，我们要提出清楚的预测，然后对儿童进行追踪观察，当然这首先需要可靠的方法。在我看来，这是一项最具刺激性的工作。不过，我们现在权且满足于手头仅有的观察材料，从中得出结论。成年人某些目的性行为（Zweckhandlung）涉及儿童的喜怒哀乐，它们就是儿童最早必须理解的关联性。儿童最初实际接触到的原理都是一些规范成年人行为的规则和规矩。一且这些活动的自然过程需要解释，必然需要套用目的性行为的模式。对此，后文将会论及。

B. 概念的产生

每个教师都知道，6岁新入学的儿童对概念的掌握五花八门。这方面的研究很多，以“学龄儿童的想象”为关键词的研究成果丰富，各自从不同的角度证明和解释了这一普遍事实。6岁儿童在概念构成方面的确表现出思维的巨大进步！细想之下，这方面的参差不齐本身并非坏事，而是一个积极的信号，表明儿童在进行某种积极主动的思维活动，表明他已经对这样那样的事物进行过思考，并且以自己原始的方式独立地梳理事物之间的联系。6岁儿童已不再是那个在自己的小世界里被动接受的小孩子，而是一个小小的探究者，时而勇敢地爬出围栏窥探外部世界。

试比较当前颇受关注的原始部落成年人的情况。他们很少受到世界观问题的疑惑和困扰，他们“知道”，他们的巫师告诉了他们事物如此这般发生的情形及原因，例如太阳为什么升起，暴雨为什么落下。在18—20岁的大学生或年轻教师的大脑里，情形则完全不同，他们思绪万千，疑惑重重。6岁儿童的思想世界也是如此迷惑，只不过层次低级许多罢了。前推两岁或两岁半，他的精神世界还如同原始人种一样清澈如水，随后，“为什么”的问题喷涌而出，迷惑感也接踵而来。我们还是从头来考察这一发展过程。

(1)开端。儿童通过对口语中概念词汇的理解和使用，来习得日常生活中的概念，这时极少出现书本上那样的解释和定义。例如，什么是“杠杆”？在日常口语里读者会想到一根用于撬开重物的棍棒，其中重要的不是某些特征，而是其他方面，它可以是木头或铁的，长短和粗细不一，矮个子与高个子的观察维度有别，但一定具备与其尺寸和功能相应的硬度，比如，一根柳条就不是撬动树干的杠杆。看来，我们在此遇到了变量与常量的区别，或者按照逻辑学的说法，是本质特征与非本质特征的区别。每个林场工人都知道杠杆的关键所在，但只有物理学才会依据某个特征给出一个清晰的定义："杠杆是可在一个支点上旋转的物体"。与概念相关的一切心理学问题都可以由此常量构成系统地推导而出，对于我们而言，它们的价值并非都是一样的。

现代逻辑学家和心理学家认为较高级的脊椎动物也具备概念能力，例如，在狗的眼里，主人就是主人，无论他穿什么衣服和在什么环境下，兔子就是兔子，不管它是家兔还是野兔或雪兔。这其中实际上已经出现了某种类型的常量构成，只是需要强调，那里充其量只涉及我们概念的初级形态，因为问题的要害，即称谓词仍然缺位。儿童初次使用称谓词的情况，前文已有详细描写，这里只重申相关事实。在习得称谓功能之后，儿童就会产生形式化称谓的冲动：一切进入儿童感官的东西都必有其名。这时，如果儿童掌握足够多的词汇，每一种东西都作为个体而被反复理解、辨认和处理，而且各得其名，那样，就只会出现诸如"苏格拉底""易北河""德累斯顿"等专名，这是再自然不过的事情。语言学家也认为，专名毫无疑问属于最古老的语言资源。这在儿童身上显而易见，对于儿童而言，"爸爸""妈妈"等首先是纯粹的专名。

这种状况无法持续，部分是由于一种外因所致，即词汇的缺乏，因为世界上的事物不计其数，而一种语言的词汇数量有限，这样，如果要给每一个事物命名，势必是许多事物拥有同一个名称，所谓"诸事同名"是也，例如"哈巴狗""灵猩""达克斯狗"等都叫

“狗”。对这个称谓的想象与对那些不同事物的想象之间，以及对同一称谓下所有事物的想象之间相互联想，这就是我们思维中概念构成的基本模式，图示如下：[①]

$$\begin{array}{c} \swarrow N \searrow \\ D_1 — D_2 — D_3 \end{array}$$

如果以为这样就可以充分解释概念的形成，那就是夸大了外部因素的影响。不，概念形成的深刻根源一定在于思维自身的规律性。有证据表明，概念形成在儿童身上即可归因于内在因素，并被引入特定的轨道。这些内在因素起初通常是一些令人不满的瑕疵，是智力发育过程中的消极因素。小孩子将苹果树混为橡树，将小牛犊混为大屠夫犬，这难道不是一种理解力的缺陷吗？记忆图景的快速模糊也属此类。最终，这些缺陷所产生的影响与高度抽象能力的缺陷所产生的影响难以区分，而命名活动始终伴随着抽象。

另外，概念在思维活动中也有其积极的一面。专名可以逐步上升为更高级、更一般和更抽象的概念，儿童思维中的概念金字塔也是万丈高楼平地起，难道不应该这么想吗？的确应该这么想，人们也确是这么想的。然而，事实却并不然。概念发展是自下和自上同时发生的，有涉及个体的具体概念，也有非常抽象的一般概念，它们都可以构成为基础，如“东西”“某物”和“做”“干”“导致”等最为一般的概念，出人意料地很早就出现于儿童的思维和词汇之中。这是一个非常引人注目的事实，说明这里的一切过程并非人们过去经常所想的那样机械。

(2)最一般性概念(范畴)。人们经常通过特征谈论事物的范

---

① 如图：N 表示“称谓”，D 表示“事物”。——译者注

畴,在这方面,我们认为没有根据说明儿童的感官印象与我们自己的会有什么本质不同。我们将颜色、硬度、冷、热等感官印象仅仅视为某物的特征,体验为物体的特征。在开始阶段,初次使用有意义的词汇不太一样,它们的使用主要依赖于情感的稳定性和愿望的稳定性,并以此获得事物的合理性,使得客观稳定性原理(Prinzip der Dingkonstanz)得以贯彻。这时,儿童很可能将称谓词视为与颜色、形状、大小、硬度和软度等与事物特征相类似的东西。

现在,还有一个问题,即按照这一原理使用词汇本身也必有其名。在最初使用的那些称谓词中一般会有一个或多个涉及儿童关注的所有事物,例如"这"或"那",而且一般有指示性体姿动作相伴随。问题是,伴随此类指示性体姿的词语是否总是具备称谓的功能。我不这么认为,因为,体姿本身,包括指示性体姿,与词汇类似,最初主要是表达愿望和情感,这不仅是可能的,而且事实也确证如此。伴随词汇的情况为什么会异样呢?无论如何,我自己观察到的情况值得注意,有一个快满1.7岁的幼儿有如下表现:"第一次紧连两次重复使用 dies(这)。她看见母亲的手表放在桌子上,说:'diese Uhr ham!'(我要这手表)——稍后,她玩一块手帕,(把手帕举到眼前又拿下)。看到母亲拿起另一块手帕,孩子说'hantuch ham!'(我要手帕),母亲说:'你手里有一块手帕呀。'孩子语气更为坚决地说:'hantuch ham!'如此重复多次,最后有些激动,张开手臂(指示性体姿),说'dies Hantuch ham!'(我要这手帕),同一天她还说:'dies beitit(=Bleistift,我要这铅笔)'和'dem Buch'(我要这书),并伴随以指示性和要求性的体姿。"

这里,每次都出现特定的称谓词。体姿本来可以独立行使指示功能(Deixisfunktion),但还是以 dies 相伴随。[1] 随后,dies 和 das 等就会单独出现,并明显表示称谓。同时,也出现 ein 或 eins,而儿童这时还未掌握数字,所以它们肯定不是数值单位,而仅仅表示某个不定称谓,与我们成年人说"某物""东西"或"某个"等完全一样。我们的印象是,要么是儿童未能及时想起那个特定的称谓词,要么是他不需要进行更为确定的称谓(缘由不明)。这个幼儿使用"某物"和"东西"等词晚了许多,因此我们还需要更多的观察。问题是,"这是什么?""这究竟是什么?"在称谓问句中是否已经包含了对事物的一般性称谓。虽然我没有明确的根据来否定它,但我表示怀疑。我认为,其中的特别之处、新颖之处可能仅仅在于问题本身的意义,而 das 还没有什么其他含义,仅仅是实施了如同指示性体姿一样的功能。

如果上述内容基本正确的话,儿童在称谓阶段所使用的某些称谓词具备不确定性和普遍性的特点,而且有时同时使用指示性体姿及其伴随语词。假如我们对这里所使用的"某物"这个概念进行定义,大概也只能说,"某物"就是所有可以被称谓的事物。这就是我们如下断言的含义:事物的范畴具备思维功能,或相对于对象而言:可名性乃事物之普遍特性,其本身也要求一个特定的词作为其名称。这类情形在最原始的语言中是如何表现的,应该是一个有趣的问题。

我们来考察"machen"(致使)这个概念,它属于因果范畴。经验主义认识论片面地提出一些关于儿童因果思维(Kausalge-

---

① 这里出现的 dies 和 das 为指示代词,可译为"这个",ein 和 eins 以及 etwas 等为不定代词,可译为"某个"。——译者注

danke)起源的断言,其实认真研究事实本来可以使它避免某些理论错误,例如,人们经常谈到,规则排列的两个感性事件使人产生固定的联想,因此就以为那是因果思维的基础。休谟对这一理论有过著名的阐述,在某种程度上也是正确的。例如,在喂食婴儿之前人们按照惯例会安排某种准备活动,如某种诱导或吸引婴儿注意的事件,这样,如果这一事件再次出现,就会立即引起一种熟知的预期性反应,即喂食将至。在动物园也有许多类似的现象。

也许我们可以顺着休谟的思路进一步大胆设想。较高级动物和人类自发积累了大量类似的"经验",即完全能够按照联想规则来得知一般性倾向,以每一个特定事件为出发点,在时间向度上向前和向后"观望"寻找其他事件,换句话说,将每一个事件视为一个时间链上的一环,在两个向度都有其紧邻的一环。在特定情况下,人们根据一只狗的实际行为可以想象它的一般性习惯反应。

但是,有一点要预先说明一下,这些还压根不是思维,更遑论因果思维。休谟自己也没有那样认为,倒是我们时代的一些人,自诩为他的追随者,企图用纯粹的联想心理学(Assoziationspsychologie)将老师的思想简而化之,却没有注意到,他们这样做会使该理论的灵魂荡然无存。休谟认为,人类对反应的一般性倾向进行反思,从而获取因果性思想,即后者是前者抽象的结果。[①] 为了避免误解,我们要直截了当地承认,在对因果原理的证明中如此这般的理论简化是可行的。但是,如果断言这一抽象活动存在于儿童身上,而且认定那就是因果思维的心理根源,情形就不一样了。凡是观察

---

① 准确地说,只涉及因果联系所蕴涵的必要性因素,而因果思维的其余部分另有其根源。请比较雷赫尔(Riehl)《哲学批判主义》(*Der philosophische Kritizismus*)第一卷第二版,尤其 143 页。

过儿童的人都知道，规则性重复一般根本不能刺激和诱导儿童的思维，原始人和非哲理思维的人——如黑猩猩——概莫能外。智力是一种机制，要解决的并非规则性的问题，而是新颖的、罕见场景的问题，唤起智力未开者进行思考和寻求解释的是例外和令人惊讶的现象。

除此之外，纯粹经验主义理论还存在第二个缺陷。他们认为外在的、物理的联系，如两只桌球相碰，为典型的依赖关系。差矣！情形绝非如此。无论黑猩猩是否已经具备认识能力，人们都可以毫不费力地根据它们的行为方式，指出其发展过程中认识产生的节点，那就是它们能够运用手段（工具）来追求一定目标的时候。儿童最初理解的关系就是目的性行为的意义关系，他最初必须理解的关系是成年人目的性行为之间的关系，之所以必须理解，是因为它们关系到他的喜怒哀乐。儿童最初接触到的原理，实际上是成年人行为举止的规则和规矩，不仅规范成年人的行为举止，也应该是儿童自己行为举止的参照。

这要求个体思想在一个生活共同体中发生本能的互动，即所谓“体会”。对此，前文在讨论儿童最初理解和说出有意义的词语时已有论述。我们始终认为动作模仿是思想与思想沟通的基本路径，非常有必要将这一复杂事实以我们这里的视角重新审视，然后付诸实证研究，因为，这其中蕴含着理解因果思维产生的钥匙。事实上，对于进入其实际生活的自然过程，儿童很早就有“认识”，所根据的也是目的性行为的模式。例如，斯库宾夫妇发现其32个月大的儿子有如下表现：“当我们今天走进房间的时候，小家伙站在窗前气愤地说：‘太阳很不听话，太阳把手指头弄得流血了……’。在同一块窗户玻璃上有明显的指痕，表明孩子刚才把他的手指对着光线，并在日光下看见了鲜红的血液。”

词语“machen”(做，使得)能够准确表明这个年龄的儿童对关系的理解。母亲怎样“做”饭和“铺”床，怎样在不同情形下“使得”孩子高兴、疼痛、满足，孩子就会依样效仿，做这做那。心理学必须研究这样的词语。我认为，词语“machen”的使用与“这”“某个”和“东西”等词的使用完全相同，也就是说，作为一个一般性的助词，“machen”这个词出现得非常早，这时，对于更确切的行为称谓，儿童尚不熟悉、不能理解或者无意追求：“snell machen”(加快)、“kaput machen”(弄坏)、“lalala machen”(唱歌)，等等，或者非常随意而泛化地以动作展示“如此这般”的“做”，这些都是 1.5 岁儿童经常使用的表达方式。我想，如下表述很是贴切：在儿童的思维中，“做”这个范畴似乎很早就很活跃，也成为一个达意之词，以便在对新事件进行解释之时完成表达、称谓和描述。

还有两句收尾的话。前面曾强调指出，对词类出现的情形，我指的不是根据它们的形式，而是根据它们的意义(功能)，还有待于心理学的研究。第一，动词的特殊功能应该与“做”的体会和思维活动有关，我们常用的动词，其根基里今天还活跃着儿童世界观的精髓。第二，如果一切事物都以某种近似的方式被感受，如果将所发生的一切都与自身及其需求相关联，那就预示着儿童世界观的初步形成，是儿童对自然和生命现象所做的纯粹目的性和以自我为中心或至少以人类为中心的理解。

(3)儿童如何定义。判断行为的发展有助于概念的形成，因为，概念是知识网络中的节点(所谓“一步挑动千根线……一击拨动万种缘”)：同一事物出现于不同关系之中，从而也获得多种称谓，这还不包括魔幻游戏中对幻想的解释，那里，一根棍棒被用作一匹马和其他许多东西，并照此称谓，就是在客观真实的思维中同一个东西也有许多名称，如艾丽莎、姑娘、人、个人，或贝罗、哈巴狗、狗、动物，或锤子、工具、东西，等等。此前有一种观点以为，一个称谓对应许多东西，而现在，我们面临这一观点的回归。称谓的辖域以此方式相互交织，形成有序而非混沌的组织，因此，必须关注和重视儿童思维中概念之间特殊的上位关系、下位关系和并列关系，例如，狗、猫、牛、鸟和鱼等都属于动物，或者人们可以用"工具"称谓锤子和钳子，也可以称谓所有手工行为的辅助性物品。每个教师都知道，学龄儿童的概念组织还处于初级阶段，学校还有许多工作有待完成。而它(那个过程)在儿童入学之时已经开始，这是我们的兴趣所在。然而，必须承认，我们还不能说明它的具体情形。

迄今为止，我们的目标是要建立一种方法。问一个 4 岁儿童："什么是勺子，什么是椅子?"回答不外乎：吃饭用的，可以坐上去，或者儿童会开始讲述故事。例如，"什么是公共马车?""许多女士可以坐进去，有多个坐垫，3 匹马，它们在跑；'叮呤'(敲铃的信号)一响，它们就跑"。这是 5 岁的巴黎小姑娘所熟悉的街景。"什么是蜗牛?""人们用脚踩它们，而且不让它们吃沙拉，什么都不让吃"，同时，儿童站在院子里开始想象，布置着场景。"一只狗呢?""它咬人，人用绳子牵着它，它是只公的，它会跑，它有只尾巴。"随着学校教育的影响，这些功能性定义(Zweckdefinition)逐渐减少，取而代之的是不同程度的学校式定义，其中的逻辑关系显而易见，对此，一项美国研究(巴恩斯 Barnes)观察了儿童 6 岁以后的情形，得出下列百分数：79、63、67、64、57、44、44、34、38、31。早先，学校训练儿童根据熟悉的逻辑模式进行定义，现在都已弃用。这是对的，因为，那样做明显高估了纯粹逻辑关系的作用，以为人们在所有情况下都应该能够说明紧邻的上位类型和类型的决定性特征。在大多数领域,更为重要的是我们习以为常的那些自然规则和事件之间的关系。

不过,我们再回到学前年龄!在儿童的思维中,功能性概念非常典型,占据主导地位,这个年龄段的思维可以被称为实际功能取向型。儿童借助于范畴来把握东西和事件的范围不是很大,而且,功能之间关系的交织缺乏贯穿始终的主线,与紧邻成分的联系会随时中断。虽然如此,小小的世界却已经充满了清晰的秩序。

直到后来,当儿童感受的触角全面地伸向未知领域,功能性解释成为其思维的便捷工具,成为探究不止的钻头,便开始提出没完没了的问题,参差不齐的入学儿童便出现在教师眼前。——人类历史是否也曾经历过相似的发展?人们知道,精神信仰的力量有多大,"有灵论"对原始族群的精神感召力有多大。费沃恩(Verworn)说道:"人们在理论上认识事物的伟大尝试,其思想最初就体现于朦胧幻想的、阴森恐怖的精神观念之中。"重构史前史不是心理学家的任务,其关心的是,如何表述史前画卷所包含的心理学前提。我认为,如果确实存在过某种天堂般的清澈和无邪,那么,无奇不有、永无休止的牛角尖问题必列其中。在儿童那里,人类的解释意愿还没有什么思想和专业背景,还没有超越生活的直接所需,只是对身边自然和生活的目的性的认识和接受。①

C. 儿童的世界观

实际上,儿童的世界观与原始族群的世界体验非常相似。儿

---

① 其他资料:第59、105、106、109、110、111、113期。

童还不可能区分生物环境和非生物环境，他一切都以自己为出发点，并且，自己能够感受、提出愿望和获取结果，所以他认为自己周围的一切都具有同样的功能。人们将这种态度称为“拟人化”(Anthropomorphismus)。与原始族群一样，儿童对自然现象和物理现象不能做出解释，对因果的追问趋向于神秘论。面对成年人如此这般的解释，他欣然接受，有时也会自己臆想。万能的力量或事物本身所蕴含的力量能够引发变化，这是儿童的前逻辑、神秘思维(magisches Denken)。

在原始社会，这样的世界观几乎不会随着成长的过程而变化，为了生计安全，儿童的实际经验不断增加，但是，他的神秘论和拟人化世界观已经被其族群的宗教想象塑造成型。相反，现代儿童始终要面对成年人和大龄儿童的逻辑和因果思维，4 岁时，他的神秘论和拟人化世界观达到顶峰，之后，便逐渐发生动摇。一般在 5 岁时，儿童本能地迈出克服拟人论的第一步，发现“动作”是区分生物世界与非生物世界的标准。从此以后，角色游戏中的“似乎特征”不断显化，儿童开始怀疑童话人物的真实性，怀疑幼教时期的神秘人物，如耶稣圣婴和圣诞老人，对日常生活现象和自然现象进行因果逻辑解释便应运而生，而且得心应手。7 岁时，儿童的世界观基本相当于周围成年人的水平，并且朝着越来越接近现实的方向发展。但是，神秘思维已经深深地扎根于人类情感的历史之中，只有少数人能够彻底克服。它在情感的深处继续存在，终生挥之不去，并在恐惧、迷信、偏见和特定禁忌中浮现出来。

二　心理学的危机*

1　心理学的三种视角

心理学何以成为可能？如果康德是我们，就会如此设问。实际上，哲学家的职责是面对现实，既要思考其可能性，也要思考其必要性。我们的目标是在哲学的高度思考原理性问题，阐明其特点和意义。在此，我们所追求的是一种康德意义上的必然的超验推理。我首先提出立论：对于心理学的任何科学而言，三种视角都是可能的，而且缺一不可。因为，每一种视角都要求其他两种为其补充，从而形成科学认识的完整系统。每一种视角都蕴含着各自独特的心理学基本任务，而如果放弃该视角，则任务便毫无意义或无法求解。因此，心理学的基本对象包含人的体验、理性行为(sinnvolles Benehmen)及其与客观精神(objektiver Geist)产品的相互关系。这样，如下问题便需要哲学解答：这三种基本视角是否

* 译自 *Krise der Psychologie*. 3. ,unveränderte Auflage. Gustav Fischer Verlag, Stuttgart 1965。——译者注

也属于或针对其他某种未知单位的基本元素，以及属于或针对哪种未知单位的基本元素？

对我而言，语言现象最为熟悉，且界定分明，我们应该以此为例进行证明。如能成功，则再扩展到其他现象应该不难。这些思考已有20多年的历史，我的目标并非要改造心理学，而是要建构语言理论的原理。对此，我的专著《语言理论》已经基本完成，那里将会详细论述。我在这里选择抽象的论证路径，来说明这三种视角是科学地理解语言现象的唯一途径。这意味着我已将主要结论提前亮出。

(1)语言理论的体验观

在拉扎勒斯（Lazarus）和施坦塔尔（Steinthal）时代，语言理论从逻辑学解脱出来成为一个伟大的事件，人们为之而欢呼雀跃。对于那些男人们而言，语言心理学这个词似乎是个救星。它到底成就了什么？海尔曼·保罗（Hermann Paul）和冯特是这一运动最有成就的人物，翻开他们的著作，我们发现一切问题都还悬而未决，几乎一事无成。在句子理论方面德尔布吕克（Delbrück）堪称一位严谨的语言学家，他不无道理地指出，无论是赞同施坦塔尔和保罗所推崇的赫尔巴特（Herbart）心理学，还是赞同冯特的理论，其实都一样，“对于实践者而言，两种理论都行。”这是一个老道的“实践论者”给出的评判，包含着一个毁灭性的批判，冯特也认识到了这一点。它体现了真正的行家面对乏力的解释的一种漠然。实际上，一种语言的句子在说者的意识里究竟是一个综合的过程还是一个分析的过程，这完全是一个次要的问题，它们都没有触及句子的本质。[①] 如此，这场运动整个卡在次要问题上寸步难行。为什么呢？因为仅凭一种体验心理学（Erlebnispsychologie）的手段根本不可能理解语言现象。对此，我可以通过冯特和达尔文进行解释和证明。

1. 冯特独辟蹊径，坚持从体验视角来理解整个语言。他说过如下原则性的话：

"构词、句法和语义演变等，都体现了语言的本质，都说明语言不仅仅是一般意识活动的外部表征，而且是它们必要的组成部分。在此意义上，此前章节将最主要的语言现象理解为人类意识的功能，其中体现了该意识发展的基本原理。"这就是第二卷中"发展理论"一章的结论。

语言是一种表达活动（Ausdrucksbewegungen），这一观点反复出现。"语言作为表达活动而存在于其发展的所有阶段，不断地产生于表达活动的整体之中，构成动物生命的根本特性。""凡是有意识的地方，就有活动来把意识活动表征于外。"至于人类语言与动物语言的比较，我们面临一道无法通过直接观察而逾越的鸿沟。"但是，这道鸿沟并不是说，动物所体现的各种发展不是人类发展的先期准备。表达活动属于心理功能的自然补充，心理功能之间的关系也适用于表达活动之间，因此，语言只能是表达活动的特定组织，且与人类意识发展阶段相匹配。这种人类意识离开语言就无法想象，同

---

① 详见我的论文《近代句子理论批判》（Kritische Musterung der neueren Theorie des Satzes. Indog. Jahrb. 6/1919）第 1 页起。

样，语言离开人类意识也无法想象。这样，二者相互联系，相互融合，因此，关于理性和语言孰先孰后的问题，无异于‘鸡与蛋孰先孰后？’的著名争论，毫无意义。”①

这段话蕴含着一个简单而结构鲜明的原理，严格地说分为三步。第一步是所有精神冲动与可感知的身体活动须臾不离的并行原理（Parallelenaxiom）；第二步吸收了发展的思想，认为从最低级动物到人类，整个精神世界的复杂性体现为我们眼前各种表达活动可感知的复杂性；第三步的基础是这里没有引用的一个观点，即在整个表达活动中，有声语言具有相对的独立性。“据此，我们可以认为，有声语言的发展伴随并依赖于肢体语言，在与之长期共存、相互影响之下才逐渐与之脱离而独立。”显而易见，为了解释有声语言的相对独立性，这里只是附带地将社团的影响引入语言理论。这再次表明人类语言总体遵循并行原理，即使在其最高组织形式中也保持一种规则性的表征，并进而成为个体精神生活的依靠和支撑。

上述最后一点与冯特关于“民族精神”（Volksseele）的观点以及将民族心理学与个体心理学截然区分开来的观点并非完全一致。仔细观察，会发现他的区分缺乏透彻的思考。“集体精神”（Gemeinschaftsseele）是一个奇特的概念，有时也称作“集体意志”（Gesamtwille）或“集体人格”（Gesamtpersönlichkeit），只出现于民族心理学的提纲和引言中，并没有投入实用。冯特实际上并未超

---

① 参见冯特《论语言 II》（*Die Sprache II*）2，636 页。其他引文出自此前一页及此后多页。

越体验心理学，因为，他是在严格按照个体精神的模式来寻找“共同精神产品”的载体，然后又毫无保留地将它们嵌入单个主体。摒弃诸如“民族精神”这样充满疑点的理论，同时无损于支撑它们的相关事实，这是检验建设性概念先进性的标准。对于语言理论而言，上述原理构成冯特理论的基础。对此，我们将略作评论。

在冯特时代，人们提出过关于“整体意义”的问题，但是态度迟疑不决，对其解答的可能性也未曾认真思考和抱有希望。这里应该对此展开讨论，因为，一切精神与可感知表达活动之间须臾不离的联系乃是一条基本原理，优先于“整体意义”的问题。请注意，问题不是涉及关于心理生理并行论的假设，而是精神与身体活动之间更为深刻和特殊的联系。心理生理并行的原理可通过外在感知而获得满足，也可通过不可外在感知的神经系统或身体其他部位的活动得以实现。如果认为冯特语言理论的基本原理是运用心理生理并行论的一种结果，那就必然导致可感知性和身体活动的表达功能这两个概念元素的泛化和淡化，最终破坏整个概念的适用性。我们决不可以这样做。“将意识活动外化表达”——向谁表达？表达活动显然并非只是针对配备有精心设计的观察仪器的心理学家，而是针对所有对此有准备、有能力的同类。这是提出建设性批评的关键。任何一种身体活动，只有与一个真实存在或至少虚构的信息接受者发生相互关系，才能成为特殊和绝对意义上的信息传达，信息传达和信息接收必须作为相对的概念才可予以定义。若要标新立异，则可提出以下立论：冯特和达尔文关于表达活动的理论都没有认识到这一逻辑关系，所以很不圆满，不能服人，有待完善。一般情况下违背逻辑都有其客观原因，对于我们而言，仅仅以个体为出发点的观察方式根本无法达到目的。

2. 这里虽然仅举一个实例来阐释这一普遍原理，但我还是能通过抽象证明的方法，说明达尔文虽然提出了寓意深刻的问题，但也陷入同一片沙海。其开端无懈可击，因为，如果一定需要一个基本而普遍的原理说明动物和人类的身体活动，并以此来建构广义的语义学，那么，应该就是达尔文理论所预设的那个原理，即它们的功能关乎生命、维持生命。有些活动直接满足寻找、抓取和摄入食物等生活需要，另一些又直接满足其他方面的生活所需，这个观点无需心理学家去证明。不过，根据达尔文的观点，大部分表达活动不是如此直接地满足需要。那么，它们的理据何在？这就是达尔文提出的问题。"必须以新的视角考察整个对象，而且每一种表达形式都需要一个理性的解释。"[①]所追问的理据可以表述如下：表达活动是过去目的性行为的遗迹。一个人怒火中烧，肌肉紧绷，拳头紧握，咬牙切齿，所有这一切整体上都隐现了某个用拳头和牙齿争斗的时代，类似的推测可从所有其他体姿动作得以验证，只有在它们明显失灵的情形下，才需要在理论中补充两点辅助性考虑。受惊或发抖时的碰撞和无序动作看似毫无意义的释放现象，好像是中枢神经系统的高压冲动所引发的运动机制的泛滥性外溢。达尔文认为，有些表达现象可能也是反例。

以上批评已经大大降低了达尔文思想的影响。我们的问题是，为什么整个理论建设在如此良好的开端之后却又毫无希望地草草收场，并如此虚无缥缈地陷入死胡同。我们的回答是，因为它同样是在关键的地方没有完成从个体到群体的至关重要的一步。

---

① 参见达尔文《人类和动物情感的表达》(*Der Ausdruck der Gemütsbewegungen bei dem Menschen und den Tieren*)。

纯粹逻辑地看，达尔文的选择很不全面，因为，尽管紧握的拳头没有打出去，这一动作依然可以达到一个目的，而其前提是，拳头指向的另一个人感知到它并有所反应。谁能知道，许多表达活动最初是否就是为了对感知中的同类产生这样的特殊效果而发出的？但是，即使真的如达尔文所证明的那样，这类表达活动本来就另有所图，作为纯粹的语义行为（semantische Bewegung）也不会毫无意义，相反，它们只是发生了功能转换（Funktionswechsel）。人类脸部表情非常丰富细腻，是诸多毫无意义的动作的汇聚，否则也就不会达到它们今天的发展高度。这是对达尔文思想提出的可能且意义深远的补充或修正，但是这有一个前提，必须将另一个人，即那位特定的接受者，表达活动的接受者，照常纳入理论之中。没有这样一位接收者，由精神冲动引发的一切身体活动就无所谓真正意义上的信息传达，只有考虑到接收者，才能对身体活动的语义进行基本的概念定义，才能涵盖语义学的范围。

3. 还有一个想法，能说明一切都是靠自身而组合为整体的。与这里所描写的功能转换相类似的情形也发生于动物身上，甚至包括单细胞动物。过去一代人在低级动物心理学领域所取得的最大进步，要数对“向性理论”（Tropismentheorie）的彻底超越。劳伯（Loeb）等人的向性理论的确存在缺陷，对此，我想读过詹宁斯（Jennings）那本书的人都会深信不疑。我们的观点是：纤毛虫与自动机的行为方式不同。下面用简单几句话来诠释这种证明的要害。第一，关于最原始的学习方式已经有很多证明。我们的工程自动机通常不学习任何东西，相反，更多是把我们赋予其功能的简单意义逐渐地重新忘掉。第二，需要特别注意的是，即使是最低级的动物，也并非总是被动地等待外界巨大困境和强大刺激的到来，而是在这些还不存在的时候就实施有目的的行为，预备好大量的果实。它们似乎并非只有反应行为，而是积极地行动，近似于亚里士多德和其他希腊哲人所设想的自动系统，也许它们真的就是亚里士多德意义上的自动机？[①] 这还需要继续讨论，但我们要用手里的最后一张牌去彻底赢得比赛：第三，它们的反应并非碎片式的或有机系统局部性的，而是整体性的和理性的。只有少数经过确证的例外，值得深思。

问题的关键是，低级动物的行为理论是比较心理学（vergleichende Psychologie）的一部分，甚至是系统性很强的一部分。后文将从逻辑的角度建构“整体性”和“理性”这两个概念，这里先仔细考察后一概念。从詹宁斯那里我们直接而强烈地感到行为的意义属性，它可以一分为二。仔细分析可以证明，这些系统性行为是受中枢控制的，这是其一。其二，值得注意的是，其中包含我提出的术语“信号”的内容（详见原著 73 页起）。我们从人体构造知道信号的蕴涵和功能，例如，信号杆上的红灯决定着火车司机的行为，他似乎能感受到真正的行驶阻力。现在已经证明，在一定条件下，单细胞动物的行为与我们的火车司机原则上近似。不要把事情想象得太过人性，但是，一定存在某种刺激和行为过程，例如 a-b-c-d，其中，d 为合乎规则的、自然的结束，例如吞吃食物，由此引发一种情景，使得身体获得外部安宁，或发生其他新的、简明的行为。d 在其他情况下也可能是身体损伤和逃窜。那么，反复经历此类序列之后，在某种新的情景中，我们在 a 或 b 阶段就会看到逃

① 对生理行为概念的谨慎定义，参见夏洛特・比勒《关于本能问题》（*Zum Problem des Instinktes*. Zeitschr. f. Ps. ,102/1927）。

窜现象(或为完整起见,也可以设想另一种情景,即明显的进食准备),那又该意味着什么呢?一些美国学者将这种行为模式描述为"条件反射"(conditioned reflex)。用联想原理(Assoziationsprinzip)来解释这种事实应该无可厚非。未经事先训练而出现此种表现,我们称之为本能,相当于记忆中先天存在的关联,或准确地说,是先天存在的刺激-反应配列(Reiz-Reaktionskoordinationen)。

现在不妨从我们的研究角度出发,逐步将问题复杂化,以便重新回到达尔文关于表达活动的研究上来。这样做在理论上也是无懈可击的。这里,我们要指出一种行为方式的演变。某些目的性行为直接导向生物学成就,而另外一些行为只是同类行为介入的结果。看到这种演变,会使我们产生似曾相识的印象。不要忘记,一开始的模式所讨论的是刺激的价值,而这里的符号发送者(Zeichengeber)首先涉及的是反应模式的另一方面,即具备语义特征的行为。现在,我们来设想一下表达行为接受者的情形,那是人或者动物的同类,此刻,二者之间的区别不存在了。例如,在狗的生活中,面对一只愤愤地龇着牙靠近的同类或者一个手持棍棒虎视眈眈的人,狗都会躲开。与纤毛虫的逃窜信号相比,这里的现象在很多方面似乎都蕴含着更接近人性的东西。不过,火车司机的情形与狗的情形还是不同,因为我们要求火车司机对信号做出更高级的反应,如果这一重要职业的选手仅仅从自己的教训中学习提高,或如谚语所说,"吃一堑长一智",那岂不是太可怕了。但是,信号使用和生成过程中的哪些元素以及怎样为人性所特有,这类问题暂时不必考虑。动物信号语义学与人类信号语义学存在异曲同工之处,我们必须深入考察我们所熟悉的那些最简单的关系,从中发现整个机制的原型。目前,明确这一点就足够了。

(2)符号发送者和符号接受者的双重系统

我们提出一种与冯特不同的语言学原理,其中三种视角都各司其职。最适当的做法是首先讨论(人类)语言的现象学,然后再引入发展观。这样,动物语义学(Semantik im Tierreich)从高级的、更为丰富的人类系统获得解释,(就我们今天的知识而言)可以证明比人类语言整整少一个维度。在方法上与研究人类和动物的颜色感相似,首先必须清楚而全面地认识人类的颜色系统,然后才能准确地理解色盲的类型和程度,也就是说,可以在理论上进行预测。我们首先要在人身上解释清楚(至少在重要的特征方面是如此),然后才能准确提出关于动物颜色感的问题,进而充满希望地实证阐述发展观的问题。现在,功能实验的技术已经如此完备和令人鼓舞,再没有人认为,自下而上对人类颜色感的实际状况进行历史发生学解释只不过是一个乌托邦式的空想。

人们自古就对语言理论充满希望,古希腊先哲早已如此。后文将对达尔文和冯特的发生学理论进行比较,以梳理诸多原理的历史发展。这样做并不是要重新点燃希望,而只是为了便于发现其中的可比性。如此,整个动物语义学便自然会成为行为视角的力证。

1. 如果冯特的并行原理成立,那么,就又引出一个关于语义起源的问题,因为,语义以某种方式蕴藏于心理现象之中,而人们只需要深入研究它们的起源。新的观点对表达概念的理解虽然比较狭义,但更具针对性,允许并要求提出关于概念起源的问题。这个问题不再寄生于某个原理,而是要实证地予以回答。语义学的起源不在于个体,而在社会之中,人们对其中的原理习以为常,但却从未在方法论上进行过充分验证。另外,语义学需要新的视角。信息发送和信息接受是一对相互关联的概念,符号发送者蕴含着符号接受者,这样的逻辑认识同样也要求我们关注语言的源点。因此,我们提出一个简单而又深刻的假设,即语义机制始终服务于有序的社会生活,另外,它并非某种已经存在的社会生活所附带产生的奢侈品,而是与之紧密联系,因此,我们必然要进行更为深刻的思考:语义不是某种动物或人类社会生活的副产品,而是其中的基本要素。只有这一严格的认识才能体现我们提出的基本思想的意义,并激励我们通过事实检验它的真伪。

在动物和人的生活中都存在大量形形色色的隐秘成分,我们从一开始就可以把这类成分排除在真正的社会生活概念之外,以聚焦真正的社会,给社会概念下一个简单的定义。我们有意突出其中的一个特征,即社会成员的理性行为相互制约,并在此基础上提出一个观点,即人际关系中社会目标和社会任务的观念性也存在于动物世界。不讨论具体的采蜜、哺育后代等过程,就不能准确地描写蜂房里发生的事情,即蜂房之中的社会事务。人们可以谨慎地认为,这些都只是整幅画卷中的临时性线条,还需要最终的证明予以确认或消解。无论是虚构还是真实元素,这在逻辑上暂时无关紧要,只要承认每一种准确的描写都需要那样的线条即可。不过,这是一个次要问题,我们的兴趣在于社会成员理性行为之间的相互制约性。实际上,他们的行为很少完全一致,然而凭借某种交往必然会产生某种动态的一致性,或者说某种此时此地有据可查的调节性。我们要注意到这样的调节性,可以断定它们无法脱离语义学,必须依赖于相互沟通的手段。

这里需要立即提出一点修正或解释。人类和动物的行为有无数的变体形式，无需词语和动作就可以相互十分合理地渗透交融，难道我们没有发现吗？的确如此，而且是发生在共同的感知场景之中。这是我们论述的基本出发点。这里，人们可以通过一切相关的手段实施行为控制，如通过个体相互之间的态度，亦即我们所说的交往，或通过双方行为的相互理解。当前备受热议的“心理学理解”这个概念，或者准确地说，感同身受的理解或体会性理解，其根源即在于此，而与之相伴而生的正是所谓的语义学。对此，我们还将论及(原著§9)。

这样的出发点意义重大，究竟将它纳入语义学范畴，还是将它坚决排除在外，对此必须有统一的认识。人类的行为和冲动原本具备目的性，可能或多或少以意识和意愿为指导，或无意识、无意愿而为之，但都是精准表达和思想交往的载体。无语的思想交往不只限于外交家和演员，还发生在大街上，包括各种粗俗或高雅的社交场合中的交往形式。以寻求交往为目的的表达，其中所隐含的角色分配和原始的目的性行为，在动物界会有多大程度的表现呢？我们先不说狗，应该首先从鸟类的求爱中寻找答案，我认为这样才不会偏离方向。抛开一切机巧花样，还有一种重要因素也是我们问题的根本所在：行为控制的基准点(Richtpunkt)也存在于共同感知场景之中。请看人际关系中的几个例子：一个司机看见一位戴着眼罩的行人穿越马路，其行进方向清晰可辨，便单方面决定绕开这一移动着的障碍物。这里，不出现针对行人行为的反馈性调节。相反，司机相互之间的交往，或司机面对警觉灵活的行人所做的避让——这时发生的是一种相互控制，而且，如果误判了对方的行进方向，或对方突然改变方向，则通常会发生危险。做帮手的徒弟和师傅，或外科护士与大夫，他们相互协作——这里，行为之间的密切合作通过共同感知场(Wahrnehmungsfeld)中针对具体目标的控制而得以实现。在人类日常生活中,这样一目了然的例子俯拾即是,足以充分说明我们的观点,所以,无需再列举蚂蚁等动物群体生活中其他类似的简单例子。

另外,目的性控制的基准点如果以某种形式超越了共同感知场,那么,就需要中间媒介机制,简单说,就需要一种更高秩序的交往,以排除困难,达成控制。我们观察一下那种最高秩序中的情形,在那里,说者向听者的想象和概念发出召唤。但是,在此之前还可能存在许多中间等级和复杂程度,需要超越或克服。例如,以下情形就是对共同感知场的一种相对简单的替代:蜂群中的一只雌蜂新发现了一种繁茂而多蜜的花种,飞回蜂巢,召唤那些惬意赋闲的同类飞出去,它让它们感知那花种特别的芳香,以引导它们确定飞翔的范围。这里,基本场景包含一种对行为控制基准点(Steuerungsrichtungspunkt)的空间超越。因为,新发现的花种在蜂巢里无法被感知,但却是那些被感召者的飞翔目标。这样,感召者现场起舞,把芳香气味传送给被感召者,这样的感召性舞蹈中包含着纯粹的语义行为。这里,超越时间的可能性以及人类语言在这方面的功能,只需一笔带过。目标也有可能就在感知范围之内,但却不为符号接受者所关注。这时,符号发送者的指示性手势可使之得以显现。这种体姿已经接近人类特有的属性,是人类语言描述功能的雏形。根据我们比较语言历史材料和对儿童观察所获得的知识,这种体姿具有重要的历史发生学意义。

更为重要的是,我们的对象是活生生的个体,这一点尤其需要注意。在行为的相互控制中,个体的自身需求和自身情绪备受关注,对此如果不能根据基本的目的性行为清晰地得以解读,则必须予以特别的表白。在此，应该将冯特的基本思想予以修正并引入我们的理论。并非每一种心理冲动和情绪波动都必须以特殊的体姿表达出来，发展理论所要说明的是其中控制其他社会成员临场行为的部分。

以上阐述了语义学起源基本思想的第一点。我想，相比较冯特根本未经证明的并行原理，我们的观点更接近事实。这种观点和达尔文观点的合理性一目了然。达尔文思想的前半部分是正确的，但后半部分却是错误的。为了确保名副其实的社会生活顺利进行，亦即实现有组织的社会功能，必然发生思想态度、理解和控制行为的互动。它们应该是高等级交往发展的基础，具备方法论原理意义，通过对特殊肢体语言的具体研究，可以揭示那些互动与前语义、原始目的性行为发生渊源的可能性和具体细节。有人把发电报视为信件书写的退化，这样理解很不妥，难以服人，同样，把体姿动作视为目的性产品（Zweckgebilde）的退化也是错误的。体姿蕴含着非常重要的发生学价值。当然，我们的观点也只是一种假设，还有待于事实的检验。据我所知，目前对包罗万象的语义学的认识与我们的假设完全一致。这里特别值得一提的是冯·弗里施（von Frisch）对蜜蜂语言的研究，以及迄今从蚂蚁身上观察到的类似的机制，例如瓦斯曼（Wasmann）的研究成果。另外，还有鸟类的惊叫、召唤和鸣唱等毫无疑问亦属此列，其中首推候鸟具有召集和求偶功能的鸣叫。这一假设将信息传达的原始形态视为基本规则，反对将它视为偶发现象而排除在外，这一点极易被人忽略。

2. 我们的观点不是以体验心理学的一元系统（Einersystem）为出发点，而是以符号发送者和符号接受者的二元整体性（Zweieinigkeit）为前提，其中并不包含任何对意识过程的认识。那么，我们是否有义务通过推论来确证这种纯粹的二元性？“我”之中包含非我和你，那么是否可以断言，凡是出现语义二元性的地方，意识的区分就必然要达及我和你？如此，心理学系统一定对我和你以及二者之间的相互关系有所论述。如果偏爱矛盾句式的话，也许可以引用尼采的话：你比我更古老。而如果偏爱极端模式，则会说：我和你同时出现，二者先天性地既相互依赖又相互区别，都源自于意识的某种原初模态，对此，已经分化的人类难以理解。我们也许可以说上几句漂亮话，而且有根有据，但是，那压根就不是这里的任务，不属于动物语义学。我们坚持在行为视角观照下讨论这一领域的问题，这样就可以摆脱不必要的负担，而且思路一清二楚。不过，目前尚处于开始阶段，还有问题尚难决断，需要系统性阐述，但应该留待研究有果之时，那时，情形至少不会再像起初那样漏洞百出，令人寸步难行。这正是行为视角的根本优势所在。

下面，还有“理解”和“控制”这两个至关重要的基本概念尚需解释。“理解”问题我们可以推后讨论，但绝不等于回避；至于“控制”，我们应该视其为术语（terminus technicus），予以补充说明。喜欢用物理模式解释概念的人，可能选择发送者和接受者的某种二元系统，来思考“控制”这个重要的概念。接受者没有必要完全被动，并非是不带电的物体，而发送者的功效可以体现为对接受者行为的控制。不过，就物质系统的内心世界和感觉而言，我们一无所知。人类远距离信息传达的结构是相同的，对此，我们要进行研究，运用技术手段揭示其中相互结合的方式和相互控制的情形，获得重要的认识。这大概是纯粹行为主义对动物语义学的极端立场。如果真正理解行为主义的理论脉络，就不会认为他们的研究毫无希望，纯属徒劳。

举一个例子。养蜂人懂得蜂群的“群鸣声”、“哀鸣声”和“螯人声”，还注意到“一只满载而归的蜜蜂‘飞行声’的特点，尤其是蜜蜂冲向蜜源时起飞的声音非常特殊，表达对飞行同伴的诱唤。”[①]所以，这里存在声音语义学的问题。精确分析表明，正在富矿采蜜的蜜蜂所发出的飞行声，实际上比成就较小的同类的飞行声整整高出一个音阶。莫非巢里的同类就是接收到这种较高的飞行声才被引来一同劳作的？实验得出的答案是否定的，也就是说，这种较高的飞行声不具备语义功能。请注意，这一结论无法对符号发送者或符号接受者的精神状态做出任何判断，人们甚至不知道这种较高的飞行声是怎样形成的，不知道蜜蜂到底有没有类似听觉的器官。然而，蜂群社会另有其沟通手段，其效果已经得到确认。根据冯·弗里施的研究，整个采集活动的组织建立在三种不同的语义机制之上，形成三种“蜜蜂语言的表达方式”。这里没有必要对之进行解释，对于我们而言，关键是指出这样的事实：冯·弗里施关于蜜蜂语言的整本书的关键部分没有出现任何体验心理学的术语，如本能、情感、感受等，丝毫没有涉及符号发送者和符号接受者的情绪。这是纯粹的行为主义，是一种精心组织的理论，阐述了蜜蜂在采集花蜜和花粉时的理性行为以及这一重要社会事务在蜂群组织中的表现。至于这些是否属于动物心理学，这个问题实属多余，但无论如何，由此提供了深入探究问题的路径。

在从物理模式向活生生的二元系统的过渡中，理论会从中发现一系列相互关联的、特殊的基本特征，例如发送和接受都拥有或

---

① 参见冯·比特儿-李彭（von Buttel-Reepen）转引冯·弗里施《蜜蜂的语言》（*Die Sprache der Bienen*，1923，150页）。

大或小的施展空间，准确地说，参与交往的个体根据自身需要而对控制冲动做出处理，另外还有直接可理解的、天然的肢体动作转化为象征性动作的决定性步骤，对此，这里不作深究。

3. 生物学已经准备将个体的研究扩展到生活空间和动物社群，例如海瑟-多富莱茵在其《动物建筑和动物生活》(*Tierbau und Tierleben*)第 2 卷的前言里就切中要害地描述了视角转变的必要性。第 1 卷则采用了另一种观察方式，据此，个体被描述为“有生活能力的单位”，“个体生活对动物种群的整体影响”被上升为基本单位。事实上，这一新的视角提出了新的问题。如果心理学也进行类似的研究，就会获得比生物学更多的收获，因为，经验是内在感知的对象，而行为表现则是外部感知的对象。毫不奇怪，行为主义以新科学的姿态和诉求登场。我认为，这种诉求在严格意义上是有道理的，但也注定不能成为心理学的全部。而我们要选择语言来形象地说明，因为语言最能给我们提供启发性的解释。

可感知符号和它们的意义构成语言的全部。这些符号本身可以成为一门科学的对象，那就是语音学。语音学及其与整个语言学的关系可以帮助我们简明扼要地理解行为主义对心理学的贡献。第一，与符号意义既亲又离的矛盾两面性。语音学必须在原则上将语言产品(Sprachgebilde)的意义置于不顾(即胡塞尔所谓“置于括号之中”[einklammern])，才能完成自身的研究，但又要时刻顾及“置于括号之中”的内容，这样才不致于偏离方向，为不具语言意义的语音所惑。当然没有人反对通过语音来划定听觉感知的整个范围，以更好地对其特殊对象进行解释。但是，语音学的根本意图和功能，只能通过那些在语言中被用作有意义的符号的语音才能得以实现。对于行为主义而言，也是这个道理。无论行为主义以何种形式出现，它的本质规定了它只能从感官所能感知到的动物和人类的行为方式中选择那些“有意义”的内容，那是心理学家兴趣的唯一所在。因此，这里也要将某些内容“置于括号之中”，而且，关于意义究竟为何这个问题，除了体验心理学以外，没有人能给出具有启发性的解释。在最终获得这一解释之前，人们在动物心理学领域可以而且必须基本满足于阶段性成果和过渡性认识，比如可以说：本能行为“似乎”受制于意志和认知。

对意义概念（Sinnbegriff）的解释留待后文，这里还要指出我们通过比较所获得的第二点科学学（wissenschaftstheoretisch）启示。无论是观察声学现象本身，还是观察人类发声器官的发音机制，语音学家都在充当物理学家和生理学家的角色。他与他们的携手合作贯穿于物理观察的所有环节，从音叉、唇管直至肌肉复杂的器官构造以及动物和人类中枢神经系统。除此之外，绝不能忘记，第一，语音学通过心理学而得以完成，第二，语音学服务于语言学。法学家说，“没有文献记载的东西不存于世”（Quod non est in actis，non est in mundo）。我们这里的文献就是“语言意识”，这是一个有待定义的概念。但无论如何，有一点现在就可以断定：语言社团中未经训练的普通人不能听到或看到（或者必要时触摸到）的，就不属于语言符号的组成部分，更不属于语言符号。人类发音器官发出的声音具备多维度和连续性，其可能性无法一目了然，而每一种人类语言只拥有其中有限的部分，为典型的元素和元素组合。音乐对其元素材料的处理并没有什么独到之处，原则上也基本如此。这种优先选择的原理必须顾及符号的意义功能才得实现，无论是一般体验心理学视角下的音乐，还是具体语言中比较清楚的历史事实，两种情况概莫能外。动物和人类的行为科学恰好也处于同样的境地。如果有人认为，自然或人为的“场景和反应”不需要整体考虑生理意义就可以完成符合心理学目标的概念界定，那就大错特错了。对处于不同“障碍”之中的动物进行观察，就是对场景的确定，将一个行为界定为奋争或护理，就是对反应行为进行目的论的解读和科学的选择。怎样从无数的非理性可能性中凸显出目的性行为的系统，这就是行为理论(Aktlehre)的特定话题。这时，实验(为了达到系统概括和区别的目的必须如此)可能产生各种不同类型和程度的意义真空，例如语音学，但这无可厚非。然而，在整体上坚持心理学研究，终会形成一种理性行为的理论。

(3)语言的描述功能

人类与动物的比较同时清楚地体现出发展的延续性和分明的界线，这在语言领域表现得最为明显。(据我们目前所知)人类语言具有三种基本功能和意义维度，而动物语义学只具备其中两种，缺乏第三种。无论这里还是那里，我们都会发现语义的集体承载功能或社会功能以及经验表达或经验交流的功能，但是，在动物身上从来没有发现第三种功能，即语言或体姿动作是描述物体和事件的手段。这第三种意义维度为人类语言所特有，要求我们用人文科学心理学的视角予以研究。通过语言，我们对行为主义的视角进行了解释、论证和批判，但要充分理解人类语言还需要一种新的理论，需要一种视角的转换，只有成功证明了这一点，论证才算圆满。

1. 假设，一个证人在法庭上违心作证，但却恰好与事实相符。如果是宣誓的话，他宣了个假誓，要受到惩罚，虽然他说了正确的话。也有相反的情形:某人就其所知坦白道来,却说了错话,也就是说,他发了个错誓,可免于惩罚。这里,两个意义维度以同一个陈述为载体,但在纯粹形式上、纯粹关系理论的意义上却体现出相互的独立性。该陈述首先表达说者的某种信念,其次描述一个事件。表达或真或假,描述则或对或错。在鲜活的语言交往中,说者或听者时而意在前者,时而意在后者。科学语言的句子只满足描述这个意义维度,相反,在诗歌中,通过语法上非常朴实的描述性句子进行直接或间接的表达可能是主要形式,如:

群峰之巅
一片静穆,
众梢之间
你觉不出
一丝风意……①

我们这里的"描述"概念是广义的,不仅有形象描述,而且还有象征性描述(symbolische Darstellung)。逼真的照相为一种忠实于现象的描绘,是一种典型,而我们通过字母视觉符号与其语音(忽略其历史演变)的对应实现纯粹的象征性描述,则是另一种典型。人类语言在其描述活动中不同程度地使用两种方式。对此我们不予细究。

关于真伪和对错的概念及其标准,本质上也源自于描述功能,反过来,追求中肯和正确描述的理想基本上决定了语言产品的生成,及至遣词和造句。果真如此,语言便植根于一个"客观精神"的领域,植根于认识、科学和逻辑的领域,与之天然一体。这一定不

① 出自歌德《浪游者的夜歌》,这里选用了绿原的译文。——译者注

是什么新的认识,也没有多少争议,早已为希腊哲人所熟悉。他们使用同一个词"逻各斯"称谓不同的领域。逻辑学鼻祖亚里士多德对此也有所论述,并经受了所有语言"批评者"的理性批判。问题是,这对语言心理学会产生什么影响。我的回答是,我们还需要一种新的视角,这种视角不仅是可能的,而且很有必要。这里暂时只提出一点批判:如果离开这一视角,则任何语言理论都会先天不足。等到第3部分(原著63页起),我再以客观精神为出发点,对心理学予以正面建构。

我们再重温一下冯特。他在第二卷(第二版258页)讨论了句子理论,在纯粹的表达理论中论证了表达句(Ausdruckssatz)问题,称之为"宣告句"(Ausrufungssatz),之后过渡到陈述句,其中的观点中肯而又新颖:"就其心理内容而言,陈述句指向事实和客观"(原文未加粗体)。我认为,这点一定有人更早提出过,并在语言理论的基本原理中占有一席之地。每一个实施称谓的词都"指向客观",也就是说,对应于所指的对象。而这其中恰恰预示着描述句(Darstellungssatz)存在的可能性,亦即一种古老的观点:人类语言蕴含着人性特殊的萌芽。柏拉图提出"本质"(φύσει)和"现象"(θέσει)是否具有词汇意义的问题,赫尔德(Herder)探究原始人类的精神状态,进而研究人类语言的起源,甚至在创世纪的故事中,亚当使"苍天之下的每一只牲畜和田野上的每一只动物皆有其名"。在这些关于起源问题的推测中,人们都关注词汇的称谓功能。冯特和达尔文选择一切人类和动物的体姿动作为对象,试图在最广泛比较的基础上来理解人类语言,视其为整个问题的一个方面。无疑,他们的研究更为深刻。唯一的问题是,在关于体姿动作如此全面的理论中提出最具普遍性的概念和原理,是否就可以理解和确定人类语言的特点。根据逻辑学的规则，理论研究的全方位进步绝不排除在特定的方面必需新原理的补充。我断言，这适用于语言理论。谨慎而逻辑缜密的表述是：我们只能证明，迄今提出的原理不足以充分说明人类语言。我们对人类语言逻辑性的认识，是否以及在多大程度上也存在于前人类的语义机制之中，这可能依然是一个悬而未决的问题。

2. 再简要汇总一下我们提出的理论架构：

I. 只要存在真正的社会生活，就必然存在社会成员理性行为的相互控制。

如果控制的基准点不在共同感知场景之中，就必须通过更高级秩序系统的交往，需要特殊的语义机制为媒介。

这是动物和人类语义学的本源。

II. 参与某一共同行为的个体要想在相互控制中满足自身的需要和心情，就必须实施表达和接受表达。

这打开了语义学的体验心理学视角，使之成为必然。我立即列出第三条原理：

III. 表达符号通过与物体和事件之间的对应而获得一个新的意义维度，它们相互促进，相辅相成，从而使其作为交际手段的能力大为提升。

如此，我们的语言理论所需要的原理体系得以完成。我再次强调，我们为了特殊的目标而有意选择了这样的发生学顺序。我们以广阔的视野，以语言现象学(Phänomenologie der Sprache)为出发点，从普通语义学梳理出语言的特质。人性中并非具备符号功能的一切，并非系统中一物代表自身之外之另一物的一切都属于语言。以此高度提出一种符号理论，必须另辟蹊径，最终还要捕捉语言的历史事实,证明大量非语言符号影响的存在,例如神秘思维的残余和词汇所包含的道德、宗教和法律功能。为此,还必须关注语言生理学。这一切都不成问题,只是必须提出最基本的心理学解释,否则,就根本无法确定研究的范围。不过,我认为,表达、感召和描述这三种意义维度能够完整无遗地涵盖纯粹语言的全部内容。

3. 因为我们已经以发展观为主导,所以,为了进一步加深对语言描述功能必然性的认识,还应该再做几点思考。是否已经有力地证明,动物世界根本不存在类似于语音、动作及其他表达手段的描述功能?还没有十分的把握断定不存在或不可能存在,但是可以说,迄今为止人们未能成功地说明存在的可能性。我想以我们非常熟悉的蜜蜂语言为例子,来说明这样一种正面证明需要什么条件。为此,我们可以充分设想蜜蜂内心活动的可能性,并尽可能以我们自己的语言经验做类比。一只踌躇满志的同类从外面回到蜂巢,召唤大伙一同去外面某种盛开的富含花蜜的花儿那里采集花蜜。为此,它跳起召唤之舞,鼓动蜂巢里在场的同类飞出去,并将自身携带的特殊花香散发给它们中的每一只,作为识别信号。这无疑是一种很有启发性的过程。

让我们集中精神,好好思考一下那种被传送的花香的符号功能。假设那些探寻者根据它们的直觉飞向目的地,那么,这种功能可能类似于我们储存在记忆中的判别符号。但是,仔细追究的话,整个机制缺乏两种因素,而那正是人类语言称谓无可比拟的自由度和几近无限的使用范围赖以成立的根本。第一是符号的超物质性。支撑蜜蜂交际的是而且永远是花儿现实的香气,相反,人类称谓活动的特征则使得交际无需物质试验而成为可能。现在,我们尽可能广泛地设想蜜蜂和蚂蚁的情形:也许在极端情况下接受者在这样的交往中不再需要嗅觉刺激所必需的物质材料，也许它会将那个印象保留在记忆中，成为寻找飞行目的地的指导。这本身可能是一种奇特的能力，但还不是决定性的，还必须能够脱离早先的物质试验而将记忆中的印象传达给其他同类，唯有这样的独立性才是与人类语言进行比较的基础。

第二，气味和嗅觉器官是蜜蜂交际的媒介，而我们的言说是在听觉的范围内进行的，但这并不构成水平差别。另外，如同蚂蚁一样，在蜜蜂的语义里，触觉也很重要。其触觉的功能可能类似于我们的听觉与喉头发生关联的效果，不但非常复杂，而且包括交际手段的自发生成，二者在原则上也可能适用于某种气味语言。至少蜜蜂语义学（Semantik der Bienen）要研究某种独特的气味。例如，一只雌蜜蜂发现了一个丰富的蜜源，它饱吸花香，并用气味标记出所发现蜜源的地点。有准确证据证明，一定距离内蜂巢里的同类会接收到这一方位信号（Ortszeichen）的诱惑。这样，自发生成的方位信号附着于蜜源，类似于阿里巴巴大盗奇妙的粉红色线条。作为分析者，我们这里不要小肚鸡肠地对该比较吹毛求疵，而要充分高估它的意义。听到这一供词，机智的辩护人会将蜜蜂语言拟人化，并传唤一位伟大的逻辑学家出庭作证。为了说明专名的功能，密尔（J. St. Mill）就是以强盗的粉笔线条为例分析人类逻辑，难道不是吗？那么，蜜蜂语言是否达到了人类专名的水平？不，这样的结论过于草率。这种草率的拟人化提出了一个双重等式（气味＝粉红线条＝称谓词），对此进行理性反驳并非针对其中的第一个，而是对第二个等式提出质疑，即对密尔提出反驳。蜜蜂永远都使用同一种识别信号来标记任意一个新的发现，这可能成为一个论据，但却不具备多少原理意义。在它们的语言中，自发生成的方位标记符号缺乏一种适当的复杂性,但仅此并不构成什么严重的缺陷。根据最权威专家的观点,蚂蚁的触觉符号具备足够的复杂性,虽然不是方位信号,而是动物敲击胸部和头部所相互发出的信号。但是,还有另一个问题,即将粉笔线条之类的标记等同于人类语言的专名,这一点确实难以服人,而这却是问题的关键。为了坚持正确的方向,人们只要追究一个问题:为什么这种识别符号本质上只能附着于客体,也就是说不可与之分离,才能发挥符号功能。我们的专名却是可以脱离其物理附着体的。只有证明这种非附着性,证明自发生成的客观物质符号也存在于蜜蜂或其他任何一种动物的交际之中,才能合理说明这类符号与我们语言的专名相对等。这是第二点。

我们再将上述二者综合起来看。其一是交际手段的去物质化,准确地说,是从物质试验到真正符号的转变,其二是符号脱离其所指物质的独立性。只有二者合而为一,才能保证某种可从外部判断的语义学现象已经发展到我们第三阶段的水平。无论是脱离物质试验的独立性,还是自发生成,如果缺乏普遍的独立性都不能证明这样的符号具备我们称谓词的地位,相反,必须证明,发送者和接受者之间的客观符号交换发生在纯粹观念的层面,亦即构成一种纯粹的对应。这是问题的关键。这里采取的证明方法是一种标记证明(Indizienbeweis),与同类型的其他证明一样,必须圆满才有说服力。医生根据自己的经验对类似情况做出判断,知道只有将两种症状综合观察才具有说服力。

本质上可以表述如下:两种症状出现,意味着一个发展步骤的完成,类似于原始的以物易物向纸币交易的过渡。换句话说:西摩尔(Simmel)曾经一般性地说明生物发展过程具备人类精神的特点，提出向观念转变的观点。这种观点准确地说明了我们比较中的共性所在。称谓与其所指对象的对应和纸币与其经济价值的对应相同，都是纯粹观念性的关系，相反，金币，更准确地说应该是金条，则与蜜蜂真实的气味交换一样，尽管具备语义功能，但还没有完全摆脱交际手段的物质价值，还没有形成纯粹的对应性，其独立性尚未达到可在同一个共同体中用符号自由替换的程度。

根据症状做出判断永远是一个复杂的过程，但是对于动物心理学而言却十分必要，由此，我们获得了第三发展阶段成立的客观标准。

4. 我们再看人类语言，通过与艺术、科学等其他描述形式的比较，可以更简单和清晰地在概念上理解其描述功能的结构、意义和形式。语言应该是人类精神所创造的最基本、无疑也是最具普遍性的机制。在这一点，世界上还有什么别的物种比蚂蚁和蜜蜂更接近人类，这个问题对于我们当前的知识水平纯属多余。无论家犬还是与人很相似的猴子，在声音、动作及其他理性行为方面，都没有发现真正的描述功能。虽然如此，仍然必须重申，关于这种描述功能的存在一定还是一个未解和有待实证回答的问题。而对于心理学而言，如果无法证明该描述功能的存在，我们原理中的前两条就可以满足一种语义机制的理论，而第三条则要求我们必须通过描述这一新的意义维度来解释。

如果我们要在理论上理解并解决这一问题，就只能运用人文科学心理学的基本方法。我们必须运用逻辑学的知识，来理解语言的描述活动。读者可以查看我们(“语言理论的体验观”)所提出的第一条原理。那么，关于语言的人类属性，我们心理学家无法解释，只能推回给逻辑学去解决，这难道就是我们在长篇论述之后得到的结论吗？非也。理论历史上的伟大运动都不会一成不变地回到原点。胡塞尔对逻辑学和其他科学中的心理学至上论提出批评，具有解放性的意义。在不同程度上，心理学至上论这个词也涉及自施坦塔尔至保罗和冯特的语言理论，原因有二。逻辑学中的心理学至上论试图仅仅以体验心理学的方法去解决整个语言问题，它说明人们对逻辑性的设问和回答是对意义的一种歪曲，基本上是偷换概念，是另一种形式的离题。例如，冯特研究了经验表达在低级动物阶段的表现，而那个发展阶段可能根本就没有经验可谈，他所发现的只是一个纯科学语言中的表达，而那里的关键根本不是表达，而是另外一种语言功能。

如果我们遵循亚里士多德等逻辑学家研究语言的思想，就可以避免这两种形式的离题，而且还可以继续保留对整个语言进行心理学研究的理由和义务。而我们原理的第三条，即语言的描述活动，本质上要求人们思考什么是描述及其结构规则。同样，这也是我们第二条语言原理提出的要求，必须思考表达的本质和结构规则。表达或真或伪，这是一个重要的认识，同样，第一条涉及一个描述或对或错的问题。还有第三条也很重要，成功的雄辩家本能地知道他的语言感召手段中什么有效、什么无效。语言的修辞性属于我们第一条原理的范畴，对此，人们需要在理论上澄清，什么是精神交往，什么是广义的诱导性，何时可直接发挥影响，实施直接控制。因此，心理学家面对或真或伪的问题，并非非此即彼：要么违背某种范畴规范，要么放弃自身科学的正当要求。因为，面对或真或伪的问题，他不能对逻辑学的结构认识置若罔闻，而要将或对或错、或真或伪视为现实的因素，并以此为基准点来深入研究心理活动受控制的趋势。其他领域的情形原则上也是如此。实施行为的人做出切合实际的意志决定，要服从成功或其他现实控制的目标，而艺术创造或艺术模仿的人则服从与此不同的目标，等等。在这样的认识中选择研究的基础，意味着要开展人文科学的心理学研究，意味着要选择与该领域相匹配的视角。

(4)结论

我们现在得出了什么结论呢？本研究的目标是从我们所从事科学的任务及其研究手段中演绎和推导出三种心理学视角。这是一种“小学”的研究，涉及某一具体科学的领域，而数学和“纯自然科学”的合理性论证则是宏大的认识论理论尝试。熟悉康德术语的人，可以将两者的特点相比较。我认为，相关问题和原理的现有系统似乎还没有坐标体系，实际上都需要这样的合理性论证。这些问题和原理要么涵盖整个心理学，要么涉及施普朗格尔(Spranger)所谓“真正的”心理学，它是心理学中最纯粹、最重要或最充满希望的那一部分。我建议优先选择其中之一，它不是一项为了临时目标的研究，而是近 20 年以来客观性语言研究的自然延续。1919 年我发表了论文《近代句子理论批判》，[①]当时还不了解行为主义，对人文科学心理学也知之甚少，但却自以为掌握了其基本原理。我当时需要根据康德研究写一篇关于心理学现状的文章，感觉出现了结论的曙光，但却遇到了新的困难，同时也受到其他任务的干扰。回首之下，我现在明白了当时困难之所在，其实就在于研究视角的两次转换之中。它当时实际上已经在我的意识中悄然浮

---

① 对自己这篇论文发表的时间，比勒有时说是 1918 年，有时又说是 1919 年。依据托马斯·施莱伯尔(Thomas Schreiber，2009)，应该是发表在《印度日耳曼学年鉴》(Indog. Jahrb.)1918 年第 6 期上。——译者注

现。本节的内容，其实就是描述了自己所经历的一段科学历史，现在回顾起来十分重要。

1. 在形式上和逻辑上，上述内容可以演绎为一种三段论，包含大前提、小前提和结论。大前提：所有三种视角对于语言理论的论证都是必要的；小前提：语言现象是心理学现象；结论：心理学的某些方面需要这三种视角。

关于这些术语没有什么重要内容可以补充，但可能有人会问，中项“语言”的定义是否恰当，时而用“语言理论”，时而用“语言现象”，是否会因为不同组合而导致某种“四词谬误”。两个问题都可以引发实质性的重要思考。“语言”是一种科学表述的命题，它不仅包括人类交往的一切手段，而且还包括鹿发情的嘶叫和蜜蜂召唤性的舞蹈。我们应该持此观点吗？收获的农民并不十分在意一小粒粮食，诸如语言这样内涵丰富的整体，我们当然也不十分在意这个或那个微笑或召唤性舞蹈的问题。经过大量考察建立起比较心理学的基本概念，这也是我们的目标，为此，谁也不可能把整个动物语义学完全排除在语言之外，只在别处给予考虑。不过，现在对这一巨型产品的概念定义还不够准确，需要留待这里还没有论及的语言现象学解决更为合适。人类语言是我们此处最为关注的对象，与艺术（如音乐和绘画，为语言很有启发意义的比较对象）、习俗和法律、神话和宗教等同属一个序列，简单地说都是所谓客观精神产品或文化现象，都属于现象学的范围。为了心理学的未来建设，对其中某种现象的比较观察是否要精细到阿米巴的程度，以此完成特定对象的界定，如冯特所为，固然并非完全无关紧要，然而，该特定对象与群体生活之间原本是否存在必然的内在联系，这个问题的意义更为重大。

指出某种“四词谬误”的危险乃是小事一桩，而语言理论整体上是否可以被视为心理学，这个问题必须认真对待。如果以某种方式限定语言理论的范畴，并称之为语言心理学，坚决以三种视角开展研究，那么，我们的逻辑三段论在形式上就是可行的，这样，只要找到一种适当的方法，证明这样的限定并非难事。另外，范畴限定不能罔顾事实，不可将本质上属于同一系统的元素拆分开来，这是科学理论（Wissenschaftstheorie）的必然要求。什么是这样的系统单位呢，我想我们的原理建构可以给出明确的回答。

关于那些前提，再无需赘言，其中的推论规则也仅限于心理学，而目前依靠类推分析完全可以获得关于语言的有效结论。

2. 最后，关于大前提对语言理论三种视角的必要性，做几点物质方面的论证。首先讨论最后一种视角。必须指出，只有将语言视为认识的工具，最终也视为逻辑的工具，才能获得对语言描述功能这个概念的认识。语言凭借可感知的语音能够将我们的一切思想以自己的方式表达出来，它何以具备如此能力？对这一简单问题坚持不懈地追问，是纯粹的语言理论学家所能进行的最具启发性的研究。象征性描述的概念中交叉和交织着认识论、逻辑学和心理学问题。每一个系统的、成功的描述都需要一个描述场（Darstellungsfeld）。而语言的描述场是多重的，从简单的、几乎毫无意义的语音模仿直至功能各异的概念之间的相互连贯。对此必须有所认识，否则无法解决上述问题。与绘画等不同，语言的本质是概念，是原理常量，是对数量相对有限的象征符号的使用。对此，这里只能附带提及，我们只想指出第三种视角所蕴含问题的复杂性，其余必须留待详尽的语言理论来解决。

我们列举的第一种视角属于内心感知（innere Wahrnehmung）。对此，少数极端而年轻的美国行为主义者漠然视之，他们实际上是将“内心语言”（Sprache des Herzens）和经验表达从整个语义学中排除出去，完全抽去了人类表达活动的“灵魂”。

第二种视角十分重要，是我们彻底理解语义学机制的社会建构功能和社会载体功能的钥匙。也许还存在怀疑，所以有必要做出最为精准的判断，是否以及为什么仅凭体验视角不能应对这一事实。我们直言不讳地承认，在理论中投入充分的人性反思可以克服一切。我与非我，你与社会——经过反复的哲学反思和考量，在人类意识的唯我坐标系之中，人们可以逐步辩证地征服一切困难。唯一的问题是，是否可能和必须在发生学序列之首就提出此类哲学思考的终极结论。行为主义理论表现出极大的优势，它将直接可感知的对象，即对社会成员行为的控制，视为最先确定的内容，而其余暂时未解的因素则被类比为算式中的未知数。建构一种实用科学理论的最佳方法，不是不分青红皂白地对暂时的不确定性进行判断，而是要懂得在算式中准确地处理未知元素，不急于求成，逐步扩大确定性的疆域，避免不必要和草率的错误。这就是我们提出由一维系统过渡到二维系统之必要性的意义。没有大胆的假设，就不能以唯我论的方法解决动物语义学的基本问题，而对于决然接受视角转变建议的人而言，一切闻所未闻的问题都会十分简单。这样，我们就又返回到发生学序列的第一个问题。

3. 做一点历史说明。很奇怪，这一命题首次在此以概念形式予以确定。翻开语言理论的历史，会发现人们总是试图以某种单一的视角来对待整个问题，例如逻辑学家将语言中的一切都视为描述，博尔扎诺(Bolzano)就采取纯粹的逻辑思维。胡塞尔对他的反驳也不够尖锐。[①] 亚里士多德一针见血地指出，并非每一个“话

① 参见卡尔·比勒《近代句子理论批判》(*Kritische Musterung der neueren Theorie des Satzes*. Indog. Jahrb. 6/1919)。

语”都是一个判断,并非每一个语言意义都或真或假。这一权威论断足以说明,将语言彻底逻辑化是不可取的,而且,动物语义学的事实以及比较语言学的许多结论更是提供了决定性的反证,例如,中古印度日耳曼语的命令式在近代语言的反身形式之中得以保留,这说明人类语言的感召功能(Appellfunktion)历史悠久,呼格和用于表达的感叹词的原始形态也是如此。人们当然可以设想纯粹的反身言语的某种形态,其中,简单句“多瑙河水溢出了河岸”包含三个判断:(1)我相信所言为真;(2)我想使你接受该信念;(3)事实如此。这时,永远存在三个维度,因为这三个判断的真假可以相互独立存在。但是,将纯粹反身言语的这种临界状态视为标准和原始状态,恐怕无人苟同。——如上所述,冯特片面的表达理论在其核心部分自相矛盾——马蒂(Marty)十分强调感召功能,对表达也有深刻的理解,最早对该概念进行了科学界定。他误以为描述有自己独享的维度,将语言符号与对象的对应仅仅视为一种隐性的意义元素,这与他独特的心理学理论紧密相关。他认为,说者的每一个意图都在于感召,听者的每一个理解都经由表达。正确地生成一个科学描述,或者理解别人的科学描述,就会十分清楚地找到抵达客体的直接方向。——梅农(Meinong)的研究最接近我自己的理论。他在1919年来信证实“我们的一致性”,那对于我而言是莫大的幸事。“我使用‘Ausdruck’(表达)替代‘Kundgabe’(告白),使用‘Bedeutung’(含义)替代‘Darstellung’(描述,阐释)。我有时也强调对表达含义的解释,但认为您对它的表述更为清楚。”(1919年8月26日来信)——与梅农相似,英国人,尤其是霍布斯(Hobbes)和密尔,还有弗雷格(Frege),也已经认识到语言意义的二元性本质,如弗雷格所谓“含义”(Sinn)和“指称”(Bedeutung)。然而,从来没有人完整地提出“坐标的三维系统”(Dreisystem von Koordinaten)。——从现象学来看,在符号的功能中,表达和感召都属于上位概念“表征”,而描述则是运用秩序符号(Ordnungszeichen)的结果。

2 心理学的意义概念

在意义概念中,有两个或三个领域相互交汇。所谓两个,是指意义的第三种语言运用(=价值或价值相关性 Wertbezogenheit)在某种程度上可简化为意义的第一种语言运用(=目的或目的相关性 Zweckbezogenheit)。价值概念只能相对于一种终极目的才得以建构,我认为这是已经证明或可以证明的事实。如果对意义的第二种语言运用(=含义)也得以做类似的追溯,原则上就扫清了统一和准确地定义概念的障碍。

1. 我们再回到语义学观察视角,并且暂时仍以语言为对象。这里基本不会有人反对将含义和理解相提并论。含义服务于符号的功能,理解则将含义领悟为称谓,理解主体根据符号、并从符号之中获得对含义的领悟。在语言里,秩序符号实施描述功能,表征符号(Symptome)实施简单的、非反映性的表达及其接受,二者是不同的。称谓词相对于其所指,陈述句相对于其所描述的情形,之间的对应或多或少是清楚的(或如数学家所说:一对一)。这是语言实施纷繁的组织和描述活动的内容。理解是指在整体上正确实施这些秩序符号所传递的指示,并相应把握描述对象。有些语音产品的构成与我们的词汇完全一样，但却不是词汇，因为它们缺乏特殊的内容，即指称。它们是没有意义的语音产品，至少在称谓功能上如此。有些词汇的堆积不构成句子意义，因为其词汇意义没有以必要的方式相联系，以形成句子意义。这就是胡塞尔所谓无意义的或违背意义的词汇堆积和意义组合。严格来说，所谓没有意义仍然是相对于常规的描述功能而言的。因为，在鲜活的话语场景中，敏锐的理解主体有时也可以猜测到说者“本来”想描述什么，也就是他想赋予一个语言表达式的含义。而作为实施表达的工具，语言有时恰好为一种表征，表示说者只能如此散乱地表达，非常典型地表现了他的心理状态。我们要从表达的维度来理解散乱的话语。

作为理解者，我们实际上能够轻而易举地对这一复杂的事实予以精准的把握。人们试图用滞后的心理学概念体系来理解它，区分语言意义中的常规性（usuell）和随机性（occasionell）因素，另外，还要将鲜活的言语场景及其由说者和听者共享的过往历史、场景中与交往和交流相关的客观性辅助手段和非语言（确切地说为非有声语言）表达手段，与“纯粹的”语言意义区分开来。这两种区分十分必要，且意义重大，只是人们不能对之期望过高。纯粹的常规性语言意义是人们追求的目标，但却并非像馏出物或精髓那样无比崇高或内容丰富，相反，经常特征模糊，体现出无助的不确定性。然而，在某种程度上，常规性词汇意义有进一步确定的必要和多重特征描写的可能，能够而且必须以某种方式加以把握，否则，就不会有语言学意义上的字典，也不会有实用的语法或作为语言学组成部分的语法。语法能最清楚地告诉我们什么是能够把握的对象。教学语法中的某些指导实践的规则充满例外，就像农民的天象术和漏勺一样充满不确定性，但是，我们却不为这类现象所迷惑，坚信语言的结构规则最终就蕴含于常规领域之中，因为，如若缺乏这一立场，科学语法的思想乃至语言科学就根本无望，会沦为一种只能追求近似值的研究。然而，事实并非如此。

这样，如果人们能够在常规领域正确运用和理解语言意义的三维性，情势就会发生根本变化。简单地说，即使是表达功能，即语言的诗学属性，也有其常规性表现手段；感召功能，即语言的修辞属性，也是如此。描述是（亚里士多德）逻辑学的本行。谁说语言结构仅仅体现于这一个维度？如果将三维产品投射于一维之中，则筛子的那些孔洞无异于窥探另外两个被遗忘的维度的小孔，诱使人们去认识那些必然存在的不确定性和变量。对此，后文再行细说。

这里需要指出的是，语言意义的确定性最终只能见诸此时此地的言语场景。对于理论而言，创造性行为的自由度和一次性产品的气息，都是必须承认和尊重的事实。我坚信，这正是语言的意义概念得以定义的关键所在。与生命的其他机制一样，语言也是人类的目的性产品。当然，此时此地的说者如此这般产生语言符号，其意义并非完全由他一人所赋予。这样的符号（就其整体性、存在状态或者其组合与整体结构规则的关系而言）的构成本身就已经蕴含着意义，类似于其他“生命机制”（Geräte des Lebens，弗赖伊尔），也是世代传承并为现世生者所拥有。然而，此时此地被激活，并因此而获得某种程度的个体意义差异，其目的性主体（Zwecksubjekt）则是说者的意志或生理组织。无论我们何时何地以何种方式观察和确定常规性语言意义，都是对此狭义主体性的超越，但是，永远都不能将“目的性”和主体相关性从“语言意义”的概念中排除出去。忽略其赖以存在的语言社团，“意义本质”就是一个不可求的概念，如同“货币本质”脱离了它赖以流通的经济领域一样。

那么，这是否意味着语言意义有其主观性（Subjektivität）和相对性呢？一定是如此。用这样的称谓大致可以印证李凯尔特（Rickert）认识论中不同程度的主观性。我们不妨对比以下两种极端情形：数学老师在黑板上画一个三角形，并用 A、B、C 标注各角。以这样的顺序标注各角，而不是以其他的顺序，这完全是任意的。另外，我用任意一个德语主动动词的词干与语义后缀-bar 组合构成复合词，例如 streckbar（可延伸的），这时，即使这样的单词此前从未有人用过，第一次使用它的人也不能任意确定它的意义，其意义是根据德语的结构规则而事先确定的。这样的事实难道不是具备类似于其他领域中“本质”的意涵吗？一个单词词汇意义的存在及其效力，不依赖于该词是否曾经被一个说者说出、被一个听者理解，我认为这是毫无疑义的。只不过，人们对这种堂而皇之的说法要慎之又慎，谨防错误的类推。例如，一张一千马克的钞票在帝国银行“发行”之前就已然具备其购买力，这样的断言就值得商榷。同样，在德语的历史或史前史上可能也发生过一些十分重要的事件，即某种程度的“发行”事件，影响了带后缀-bar 的复合词的意义。

我的观点不是说，每个人在具体情况下理解已然存在的语言意义都必须首先了解那些事件，而是说，符号与意义的对应对于对应符号（Zuordnungszeichen）十分必要，涵盖语言描述活动的全部，并最终构成人类生活的目的性行为，对此，必须在现行无疑的逻辑概念框架之下予以阐述，否则，语言意义的概念就无从定义。我提出“语言意义（Sprachsinn）＝语言目的（Sprachzweck）”的等式，正是这个目的。

2. 语言符号不仅仅是秩序符号，而且还是表征符号，都有其“意义”，这引发人们新的思考。它与表达的意义和理解的意义，即我们所谓的接受，之间是什么关系呢？看来，从语言外部的简单事实汲取初步的信息，不失为适当的方法。根据气压计汞柱下降判断暴风雨将至，就是将第一个事实解释为第二个事实的表征。只要 A 和 B 两种确定性之间存在关系，就可能存在这种顺向或逆向的因果关系或其他关系，这是任何学者耳熟能详的现象，其中蕴含着非目的性产品中意义及意义理解的原型，难道不是吗？气压计与其他工具一样，具有实施这样那样表征的功能，原本为一种特定的目的性产品，但相比较非外力影响的自然过程的表征而言，则可以忽略。但是，将某现象升格为表征，这是我们目的性思维的事情。对气压计的观察，从逻辑上看是对可能性进行推理的前提，而在心理学意义上则是产生暴风雨将至的信念的动机。二者都不是气象学的因果关系。最多如斯宾诺莎（Spinoza）所言，（如果一切正常的话）天气骤变因思维顺序而在思想中形成先见性的反映（Abbildung）。该理论需要解释，但却超出我们之所能，而且不会对我们的研究有所推动。因此，应该从另一视角展开研究，即语言符号的视角。语言符号表面上更为复杂。

在整个研究中，我们只提过一次关于整体性目的（Zweck des Ganzen）的问题，那时我们提出了关于动物语义学起源的假设。冯特的平行原理在我们看来缺乏根据，不足以承载语言发展的理论。达尔文认为动物和人类的表达活动源自原始的目的性行为，或者其中某些是根源于社会不断发展的交往需求。我们认为，表达活动的命运取决于其建构社会的功能，所以，也完全是目的性产品。那么，这一思考就要求从交际功能的角度定义语义现象及其意义内涵。前文提及蜜蜂的飞行音高，显然，这种音高对我们人类的观察而言应该是一个含义丰富的表征信号，但是，如果离开那些同类受体(Adressat)，这一信号就永远不属于蜜蜂社会的语义学。有些现象的概念特征可能很难把握，例如，一只有交配能力的雌蝴蝶散发出气味，吸引数公里之外的雄性同类，对此，我们肯定倾向于从中发现一种目的性(＝理性)机制，即保证交配的机制。相反，逃跑中的兔子留下气味的痕迹，会使它成为嗅觉灵敏的猛兽的猎物，对此，恐怕不会有人将其视为兔子生活中的(服务于自身的)目的性机制。二者之间的界线何在？在一般意义上将它们联系起来，那不是我们的任务。追赶兔子的狐狸和狗使人联想到寻觅踪迹的人，他闯入其他动物自成体系的交际领域(例如瓦斯曼对蚂蚁语言的研究所示)，甚至追踪非语义线索以达到狩猎或研究的目的。他会将之用于自身目的(如狐狸之于兔子的踪迹)，甚至懂得从非生物自然界可能毫无目的的现象中获取大量表征信号。那么，我们是否应该就此停止讨论表征的意义，即目的性？

这样会中断我们的思路，而顺着这一思路小心梳理，继续探究，则会有更好的收获。第一，我们关于语义起源的假设缩小了概念的范围。这样的局限是必要的，使人们避免像星占学那样最终在符号面前茫然失措。如果世界万物之间皆有关系，那么有什么会不是别的什么的表征符号？例如，粮食价格的上涨预示着未来自杀率的上升。人类的探究活动也是如此，我们不会对统计数据及其相互关联的系数和无穷可能性表示丝毫的怀疑。但是，动物语义学的视野要小得多，只包含那些的确影响动物行为的信号。第二，对所谓“实施影响功能的信号”而言，这又必然蕴含着其意义概念扩展的必要性。行为视角天经地义，使我们避免将动物行为草率地拟人化。蚂蚁和蜜蜂与同类的语义交往(semantischer Kontakt)十分理性,我们认识到了这一点,但仍不能草率地对它们的活动提出没有把握的见解。我认为,"理解"这个概念也不是体验观的独家专利,动物的语义交往明显呈现出对行为的控制。一只动物的行为以所感知到的信号为先导,那么该信号对于动物的意义,就如同舵手从远处看到了一个操控信号对于一只船的意义,于是我们可以说,该动物理解了那个信号,虽然我们尚未获得关于体验一丝半点的信息。在与他人的精神交往中,我们自己的行为是怎样被控制的,对这个问题的大胆思考,至少可以使理解理论不至陷入纯理智论和不可行的困境。如果被感知到的符号实施了一种感召,亦即我们通常术语所谓的引发了"态度调整"或"态度转变",那么,这个符号就是履行了自己的职责,这时我们可以说,它被其符号接受者正确地解读或理解了。但是,事实比术语更为重要。有人对结构概念十分偏爱,不想将它与理解相分离,那么,我要告诫他,不仅要认识到结构的存在,而且还要认识到结构的效度(Strukturwirksamkeit),即那些受制于系统的事件(此说过于简单,可能引起误解)。这样,我们首先看到的是那种对符号无意识的使用,这至少是一种可能的先期形态,而且我们需要以适当的方式称谓之。

我们的假设蕴含了三点结论,其中只有最后一点才真正涉及意义概念本身。古希腊哲人很有远见,预想到该结论,提出了语言符号意义之"本质"或"现象"的问题。希腊先哲们自己当时究竟所想为何,对这一纯粹历史的问题,我不想发表意见,只想重新定义这对概念,通过意义的"现象"回答整个语义学内涵的问题。人类和动物表达现象的本质构成 A 与 B 之间关系的必要条件,这是我们的出发点。至于谁赋予了这样的关系，其根源何在，并不重要。在一种关于人类和动物的详尽的表达理论中，我们必须说明其中最基本的天然关系及其取决于经验且受制于经验的广泛的组织方式。但是，这一切在我们的思维方式中都是“本质”的元素，相反，“现象”则发生于我们的目的性思维中。例如，果真如前文所言，即达尔文所谓肢体动作明显体现出一种“发展中的进步”，不可能是器官退化的表现，那么，原则上就有理由追问如此进步的意义何在。所谓意义即是关乎命运的重要功用，在某种程度上决定了那些体姿的现状。这样的功用决定性地影响了那些体姿动作得以延续和固化的标准和方向，说明了它们生存的条件。至于此刻是遵循达尔文主义还是拉马克主义，无关紧要。重要的是认识到现象的理论意义及其对于意义概念的必要性。产品的意义不是相关产品的存在特性(Seinseigenschaft)，而是涉及一种类似于纸币价值的功用或效度。因此，存在特性并非直接随着意义的消失而消失，而一旦某一关乎存在的必要特征不存在了，该产品也就随之消失，或者变得毫无意义，退出交际，如同失去价值的货币，或者继续存在，因为其存在获得了另外一种力量。

为了在概念上澄清表达功能的内涵，我们列举了气压计那个看似简单和浅显的例子，这难道不是一个成功的例子吗？将痛风视为暴风雨的信号恐怕不致立即遭遇反对，因为，这里发挥作用的是事情的另一面，即赋予意义的民间信念。民间信念和信仰可以赋予表征以功能，之所以能够从(当下)可感知的 A 得出不可感知的 B，最终是对自然规律牢不可破的信念，或者对归纳法或类推法可靠结论的信念。胡塞尔早已指出，A 与 B 之间的关系存在某种原因或某种程度的模糊性，这是真正的指示功能的组成部分。实际上,在充分认识结构之前,表征的指示功能显得多余无用。那么,结构认知的最终效果可能在于科学地使用表征信号的理想模态。而语义学机制的本质则不同,它与表达相互呼应,在交往中对符号接受者发挥诱发性影响。我们以此为出发点,理解语言符号超出描述功能之外的意义。第一,这一意义是语义交往中的感召功能,例如有些有声符号的功能。这些有声符号尚未完全成为人类语言,但却为现实言语交际所常见,he!(哎!)或 pst!(嘘!)即是非常明显的例子。这些符号的职责,即意义,就是建构与受事之间尚不存在的交往关系,将他的注意力引向说者。这是它们最终的目的。第二,听者还可以在表达维度上理解它们。与体姿动作一样,它们也可以表露说者的内心活动,即交往的意愿、交往的目的。这种细致无比的目的系统变动不居,简单的基本意义可以轻而易举地从场景获得补充,对此,从上例"pst!"可见一斑,例如,在音乐厅向一位喧扰者发出"pst!",无疑就是结合场景提出的要求。

需要强调指出,A 与 B 之间的关系是论证性的,而信仰则直接赋予表征符号以意义。在表征符号的意义中,前者是本质的存在,而后者为一种现象。与语言符号的意义元素相同,信仰可能是常规性的或随机性的。我认为,这样的意义最终也存在于其场域(Feld)效度之中。如此,问题在整体上又呈现出我们在描述功能中所详尽阐述的状态,那就是,离开目的性,离开主观相对性,意义概念无从谈起。对于体验者而言,世界上事物的意义有多少,完全取决于他怎样使用和解读事物或赋予其怎样的意义,无论正当与否。

认识到这一点,就会发现意义概念的界定与相关德语词的词源相一致。古高地德语单词"sinan"意为"朝某一方向而去,以某事物为目标”(请比较日耳曼语“sinþa”,意为“旅行”,这也是“员工”即“全体旅伴”“全体战友”的词源)。当我们说“在顺时针的意义上”,或者对正向和反向跑完路程做出区分,就是准确说明了该词的词源。即使抛开空间上的原始想象,对意义概念中抽象的目标因素进行界定,在我看来,也真实地再现了词源。值得注意的是,即使意义(Sinn)=感官(senus),以及表示最主要感官行为的动词也包含于该目的性概念之中,例如“Spur”(迹象)和“spüren”(觉察),还有与拉丁语同源的“sehen”(看见)(sequi=fogen,原本都表示“用眼睛跟踪”的意思)。很显然,感官行为中特别突出的元素是“迁移”(Abziehen),被视为称谓的特征。

更为重要的是,要将上述概念置于整个心理学视域之下进行考察,并与其他定义进行比较。首先,生物学和人文科学这两门相关科学对意义问题的阐述最值得注意。前者关注本能,后者关注除了语言之外的其他客观精神产品,二者都蕴含着新的问题。对这两个领域,我们在适当的章节都有过讨论,或至少有所触及。这里再简要讨论一下施普朗格尔的意义概念。

3. 施普朗格尔定义道:“价值整体的每一个组成部分都有意义”,并列举了许多例子。只须对这些例子做一简单的语文分析,便可知实际上他在谈论意义之时并未关注价值的确定性(Wertbestimmtheit)和价值的实在性(Werthaftigkeit)。意义和价值必须在概念上区分开来,无论二者在日常的语言使用中多么难以区别。我们观察一下施普朗格尔的两个例子。

“在一个语言句子中,每一个单词都有其特定的意义,而在认知或表达的框架下,也就是说,就其理论价值而言,整个句子又有自己特定的意义。”(第 4 页)我想,所谓在理论上判断句子的价值,就是判断它的真假，而这超出了对其意义的把握，超出了对句子的理解。简单地说，理解一个句子大致就是知晓或解读句子的“含义”，辨认其语言目的，而不是其真值。施普朗格尔指出语言意义的两个维度，即“表达”和“理解”。我将后者称为描述功能。除此之外，还有第三个维度，即感召功能，同样也要被理解。这样，才算完全涵盖了语言意义的内涵。语言意义就是语言目的。我们对目的性和目的合理性进行了区别(原著 123 页)，这样，每一个具体的语言表达式，都从三个维度的每一个维度说明说者的实际意图为“主观性”的语言意义，有别于“客观性”语言意义，即被选用的表达式在语言使用中的常规性意义。理解是止于眼前直接或字面的表达含义，还是要尽可能深入挖掘，是理解语言意义的主观性还是其客观性，这一问题不言而喻，关键是理解要以语言目的为目标。因为，近期目标服从长远目标，此乃手段与目的复杂关系的普遍特征。而这一切我们无需价值视角的真假判断就可以在理论上予以澄清。

有一点是正确的，即真值的概念和标准在本质上都源自于描述功能。施普朗格尔断言，对每一个描述性句子(陈述句)可以从价值视角进行理论分析，或者，进行语言描述的人一般受制于真值这根指挥棒。这些观点都无可厚非，但是，无论哪一种都不属于意义理解的朴素过程。

第二个经典例子：“一台机器零部件的意义受制于该机器的整体功能。”这实际上就是机器构造所需要满足的目的性条件，而如何“理解”整个目的性产品各组成部分的目的，则有赖于目的整体及其实现的技术条件。对目的性的理解与价值的存在与否没有关系，“功能”首先是一个与价值完全无关的目的性概念。一台机器生产面粉或者扬起尘土，其结果有价值、无价值甚或反价值，这与其构造的目的实在性和目的合理性的方式和程度毫无关系。人们可以从特殊的价值视角，即功效的经济性，来考察工具和机器，这一观点也是毫无疑义的。有时，人们甚至可以从中感受到经济学的概念和标准。机器一般服务于经济目的，并因此获得相应的构造，这一经验常识也适用于这里。然而，对机器意义的朴素理解却完全无需这样的价值观。

与此相关的另一个考虑是，从这些特意设计的例子中，有人会认为理解需要深入到“内在关系”，因此，也就成为一种相比“根据外在的序列原理”的因果解释更为完善的认识方式。这一断言值得商榷。这里，外行对机器的理解与专业人士对机器的理解不同，而设计师的理解就更不同了。但是，区别何在呢？对于设计师而言，在机器建造之前，要对其构造进行充分缜密的计算，而且肯定也要大量运用因果知识。那么，他的理解难道不正是因此而更为深刻吗？我们外行通过设计师的一般性解释，对于其中的困难及其克服的方法会有所了解，而专业人士则通过对计算和设计理念的审查取得全面的理论认识。操作人员在使用的过程中有机会了解机器构造的优点和缺点，并因此加深理解。因此我认为，一般意义上对机器的“理解”具有多面性，有时甚至非常复杂，仅仅凭借纯粹的意义认知无法得到圆满的解决，还必须运用物理学知识。[1]语言的理解也是如此。外语初学者经常依赖一本字典来理解一句外语的意义，他们都知道理解有程度之分，知道其中哪个词非常关

① 参见塞尔茨《论人格类型及其界定的方法》(*Über die Persönlichkeitstypen und die Methoden ihrer Bestimmung. Buchausgabe*)脚注 25。

键。仔细观察可知，结构知识对于句子理解的意义体现在客观逻辑和语法方面。我把典型的理解称为一种恍然大悟之体验（Aha-Erlebnis），思维心理学（Denkpsychologie）对这一复杂的过程也有所发现。[①] 人们不要忘记，在鲜活的语言交往中正是如此，这样粗浅的结构认知一般必然交织于非常复杂的联想效果（Assoziationswirkung）和诱发效果之中，影响对表达的理解。亲历者和旁观者经常误认为这样习以为常的效果即是结构。我曾经通过特定的猴子实验对这样的“共同基础”提出明确告诫，这里需要再次提出这一告诫。[②]

浮现在施普朗格尔脑海里的“价值结构”（Wertstruktur）的确存在，例如，逻辑学告诉我们，在一个正确的三段论推论中，结论的真值很明显地得自于前提的真值。每一种理论，每一种以圆满系统的理想状态为目标的科学，都极力追求其原理的真理架构。如果像李凯尔特和施普朗格尔（最近迹象表明他已背离此论）那样将真理视为价值，那么，这样的结构就是价值结构。艺术品的诸多美学品质都有另样的表现形式，它们相互影响，相得益彰，同样，实物领域、道德领域也都有其独特的整体结构性（Ganzheitskonstitution）。对此，我深信不疑，而且其中某些内容也投射到具备价值属性的人格之上，向我们表明施普朗格尔眼里的生活样式。只是必须注意到，无论格式塔心理学（Gestaltpsychologie）还是心理学

---

① 参见卡尔·比勒《普通心理学视角下的语言理解》（*Über das Sprachverständnis vom Standpunkt der Normalpsychologie*. Ber. über den III. Kongr. f. Psych. 1909，94－130 页）。其中收录有较早的文献，新近最全面的概述参见威尔沃尔《概念的构成》（*Begriffsbildung*. Psych. Monogr. 1. Hirzel in Leipzig，1926）。

② 参见《儿童心理发展概论》（*Die geistige Entwicklung des Kindes*）第 4 版 20－21 页。

整体论(Komplextheorie der Psychologie)及其他科学,一般性结构理论都过分追求概念的纯粹性。对于这一有趣的现象,胡塞尔和斯通普夫(Stumpf)早有预知。我们的目标不是要将结构、意义和价值这些概念融为一体。整体性概念及其基本元素涵盖面最广,必须予以清楚的认识。目的整体性(Zweckganzheit)=意义产品(Sinngebilde),根据逻辑规则,面对丰富的意义内涵需要局限概念的范围,这样,意义理解可达及的对象只是结构的一部分,而从意义产品中只抽取实在性价值和合理性价值,例如从有意义的句子中抽取真值和科学价值,则是对范围更严重的局限。在某种程度上,目的和价值休戚相关,但这并非意味着所有目的性都具有价值。

三　语音学与音位学[*][①]

我面前摆放着一些最著名的“语音学”手册和教科书，由语言学家编写，并以语言学者为读者对象，其中有斯维特(Sweet)和特劳特曼(Trautmann)、帕西(Passy)和布莱莫尔(Bremer)、叶斯柏森(Jespersen)和希佛斯(Sievers)、维特尔(Viëtor)和路易克(Luick)等。这些书具体讨论的都是语音理论。按照音位学家的观点，语音科学将来会分裂为语音学和音位学。这两种观察方法截然不同，但又奇特地互为基础。行家都知道，要求一种守成科学如此顺应客观实际接受分裂(也可称为“遗产分配”)，一般不可能一蹴而就、顺理成章。必要的讨论才刚刚开始，希望所有参与者都能够以更为敏锐的目光重新思考各自科学的原理问题并认识到这样做的必要性。我们以敏锐的目光所获得的新发现，其实在先哲大师们那里早已经有所论述。最终还是音位学家做出了贡献，将名家们敏锐的发现提升为准确的概念。

---

* 译自 *Phonetik und Phonologie*. Bibliotheca Phonetica, No. 5. Verlag S. Karger AG Basel, 1968, 190—222。——译者注

① 参见 *Travaux du Cercle Linguistique de Prague* 4:22—53(1931)。

1　语音学与音位学的关系

我们直奔主题，从一个例子说明语音学和音位学既融合又必然分离的本质，为此，我想到特鲁别茨柯依(Trubetzkoy)的纲领性论文《音位学元音系统概论》(Zur allgemeinen Theorie der phonologischen Vokalsysteme)。[①] 它令人难忘地指出语音分析是建构音位学体系的基础。对于前者，即我所说的整个研究的语音学基础，人们已经有了透彻的研究。但另一个常识也不容忽视，即该基础对于音位学研究而言不仅至关重要，而且音位学只能建立于语音学之上。

目前，我们对元音所获得的最好和最完善的声学认识来自于斯通普夫[②]和其他一些工程师，他们供职于美国电话、无线电技术和有声电影领域，为精确和简便地录制和分析元音曲线提供技术支持。[③] 这些技术人员对听觉现象的分析可以转写为简单的现象学概念，其结果与斯通普夫和特鲁别茨柯依的结论完全吻合。因

---

① 参见 *Travaux du Cercle Linguistique de Prague* 1:39—67(1929)。

② 参见《语音实验研究》(*Die Sprachlaute. Experimentelle Untersuchungen*. 1926)。

③ 参见弗莱彻尔(H. Fletcher)《说与听》(*Speech and Hearing*, D. van Nostrand Co., New York 1929)和帕杰(R. Paget)《人类言语。对人类言语性质、起源和完善可能性的一些观察、实验和结论》(*Human Speech. Some Observations, Experiments and Conclusions as to the Nature, Origin, Purpose and Possible Improvement of Human Speech*. Kegan Paul, London 1930)。

此,他的研究的语音学基础应该是扎实的。首先是认识到元音声学现象的两个基本特征,心理学家将之与颜色范畴相类比,通常称之为元音声响(Klang)的"亮度"(Helligkeit)和"饱和度"(Sättigung),例如,由 u 经 ü 到 i 构成一个纯粹的亮度序列,而饱和度不断增大就越来越接近元音声响中饱和度最高的 a。这样,就这两个基本特征而言,元音呈现出复杂的规律性,可通过著名的元音三角初步得到形象体现。我的理论思考有相当一部分以它为基础,所以,不妨借用在此。

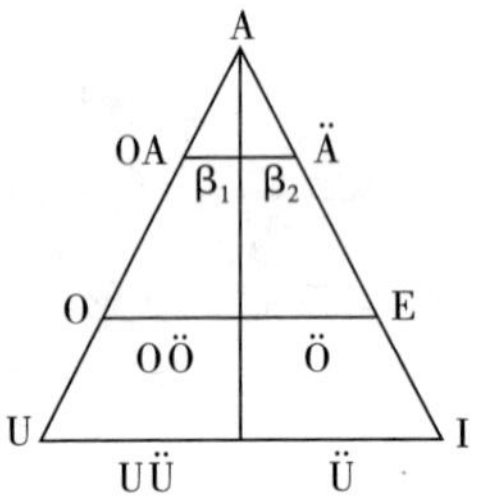

特鲁别茨柯依使用名词"固有音高"(Eigentonhöhe)和"声音饱和度"(Schallfüllgrad)来意指亮度和饱和度。我们这里不应该纠缠称谓问题。然后,他实事求是地补充了三个语音特征,即音长、音强和音调。这些都是对每一个具体元音声响进行现象学界定非常清晰和必要的元素。因为,对一个复杂声学现象的整体音强(Gesamtintensität)进行精确把握有些困难,而人们特意选用的"音重"(Gewicht)这一表述也不够贴切,还可能存在其他多种表现形式,但是,无论如何,一个复杂元音总体上可以有整体音强之类的特征,心理学家对此从不怀疑,人们甚至有理由认为音乐和弦也具备某种整体音强,而这些是比元音更为松散的单位。同样,声学家也可能对元音的声调提出许多相关问题。总之,我们的目标是

要抛开一切无关紧要的元素，这些是全部吗？

最后说明一点，从特鲁别茨柯依的语音学论述中，我只取用了声学数据，因为，我们关注的是语音学与音位学之间的关系，这种关系只能通过声学视角得以解决。不言而喻，音位学整体上与语音学一样，还有其另外一面。人们还可以从运动机能方面，即语音发生方面，进行分析，并且还会发现新的问题。我认为，狭义的语言心理学家还应该特别关注发音器官和耳朵的相互配合，这不仅涉及说者自听，而且也涉及听者他听。我在《语言理论》中设了“言语体验（Sprecherlebnis）和言语行为（Sprechhandlung）”一章，大致相当于德·索绪尔“言语”（la parole）的所指范围。那里，我的出发点即是言语体验的两面性和双重关联性这一事实，也就是上文的“协同性”。不过，这里我们对言语体验和言语行为暂不做论述，而应该针对音位学的科学架构及其与语音学的区别发表有意义的（希望是决定性的）观点。要想经受批评的考验，证明自己的合理性，音位学就必须像一系列（简单说）客观的语言科学一样，像语音学和语法一样，选取德·索绪尔的上位概念“语言”（la langue）的所指为对象。为此，我们将讨论局限于声学范畴，这样做不仅是可行的，而且也是适当的。

2　语音的二维性

我们要对同一个对象，即人类语音，进行语音学和音位学两个维度的观察，这究竟有什么意义？我们且看特鲁别茨柯依的音位学研究，他写道："这仅仅是一种努力，其本意不是要提出一种完备的理论，而更多是为了启发进一步的研究。"当然，科学的每一个决定性的进步一般都始于一个新的思想，而且，对该思想价值的判断，不在于该思想在提出之时是否能就所有具体情况做出解释，是否能经受得住后人尖锐批评的考验。同样，我们对特鲁别茨柯依理论的解读也是如此，关键是为了淡化其核心思想的心理学至上的表述方式。所谓心理学至上论，我同意胡塞尔的观点，认为那是一种不合时宜的心理学，一种偏执，类似于逻辑学家所谓的"偷换概念"。音位学被视为一种关于"语音想象"(Lautvorstellung)的理论，具备元理论基础(Metabasis)。这里我们暂不进行方法论层面的批判。对于特鲁别茨柯依的创造性研究，人们应该客观地理解，首先要在逻辑上将其理论的基本思想置于首要位置。

作为一种语音理论，音位学在整体上提出了一种独特的相关性原理(Relevanzprinzip)。每一个具体元音都具备我们所列的五种基本特征，缺一不可。它在元音三角形中拥有自己独特的位置，其声响表现出特殊的亮度和饱和度，有独特的音强、音长和音调。但是，并非所有这些特征在所有语言里都具有同样的相关性(这个原理蕴含着语音学向音位学的转折)。特鲁别茨柯依认为有一组语言的元音非常贫乏，其中仅有的元音音位只依赖五种特征之中的饱和度即得以区别，比如西高加索语族中就有此类语言。根据雅科夫列夫(N. Jakovlev)的研究，阿迪吉语(Adygisch)就只有三个元音音位，相对应的维度为三种典型的饱和度，例如，a、e 和 ə 这三个视觉符号就可以穷尽阿迪吉语的元音音位。后文还会论及这一点。我们先看特鲁别茨柯依提出的非常简单明了的结构模式。我们不妨称阿迪吉语为一维元音系统，那么，就还有二维、三维和四维系统，比如，根据我们的定义，有些语言除了饱和度之外还有亮度，因此为二维元音音位系统。依次，再增加“长短”或者“强弱”，亦即广义的音重，系统则更为丰富。根据雅各布森(Jacobson)提出的规则，绝大多数语言仅使用二者之一，例外极少，例如在德语和英语中，两个因素(音长和音强)相互独立发挥相关性功能。最后，还有最高复杂程度的语言，除了上述所有特征之外，还拥有音调变体，构成特别丰富的四维元音音位系统。这就是特鲁别茨柯依理论的概貌。

当务之急，是对于这里提出的相关性原理的意义和合理性要有清醒的认识。我们可以证明，它并非源自语音学，其意涵原则上超出了人类语言学之狭义语音学的视野，为语音的纯物质观察所不能企及。如果初次听说阿迪吉语的元音系统如此简单，可能会有人以为其中永远只有三种元音声响，但事实绝非如此。因为，特鲁别茨柯依就记述道：“阿迪吉语的一个音位被 N. 雅科夫列夫标记为‘ə’，位于硬腭音之后时客观上与元音 i 等值，而位于圆软腭音之后或之前则与元音 u 客观等值，位于两个唇音之间则与元音 ü 客观等值，位于齿音之后则与语音 y 客观等值，等等。音位‘e’在圆软腭音之后听起来与 o 等同，而在两个唇音之间则听起来与 ö 等同，等等。阿迪吉语元音的发音部位以及自身的固有音高取决于语音环境，而可独立于这些环境的——亦即具备音位学意义——只有其‘开合度’(Öffnungsgrad，即声学的饱和度)。”(41－42 页)这里，我用粗体突出了特鲁别茨柯依文章中的“亦即”，对此，还需要以批评的眼光予以审视。

首先，仅就上述语音变化而言，阿迪吉语的复杂性并不亚于德语。虽然没有说明第三个音位'a'的语音变化情况,但我们可以类推设想其趋势,它应该也受制于语音环境,时而位于 ä 之后,时而位于 ao 之后,变化各异,这样,就产生了 10 种以上的变化,足可以充满整个元音三角,也就是说,基本上与任何一种二维以上的元音系统一样,均匀地占据饱和度和亮度两个维度的位置。所以,仅就语音看,至少在亮度和饱和度方面,德语和阿迪吉语没有什么大的不同,但是,对于音位学家而言,它们完全不同。

3 抽象相关性

在原理问题上,关键是追求诸概念的最高逻辑性和诸原理的一致性,因此,有必要重提我们前面使用的模式,并通过对新的事实进行更细、更广的观察,求得证明。那个立论就是:语音上相同的东西音位上可能不同。这一观点如果成立,则"语言学语音学"(linguistische Phonetik),即先哲大师们视为问题的内容,就可以在逻辑上一分为二。而逻辑决定了语音学的对象与音位学的对象不可能相同。

也许,有些学者现在对音位学思想已经心领神会,并运用于语言学某个具体领域,他们会认为这里的证明多余和过时。但是,我还是想提请注意,首先语音学家必须认识到该证明的必要性,其次希望这里的讨论有助于认识语音学与音位学的真正关系。仅仅"不同"这样的评判虽然十分必要,但却不够充分,我们要继续追问所谓"不同"之间的相互关系。

那么,“语音学上相同而音位学上不同,反之亦然”,这一立论蕴含着怎样的科学?又进展到何种程度?我们扮演着“魔鬼代言人”的角色,一直对一元论这个陈旧的观点表示理解,但现在必须接受新的观点,即二元论。特鲁别茨柯依提出如下原理:“同一个音在两种不同的音位系统中对应于两种完全不同的复杂的心理学想象。”在他看来,这就是两个不同的音位。接着,他举例说明该原理:“在德语中,‘k’只包含两个想象元素,即‘清爆破音’和‘舌背塞音’,而在卡其-切尔克斯语(Kjachisch-Tscherkessisch)中,k 的发音客观上与德语完全一样(粗体为笔者所加),但作为音位‘k’却包含 6 个想象元素:‘清音’(与 g 相反)、‘弱音’(与强音 k 相反)、‘声门呼气音’(与声门塞音 k 相反)、‘非圆音’(ungerundet)(与圆音 k^0 相反)、‘前软腭音’(与后软腭音 q 相反)、‘舌背音’(与舌前音或舌尖音 t 相反)。在德语和卡其语中,k 的肌体声学(motorisch-akustisch)特征相同,但是,在德语中具备音位学意义的只有其中两个,而在卡其-切尔克斯语中却是 6 个,而且,这一区别的唯一根源是,德语的整个音位系统与卡其-切尔克斯语的完全不同。”(40 页)

这里,对普遍性现象的比较分析令人难忘,但是,为了进一步深入研究,必须略去其中的心理学解释,或者谨慎地说,暂需搁置一旁。因为,深入细究“2 个或 6 个想象元素”以及特鲁别茨柯依所言之其他相关要素,比如“语言意识”和联想网络之间的“等式”关系,讨论就无法穷尽,而且也难以立足。这是一种赫尔巴特式的成分想象和机械联想(Assoziationsmechanik),理所当然已为当今心理学所一致摒弃。因此,我们认为,德语和切尔克斯语(Tscherkessisch)操用者个体的心理生理系统的记忆结构,他们的言语经验和言语行为，这些问题都应该暂时搁置。我坚信，这些都是全面的语言理论所无法绕开的话题，而音位学又给我们当今的理解增添了新的希望。另外，如果不是语言学提出了音位学，那么，现代思维心理学和格式塔心理学凭借其基本概念体系必然会当仁不让（我只需要指出我自己及塞尔茨的论著，以及“结构”概念）。因此，对上述心理学问题可以而且必须予以系统的思考，但不在此时此刻，此刻要紧的是完成对音位学本身的洗礼。系统地看，音位学是（狭义的）语言学的一部分，即使没有体验心理学，也必然在那里占有一席之地。

那么，如果心理学分析受到质疑，那还有什么别的办法吗？我认为，音位学只能在某种客观对象中找到自己的归宿。我们要认准目标，充分挖掘古老一元论的合理元素，循序渐进，步步为营。绝对地看，特鲁别茨柯依总结出切尔克斯语 k 的 6 个特征很显然首先都是语音说明（音位学问题仅居其次，因此以“与……相反”的形式后附于括号之中）。这里，如果关于德语和切尔克斯语的 k “客观相等”这一论断是正确的，如果“所有肌体声学特征”彼此相同（我们完全相信特鲁别茨柯依的说法），那么，语音学家就可以推论得出德语 k 有同样 6 个特征的结论，或者换句话说，人们可以设想，一个魔术师或技术人员能够将一个地道德语单词中纯正发音的 k 转换到一个同样地道的切尔克斯语单词之中一个适当的位置，反过来，将该地道切尔克斯语单词中的 k 转回到该德语单词之中，这是一种“小树移植”。结果，德国人听到那个陌生的切尔克斯语单词，或者切尔克斯人听到那个德语单词，恐怕连猜想其含义的能力都不具备，当然，世界上也没有哪个语音学家能够如此，无论他的耳朵多么灵敏，或者配备怎样的先进设备。[1] 这首先只是一个思维实验，仅此而已，但从中却可以得出很有价值的结论。

因此，语言学视角下的语音学家指出 k 在德语里的两个特征（清爆破音和舌背塞音），而 k 在切尔克斯语里至少有 6 个特征，个中原因肯定不在于“语音本身”，这毋庸赘言。余下的问题便是，对这两种语言的其他语音整体上是否也有充分理由做如此分析？每一本教科书都整齐地罗列了特定语言的语音，而且，语言学上的语音教材通常绝不会满足于对人类语言语音的描写，而是要提出诸如英语或德语或者一组相近语言或方言的语音系统。[2] 对于语音学家而言，这是一项很有意义而且可行的工作，义不容辞。其首要目标是，在现有语音学涵盖全面的一般结构模式中，填入英语等具体语言的实际情形，例如现代英语没有 ü 这个音，那么，如果用我们的元音图（参见〈《文集》〉84 页）来描写英语，则整个 ü 的区域即为空白。

当然，随着工作的实际展开，还需要其他一些东西。人们总结归类，然后以通行文字的字母为象征符号，或者以语音学家为此目的而创造的类字母为象征符号，来称谓这些类别。诸如此类常见

---

① 这一切的前提是特鲁别茨柯依所提出的等式完全正确，如果严格检验，最终能够根据辅助性标准（例如某种种族特有的差别，或者各不相同的语音环境）理解那个陌生人，那么，我们承认这样的事实，但这并不足以根本动摇该等式的意义。有些辅助性标准虽然不是影响语音界定的核心要素，但实际上却导致许多重要的区别，例如说者是儿童、男人或女人，声音嘶哑或清亮表示开心、激动、沮丧或无聊，等等，这些都超出了这里讨论的范围。

② 例如维特尔《德语、英语和法语语音学和正音法的要素》（*Elemente der Phonetik und Orthoepie des Deutschen, Englischen und Französischen*）和《德语、英语和法语语音学概要》（*Kleine Phonetik des Deutschen, Englischen und Französischen*）这两本书的标题所示和实际所为。参见《概要》（第 9 版 44 页和 74 页）相关语言元音和辅音的比较。

的归类法足以引发一个问题：人们是否已经有意识地从语音学踏入了音位学？类别的多少以及它们相互之间的界定问题，这些是否纯粹由约定而成？如果不是，那么，全世界的语音学家对分类的认识及其指导方针又来自何方？实际出现的元音是持续的、复杂的，如同音调王国，或者颜色王国，那么，分类的视角是如何确定的呢？

我们的唯一目标是原理。语音学家掌握了整体性(Synopsis)观察，我认为这是一个非常重要的辅助手段，对于我们建立原理的目标十分重要。简单地说，那是一种以统计学和相互关系为基础的类型分析法。为了我们的目标，我们只要通过一个模式，一种理想情景，就可说明问题。假设，我们只有唯一一位说德语者和一篇长度和复杂度适当的文本，我们可以把他所说的文本非常准确地录音。要求不用过高，只要以亮度和饱和度为标准(不需要其他)，用斯通普夫的仪器来准确确定该文本里的所有元音即可。如此，这些元音都会在元音三角中清楚地拥有自己的位置。那么，这几千个元音的分布和频率该体现出一幅怎样的量化图呢？我眼前浮现出描绘山区地形所使用的模型，人们在那里运用象征手法将图景勾勒得一目了然。其中，以三角形为基准面，每一个点之上的等高线正好代表该音出现的频率，而等高线的峰点交汇就是模型的表面。这里不需要更准确的信息，但有一点十分清楚，我们期待获得一定数量的峰点，即模型中的山峰、丘陵以及它们之间的山谷。假如，所有用同一字母象征的元音都紧紧相邻，而且所有相邻音组之间存在音程间隙，那么，关于类别数量的问题便迎刃而解。这时，我们模型中的丘陵就如同大海中的岛屿，孤立于海平面之上，我们只需数数，岛屿的数量就是简单元音类型的数量。当然，事情并非如此简单，但是我们可以对一系列语音学家所熟知的复杂因素进行逐步分析，证明清点山峰数量的方法虽然不易，但原则上并非不行。

简而言之，在准确的统计中，一群生物，无论人类、动物、植物或有机物，其自然类型都会出现在统计学家的分布图中，那么，人类语音的情况怎么能不同呢？不会不同。据我们所知，语音学也可以运用一幅纯粹的统计学纵览图，将某种明确定义的"语言"自然的语音类型凸显出来，而且，这种方法并没有超越纯粹语音学的方法论前提和辅助手段。

语言学意义上的语音学家一直致力于类型划分和类型界定，但某些实证语音学家却采取虚无主义和纯语主义（puristisch）态度，反对任何形式的类型划分和类型界定。根据上述认识，这毫无根据。斯通普夫精辟的观点就充分说明了我的思想。斯通普夫通过必要的语言学方法区分了开元音和闭元音，为了弄清楚开音和闭音的声学效果，他将这两种音与声乐中开口唱和闭口唱两种唱法的区别和训练相比较。他写道：

> 男声将 I 在胸部音区提升至接近 e^1 的高度，用力唱出，这时，如果没有特殊的技巧，这个音就近似于 E，最后甚至会近似于 Ä。为了避免如此，美声歌手弃用"开口唱"，改用"闭口唱"（根据皮尔克的喉镜观测法，姆绍尔德的闪频观测法和希林的 X 光观测法，其机制主要基于喉头和会厌位置的不同，将力量分配到不同的肌肉群组，使喉头得到延伸，使共鸣关系发生位移），这样，虽然仍在 I 音区，但却无需用力和高声歌唱。但是，运力展开时，还会在高音区运用开口唱法。希林最

近强调指出,即使在开口唱法中,美声歌手也有可能运用口形来补偿性地平衡元音的和弦变化。然而,只有少数人能掌握此类技巧,大多数人无法使用。(斯通普夫《语音》Sprachlaute,258 页)

请注意这里对"开口-闭口"这对唱法概念的定义。其中所涉及的声学效果的相关技巧是,开口唱时高音区的所有元音都朝向 A 和 Ä(元音三角的中心),其效果与闭口唱法相反。相应地,关于开元音和闭元音的声学区别的规则是:"用同一字母标注的元音中,开元音总是比闭元音更靠近三角形的中心"。(262 页)"据此,语言学家可以认为,U、O、A 等闭音为我们所说的暗音(dunkel),而开音为亮音(hell)(趋向于 O、A、Ä),但是,Ö、Ä、Ü、E、I 闭口唱时为亮音,开口唱时则为暗音,趋向于亮度序列中靠前的元音,甚至完全与之重合。他们一般干脆将 Ä 视为开口唱的 E。"(261 页)由此,如下逻辑毋庸置疑:理论上要坚定不移,不可误入歧途,不要误以为某个元音本身有双重形式,似乎"开音和闭音蕴含着声学效果的特殊维度,可以允许一个元音在元音三角的同一位置发生变化。这样的分布不会与亮度的分布以及因此产生的元音变体的特征相交,而是被包含于其中"。斯通普夫说:"我觉得,即使如维特尔的《语音学》这样卓越的著作也难免这种习以为常的语言学误解。"另外,我还想引用下面尖锐的话:在声学意义上,"开口唱的 E"已经不再是 E,这不是"另一色标中的同一种颜色,而是另一种颜色"。(261 页)

这样思考固然不错,但却忽视了对整体观方法论的借鉴,而那是特定语言的语音专家可资利用的。如果以某种方式(为简便起见，我们还用简单的统计法）得知德语中有 o 这个类型的音，也就是说，在元音三角的确定位置出现了频率峰值，那么，也可以同样的方式得知，该类型有两个或多个变体。一座山脉通常有两个山峰和一条峰谷，或一条没有峰谷的分割线，其走向和长度可知。因此，在德语频率模型图中，同一名称的闭元音和开元音之间的双峰一谷也许就是规则，相反，在最亮闭音 e 和开度最大的 ä 之间则出现类似于无峰谷的分割线。斯通普夫有如下排序："说出'Hehr、Heer、Herd、Herr、Hähne'，绝大部分人会认为该序列体现出越来越暗（张开）的顺序。"（263 页）另外，我们还要承认，具体方言也许会出现各种各样的偏差（这不言而喻，也为斯通普夫所熟知）。

我认为，以上分析已经挫败了所谓"另一色标中的同一种颜色"这一逻辑的锐气，但还远远没有穷尽语音类型研究的影响和意义。凡有类型的地方，就有相互关系。语音学整体观已经指出并描写了各种类型的相互关系，对其进行系统的罗列并非我们的任务。为了区分音位学和语音学，这里只顺带指出其中两组，我简单称之为语音的"分布相互关系"（Milieukorrelation）和"特征相互关系"（Eigenschaftskorrelation）。在三个饱和度的给定范围内，阿迪吉语元音的亮度都体现出一种纯粹由语音分布而产生的功能，这时，就出现某种极限的分布相互关系。对此，特鲁别茨柯依有所论述，人们可以从中体会出一条普遍规律，即与硬腭音一起出现的是亮元音，与圆唇软腭音一起出现的是暗元音。我认为，较弱的分布相互关系可能出现于所有语言。

关于特征的相互关系，在德语以及语音相近的其他语言中，开元音短而闭元音长，即是非常明显和纯粹的表现。另外，"开而短的元音一般较强，这在心理学上也比较容易理解。声乐中声音的运用也是如此，一般在高位闭合发出强音。”(斯通普夫，262－263页)为了维护方法论的纯洁性，可能要提出一个问题：说明此类相互关系是否属于语音学的任务？回答依然毫无疑问：一定是。对一种语言的语音进行整体统计，足可以揭示此类相互关系。

那么，音位学该从何谈起呢？我们用上位概念“相互关系”概括了上述两种规则，对于语言的根本功能，这两种规则具有完全不同、甚至完全相反的意义。提出并证明诸如此类的断言，我们就已经踏入了音位学。语音学也指出上述及其他类似的相互关系，而且认为它们在逻辑上非常相似，所以，人们甚或不知道，我们区别对待分布相互关系和特征相互关系的合理性能保持多久。斯通普夫指出，不将强元音发为开音在生理上十分困难，而在阿迪吉语的硬腭音环境下也很难发出一个暗元音，同样，硬腭辅音与亮元音之间的相互关系也很难想象。果真如此，一切便又归于一个统一的模式，归于语音学家常说的发音舒适性原则，而且不同语言的发音表现各异。

我想，真正的音位学家会认可上述以及更多类似的分析，同时却又坚持认为这一切都还完全没有触及它所关注的问题，这也是我的观点。原则上讲，在纯粹语音学的土壤里不可能触及我们的问题。语音学家以自己的方法无法说明，甚至不可能指出，在发音舒适性原则(如果我们接受这一假设)的指导下，同一个事实却发挥完全不同的功能。在阿迪吉语中，该原则导致一种不具相关性的元音分裂，相反，我们列举了德语中短、开、(经常也是)强元音与长、闭元音的相对区分，在这两组元音之间却集中出现许多具备相关性的区别性元素。那么，什么是所谓“非相关性”和“相关性”？这是关键问题。

我们再回到(《文集》)第88页那个看似矛盾的立论:我们回想一下,德语元音和阿迪吉语元音在语音学家眼里表面上十分相似,人们可以将这一相似性上升为类型和统计分布中的相似性。但是,音位学家仍然坚持认为,这种语音学和统计学方面的相似性在他的观察中却属于两种根本不同的系统。我们必须将讨论引向如此尖锐的矛盾,才能彻底揭示一元论和二元论的区别所在。

4　旗语交际

为了更好地回答问题,我们暂时离开有声语言领域,假设一种本质上类似的情况,在那里,音位学所要提出的论断以类似的内容出现,而且完全明了、合理。假设,两个人想通过旗语信号进行交际,在他们的商定中,关键不在于信号的形式和大小,而只在于其颜色,具体讲,有三种颜色饱和度具备相关性意义(正好对应于阿迪吉语元音系统的情况),第一种为完全不饱和的黑白序列,统一表示意义A,具体情况下使用黑、灰或白都不具备相关性;第二种为中度饱和度的旗子,统一表示意义B,具体情况下使用天蓝、玫瑰红或烟灰色,没有区别意义,不具备意义相关性;第三种为最高饱和度颜色的旗子,统一表示意义C,具体情况下使用饱和的红色、蓝色、绿色或黄色,没有区别性和意义相关性。我认为,这样的约定一定能够顺利进行。当然,每一个交际参与者都必须了解并熟记该约定,在具体情况下能够将被使用的色差正确归类于三种饱和度之一,这样,就可以准确无误地作为信号发送者和信号接受者参与交际。

这样一种假设的信号系统还需要一点细微但却理论意义重大的修改，才能更好地与阿迪吉语元音音位的功能进行准确的比较。在具体信号发送中，我们也可以想象，在一种饱和度的自由范围内，色差的选择规则地受制于具体场景。假设，约定发生在关系亲密的新娘和新郎或者其他两个人之间，大家都希望信号交往在特定场景中尽可能顺畅地进行。例如，妻子要通过其衣服的颜色发出信号。假定她有黑、灰、白三件不饱和颜色的衣服，这时，她会在镜前试衣，到底哪一件最配她今天的脸色，或者她根据天气和其他具体场景因素决定穿灰色、白色或黑色衣服。同理，阿迪吉语的音位‘ə’在具体语音环境中“被确定”为 u、ü 或 i。根据规则，它在唇音之间变为 ü，在圆唇软腭音之后或之前变为 u，在硬腭音之后变为 i。二者的可比性在于，两种情况下的选择都符合规则和语境，且都不具意义相关性。这正是雅科夫列夫断言的要义所在。他指出，阿迪吉语虽然在语音上有 u、ü 和 i 三个最低饱和度的音，但是，却只有一个音位‘ə’。

如果以上分析正确的话，对人类语音就有两种观察方式。作为科学分析的对象，人们第一看到其本身的物质特征，第二是其发挥符号功能的特征。我们从假设的旗语信号交际的比较分析中，可以获得关于这两种观察方式相互之间关系的本质性认识，这是一个阶段性成果。我们有意识地将该模式设计得非常简单，以便从中清楚地认识抽象相关性原理（das Prinzip der abstraktiven Relevanz）。黑、灰和白为不同的颜色，这毫无疑问，但是，它们（如同在假设的约定中那样）可以表示同一个意思，可以同义，因为对于它们的符号功能而言，最低饱和度为它们所共享，构成了抽象性元素。

这是一个浅显的道理。对于这一确定的事实，只有哲学家和心理学家还会感到惊讶不已，并进行不无意义的追问。哲学家的思考大概是，符号具有意义，但意义载体(Sinnending)，即此时此地可感知的对象，并非以其具体特征的全部发挥语义功能，一般只是这个或那个抽象元素与其符号功能相关。简单地说，这就是抽象相关性原理。

这一抽象相关性原理适用于语言，直至其中具体的语音，这是音位学的发现和立论。对此，我们在下一段还将论及。这里首先就整个语音理论分为语音学和音位学做一点普遍性说明。根据传统的观点，语音理论的特点就是根本不谈论"意义"问题，而一旦语音学家对(广义的)语法左顾右盼，语音理论的特殊性和科学纯正性似乎就危在旦夕。此刻，音位学闯入视线，并且开宗明义宣告要冲破那高悬的禁令。它将"语音本身"的分析交给普通语音学，同时指出这些语音作为语言交际符号的功能及其相关的、具有决定性意义的因素，将之设定为自己的对象。如此纲领是否会成为一种逻辑四不像？(简略而粗暴地说就是)成为一种"歪科学"？这是个问题，换句话说，音位学应该做出抉择，或者成为语法的一部分，或者成为旗帜鲜明的、真正的语音学。没有第三条路。

我们将会看到，断言"没有第三条路"操之过急，毫无根据，同时，我们要在逻辑上毫无疑义地确定音位学在语言学系统中的合法地位。我认为，首先要对语言学对象有全新和深刻的认识。第一步是一个简单的问题：如果不能一开始就确定并使用一个标准，来将 S 与-S，将"语音"与非语音在某种程度上明确区分，语音学又何以能够界定自己的对象？人通过喉头和声道发出许多声音和杂音，语音学家一般对此不予理会。因此，他必须设定一个标准，来区分“语音”和其他声音。对于我们称之为词和句子的语音组合，一个音是否出现于其中、是否参与其建构，这是他选择的唯一标准。因此，语音是语言交际中具有意义的符号，这也是语音学不可忽视的元素，不过，它只需要以此确定自己对象的范围，在语音观察中进行有意识的抽象，提取语音的一般功能，即纯物质性。

逻辑上的第二步涉及另一种观察方式，其中，对意义功能同样的考虑不仅决定对象的范围，而且（在逻辑上）也决定对象的内容。从整个语音材料中提取那些决定符号功能的因素（根据抽象相关性原理），这是音位学特定的任务。可以说，这是纯培养（Reinkultur）状态下的语言符号学（Sematologie），我们还没有涉及音位学家所言的词汇和句子，例如，特鲁别茨柯依的元音系统理论根本未涉及他所研究语言的词典学、语素学或句法学的特定内容，至于哪些元音因素参与语言词汇的建构，并进而服务于语素和句法目的，他倒是进行了系统的论述。而这是语言学的一项特殊的、其逻辑定义无懈可击的、必须完成的任务，非纯粹的语音学和语法学所能胜任。

5 区别性特征

如果把具有意义的德语语音组合 Pelz（皮毛）中的 e 替换为 i，或者把 Tische（桌子）中的 i 替换为 a，这样，每次都出现一个意义全新的语音组合，这可能是巧合。在这类情况中，元音差异是两个音在整体上唯一的区分特征(Diakritikon),亦即区别性标记,这样的表述意义深远。还有一个普遍性的问题是,在特定语言的结构中,是什么以类似的方式构成唯一、简单的区别性特征?音位学就是要对此问题进行系统解答,它运用独特的整体观方法对特定语言历史形成的符号进行考察,并在此基础上建构对语言学结构研究意义重大的方法论。

所有真理都是简单的(Omne verum simplex)。特鲁别茨柯依的元音理论是一种系统性的研究,体现出对立分析的体系性和透彻性,对此,比较语言研究一定会抱有浓厚的兴趣。其本质非常简单!纵观全局,音位学的这一结论及其他结论都得自于同一种方法,即从语言的语音现实中发现终极而简单的区别性元素,或者(准确地表达):我们迄今所知道的所有音位学结论都必须经受这一试金石的考验。例如前述阿迪吉语,雅科夫列夫和特鲁别茨柯依客观观察的要害,就是发现了其中具备区别性的维度是元音的饱和度(三个等级),不是其亮度。德语中,Tusche(墨汁)和Tische(桌子),或Folge(后果)和Felge(轮圈)为各不相同的词,阿迪吉语中没有类似的情况,但有类似如下的情况:

Pelz-Pilz(皮毛,蘑菇);

Siegen-Segen-sagen(战胜,赐福,说);

Kammer-Kummer(小房间,忧伤)。

严格意义上,这只是客观事实的一个方面,其余都是对它的解释或理论推理。

这里,应该马上对客观事实的另一方面,即其反面,予以分析。假设,相对于德语和阿迪吉语,在语音环境与元音的亮度变体之间显然存在着简单明了的相互关系,果真如此,就区别性问题而言,对之首先可以进行如下分析：硬腭音之后的 i 和唇音之间的 u 虽然没有自由变体，因而不会是唯一的区别性元素，但是也许会影响周围环境的特点，简单地说就是在任何环境下，可以支持、确认和明晰一个硬腭音-唇音的区别性特征。因此，假如我们这样推测正确的话，亮度虽然不能构成独立的区别性特征，但也许可以成为一个非独立的辅助性区别性特征。从心理学方面来说，它可能是复杂特征的组成部分，而复杂特征能够发挥区别性功能。这是我认为最可能的推测，有待于阿迪吉语专家证实或批驳。我们这里关注的是原理性的问题，不是某个偶然的解释性例子。

用耳朵区分德语的 Saat（种子）和 satt（吃饱的）、Beet（苗床）Bett（床）等，其中表现出复杂的区别性特征。因为，实际上耳朵听到的区别不仅涉及元音，而且简单地说涉及整个音节的声响。即便使用最精密的方法，有时也无法测出首音之间的区别，但那并不是规则，而是例外。因为说者这样或那样的发音表达了不同的态度，据此可以断定，总体特性的区别也可以通过声学手段体现于语音产品之中。这一观点要表达的是一条规则，适用于大多数区别性情况。因为，在区别性研究中，要针对某种语言的词汇总体性地提出最具普遍性的问题，即根据什么来区别该社团的任意两个成员，任意两个单词，其答案必然是，区别性特征一般就是这些词汇的整体语音结构。眼前有三个德语单音节单词 Pferd（马）、Kuh（母牛）、Rind（牛），类似于并排站于我眼前的三个人，它们的外部特征（Habitus）各不相同。通过外部特征，即语音的整体特征（Gesamtgepräge），我们根据一般的理解来“联想”这些词的含义。Pferd 只有作为语音结构整体才“有”含义。单词中所有单个的音只是在语音符号的整体特征中各自贡献自己的力量，就其本身而言，每一个音都只是语音整体中不具意义的物质构成成分。

为了充分阐明这一可能的观点，还应该指出，对日常生活中无数事物（人、动物、用品）的区别，无论种类或个体，我们都能轻易为之，与我们面对已知语言中具有意义的语音复合体的情形完全类似。区别性体现于外部特征，即整体特征，其中发挥主要作用的，时而是这一特征，时而是那一特征，而我们经常并不十分清楚具体是哪一个。例如，morgen（明天）是言语交往中平常无奇的一个语音结构，类似于一个熟人的体貌特征，在场景标记（Situationsindizien）的帮助下，无论整体印象怎样模糊，我们凭借某种次要特征就能够轻松而准确地将它辨认出来。我们从远处看到一个熟人的背影，仅凭一个典型的动作，甚或不用看，仅凭听其典型的语声或脚步声，就可以辨认出此人。同样，在清晰的场景标记下，morgen的语音整体可能模糊不清，客观上近似于一个被哼出的音，但它在日常言语交往中的正确“市值”却保持不变，因为，总还有某个语音特征在语境中保证最低限度的区别性功能。对于我们的目标而言，这些情况说明，无论工作多么艰辛，可能而充分的区别性特征总是可以界定的。我们之所以如此细究这一基本思考，目的是要想引出一个反向思考。

有些方言学者和语言学领域的其他语音学大家颇有印象主义素养，在过去两代人或三代人的时间里，凭借训练有素的听力与实验语音学家的仪器分析相竞争，且傲立不败，同样也发现了语音的细微差别，犹如印象主义画家的眼睛发现了世界新的色彩，游刃有余。现在，音位学登场了，并在特定方面自我标榜为自然科学，与语音学的印象主义分庭抗礼。不过科学与艺术略有不同。因为，一旦揭开的事实不能重新盖上，一旦发现且科学界定的丰富多彩的复杂性不能从认识的列表中重新抹去，我认为音位学就完全摒弃了那样一种愚蠢的思想，它要寻找一种选择的原则。音位学认为，这些被发现的无穷无尽的差别，其中并非所有成分都等值和均势地作用于语音的真正职能，即符号功能。任何东西都可能在一定情况下成为区别性特征，对此，不能为之所动，要坚持自己的纲领。因为，任意性规则是不能上升为原理的，否则，区别性问题的真正内核将无法理解。下面，我们换一个角度。

人们在日常生活中面对的事物繁复无数，其间的区别细微难辨，场景（场景标示）模糊难辨，鉴别十分棘手，这时，我们会借助于区别性符号，例如，有人用帽子、铅笔或其他东西给羊群中的个体标上人工记号（亦称 Marken 或 Male）；有人在其他情况下则坚持以自然特征为参照，也就是说，凭借事物本身所具有的那些特征，并将之上升为区别性符号。“完全相同的”双胞胎之一长有胎痣，或者警察对一个人所做的“体貌特征”描写，等等，这些都是俯拾即是的例子。问题再简单不过了：在一般条件下，语言的词汇本身是否也包含这样的区别性体貌特征，以利于辨认和区别？音位学给出的答案是肯定的。面对语音学家从印象出发凭借训练有素的听力所发现的那些无数的语音特征，音位学要从中系统地找出那些在具体语言中具备区别性符号性质的特征，并将之称为“音位”。

很难说过去的语音学大师们忽略了“音位”，得出了完全相反的结论，简单说就是纯粹印象主义的结论。无论如何，他们也算是亮出了自己的观点，一方面强调语音差异无穷丰富，另一方面反对许多人幼稚的观点，认为不能从该无穷之中抽出几十个常量作为合理的语音符号的基本框架，并赋以称谓。有人提出反对，要将特定语言的“语音资源”归纳为有限的范畴类别，而这其实有违科学良知，因为经常有人谨慎地说，这样做在科学上虽有缺陷，但具有教学意义，或者，如有些人所说，人们只能在统计学意义上归纳出有限的类别。这里，我们看到了与音位学的分水岭。

在我看来，还是应该各就各位。纯粹语音学并没有错，只是那个“只能”有些问题，因为，符号学可以且必须建立在语音学物理分析之上，这样的符号学能够证明所寻找的常量为真正的单位，并界定之。我认为，如此界定在理论上完全可行，且无需特鲁别茨柯依所说的元理论经验分析，只需要说明，语音整体中具有意义的所谓单个音其实具备标记的功能。这样，根据抽象相关性原理，就其功能而言，这些音就被视为单位，真正的功能单位，如同我们上述约定中信号的颜色一样。

6　音位的系统性

这又该如何证明呢？我们可以设想在逻辑上分为两步，第一步证明发挥功能的可能性，第二步追求更远的目标，说明永远发挥功能或发挥功能的必然性。那么，我认为第一步毫无疑义已经完成，而第二步则难度极大，还没有完成。我们先从一般区别性角度出发来看待这些问题。德语之类的语言的词汇拥有数以千计的语音形象，需要相互区别。我做过两项统计学研究，综合它们的结论可以大致估算出德语究竟有多少个各具不同意义的音节。首先汇总音节总数：按音节朗读一篇选定的文章（我们从《布登布洛克》选出 20 页），认真统计该 20 页的第一页有多少个语音相异的音节，然后，再统计第二页新出现的音节，以此类推，得出每一页新出现的音节数，画成曲线。开始，数字曲线下降陡然，而后逐渐平缓，呈现出规律性，人们可以据此大概推算这 20 页以外的情况，计算出一个总值。简而言之，由此得知《布登布洛克》的音节总数约为 3000 个（最多 4000 个），其中大多数都以独立的或附属的意义单位出现于德语词汇中（根据第二项统计学分析），在语音形象上各具特色。[①]

这些数以千计的单音节语音产品又该怎样辨别呢？如果仅凭未予分析的总体印象进行辨别，说者和听者面对如此复杂多样的简短音组可能完全束手无策。我们假设过，所有这些语音产品仅凭自身就能相互区别，难道这个前提根本就是错误的吗？事实上，这个前提并不是普遍地适用于鲜活言语交际的所有情况，更多的情况是，所假设的正常前提条件有时极度弱化，有时又极度强化。

弱化主要是因为两种不同类型的情况，概括起来可称为“场景标记”和“上下文标记”（Kontexthilfen）。在场景标记十分清楚的条件下，即使发音怪异、模糊不清，哪怕只能勉强称为语音（例如说出问候语 morgen 时的情形，当然不止此例），也极易辨别，如同面对一个熟人，仅凭任意一个特征或特征组合即可辨认。为了帮助人们进行辨别，具体言语交际伴随着各种各样、或强或弱的场景标记，从而使得区别性要求从最低到最高各不相同。需要补充的是，有时也会引发人们草率和错误的预期，此时，场景标记会使理解变得困难。

---

① 当然，被朗诵音节的总汇并非就是意义音节的总汇，只是此量与彼量大致相当，因为这里关注的只是一个大概的量，所以，我忽略所有方法上的细节问题。

弱化的第二种情况为“上下文标记”。我认为有一个众所周知的事实可以很好地说明区别性问题。从远处或电话里听到一段话语，我们发现，上下文孤立的语音产品很难准确理解，而在文本系统中则可轻易理解。与场景标记的情形完全类似，上下文预期限定了理解的可能性，这样，残余的特征（扭曲失真，虽弱却显）仍足以成就辨别。这一事实具有理论意义，因为，我们总能清楚地说明语音特征的哪些因素和成分在上述情况下最容易被弱化、模糊和扭曲。被改变的语音主要是声学上的噪音、语音学上的爆破音。较远的距离会突破它们听觉效果的极限，而它们在电话里就会被弱化和扭曲。[①] 在两种情况下，元音声响最具稳定性，还有与之相关的某些特点鲜明的复杂特征，或称整体质量（Gestaltqualität），如声调，它们涉及音流的音高，还有元音的节奏性特征（短与长），以及元音的亮度波（Helligkeitswelle）和饱和度波（Sättigungswelle）。事实很简单，所有这些组合起来就可以基本满足区别性要求。

我也可以从中得出简单而必然的结论，那就是，这里所列举的那些稳定和有效的特征，在正常条件下也可以发挥决定性的区别作用。据我所知，无人对此提出异议。正在觉醒的音位学只需要聚焦于此，将这些及其余所有复杂特征适当地纳入其系统。特鲁别茨柯依的思想颇具创新性，系统地阐述了元音系统是由数量有限的单位构成的。它们是狭义的音位，在词汇的语音特征中发挥标记功能（具体标记）。例如德语 Hocke（蹲）中的 o 为短音、开音，

---

① 参见汉斯·吕德勒尔（Hans Ruederer）《话语词汇的感知》（*Die Wahrnehmung des gesprochenen Wortes*. Münchener Dissertation 1916）。之后，我们用更为精确的方法对吕氏的观察和语音意义的界定进行了进一步的研究，我希望不久就能够将结果公之于众。

也是强音，就是一个基本的标记，即德语中的一个音位。每一种语言都有一个数量有限的基本标记系统，这是音位学的基本观点之一。

我认为，应该马上提出第二个基本观点。这个观点涉及内容方面。标记出现在词汇语音的特定位置，并发挥功能，此刻，该标记在复杂特征的具体位置上有其伙伴，有其功能的对极。如果有人对此表示疑问，就请注意一个事实，即在词汇语音的整体特征中，语音顺序具有单向性，且“神圣不可侵犯”(noli me tangere)，足以排解疑问。该顺序是一个复杂特征。这一特征以及我们所列举的其他特征都是不折不扣的“标记”，因此在具有意义的语音符号的整体特征中也具有区别性。承认这一点，完全符合音位学的思想。因为，相对于元音音位系统，音位学所提出的辅音音位系统更能说明音位是系统性的，是通过比较而相互区别的单位。这样，我们只需要将这一结构性原理和区别性原理运用于一个单词中具体的音，就可得出理论的概貌和真相。

但是，事情还有其另一面，即区别性要求或条件被加剧强化的情况。为了简单明了，我们集中考察那几千个单音节词汇。有时，秩序中的相邻成分总体上十分相似，或者区别性特征的总体功能很弱，这些都加剧了对区别性及其条件的要求。先说后者。语音符号的社会性将一系列本身很适合发挥区别性功能的因素从一开始就排除在外，例如，男声、女声、童声特征明显，不容忽略，但却不能成为我们这里所关注的区别性特征。词汇的社会性在言语交际中发挥硬币的功能，必须体现出某种程度的制式，即其相关的语音特征，形象地说就是其“外形特征”，必须独立于许多个体因素。这种制式不因此时此地众口的个体差异而受到质疑。年龄和性别所致之声音差异也与区别性无关，除此之外，还有许多声响特征，不胜枚举。

显而易见，所谓“无关”在这里绝非出于心理学考虑，绝不是说在言语交际中可被完全无视，因为，这些特征根本不能被忽视。说者为男人、女人或儿童，我一听即明，其中还有其他许多相关的决定性差异，都是引起听觉注意的细微的语音特征，都可能对正常的言语交际发挥决定性的影响。所谓“无关”仅仅意味着，我们有充分理由不在语言学的这个章节中讨论这些问题。这类问题不属于语音学、词典学、构词学或者句法学。对于这样的排除性安排，语言学家有充分理由，可以堂而皇之地说：没有文献记载的东西不存于世。他的意思是说，在我的世界里只考虑以怎样的视觉观察语言事实的重大问题；我将在这一自觉限定的框架内尽可能纯粹和全面地完成使命。因此，我们可以说，上述差异不具语言学相关性，或者准确地说，不具语义学相关性。之所以在此提及这些差异，仅仅是因为在它们身上，通过它们，我们发现了厘清思路的最便捷路径，唯由此我们才能系统地达及真正的目标。这里所显现的即是相关性与非相关性的分野，这是音位学在语音研究领域所给出的结论。

德语词汇有几千个单音节单位，具有独立的或附属的语义，这相当于同样数量的语音制式单位（Uniformen）。这些单位各自都拥有一个无限的施展空间，来体现相关人物和场景的特征，虽然不具备语义学相关性，但在具体言语交际中意义重大，且广为利用。那么，德语是怎样具备如此高超的技艺的？音位学的解释是，语言借助于其简单符号所组成的系统，即语音标记或音位系统，即可轻易为之。假设，我眼前不是音节，而是三千个鸡蛋，要给每个都涂上彩色圆点，作为其“标记”。如果每次把这些圆点依序排成一行，并且这种排列顺序（从尖上看去）也是特征描写的因素，那么，我可以计算出需要多少个不同的圆点，即标记。用16个基本元素可以产生3360种三三组合。那么，德语等语言的基本符号（音位）的数量估计是此处彩色圆点数量的三倍，而一个德语音节所包含的音位可能少于或多于三个。希佛斯等语音学家认为spricht和spritzt中还存在所谓的辅助性音节，不无道理。如果我们再加上这些，那么，单音节词汇的数量就会达到6位或7位数。无论如何，基本符号的数量十分庞大，足以满足区别的要求。

凭借如此的丰富性，语言甚至可以完成几项奢侈的任务，也就是说，可以同时赋予单音节词汇以语素和句法功能，诸如sprich、sprach、Spruch和sprech、spräche、Sprache、Sprüche之类的序列所示。[①] 从区别性视角看，这样的构词需要一个（相对于单音节词汇的数量而言）丰富的音位系统才有可能。因为，无论屈折型语言还是许多其他语言，同样的功能分摊于两个或更多的意义音节，这里却由单音节承担。为了达此目的，整个音位必须抽象地分为常项和变项两部分。这些词汇的意义构成（逻辑上）分为两步，其中，第一步构成辅音框架，为常项部分，第二步将元音变量填充其中。其情形（还从纯粹分析的角度看）类似于闪米特语言通常的方法。那里，经常是一个由三个辅音组成的常项架构，同样为意义构成的

---

① 此处举例都是动词“sprechen”（言说）的派生构词形式，各自包含的语素和句法元素如下：sprich（动词“说”，第三人称单数现在时），sprach（动词“说”，第一、三人称单数过去时），Spruch（名词“格言”，阳性）和sprech（动词“说”，动词词干），spräche（动词“说”，第一、三人称单数虚拟式），Sprache（名词“语言”，阴性），Sprüche（名词“格言”，复数）。——译者注

第一步，而元音变换则为第二步，体现语音特性。在我看来，阿拉伯语辅音架构 k t b 也是如此，其“意指”正好说明了思维心理学家的“域”(Sphäre)。由辅音架构 k t b 组成的阿拉伯语词汇的意义都与人类书写活动相关，都围绕和包含该域，而元音的变换则体现另一个步骤，通过语音来体现意义从(模糊)域到(准确)域的变化，这是发生于当前思维中的一个步骤，例如，阿拉伯语 kátab＝“他过去写”，kǻtib＝“写手”，kitǻb＝“书”。思维心理学家证明，这样的现象也经常发生于我们身上。只不过这里所举的都是双音节词，而上述德语序列则仅由一个根音节(Stammsilbe)承载类似的功能。这说明，语言拥有丰富的音位，不需要倾其所有区别性特征对每一个意义音节进行语音区分。但有时，它又可以像阔绰的贵族那样，将适用于一个音节的所有基本的区别性特征超量投入，使其中之一或之几成为变量，如我们例中的元音，并通过其变体在语音上体现语素或句法方面的差异。[①]

另外，如同其他许多语言一样，德语并不刻意回避词汇语音之间极度的近似性，而是拥有大量 Guβ-Kuβ、Fall-fahl、Schurz-Schulz、balgen-Balken 之类的邻对(Nachbar)词。这样的邻对蕴含着音位学迄今为止最具意义的发现，正是通过它们客观地检验出某个语音差异是否具备音位学相关性。这样，就相关性的维度而

① 针对一个音位发挥语素功能的情况，人们提出一个特别的称谓，即复合词“语素音位”(Morphonem)，我认为这其实是一个逻辑上并非完美或者至少不十分贴切的概念，因为，“音位”是一个类型概念，应该根据特殊的功能区分一系列类型概念，除了“语素音位”之外，应该还有“词汇音位”(Lexikophoneme)和“句法音位”(Syntakticophoneme)，而这是一种很牵强的划分，不仅名称蹩脚，而且也缺乏逻辑系统性。元音 u 在 klug、schlug 等单词中的标记性也是如此，这足以引发我们对音位概念定义的思考。我担心，这样的复合词不能充分考虑音位学的特殊性，反而会模糊它的界限。

言，迄今所运用的方法，是寻找一种语言中可能存在的最相似邻对，实际上十分有效。至于其中的负面现象，在最终回答相关性的问题之前，还需要进一步研究。因为，如果不能证明某一基本区别性特征的唯一性，就必须继续研究，要弄清楚它是具备完全的区别相关性呢，还是在一个复合的区别性特征中发挥协同作用。为了说明问题，我们应该重新考察那些确定无疑的元素：男声、女声和童声等差异性完全不具备语义学的相关性，亦即（如果我没有搞错的话）没有哪种已知语言中的"同一个"词在男人、女人或儿童口中会有不同的语义。如果真出现此类情况，则语言学家就需要三本字典，而不是只需要一本。作为对第一种观点的支持，根据同样的标准，至少还应该注意大声和耳语所发出的语音产品复杂的差异性，而这两者也完全没有相关性。相反，阿迪吉语元音的亮度差异性给我们提出了一个问题：它们是否也完全不具有音位学的相关性？雅科夫列夫和特鲁别茨柯依指出，这些亮度差异都规则性地依赖于语境，据此，我们推测，它们可能作为复合特征中的辅助性元素而具备音位学的相关性。这种推测所依据的方法是什么呢？关于人类语言语音的重要性，我在(《文集》)107 页的注释中引证了相关的论著，据此，我思考了怎样在词汇的语音中确定复合的区别性特征的问题，并阐述了音位学的另一面(参见(《文集》)108 页)。对此，我将另作论述。

7 结语

至此，我们对音位学的任务有了大致的了解，但是，还远没有充分说明，例如，雅各布森对相互关系进行了一系列广泛而深入的研究，我认为其方法十分恰当，而且事实证明也是如此，那就是在音位学中运用了语音学的整体观。只不过，纯粹意义上的语音学整体观以统计学为基础，也只能得出统计学意义上的类型，而音位学的整体观另有目标，并且也有此能力。雅各布森对语音特征的相互关系进行了系统而全面的考察，表明我们所面临的是全新的问题，需要新的方法。德语中的元音长而闭、短而开，它们同时出现，这首先无疑是一个统计学事实。但是，一旦发现这种特征组合本质上属于德语统一的元音标记，那无疑标志着语音研究的新篇章。

因为，一方面解释这种组合的原因，另一方面解释其享有自由度的原因，这是任何“性格学”（Charakterologie）所面临的任务。莎士比亚借凯撒之口说出名言“让光头且身材魁梧的男人在我周围，他们夜间能睡”，其中道出一个人身体构造和性格之间的某些联系，对此，克雷奇默（Kretschmer）也有数据证明。这是为什么呢？人类性格学不能满足于对相互关系进行纯粹量化的分析，音位学在音位中发现最简单的特征或特征成分，同样也不能满足于对相互关系纯粹量化的认识，相反，关键是要找到一种方法，对自己领域中物质上互不相干的语音特征变体之间的组合及其自由度做出解释。这些都是音位学将来可能面对的任务，而这里讨论的不是音位学的未来……而是其当前，亦即：它在整个语言学中的科学合法性、意义和系统地位。

四　语言学原理*

A. 语言符号性的基本原理

每一种语言都是一种符号系统，语音被其说者用作符号，又被听者接受为符号，语言现象是构成个体间符号交际的媒介——如此这般，人们便可以展开对语言的论述。无论如何，为了在逻辑机制中得以界定，我们首先需要“符号”（σῆμα、signum，seign）这样一个一般性的术语。那么，什么是符号？

1. 印度日耳曼语言成就了西方思想的伟大，尤其是希腊语、拉丁语和德语。在此要指出的是，符号词汇两大主要类别的词源都指向可视领域，其中蕴含着两种原始要素，一为“光亮、可视性”或者“使光亮和可视”，二为“置于眼前”。“光亮”引人瞩目，如此，“被置于眼前者”进入感知范围。而一般情况下，（简单用德语表述）印欧语符号词汇中的多词干词族显示出事物被标示和说明的特点，它们指向事物。①

---

* 译自 *Die Axiomatik der Sprachwissenschaften*. Vittorio Klostermann, Frankfurt am Main 1969。——译者注

① 此为布鲁诺·索耐克（Bruno Sonneck）《符号理论的语言研究》（*Sprachliche Untersuchungen zur Zeichentheorie*. 尚未发表）的研究结果，其基础为巩达（J. Gonda）《ΔΕΙΚΝΥΜΙ，印度日耳曼语 deik-词汇的语义研究》（*ΔΕΙΚΝΥΜΙ, Semantische Studie*

将视角再放远点，以比较心理学家的眼光考察动物和人类社会生活中形形色色的控制手段，我们通过对符号功能的认识就可以基本验证以上解释。对于此类事实的复杂表现，可用极其简单的方式予以表达，正如我在《心理学的危机》中提出并深入论证的那样。事实表明，符号生成的生理学根源，恰恰体现于较高级动物的群体生活之中，此刻，个体之间在场景中恰当的合作促进了共同感知水平的提高。如果参与合作的某个个体拥有更多关于场景的感知数据或者记忆数据，就构成了告知行为（Mitteilung）的基础。

人们需要开动脑子大胆设想。无论动物原始生活中最为简单的情况，还是高雅精巧的人类群体生活中最为复杂难解的情况，用人类语言进行描写，都与比较心理学关于动物符号性交际手段的研究结果完全吻合。这一点，在我们对新生符号原始状态的研究中也得以验证，其中的现象对于起源问题极具启发意义。比如当今的人类，为了在繁忙的大街上驾驶汽车，前些年发明了著名的行驶方向指示信号，那完全适用于我们所描写的场景，而且仅此一用。每个人在大街上驾驶汽车都必须顾及他人，但只要这种顾忌在当前感知中可以直接确定，则道路交通往来就无需信号引导。但是，如果有人要突然停车或者改变现行方向而转弯，此刻，而且仅有此刻，他就必须显示信号。为什么呢？因为，交通伙伴的行为都必须在事发之前予以确定。对于伙伴而言尚难预料、不可感知之事，而对于行事者而言的已知之事，必须纳入共同可感知之列。当仅有的已知感知数据不再能够满足需要，信号发送就构成新的

（接上页）*over den indogermaanschen Wortel deik-*. 1929），以及瓦尔德-波克尼（Walde-Pokorny）、瓦尔德（Walde）、克鲁格（Kluge）和保罗等人在词源词典中的相关文章，不过，他们的结论与巩达的一般性陈述相去甚远。我认为，将符号概念与词源问题联系起来十分重要，可以说，索耐克先生在当时条件下使问题获得了有限的解决。

补充性刺激。

或者举动物界的一个例子：如果群居动物中某个个体因为其特殊的地理位置或者较高的警觉性而发出危险警示性气味或者表情，而且，除了自身逃跑之外，还发出“警示性呼叫”，那么，其他同伴紧接着的行为也会完全相同，如同大家都得到那同一个危险印象一样。作为补充性刺激，警示性呼叫进入它们的感知范围，“似乎”使它们自身的感知水平得到提高，从而使关乎生死存亡的告知功能得以发挥。“似乎”模式还有其他方案，无需在此一一解释。

仅有一点还需要指出，那就是，某些符号词汇的词源是对“事物”的指示或者引起同样在场的另一观察者对“事物”的注意，且完全以人的特征为前提。真正人类特有的手势常常被赋予超动物的特性，值得关注的是，在印欧语言符号词汇的词源中仅有一例尚存争议，即希腊语“表征”（μηνύειν）。在符号使用中，相关事物元素的稳定性隐含于上述词源场景之中，而迄今为止在任何动物的交际手段中未有发现，这是确定无疑的。① 以上是我们为正题所做的铺垫。

与词源和生物起源事实的说明相比，对符号概念进行充分的现象学说明和精准定义，要求不同而且更高。其中的特殊困难，我想推放在整个语言理论的适当地方再论，那里将论述符号与其他精神产品的区别。在本章的 D 一节中，我们至少可以成就一点，即说明语言符号功能的多样性。此刻，暂且实用性地就近借用经院派的符号概念，以说明什么是语言唯一的、根本性的、决定语言

① 参见卡尔·比勒《儿童心理发展概论》（*Die geistige Entwicklung des Kindes*）1918 年第 1 版 116 页，1929 年第 5 版 224 页起，以及拙著《心理学的危机》51 页（《文集》58 页——译者注）起关于蚂蚁和蜜蜂的信号与象征符号之区别的论述。

科学整个研究及其成果的特性。我所关注的，是适用于世界上我们习惯称之为“代替性”(vertretend)的一切，无论是人、物或者事。凡是有代替出现的地方，就会像一切关系一样，有两个基点，即相互区别的某种事物和另外某种事物。为了普遍说明代替场景中的关系，经院派使用“一物代替一物”(aliquid stat pro aliquo)这一表述模式，他们是通过语言发现这一公式的。[①] 那么，如果此时此地某个具体之物被用于代替，问题便是，它凭借什么属性得以获得代替功能，并完成代替行为。因此，必然存在对该具体之物的二维确定，其一忽略代替者的代替功能，从而确定其本身所为或应该所为的内容。[②] 相反，其二是在其身上寻找并发现那些蕴含着代替功能的特性。作为符号，只能凭借抽象的元素使具体之物“成其为”符号。我把这一具备语言理论根本意义的事实描述为“抽象相关性原理”，并在关于语音与音位之区别的论述中予以阐述。[③]

在举例解释所述之前，我还要明确两点，且不在此展开详述。忽略其他含义不说，“代替”在我们所熟知的所有生活例子中都属于那种不可逆的关系。使者代替其国家，反之不然；律师在法庭上代替其当事人，反之不然。这也适合于符号，可以补充的是，出于某种原因，结构中的代替成分总是属于可感知的范围，而另一成分

---

① 冯·奥克汉姆(von Ockham)偏爱“supponere”。根据图洛特(Thurot)的考证，奥克汉姆对 supponere pro aliquo 的使用至少符合自 1200 年以来的惯例，在非及物的意义上与“stare pro aliquo”同义。参见鲍姆加特纳(M. Baumgartner)在余伯维克(Ueberweg)的《哲学史概论 II》(*Grundriß der Geschichte der Philosophie. II*,10,602 页)中的论述。

② 我们用“本身”，不用“本质”，意在忽略“代替”功能。

③ 参见卡尔·比勒《语音学与音位学》(*Phonetik und Phonologie*. Travaux du Cercle Linguistque de Prague,4/1931,22－53 页)。

却不能如此。对于后者而言,无需赘述,因为我们自始至终把符号一般性地视为主体间的纽带(社会的媒介性产品),此乃其定义使然。这一情形的表述还可以更为概括,但是我们不想为此耗费精力,因为,这里对语言的断言绝无证明的必要。语言现象中可被感官感知的东西(语音)与其所代替的东西之间的区别,对于每一个行家而言,都是十分熟悉的。①

2. 现在转入解释。早在 20 年前,海因里希·甘柏兹(Heinrich Gomperz)就接受了经院派富有成果的"一物代替一物"的表述模式,并以自己的方式予以扩展。代替关系中的第一个成分需要二维理解和界定,这是一个无处不在的事实,对此,他(设计了一组由各种形式混搭的例子)进行了生动而又准确的解释,迄今为止无人能及。比如,我注视那位演员(甘柏兹如是设想),那位在我眼前舞台上的演员,这时,眼前出现华伦斯坦,而又并非华伦斯坦本人,而是其扮演者巴索曼先生。这是一场演出,一个场面,人们可以从中观察并评论某些事物。"他是他却又非他"这一表述体现出奇特的两面性。我们可以顺着甘柏兹的思路集中讨论该事实。用这一表述方式很有意义:演员巴索曼的"非本质性临时属性"(Akzidentien)被内在地赋予一个陌生的"实体",即作家笔下的华伦斯坦。观众把个体巴索曼的扮相和动作、话语和行为接受为某种东西,并由此实现对作家人物华伦斯坦的体验。或者从另一方面看,巴索曼将所言特性赋予作家笔下的华伦斯坦,这样,作家的人物形象便得以登场。甘柏兹从其表述中抽去了经院派概

---

① 所谓"内心"言说表面上似乎听不见,其实与此规则不悖,因为,这里即使对于独自的个体,"声音"或者声音的替代品也以某种方式(声学的、运动机能的、视觉的)直观展现,亦即可被听到,否则就无所谓真正的言说。

念“实体和临时属性”的本体意义，提出了一种十分贴切的基本解释。

甘柏兹列举的第二个和第三个解释性例子，从不同方面更为清楚地说明了代替具有普遍同构性。根据甘柏兹的理论，一块涂有色彩的画布为观察者呈现出一幅优美图景，也可以借助同一公式予以描写：画布将其临时属性“借给”此刻被形象描述的某个事物。相比之下，语音在诸多方面表现出特性，但其核心却完全类同：一物因其临时属性而象征性地代表所意指的对象。甘柏兹最终的概念解释是：“如果一个对象具有这样的结构，以至于其临时属性不是寓于其通常所属的实体，而是寓于另外一个实体，那么，在前者与后者之间就存在“意指”(Bedeuten)、“代替”(Vertreten)或者“代表”(Repräsentieren)的关系。[①]

在我看来，代表一个陌生实体之时所出借的临时属性是一个恰当而又易记的解释，也完全切合语言中纯粹象征性代表的情况，为此，只需一个极易满足的要求，即临时属性这个概念的涵盖面要比所谓原始的或基本的或基础性的意义更为宽泛。对此，音位的例子更为深刻。对于在此初步论述的模式，没有理由进行任何形式的改变，无论是删减还是补充。与甘柏兹 1905 年所面对的条件相比，当今“绘画”所体现的“一物代替一物”的心理学证明更为详尽，可供借助的实证认识也更为完善。[②]

---

① 参见甘柏兹《语义学》(*Semasiologie*，278 页)，另参见刊载于《汇报》增刊 160 和 161 期(1905 年 7 月 14 和 15 日)的论文《论自然主义艺术的若干哲学前提》(*Über einige philosophische Voraussetzungen der naturalistischen Kunst*)。

② 参见卡尔·比勒《论颜色的表现形式》(*Die Erscheinungsweisen der Farben*. Jena 1922)之“绘画光学”。

为了推进甘柏兹开创的理论,可以附带就其一点提出批评。问题是,将“意指”“代替”和“代表”三个表达视为同义词,在术语上是否适宜和可接受。在我看来,同义词有害于科学语言,虽然不能完全避免,但在此却可以避免。至于“代替＝代表”这一等式,可以请教法学家,与最优秀的法学理论家一起思考,它是否道出了代替行为在法律意义上的特定含义。如果没有,那么就应该在逻辑安排上予以调整,给“代替”加上一个定语“法律的”,以作为特殊区别,而把“代替”视为类型概念。确定了这点,其结果必然就是,在被置于同一视域下的表演、绘画和象征性三种“代替”情形中,其特定的共性在法律的代替行为中恰恰未有体现。律师在法庭上代表其当事人,这既不同于巴索曼之于华伦斯坦,也不同于着色的画布之于风景,更不同于一个语言象征符号之于象征对象,其本质不同。粗略地说:如若律师在法庭上以真正的巴索曼逼真示人,无异于小丑,而律师若以真正的油画或者象征符号出现,则无异于稻草人或者花饰玩偶,百无一用,完全不是一个理想的优秀律师。对此,逻辑上只有一条出路:将“代替”视为上概念,然后区别对待其中的不同形式。表演、绘画和象征属于一种类型,与之不同,法律意义上的代表和货币的代表功能则属于另一种类型,其情形在我看来(至少在某些方面)各有特点。

批评到此为止。我们要讨论的首先不是代替的种类,而只是“一物代替一物”,并视其为符号概念的一个有效的上位概念。我认为,甘柏兹所谓“他是他却又非他本人”具有普遍意义,但他提出的“临时属性与实体”的模式在实用性上却只适用于狭义的代替。

甘柏兹按照事物本质所采取的二维确定,将代替主体一方面视为其本身所是,另一方面从其代替功能的视角予以考察(请特别参考《汇报》载文)。他指出其中存在理论上偏题和不必要争论的问题,我们将会看到,其实语言学也未能幸免这些问题。

但是,我想首先就甘柏兹以降语言理论从音位学所取得的积极进步和抽象相关性原理展开论述。该原理适用于一切具备符号属性的东西，甚至不止于此。但正因为它对其他领域的适用性，所以，人们还未能发现符号概念的特殊性。

3.《语音学与音位学》讨论了音位学问题，假想了一个约定，可供借鉴：假设两个人想用旗语交流，其中重要的不是信号的形式和大小，而仅仅是信号的颜色。他们约定了三种具备意义相关性的色彩饱和度（正好适合于某一元音系统），具体为：第一，完全不饱和色差的黑白序列统一表示意义 A，而具体情况下使用黑、灰或者白，不具相关性；第二，中度色彩饱和度的旗子统一表示意义 B，具体使用天蓝、玫瑰红或者烟灰色，不作区别，不具意义相关性；第三，最高色彩饱和度的旗子统一表示意义 C，具体情况下使用大红、蓝色、绿色和黄色，不作区别，不具意义相关性。我想，这样一种约定毋庸置疑将会顺利生效。当然，每一位参与者都必须了解此约定，牢记在心，并能够在具体情况下将当前所使用的色彩正确地归入三种色彩饱和度之一，然后，他就可以准确无误地参与信号发送和信号接收的交往。

还需要对那一假设的信号系统做一点细小但却颇具理论意义的修正，以更好地与言语语音流中具体的音进行精确比较。我们可以想象，在信号交往的任何情况下，在许可的自由范围内，任一色彩饱和度的选择都会针对语境而规则地发生。假设，私密关系中的新娘和新郎或者其他两个人之间发生约定，而且，信号交往要尽可能常规性地在场景中顺利进行，这对于他们而言十分重要。比如，妻子要直接通过其衣服的颜色传达信号，这时，有黑、灰和白三件不饱和颜色的衣服，她根据给定情况在镜前试穿，看哪件最配她今天的脸色，或者她考虑天气和其他具体场景因素，来选择灰色、白色或黑色。原则上，具体语境影响下言语语音流中的情形与此完全相同。这些影响客观存在，而且在无相关性的变化范围之内发生互动。《语音学与音位学》通过公认的语言学事实阐明了这一点。比如，那里指出，有一种西高加索语言（阿迪吉语），初看起来，其元音与德语一样丰富，例如也有近似于 u-ü-i 的区分，只是那里从不像我们德语的 Tusche（墨汁）和 Tische（桌子），通过 u-i 之间元音的不同而将两个单词区分开来。u-i-ü 的区别在那种语言里没有"区别性"价值。o-ö-e 或者 a-ä 同样如此，它们虽然都出现，而且根据具体语境规则地出现，但不具备区别意义的性质。为了在概念上准确地理解这一音位学核心事实，我假设了那种旗语信号。它揭示了抽象相关性原理对于语言中所谓单个音的适用效度。

如果上述思考正确的话，那就意味着针对人类语音有两种考察方式，一是其本身的物质属性，二是其完成符号使命的属性，它们都是科学界定的对象。关于此两种考察方式相互之间的关系，可以通过上述设计的旗语信号交往的可比性模式，获取我们所需要的基本认识。我们有意选择这样简单的模式，以便从中深刻领会抽象相关性原理。黑色、灰色和白色是不同的颜色，毋庸置疑，但是，它们可以（如同假设的约定那样）表示同一个意思，可以同义，因为对于它们作为符号的使命而言，具有决定性意义的，只有它们共享的那种抽象元素，即最低色彩饱和度。

这是一个妇孺皆知的事实。而一旦这一事实铁定，就只有哲学家和心理学家还会感到惊讶不已，要深入探究。哲学家思考的问题是：符号具有意义，具体情形是，意义载体，即可感知之事物，在此时此地并非一定以其全部特征进入语义功能，更多的情况是，只有这个或那个抽象元素对于其行使符号功能的使命具有相关性。这就是我们所概括的抽象相关性原理。此抽象相关性原理对语言的适用性及至具体的音，这是音位学所发现的命题。以上是我们对《语音学与音位学》的引用。我现在提出断言，该原理适用于所有“被用作”符号的具体之物，但因为篇幅所限，在此放弃对其进行符号学即模式化的论证。

针对语言符号的话题，我在自己的语言理论建构中讨论了音位学问题，在此之前，我发现从许多事实得出的结论，越来越清楚地体现出语言的符号属性，只是整个语音学界似乎还不认同一个观点，即语言科学的对象毫无保留地类属于符号学，如同物理学的对象属于数学一样。开普勒（Kepler）之“物质所在，几何所在”（ubi materia ibi geometria）完全指引和决定了物理学的进程和结果，相反，语言学的语音学却呈现出与其他语法领域不同的情形。事实证明，对此提出哲学方面的（科学理论意义上的）质疑，并通过特鲁别茨柯依的纲领性论文《音位学元音系统概论》（Zur allgemeinen Theorie der phonologischen Vokalsysteme）[①]得以释解，这很有意义。一时之间，这篇论证充分的语音学论文开启了一种全新的、成形的语言学领域，其特性不同于语音学，而是与我所孜孜以求的目标相吻合，那就是人们能够而且必须严格按照逻辑要求来分解语音的科学研究。语音一方面为其“本身”，另一方面为其行使功能的符号属性。语音学司职其一方面，而音位学则司职其另一方面。“语音元素”这一概念通常涵盖元音和辅音，只有运用音位学的思想才可有效地予以定义，这样，人们认识到：每一种语言只具备有限的多样性，拥有一个清晰可辨的区别性语音符号

---

① 参见 *Travaux du Cercle Linguistique de Prague*，1/1929，39－67页。

系统（元音的、辅音的及其他类似的）。按照我所提出的音位学术语，它们的语义功能，就是在我们称之为单词的复杂现象中发挥区别性功能。音位是自然的“特征”（亦即标记），据此，言语语音流中决定语义的单位得以确认和切分。

回顾一下语言科学的历史，我们就会发现，对于所有伟大的成就而言，所谓“新”的认识仅仅就其细微的表述而言是新的，除此之外，都是古老的，而且隐含于字母文字的发明创造之中，所有试图将一种语言的语音描写为一个区别性单位系统的语言学家，都在无意识之中以此原理为指导。需要重申强调的是，我们发现，语言无论如何都是一个地道的符号系统，即使语音也体现了这一原理，词汇的声响在低级层次上也体现出声响标记的系统性。对于逻辑学家而言，它们预示着声响标记有其对应物，即对象的标记、传统逻辑学的特征。粗心的读者要谨防“对应物”的误导，别以为词汇的每个声响标记都对应于对象的特征，其实不然，人们必须以某种纯粹的情况为出发点，那里完全不存在此类具体的对应。

4. 符号学在其新一轮大发展的过程中要达到一定程度的完善，有志者很有必要编写语言符号属性的认识史，那将会产生新的推动力。他大概需要借鉴甘柏兹和卡西尔（Cassirer）的现代系统性研究的重要成果。我们还将在适当的地方论及卡西尔符号学特殊的观念性和唯功能主义（Funktionalismus）色彩，但他以哲学象征方式所提出的问题基本上超出了本书讨论的范围。需要指出的只是，原理问题也是卡西尔研究的核心，颇具认识论的理论价值。我们应该认真思考语言理论和语言学具体研究之间的相互关系，以便更好地开展对两者的研究，为此，此刻还应该特别注意德·索绪尔在《普通语言学教程》中提出的几条原理。作为一个恰当的过渡，我打算引证这些原理来回应语言学家和心理学家针对至今仍然通行的原理表达形式所提出的重要批评。可以预见，运用音位学的核心思想建构语言学纲领，将会澄清许多理论问题，而我的解释又追求建设性和前瞻性，应该能够发挥推动作用，并进而使"心理主义"(Psychologismus)这个时髦词语在语言学中获得确切的意义，使上述批评所包含的思想潮流获得一个畅通的河床。德·索绪尔写道(19 页)：

> 语言是一种表达观念的符号系统，因此，可以比之于文字、聋哑人的字母、象征仪式、礼节形式、军用信号，等等。它只是这些系统中最重要的。——因此，我们可以设想有一门研究社会生活中符号生命的科学；它将构成社会心理学的一部分，因而也是普通心理学的一部分；我们管它叫符号学(来自希腊语 σημεῖον，即"符号")。它将告诉我们符号是由什么构成的，受什么规律支配。因为这门科学还不存在，我们说不出它将会是什么样子，但是它有存在的权利，它的地位是预先确定了的。语言学不过是这门一般科学的一部分，将来符号学发现的规律也可以应用于语言学，所以后者将属于全部人文事实中一个非常确定的领域。——确定符号学的恰当地位，这是心理学家的事，语言学家的任务是要确定究竟是什么使得语言在全部符号事实中成为一个特殊的系统。[①]

---

① 这段译文出自高名凯译《普通语言学教程》(商务印书馆 2001 年 5 月第 6 次印刷，37—38 页)，但注释和排版仍以比勒文本为准，以求保持比勒的用意。与高译相比，比勒这里没有分段和着重号，当中括号里也没有 sémiologie，只有 σημεῖον，而且"我们管它叫符号学"的用词也不是针对 sémiologie，而是 Semeologie。——译者注

首先就术语说明一点：我们建议使用 Sematologie（符号学），因为希腊语单词 σῆμα 可以现代形式合理派生一个成分更多的词族（例如与 semeologisch 相对，人们用 sematologisch“符号学的”以区别于语义学用法）。[①] 只有甘柏兹将 Sematologie 和 Semasiologie 用作同义词，而一般都用作其他意涵，《教程》的编者即是如此。巴利（Bally）和薛施蔼（Sechehaye）（编者）定义道：Semasiologie＝研究意义变化的学问。据我所知，这其实是自莱西格（Reisig）以来的古老意义理论的思想。按照我们的批评意见，通过一个步骤将整个语言现象分为语音和意义，这也是而且永远是逻辑上无懈可击的事情。只是，面对如此界定的研究对象，“Semasiologie”也应能够持之以恒，坚持以揭示、确定其本身所是为目标，追踪其历史演变。它必须完全如同语音学家在自己的领域里那样，才能证明自己。古老的 Semasiologie 只能是一种物质观察，只不过它的题材不是语音材料而已，而是人类语言社团中针对民族心理的想象世界（Vorstellungswelt，亦即“思想世界”“情感世界”（Gefühlswelt））等等，而这一世界理所当然体现于语言之中。语音学明确“语音”是自己的研究对象，这是对对象范围的确定，同样，古老的“Semasiologie”也是如此，某一人类群体的思想世界体现于他们的行为、产品和机构，而 Semasiologie 学者就是研究它的语言表现，除此之外，他不再需要别的什么来界定自己的对象。如同语音学家一样，他也将语言

① Semeologie 的形容词形式为 semeologisch，Sematologie 的形容词形式为 sematologisch。——译者注

的特性，即它的符号性，排除在纲领之外。

人们将会赞同德·索绪尔发展普通符号学以促进语言学发展的愿望，也会认识到这一愿望的重要性，并纠正那种认为它为时尚早的错误观点。这是一种敬意的表达。作为那个时代的产儿，德·索绪尔寄希望于心理学领域的拓展，作为19世纪末的法国人，他受到涂尔干（Türkheim）及其学派的影响，强调社会心理学元素。诚然，这里被列在一起的三门科学（社会学、心理学、语言学）都对符号学的基本思想兴趣盎然，伯仲难分。心理学在其最基本的研究领域发现符号特性无处不在，远远超出人对语音的使用，比如，如果不分析其中包含的意义元素的符号功能，心理学感知理论（Wahrnehmungstheorie）就一事无成。符号学不是源自于上述科学，而是为它们而诞生的，因为，它如果要有根有据，就必须实事求是，必须建设性地、通过模式获取符号学的认识，以便给其他科学提供支持，恰如数学原理那样。这适用于所有原理，包括抽象相关性原理，为此还需要做大量工作。任何采用归纳法，通过上述某种具体科学的手段来“求证”原理的企图，都是背道而驰的，如同物理学家要用其方法归纳求证任何一个数学原理一样。

现在，我们把这一超前的观点应用于具体言语事件（Sprechereignis）的分析。人们注意到，19世纪下半叶，语言学家和心理学家只知道运用当今所有教科书里流行的方法，来对具体言语事件进行语言学和心理学的分析和描写。我们借用德·索绪尔在其“言语循环”（Kreislauf des Sprechens）一章中说明的A和B二人交谈的情形。那里究竟发生了什么呢？答案是，那是一个事件链，起始于A的经验，也就是起始于其大脑，然后，经过纯粹的生理活动，通过发音器官的神经和肌肉组织得以延续，“然后，声波由 A 的口中发出抵达 B 的耳朵：一个纯粹的物理过程。”现在，事件以相反的顺序在 B 的心理生理系统中重新上演（如同镜像）。之后，B 可以准备回答。如此，言语事件似乎被清晰地切分为“成分”，而后交由语言学的“辅助科学”（心理学、生理学、物理学）进行更为具体的分析。

视觉再现可以将严肃的事情予以调侃讥讽，此刻，如此划分却使语言学家无计可施。他中规中矩，心情大致与那位著名的鞣革工人相同，眼睁睁地看着毛皮脱落流走却束手无策，当然，他会把移交给其他领域进行预处理的东西重新回收，但是，他自己又能如何呢？是获取对自己而言重要的东西和糨糊盆吗？事实上，语言学家从来不会从解剖学、生理学、心理学的教科书中得到属于自己的结论，而只能以自己的视角考察语言，采用归纳法或者进行符号学思考。那么，大约自施坦塔尔以来，人们变得非常“精确”起来，虚心聆听邻家的意见，这有错吗？避免重新陷入历史上的另一个极端——并非一定采取施坦塔尔之前黑格尔信徒的态度——其实非常简单，只要尊重对象的本质，采取二维分析法，并彼此区分：进行物质分析和由语言符号原理所先决的语言学专门研究。但是，如果在此简单地运用切割法，那就大错特错了。视角之分绝非屠夫之刀之于具体对象。情况远看起来类似屠夫切割，比如低迷时期的德·索绪尔所为。他认为语言学(la langue)的特殊对象位于事件链上语音想象与客体想象相交的地方。他在低迷时期说过，语言(la langue)是“话语”中可割离的部分。

5. 19 世纪，某些人反对“自然主义”(naturalistisch)语言学和心理学，从历史中总结出一种认识，认为人类历史上有一种经验，如同彻头彻尾的阿赫斯维，以各种不同的形式不断出现和被塑造，对此，人们不应该感到惊讶。灵魂一旦被涤除，或者被原则性地拒之门外，那么，它就不复存在，即使19世纪中期医生们手中风光无限的解剖刀和精密天平或分光镜也无力回天。干脆，我们补充说出他们要说的话：即使高超的空中绝技，即使在物理学和生活两个世界之间往复跳跃，也不能满足人们之所需。对于我们的目的而言，笛卡尔式的切分法需要改革。他所谓"延伸的"世界可以保留，然而，"人文"科学的方法和用场却并非存在于他所谓的第二世界（即斯宾诺莎之世界观），并非于"我知之我知"(scio me scire)的自我观察之中获得确定。

为了更好地开展批评，让我们看看那些坚定的唯名论者(Nominalisten)过去和现在怎么说。在具体的言语事件中，说者言说和发送的，听者听取和接受的，是什么呢？过去的唯名论者说那是声音的气息，现代的唯名论者则说是声波，而且全世界的哲学家无人能够动摇他们的立场。承载该气流并随之流动的，肯定既不是感性的也不是理性的。这一游动不居的种属其实无异于神秘思想库中最精深的哲学文本，而神秘思想是伪装起来的具体思想。那么，"精神"又是什么呢？我认为，对于所有不理解上帝造物意图的愚钝之人而言，开始进入语言学之时，完全可以回避关于精神之本的问题，潜心于自己的研究，这样就不至于陷入上述精神空洞的危险。如果仔细分析语言研究的实验报告，并且不受历史上任何对考察对象所进行的著名但却错误的分析的误导，坚持认真研究报告的内容，就足够了。语言研究者所采取的观察方法是：生活场景中包含着柏拉图所罗列的元素，即"一个人向另一个人传达关于事物的信息"，而语音是其中的一种工具。语言研究者观察此情此景，对该声音现象进行理解和界定，一方面考察它“本身”，亦即物理学家眼中的世界现象，而另一方面，或者形象地表达，以另一种眼光注视、感知（也可以用耳朵听）这一声音现象，并根据其单数或复数的代替功能予以界定。在他的感知中，该声音现象是社会场景中伙伴之间的媒介现象，是符号交往的手段。

关于可感知对象和感知行为，有两个问题要预先提出。第一，关系的确定是否属于感知数据？第二，如果是，则关系处于代替所在的秩序结构之中，是否也可以根据感知而确定？休谟和马赫（Mach）的思想奇妙但却不幸，对此问题持“根本”否定的态度。在他们看来，对“一个”感知或感知序列中同时或先后发生的复杂性的观察，可运用莱布尼茨在其单子论开始所提出的原理：“复合体是简单体的叠加或总和”（car le composé n'est autre chose qu'un amas ou aggregatum des simples——这是笔者的直译）。所谓简单的只能是“感官数据”（Sinnesdaten），人们过去以为这类数据原则上可脱离关系而予以说明和确定。心理生理学能够完满地解答这一问题。现在，人们认识到这一说法的缺陷，具体讲是马赫的成品分析（Instantanalyse）的缺陷，这已经成为当代心理学的共识和最丰硕的财富。那些元素如果脱离关系就无从说明，它们本身就已然包含着关系元素。人们否认人类感知数据的某些内容和功能，但巧妙的实验证明，这类数据原则上也包含于鸡和鱼的行为的感知数据之中。① 至于第二点，我在“绘画光学”（Gemäldeoptik）里详细解释了赫林（Hering）的影子实验，得到了最为简便和最为完美的证明，说明一个感知数据只需简单改变代替的秩序，其确定性就会发生变化。总的来说，对观察者而言，（作画的）画家技术性地准备在调色板上然后涂到画布上的所有色彩元素，都

① 密尔的归纳理论和斯通普夫理论的观察分析无此谬误。密尔和斯通普夫的理论都说明，关系是可被“观察”的，密尔的观察理论甚至认为，数学也是建立在经验之上，而这一极端实证的观点恰好与此处立论紧密相关。

被赋予一种“图画价值”，其确定性（并非依据对比等相邻关系中的简单规则，而是）存在于图画语境中。因此，感知数据因其所指而获得确定性，这并非例外，而是规律。一般情况下，它们包含着我们所关注的那种关系。

长话短说。如果一个语言学家声称其语言学研究归功于独特的观察和那些关于语音有其所指的报告，那么，认识论理论学家或者逻辑学家大概不会提出反对，不至于认为这位语言学家混淆黑白，弄不清什么属于真实的观察数据，因此也弄不清什么属于“纯粹经验”。因为，“纯粹经验”的数据从来不是来源于人的眼睛，也不来源于耳朵。人们通常所称谓的直接对象，亦即直接表现为事实并为实证研究者（如斯通普夫）所接受的东西，并不排除关系，相反，包含着关系。对此，成分分析者和点彩派画家在感知分析中必须有清醒的认识。

再仔细思考一下，我们的目标并非要给认识论盖棺定论，或者就“直接给定之物”的概念发表意见，而且，其中有多少为“感知”多少为“理性”这样的康德之问也不在我们的讨论之列。相反，我们所要辩解的仅仅是，直接给定之物的存在不排除理解方式的细微变换。我观察一幅画，一方面“仅仅”看到着色的画布，另一方面则感知到一幅图画。所谓变换，就是如此。对相关数据的理解和“解释”发生于关系之中，只是关系整体因时而异。语音学家对待语音现象如同自然科学家一样，遵循“物质所在，几何所在”的原理；相反，音位学家和语法学家则牢记语言学家关于语言符号属性的原理。如果具体言语场景呈现出足够丰富的关系元素，而且对观察者而言一目了然，那么，这些对于语言学家而言重要的关系就可以不同程度地得以确定，有时通过一个观察，有时则通过一系列观察，与其他归纳法无异。

语言学家认真思考那些实验报告的可靠性和适用度，其真正的担忧和疑虑其实在于其他方面。人们知道，具体对象只有极少数特征可一下子得以确定，人们也知道，只有通过对比才能发现语言学所关注的不变量和共变量。无论研究对象怎样偏远，语言学家所面对的具体对象都是一个多重系统，要求极为宽广的视野。在观察中，他必须在整体上全面思考，这不同于在实验室条件下的物理学观察，而最多与生物学和其他人文科学的观察相关。所幸，他可以根据书面文本来提出大部分论断，反复进行静态的比较，之后，情形就大不相同。尽管如此，语言研究根本的、内在的困难，仍然在于系统关系的复杂性。对此，德·索绪尔在其著作最精彩的章节(4—6章)进行了阐述。语言学成果表明，这种复杂性并非不可逾越。

6. 现在，我们对语言符号属性的原理再以较为随意的形式做一些补充。众所周知，原理不应该仅仅决定正确的方向，而且还要预防误入歧途和绝境。语言学原理要预防什么呢？一方面要预防离题的错误，另一方面要预防神秘论。假设，一位文明的欧洲人来到一个印第安部落，发现当地人们所崇拜的神像没有什么研究价值，仅仅纯木制作而已。这时，一位受过人文科学教育的朋友就要与他理论一番。他用粉笔给他在黑板上画了个东西，问他那“是”什么，回答非常顽固：那是粉笔画，仅此而已。对此，我完全同意甘柏兹的观点，认为这就是一种地道的离题，虽然那幅画整体上看起来确实如此。相反，印第安人和类似的思想家对神像的理解和使用，就是神秘论的一种表现，至少在我们看来如此。其实，也不是表面所现的那样，极端启蒙者的思想在所有方面都与事实相差千里，因为，无论具体表现如何，每一种“神秘”思想都是牵强附会的，在本该运用符号学或者与符号学相关的产品理论的地方，他却误解符号性事物的符号性原理，以(广义上的)因果观察的方法回答问题。我认为，这是对我们所理解的神秘思想最准确的解释。“内在语言形式”(innere Sprachform)是个非常精辟的标题，由此提出一个有趣而又极为重要的问题：此类神秘论思维在这种或那种特定语言(包括我们所使用的语言)中如何表现？将此类思维本身纳入语言理论的思考，当然完全是另一回事。另外，在神秘领域之外的日常生活中，语言也是交往的工具，那里，非神秘思维必然存在。我认为相对于非神秘思想，人们高估了上述那些特点在这种或那种人类语言中的意义。对此，我已有证据，只是在这里暂且不提。

人类赋予世界上的事物以符号属性，并用作符号，本质上，这样的生灵也具备符号性。具备符号功能的具体之物由作为行为者的生灵所生成或安排，此刻，这些具体之物与那些生灵之间的关系表现为产品与其创造者，或者（只是视角不同）是行为与行为者之间的关系，这里，他们可被称为符号发送者。信号发送者和信号接受者存在于动物世界的特定场景中，即我们前文模式所描写的那些场景。因此，人类语言属于“器具”，或者按照柏拉图的说法，是一种工具，这必然意味着，它处于与其使用者和行为者的关系之中。因此，在语言符号属性的原理中，语言研究涉及人类的思维模式，即工具创造者和使用者的思维模式。我们将持续关注该模式，并通过每一个新的原理逐步揭示其新的特征。

至于这些特征对于全面讨论“言语与做人（Sprechen und Menschsein）”这一话题的意义，已经超出了本原理的范畴，留待语言理论的另一章再行论述。

B. 言语行为和语言产品

对于每一种复杂的对象，实证科学都可以发现许多、可以说无限多不同的“方面”，对语言也是如此。另外，因为言语与人、语言与文化、语言与社会及人类历史、语言与逻辑，等等，显而易见都存在内在的相互联系，因此，语言学不乏源自于其相邻科学的兴趣、问题和启发。有什么不以某种方式与语言发生关系？首先是现代数学，为了自身的原理而对普遍性、符号学问题兴致勃勃，还有美学、地理学和精神病学等。因此，至少对于语言研究相关的分支、交叉和辅助科学而言，有足够多的称谓，如语言心理学、语言生理学、语言病理学、语言社会学、语言美学（Sprachästhetik），等等。无论其结果对于语言学的实用价值和启发意义具体有多大，这类交叉科学对科学理论学家的关切都不是直接的。我们的目标是一种语言研究的原理，所需要关注的，既非言语过程，也非其方式，而是真正关于对象问题的基本视角，并在符号学视角的观照下赋予它一种基本属性。我们断言，语言学以两种相互关联或者相互补充的方式（范畴、坐标系，或用人们谨慎提出的其他表述）确定“语言”这个对象。无论如何，它理解的结果一方面涉及人类行为，另一方面涉及产品。威廉·冯·洪堡特提出“创造”（energeia）和“产品”（ergon），德·索绪尔注意到“言语”（la parole）和“语言”（la langue）（英语为 speech 和 language）在法语中的明显区别，并试图以此在术语基础上达到对言语语言学（linguistique de la parole）和语言语言学（linguistique de la langue）的区分。为此，在德语中使用复合词“言语行为”和“语言产品”较为合适。谁也不能断定，界定语言这个研究对象的科学方式以此就可以穷尽。比如，前述针对语言两种方式的观察，恐怕至少还没有以某种特有的方式明显地为社会学家所验证。语言不是公共财富，或者公共产品，而是公共的建构者和载体，或者为符号交际中的影响因子——如果我没有完全搞错的话，这其中应该直接表现了其他界定方式所揭示的某些间接（结果性）特征。不过，此事暂可搁置。关于言语行为和语言产品，现在需要指出的是它们是什么，以及怎样（应该是相互关联地)成为整体。

1. 我们首先讨论德·索绪尔《教程》中关于语言研究者范畴的论述,颇具启发意义。那里,一开始就罗列了语言研究者所遭遇的一系列困难,其中第二点困难在于:“语言现象始终表现出两面性,且两面相互照应,一方必须以另一方为存在前提。”然后,他指出这种两面性的四种表现形式:说到音节,你会发现,它同时被确定为声音单位和肌能单位;你再进行更深层次的分析才触及语音,并发现它“并非孤自存在”(也就是说,如人们所理解的那样),而是“与概念一起构成一个统一体,既是生理的也是精神(=心理)的”;将话语视为整体,你会发现,其中蕴含着个体和社会两个方面;最后,语言每时每刻都是“一个现时的机制”,一个“成形的系统”,但也是一个历史的产品,“一个发展”。德·索绪尔认为,语言研究者始终处于同一个两难困境之中,或者沉湎于单方面视角,或者掌握两面性观察的技巧,进行整体把握。因为,在第二种情况下,“语言学的对象于我们表现为一堆迷乱的混杂物,并且没有什么纽带贯穿其中,如此,我们踏入了多个学科的领域”(10 页)。形象地说,那不是前文(《文集》128 页)所言及的鞣革工人的感受,或者收到其“辅助学科”业务报告之时的感受,而是一种义不容辞独自担当的感受。我们自然会立即发问:符号学的思想何在?在德·索绪尔讲授其逝后成书出版的报告之时,符号学尚未成为酵母,尚未成为浸润语言学土壤的盐巴,相反,在许多方面尚处于零散闪现的状态,其内容还犹如“尚不存在之物”而匿身于有待解决的问题之林。

然而,与其追求如此高深的整体观技巧,不如开展哲学追问更具意义。对于德·索绪尔而言,“只有一种解决此类问题的良方:人们必须始终投身于语言(la langue)领域,并视其为人类语言(此处相当于法语 le langage)其他所有表达(=表现形式)的标准。事实上,在诸多充满歧义的概念之中,唯独语言(la langue)似乎可以有一个独立的定义,并为思想提供了足够的支撑。"(11 页)我们将会发现,其实言语(la parole)也可以定义,而且,思想在那里同样也可以找到足够的支撑。不过,在我看来,所引德·索绪尔之句正确地触及或至少预示了一个重要的认识,亦即对语言语言学逻辑优先性本质的认识。因此,我们首先要面对语言产品,并持之以恒,因为,唯有如此,我们才能在语言学的另一方面也有所收获。

为了对此做出解释,我们首先想到一个历史事实,即现有的语法比语言心理学(Sprach-Psychologie)更为古老,如果我没有搞错的话,希腊语法几乎与欧几里得几何学甚或其先驱一样古老。为什么?因为,两者之间存在着一定的内在相似性,同为关于结构的学说、关于观念性产品的科学,同时,这类科学较之于相关的自然科学而言较少公理性前提。从逻辑上讲,纯数学优先于物理学,因为后者除了需要前者所包含的一切公理,还需要有其他。原则上,语言学产品论与言语行为论之间存在完全相同的关系。描写性语法的研究成果,诸如对拉丁语等特定语言以传统语法方式所做的结构研究,在逻辑上优先于语言心理学的研究。在此严格意义上,我们可以将前者优先于后者予以解决,而不是相反。

再回到与欧几里得几何学的形象类比。在开普勒和牛顿等人取得物理学成就之前,欧几里得几何学必须予以建构,而且也的确等到了建构。同样,尚需建构的言语行为理论也需要语言学产品研究为前提,而不是相反。我们所谓逻辑优先性所指为何,以及我们以怎样的方式指出该优先性,对此,人们必须有清楚的认识,以避免可能的质疑:难道一切语言学问题不是以分析为开端吗?任何分析离开伟大的语文学家细腻的心理学分析，又会怎样呢？当然一事无成。只有如此思考才能将我们引入美妙的循环，做猫咬尾巴的游戏，因为，事实证明，语文学家敏锐的心理学嗅觉本身（简单讲）包含着可靠的结构感。因此，我们的立论并非要对认识心理学（Entdeckungspsychologie）有所贡献，而是旨在建立关于语言学逻辑架构的学说。[①]

上述只是一个简短的前瞻性思考，只想提出一个论断，人们可以将其最终理解为一位语言学老兵的经验智慧，目的是要还伟大的语言学家德·索绪尔以历史公正。作为逻辑学家，以类似的方式去理解德·索绪尔关于语言（la langue）和言语（la parole）的精辟阐释，这一任务有些麻烦，却很值得。德·索绪尔提出“la langue”“la parole”和“le langage”三个基本概念，[②]自成体系。但首先必须讨论第三个基本概念，我想在下面用小字体予以表述。我们将会看到，人们可以将 le langage 剥离开来。

经过对《教程》的透彻研究和认真分析，我可以断定，不可能为 le langage 找到一个定义来毫无矛盾地满足一切应用，因此，我仅就 le langage 最为重要和最具启发性的含义略作讨论，以便在后文提出第二点批评。动物学家和

---

① 亚里士多德对 πρότερον τῇ φύσει 和 πρότερον πρὸς ἡμᾶς著名的区分，与我们所言之区分并非简单对等，因为我们排除了对存在的思考，所以，亚里士多德的 πρότερον πρὸς ἡμᾶς根本无法对认识心理学诸多问题的优先性做出决断，必须再行分裂，才能突出我们所追求的逻辑（科学理论的）优先性。

② 关于 le langage，比勒解读为“人类语言”（die menschliche Sprache）、“常规话语”（die regelmäßige Rede）和“言语循环流程的总和”（der Inbegriff aller Prozeßstücke des Kreislaufes des Sprechens），还解读为 la parole 与 la langue 构成的“整体”和“复合”，等等。高译《普通语言学教程》译为“言语活动”（2001 版 30 页和 115 页等）。参见姚小平《研读索绪尔》（《外语教学与研究》9/2003，387－395 页）。——译者注

人种学家认为,人类,且只有人类才具备“言语能力”(Sprechfähigkeit)。假设此论妥当,那么,法国人一般情况下会选用 le langage 这个术语。德·索绪尔也第一个这样做了,而且,对事实的描写也不无洞见。比如他认为,“失语症和失读症(Agraphie)的一切现象,更多的不是发出这个或者那个语音、写出这个或者那个符号的能力受阻,而是以某种方式使用‘常规话语’(le langage)符号的能力受阻。这一切使我们认识到,在各种器官的功能之外存在着一种普遍的机制,它掌管着符号,构成真正的语言能力”(13 页)。因持这一见解,德·索绪尔得以从同时代医学主流理论之中脱颖而出,而那些优秀的病理学专家迟至今日才得出近似的认识。的确,由于人们把描述功能的缺陷和表达功能的缺陷相区别,如珀策尔(Pötzl)的学生们所为,才没有像德·索绪尔那样草率地认为存在一种涵盖两者的普遍能力。但无论如何,相比其他对手们的观点,戈德斯坦(Goldstein)及其同事,还有伊瑟琳(Isserlin)等人的描写和思考,与德·索绪尔的观点更为接近。以此为出发点而提出语言理论研究的明确纲领,必须围绕“言语与做人”或者“人类特有的符号运用”这一核心话题。对此,德·索绪尔的著作却没有提出什么值得称道的见解。原因在于他及其同代人总是离题,导致此类问题的恰当解决一再受挫。

因为,就术语 le langage 的第二个主要含义而言,德·索绪尔就不再是出于技术性的概念安排,基本上可以意译为德语的“(当下的人类)话语”,正如该书译者所为,如果前瞻“语言”(la langue)的含义,则感觉它应该意指“个体的语言”(例如 le langage de Cicero“西塞罗的语言”,le langage de Balzac“巴尔扎克的语言”),但事实并非如此,相反,它要求读者去设想一个由“言语”(la parole)和“语言”(la langue)构成的复合词,设想一个由二者构成的整体。德·索绪尔无法摆脱那种链式想象,即我们在(《文集》)128－129 页称之为 19 世纪下半叶语言学家和心理学家惯常的“言语循环链”想象。le langage 就是该循环所有环节的总和。毫不奇怪他得出如下结论:“整体而言,人类话语多样而非均质,属于多个领域,同时具备物理(physisch)、心灵(psychisch)和心理(psychologisch)特性,另外,既属于个体思想又属于社会思想,不能被划归人类关系的任何范畴，因为，人们不知道其单位由何而来(11 页，粗体为笔者所加)——不过，关于其单位由何而来的问题，唯物分析论者无人能知。但无论如何，很显然，如果现在把 le langage 排除出局，我们不会错过任何有价值的东西。

关于语言语言学的对象，德·索绪尔给出许多出色的界定。这些界定只与一个观点不相协调，即认为该对象是“某种具体形式的对象”，可以在“循环链中语音形象与想象(=客体想象)相关联的部位”予以“定位”(17 页)。这一观点严重离题，对此，第一，我们提出了语言产品的观念性；第二，我们要指出其原则性误判，并揭露其中老调重弹的错误：古典联想理论将我们想象世界中确证无疑的组合链(Komplexionsverkettung)和过程链(Verlaufsverkettungen)与意义体验(Bedeutungserlebnis)混为一谈。

首先，如果意义体验(A 意味着 B)与 α 和 β 两个想象之间达到某种密切(稳定)程度的相同，那么，我们对有些联想已然烂熟于心，甚至在半睡状态也能够成串重构出来，如祷文、字母和数列等，对于所有这样的联想链，就必然要对定义等式中被忽略的逻辑可逆性问题予以检验。字母联想链的成立无疑可以“归因于”内在关联，那么，每一个在前的成分是否都“意味着”其后的成分？对 α 的想象是否意味着其后的 β，或者对象 α 是否意味着对象 β，等等。如若不然，那么，所设想的相同性就只能是荒谬之谈。因此毫不奇怪，即使密尔这样的思想大家对古典联想理论中非常简单的基本命题也是纠缠不休，不能自拔，对判断“S 为 P”中 σ 和 π(对 S 和 P 的想象)之间的联想链苦苦思索，终不得其解，无奈地承认：该联想链的确包含着特殊的判断体验，但整体而言，仍使他产生“人性最深之奥秘”一般的感觉。[①]

我们的批评就到此为止。下面将德·索绪尔语言学产品论中有积极价值的阐述予以整理。他自己列举了4点:第一,首先在方法上认识到语言语言学“客观对象”显明的独立性。“语言(la langue)科学不仅可以独立于人类言语的其他成分,而且,根本上只有在其他成分不参与其中的情况下才成为可能。”这体现了这位实证研究者的卓越成就和智慧,只需要一种逻辑缜密的解释,便可以消解其中可能相伴而来的自相矛盾的表象。为此,我们已经找到了解决问题的路径。第二,是关于语言符号性这一基本原理的应用:“语言(la langue)是一个符号系统,其中唯一具有本质意义的就是意义和语音符号的联系。”这一“联系”被解读为联想,如果用某种更好的表述取而代之,则可以克服表象问题无解的纠缠,一系列缺陷便可得消解,于是,“语言”这个对象实际上由语义关系构成,这一认识便脱颖而出。第三,也不乏对这一调节性基本原理的应用,德·索绪尔正因此而超前于他的时代。其实,德·索绪尔距离音位学思想只有一步之遥,只差没有说明音位学与语音学的关系。为什么语音学必然在其旁占有一席之地,为什么它在当时就已经迈上了精确的自然科学的道路,对此,德·索绪尔不得而知。但是,第四,他清楚地,在某些方面甚至过于清楚地指出语言产品的主体间性特点,以及与此相关,语言产品不依赖于语言社团

---

① 作为一个年轻的心理学者,我在1907年第一次发表自己的见解,对这百年一遇的理论错误提出批驳,但却为业界所不屑。今天,心理学已经认识到并克服了这一错误。但是,还是应该为古老联想理论的有限正当性予以辩护,抵御那种相反的趋势,即以反命题形式出现的原理一元论。参见弗伦柯尔(Frenkel)《联想心理学中的原子论和机械论》(E. Frenkel, *Atomismus und Mechanismus in der Assoziationspsychologie*. Zeitschr. f. Psych. 123/1931)。

个体言语者的独立性，语言(la langue)“独立于个体，个体独自既不能创造也不能改造它，它仅仅依据语言社团成员之间的某种规约而存在”。

2. 本来，逻辑学应该能够对这些认识予以适当的整合，以此来完成一项新颖的任务。其情形大致相当于一组包含着未知项的等式，在一定的条件下可以通过等式之间适当的组合来获得未知项的确定性。我们的目标是准确地说明语言学产品论的终极对象是什么，而现在已经获得了一系列零散的认识，它们一定有可能以某种方式融合于某一点。这会是怎样的一点，才能体现上述德·索绪尔的四点认识？

举例来说，人们通常所说的拉丁语或者班图语言(Bantu-sprachen)，或者在我看来一个孤立社区十几个家庭所使用的某种方言 α，它们是什么呢？语言学的结构论著(统称为“语法”)优先对某些内容进行了描述，那是些什么内容呢？德·索绪尔认为，它们就是大量与此时此地的言语事件不相关的内容。对此，没有哪个语言学家能够提出批评。例如，人们可能听到拉丁语学者或希腊语学者说，西塞罗真正怎样发音完全不是他们所关注的焦点。因为，拉丁语语言科学的真正内容不会因为它仅以书面文献为资源而受到本质的歪曲。德·索绪尔进一步提出判断，已经确定的内容具备某种超个体的特性，这是对特定语言社群过去和现在怎样言说做出解释的要害。对这些论断，专家们也不会提出反对。当然，这里所言及的那一点可能是或应该是一个多元复合体。如果能够进一步准确说明它的存在方式或者它的客观特性(后者已满足我们的要求)，人们也许一开始就会意识到一个系统单位的出现。应该存在某些类型的“语言产品”，为一切语言所共享，体现出相互依赖和组合的结构规则，这是我们将要在C中讨论的问题，而这里的问题是讨论语言产品这一类型概念的含义。以上是对术语“语言”(la langue)的讨论。

德·索绪尔关于语言学范畴的哲学阐述给专家们留下深刻的印象，实际上值得人们以某种形式永恒地接受，其核心就是对语言(la langue)和言语(la parole)的区分。早在逻辑学之前，每个人就都感受到该区分的卓越性。虽然德·索绪尔本人的结论不仅涉及人类话语(la langage)，而且涉及言语(la parole)，但他不知道“它们的单位从何而来”。他对言语语言学所言甚少，人们本质上只能从那些关于语言(la langue)的矛盾律中捕捉他的观点。“语言”(la langue)概念的特征为A、B、C，而“言语”(la parole)这个概念的特征无非为非A、非B、非C，等等。在语言学和其他相关研究中，“言语是……个体意志和智慧的行为”，是“非社会性的”“附属的”和“或多或少偶然性的”，这样的认识当然不会持久。

逻辑学家可能会想，言语(la parole)的含义可以等同于“能够触及语言学家感官的东西”，等同于具体言语事件的全部，也就是语言研究的原始对象。仅此一点是不够的，它只能导向一种完全错误的建构。与任何其他科学一样，语言学不能将所接受到的原始对象视为某种基本不可解的母液而束之高阁，绝不能如此。语言学产品理论或结构研究整体上虽然可以独立进行，而且实际上几百年来以“描写性语法”的形式立足不败，但是，它恰恰不再是一种“描写性的科学”。如果它的结论要在某种程度上获得“解释”，就必须在科学上获得某种适当的补充，增加对语言行为(Sprechakt)的分析。现代语言学提出更多的要求和目标，而且，众所周知，也曾经具备相应的能力。相比之下，语言行为对于古希腊罗马语法而言在某种程度上可称为“空中阁楼”。无论如何，语言行为是语言中所有“历史”的源点，对语言的历史研究必过此关，因而也需要一种关于言语行为的理论。

3. 人类言说是行为的一种方式，这一原理无需详细的论证，只需要一个解释。在特定语境中，我们有时发现一个人伸手抓取对象，即实物，并做处理，从事某种活动，有时我们又发现他张口说话。事实证明，我们能够观察到的两种事件都受控于一个目标，即应该达到的目标。这正是心理学家所谓的行为。德语口语已经准备并提出了“Handlung”(行为)这个学术术语。在日常生活中，我们已经将行为普遍泛化，不仅指切实动手的劳作，而且涉及整个人类有目标的一切活动。比较心理学甚至将这一术语用于动物，不过我们目前对此不感兴趣。

也许更值得关注一个事实，即儿童在2—4岁就习得某种基本的技能，在用手行动和张口说话方面达到初步发育和成熟的阶段。前者是最初成功地使用工具，后者则是语音产品的指称功能在某种人类特殊发育水平最早的表现。人们不禁要问，二者怎样以及为什么休戚相关？对此，儿童心理学已有所认识。[①] 不过，我们还要继续铺开话题。

最新的心理学研究正在以新的视角对动物和人类行为进行重新考察，无论如何，将会系统地提出完整而仔细设计的一组问题、观点和研究路径，来完成此任。因为，现代心理学的不同方向以往

① 参见夏洛特·比勒《儿童和青年》(*Kindheit und Jugend*)对“第二阶段”(2—4岁)特点的论述。这时，姿态与物质游戏和言语并行发生，根据比勒的研究，在此第二阶段，人类行为的训练及其最重要的表现形式同时统领着儿童的手工游戏和言语，因此，这个阶段也是儿童语言形成最为关键的发展阶段。

各自为战,现在都聚焦于行为这一事实,已经从各自不同的角度揭示着其中的奥秘。

为了不流于空洞的断言,我们浏览一下当代心理学诸流派及其对行为问题的态度。我们先以维也纳的心理分析为例。弗洛伊德写了一本独特的书(《日常生活的精神病理学》(Die Psychopathologie des Alltags),从自己的角度解释了几种常见的语言障碍症,例如错语(Sichversprechen)、错写(Verschreiben)和错读(Verlesen)。这是对言语行为的研究,确切地说,是尝试解释性欲对言语"机制"产生的隐性主导性影响。弗洛伊德认为,在人类显性意识过程的背后存在着某个较深层面,其中一些因素发挥影响、控制和赋予意义的作用。对此,他试图以自己的方式做出解释,并在理论上提出了解决方案。

从形式上(而不是内容上)看,控制性因素也为思维心理学所认识。我们对思维的研究也触及言语行为,例如,阿赫(Ach)就阐述了限定性趋向这个概念。提出和接受一项任务,说者要思考并追求一个目标,从中就会产生限定性和控制性影响,来调节言说的过程。关于控制的形式问题,卡尔·比勒、塞尔茨以及夏洛特·比勒进行过仔细的观察,提出了报告和理论阐述。这些都是对言语行为的研究。其中,塞尔茨的阐述最为全面。

现在,我们转向一个完全不同的方面:即使美国行为主义也以自己的方式追求同一目标,并取得了成就。行为主义高调宣称"作用力与反作用力"(omnis actio est reactio),也就是说,它将所有动物和人类的行为,当然也包括言语,描写为相互交织的一组对外在或内在刺激的反应。但是仔细观察,这一原理的真正内容属于一种放之四海而皆准的大智慧,即使颠倒表述也不会对其真值有毫发之损:"反作用力与作用力"(omnis reactio est actio)适用于动物和人类的理性行为。这意味着,事实迫使逻辑行为主义在特定方面冲破自己的理论纲领,承认其反面事实,即内心作用的存在,而那原本却是它的基本理论公式所无法解释、甚或排斥的现象。另外,对于刺激-反应模式,历史上施坦塔尔及其同时代其他伟大的语言学家在语言行为研究中都有一定的思考,且那些观点并非完全过时。

语言理论所直接需要的,首先是关于人类行为的一般认识和思考,然后是关于言语行为的专门论述,这里,首先要提及的是格律鲍姆(A. A. Grünbaum)在汉堡心理学家语言大会上的精彩报告。[①] 在对"维尔茨堡学派"(Würzburger Schule)陈旧的、纯粹体验心理学的结论提出贴切的批评之后,格律鲍姆报告了自己对语言障碍症患者观察所得的一般性结论,并对威廉·冯·洪堡特关于"创造"的著名论述做出了自己的阐释。我认为,莱维(L. Lewi)全面而深刻的研究结论是最超前的心理学行为理论,也被格律鲍姆相应地应用于言语行为分析。汉堡报告非常重要且形式缜密,是格律鲍姆的绝笔之作。他英年早逝,令心理学界为之悲伤,很多人因此而失去了一位朋友。

为了阐明原理问题的要求,可以将上述内容以适当的方式总结为一个模式。这一模式首先针对整个人类行为,然后针对言语行为,这样,首先需要一种双向的控制,反映事件特殊的对极,用术语表述就是"需求"和"机会"。谚语和刑法学家都说"机会造就小

---

① 参见格律鲍姆《语言作为行为》(*Sprache als Handlung*. 12. Kongr.-Bericht f. Psychologie, 1932, 164－176 页),此外,本卷汉堡语言大会报告也收录了下列文章:卡尔·比勒《语言理论的整体、构成和部分》(*Das Ganze der Sprachtheorie, ihr Aufbau und ihre Teile*. 此乃一份总结报告,本书第一章有详论)、阿赫《论语言交往的心理学基础》(*Zur psychologischen Grundlegung der sprachlichen Verständigung*)、卡西尔《语言与物质世界的结构》(*Die Sprache und der Aufbau der Gegenstandswelt*)、戈德斯坦《病理学事实对于语言问题的意义》(*Die pathologischen Tatsachen in ihrer Bedeutung für das Problem der Sprache*)、格鲁勒(Gruhle)《精神分裂症的语言障碍》(*Die Sprachstörungen der Schizophrenie*)、易普森(Ipsen)《语言与社会》(*Sprache und Gemeinschaft*)、威斯盖博(Weisgerber)《语言比较与心理学》(*Sprachvergleichung und Psychologie*)、海因茨·维尔纳《语言作为表达》(*Sprache als Ausdruck*)——可见,诸多领域的科学家成功地齐聚汉堡语言大会。

偷”,他们一定也了解另一个极端,即强大的、超强大的需求会将一种场景强行转化为机会,这就是冲动行为。夏洛特·比勒在其《生活心理学》(Lebenspsychologie)中将人类行为的主观结果视为生理学层面或生理学家眼里的满足(或慰藉),或稍有心理学常识的人所说的“满足”,初步说明了更深层次两组不同的决定性或影响性因素。[①] 无论如何,这是行为者同时顾及两方面情况而加以“控制”的结果,即同时考虑到需求和机会。“顺应”机会,对其“要求获得满足的属性”(莱维)持开放态度,利用和抓住它,这是一回事,寻找和创造机会,是另外一回事。这样,在原理上存在两种一定程度上相互独立的决定源。在我看来,任何一种意志理论如果仅仅满足于其中之一,都是有缺陷的,古今皆然。我提出双重因素理论,目的首先在于避免对事实复杂性的不解。我认为,任何少于两种在某种程度上相互独立的决定源变量的理论都属此列。

4. 现在,为了深入讨论言语行为问题,我们需要新的视角。“行为”是一个历史的,或确切地说是一个有关个人历史的概念。无论是关于动物行为还是人类行为,也不管他是历史学家还是心理学家或其他什么家,要想进行科学的阐述,都会成为传记作家。也无论他采取李凯尔特意义上的“描述特征”(ideographisch)或“制定规律”的方法,他或早或晚都会成为传记作家。因为,这是问题本身所决定的。我们只要将历史学家和心理学家的观点并列考

---

① 参见夏洛特·比勒《作为心理学问题的人类生命轨迹》(*Der menschliche Lebenslauf als psychologisches Problem*. 1933),还有此前的《生命过程的两种基本类型》(*Zwei Grundtypen von Lebensprozessen*. Zt. Ps. 108/1928),对此,莱维在同一杂志 113 期(1929 年)发表同题论文进行论战,机巧有余,然切题不足。关于类似二元论中最值得称道的生物学讨论,见于 J. Le Dantec, La science de la vie[9](1930)。

察，就会发现，这些观点就我们所言不存在区别。一个审慎的比较心理学家首先会观察蜜蜂和蚂蚁的行为，其次是观察白鼠的行为，然后再观察人的行为，这时，他首先要谨记考察对象的身体特征和与之紧密相关的所谓“本能”。这里对所述观点的历史局限性不做进一步阐述。第二步要说明的内容必然涉及行为者的个体历史(Individualgeschichte)，要从个体习得并内化的生活技巧对行为做出阐释。

如果该行为恰好是言语行为，那么，行家一眼就能看出，所谓个体习得在这种情况下意味着什么：当然是人们期待之中他在行为时刻对言语能力的整体习得所达到的成熟(或不成熟)水平。在基本概论中，说明内涵的最好方式是排除法。这里必须将第三方面的阐述内容排除在外。在某种意义上，每一种人类行为都有其行为历史(Aktgeschichte)(仔细观察，其实另一发展水平的动物行为也都如此)，当然，行为历史有时悠久而丰富，有时短暂而贫乏。从意念产生到行为，拉斯柯尼科夫(Raskolnikow)需要三周，这是一个漫长而变化丰富的行为历史，而刑事档案、长篇小说和戏剧则又不同。理论必须涵盖可以想象的最短的行为历史，那么，就不能忽视秒或更小的时间单位。想到了，就要落实。无论如何如下问题是可取和必要的：行为的某种典型元素的消失是否会达到消解“概念”的程度，致使其转变为其他？我们所谓的“概念”也可以在时间上蕴含于受其控制的事件本身。这一观点体现了心理学家的智慧，也为阿赫和米乔特(Michotte)以及林德沃尔斯基(Lindworsky)以细致的新观察和间接论证所证明。仔细观察，这其实是一种典籍式的智慧，构成一种真正的行为特征，能够有力说明行为的意识和意志。这里，心理学家最新的意志论与上述典籍式智慧不谋而合,如同一只合脚的鞋。

纵使其中还有其他疑义,也无损于该普遍性论断。因此,行为者事后在有利条件下的自我观察是否也可以体现该"概念",那些"意识"决定论者所提出的这个问题不是一个决定性的问题,而是一个次要问题。我本人不能理解,为什么一些人总是固守"纯粹"体验心理学陈旧而狭隘的思想不放。也许格律鲍姆的批评是正确的,他认为,相比较实验室里观察到的行为(阿赫及其他实验者的行为),生活中的行为实际上极少具备概念意识。而这也只是印证了尼采和弗洛伊德等人早已提出的理论,亦即经验中显化的不仅是断续的,而且经常不真实,有欺骗性。但是,"行为历史"对行为的解释力却并未因此而受到半点质疑。

我认为非常值得关注的是,世纪之交司法界的意志观与上述心理学所经历的转变基本相同。青年莱因哈德·弗朗克(Reinhard Frank)提出意志的"想象理论"(Vorstellungstheorie),奥斯瓦尔德·屈尔佩(Oswald Külpe)关于心理学意志论的教授资格论文(《论近代心理学的意志论》(Die Lehre vom Willen in der neueren Psychologie),Philos. Stud. 5)于1889年问世,我们不妨将二者予以比较,然后,再看弗朗克目前在"意志的表现与控制"课堂上对林德沃尔斯基所做的综述。弗朗克以和解的态度接受了前敌,即那些所谓的"意志理论学家"的观点,并纳入自己的理论,从而以自己的力量实现了以阿赫和林德沃尔斯基为代表的整体理解论的决定性转折。屈尔佩也有过同样的努力,例如,他在1907年为阿赫的处女作所写的书评即是证明。——法律学家早就以各种形式提出摒弃纯粹经验分析的建议,并身体力行。接下来再看拉德布鲁赫(Radbruch)(《刑法体系中的行为概念》(*Der Hand-*

lungsbegriff im Strafrechtssystem),1903)及其追随者的研究。这样做不仅是可能的,而且符合实际。这些近代的法律意志论没有将行为肢解为外在的和内在的,而是看做统一的东西,在理论上充分满足了法律实践的朴素要求。仔细看来,这也正是另一种动机之下心理学最新提出的行为理论的发展纲领。如此,诸多视角都说明了同一个问题,这对于法学家和语言学家而言,无疑是摆脱了那些久拖不决的难题的困扰。语言学家德·索绪尔对整合论提出过批判,人们从法律文献也获得同感——还有,凯尔森(Kelsen)"为了定罪目的"而大胆提出了一个"伦理法律意志概念",该构想"不可等同于心理学所言之'意志'的心理过程"(《国家法学的主要问题》,1923,157页)。这里,新的行为理论(不再只是针对意志)在这位敏锐的理论家手里顺利地达到了法律所要求的最高抽象性,这是第一;但是第二,它应该能够以同样的可靠度再运用于对人类行为的观察,并对观察实验报告做出解释。凯尔森认为自己的构想过于追求方法上的纯粹性,忽略了对事实的关照,其实并非如此。无论人们说什么,可怜的刑事法官每天都要在残忍事实的泥潭中摸爬滚打,期盼着纯粹的理论在星空指引方向。彼意志和此意志,在法官的认识里必须是相通的。凯尔森所谓"不作为因果"(Kausalität durch Unterlassung)的某些结论(119页起),与法律实践以及费尔巴哈(Feuerbach)和宾丁(Binding)等人的理论相违背,在当代心理学中得到了新的解释。人们完全可以说,每一种因果推理都或者被拒绝,或者可以"通过不作为"而在理论上获得认可。原因很简单,凯尔森效仿西格瓦尔特(Sigwart),拒绝接受所谓"不作为因果"模式,但除此之外,根本不存在"意志因果"(Willenskausierung)的其他思维模式。对于当前事件的物理因果

组合，使用或者真正“忽略”使用一个附加影响，其实没有丝毫区别。在这一点上，法律实践中的法律构想与当代心理学上被动而为的模式完全吻合，不仅是针对行为理论，而且心理学中凡是“使用”这个核心概念出现且必不可少的地方，都是如此。使用和忽略使用，二者无疑都很神秘，不过，后者并非比前者更神秘，而且，对心理学家至关重要的是，他会发现并理解，无论何处，不作为和作为同样都是影响控制方式的积极因素。将来，理论家是否触及心理学的核心问题，就看他是否认识到，心理学家必须将法律意义上真正的不作为所表现的某些负值计为正值。这一点将会成为试金石之一。从大的方面（形式上）比较可知，这符合众所周知的数学事实：二次幂的负数与正数相等。

5. 因此，对每一个言语行为的解释都包含说者的个体历史以及人们对该行为历史的知识。毫无疑义，言语行为概念在范围上涵盖思想和行为历史的所有具体言语事件，这类事件都要求逻辑切分，而且可能是一种十分复杂的切分。已然习得的知识可能在较低程度上以整体的形式重复出现，它们都可能属于行为主义者所谓“条件反射式”的语言行为，而且只能如此，因为除此之外未有其他发现。这是一个必要的极限概念，至于是否会发现与之完全吻合的事实，则不具理论意义，只是要谨防将与之吻合的事件整体视为机械模仿，因为，人类心理生理言语器官当然是而且永远是人类特有的，即使有时所生成的产品是纯粹的“驯兽产品”。首先这样的“经验”很少源于驯兽领域，因此可以想见，任何经验都参与了我们范围之内的言语事件，这也为语言病理学所证明。

言语行为是人类通过言语而实践的真正意义上的行为，且令人叹为观止，或者从产品的角度而言是值得关注的语言产品，一种完善的理论必须涵盖其中的各个阶段。当然,一个言语行为或者一个语言产品的令人称奇之处,可以包含于各种元素之中。语文学家和文学史家有忙不完的课题,他们从文献中发现和整理不同程度的奇特现象,以资不同目的的研究之用,其中,如同面对其他生活实践一样,专家们会提出和回答无穷的心理学问题,而它们的逻辑性都植根于言语行为理论。

相对于未来的言语行为理论而言,上述所言构成了纲领或基础,现在,有必要予以补充,从而在方法论上获得新的推动。因为,除此之外,在人类行为的广阔领域再没有什么情形能够如此便利地从产品倒推出行为,从"产品"倒推出"创造"。人们之所以对语言行为的产品有如此深刻的认识,是因为语言学家对产品的研究取得了长足的发展。此处要做的,第一是对语言产品的具象性,第二是对其在言语行为中的角色问题,做出一般性的阐释。重申一遍:德·索绪尔(以及他周围那些最优秀的语言哲学家们)提出的四种规定性所针对的究竟是什么?毋庸赘言,大量不同类型的"特定的"语言产品构成了每一种语言(=la langue)。因为,各种具象具备完全类似的规定性,被柏拉图称之为"思想"。从其奠基性著作中,语言学家所要理解的必然是抽象性和普遍性,另外,还有柏拉图赋予"思想"的特性或功能。我们将"永恒的和不变的"解释为"主体间性的",以此获得满足,同时,根据亚里士多德的思想将感官以外的世界一笔勾销。对此,只此简单一提,以排除误解。这样,我们足以将语言产品归为"类型"。

德·索绪尔对抽象性和普遍性强烈反感,同时代那些可敬的语言学家对我提出的语言产品观念性的思想也表现出类似的抵触("恐怖的抽象性"(horror abstracti)),这些都令人费解。在此问题上，人们不敢运用通俗易懂的逻辑方法，或者任何一门经验科学里更为浅显的例子，来说明哪个科学概念不包含抽象性和普遍性，无论宏观经济学家的美元概念还是动物学家的物种概念，都是如此。德语的"音位"何在？若非具体的语音＝音位，那么，音位必然至少以"想象"的形式"现实地"存在于每一位德语操用者的记忆中，或者表现为具体言语事件中意愿所指向的目标。其实，我们自身就是被寻找的"现实"的占有者，并以此身份来对语言社团进行观察，难道不是吗？很难说回答应该从何处谈起。现代思想家们提出"观念（思想）＝感知图像"的公式，使观念主义（Konzeptualismus）扭曲变形，洛克（Locke）就是其中的先驱之一，他提出了"普遍性"的三角想象（Dreiecksvorstellung）。难道就从此"三角想象"谈起吗？或者从李凯尔特谈起？他认为"特征"应该是历史学家的对象，于是有人便以为语言学乃是历史科学。[①] 必须提请注意的是，李凯尔特在其《自然科学概念构成的界限》（*Die Grenzen der naturwissenschaftlichen Begriffsbildung*）第二版发表后拒斥了几个书评作者，因为他们误读了他的理论。他们说，他认为其他概念无法达到历史概念的高度。"需要再次强调：真实本身不会以直观和个体的形式进入任何科学"（338页及前文）。

将生物学家的物种与语言学家的语言产品进行类比，那么，相

---

① 在哲学史上，弗莱堡学派提出价值哲学，以为自然科学和"文化科学"之分野。海因利希·李凯尔特是弗莱堡学派后期的主要代表，也是卡尔·比勒的老师。价值哲学以价值概念为指导，认为自然科学研究的是事实世界，而文化科学则研究价值世界，强调自然科学和文化科学不同的方法论性质，自然科学采用普遍化的方法，目的在于发现自然界的"规律"，因此被称之为"制定规律的"（nomothetisch）科学；文化科学采取价值选择和个别化的方法，对特殊的、具体的事件进行描述，因此被称为"描述特征的"（ideographisch）科学。——译者注

比较当今生物学家对动物和植物物种的认识，语言产品观更接近柏拉图的思维方式。如此，上述提问和回答的游戏也许有序可循。我们继续扩大视野，去观察物理学和语言学历史中的简单事实。物理学家们在其科学里提出"物质所在，几何所在"的超前观念，以反对柏拉图和亚里士多德的世界观。他们的这一抉择可以而且必须被视为真正的时代转折。而语言学家在其科学的历史中却没有类似的发现，处境完全不同，迄今为止，无论何时提出针对"语言"这个对象的最适当和最有效的概念系统，他都还是要以柏拉图和亚里士多德的概念世界为思想源泉。

对于语言学家而言，柏拉图的思想和亚里士多德的形式都并非历史的幽灵，而是简单而抽象的模式，可以帮助他在其对象中发现和确定语言产品。他要寻找一种最为普遍的陈述方式（范畴）来描述（观念性）语言产品与具体言语行为的产品二者之间的关系，例如一个词来描述观念性的"音位"与一个说者此时此地所生成的语音物质之间的关系，那么，他所拥有的最好手段就只能是其事实上或本质上反复使用的概念系统。他的表述是，音位在具体的言语行为之中得以"实现"。这里，存在一种"类型"，且可科学定义，据此，具体之物在说者的心理生理系统中得以建构，然后以相反的方向重新被听者从所能听到的东西中"接受"，这样的接受是一种抽象和解读。人们可以放心地将所有实体性问题托付于相关专家。这里，简单的描述所发现并确定的关系，即是柏拉图所谓"分享"（μετέχειν）和（其反面）"独享"（ἀφαιρεῖν）之间的关系，我只能承认这是一种恰如其分的解释。

对此，语言学的基本原理无需面面俱到，无需讨论一种绝对的或个体的思想，然而，它必须包含语言的符号性和其他原理。迄今为止，语言学家对整个事实的简单描写，所采取的视角以及必须采取的视角，都只能借助于柏拉图和亚里士多德的概念系统，除此之外，无法获得更为精确和恰当的描写。

但是，物理学家，还有植物学家和动物学家都已经摒弃了柏拉图式的思维，难道只有语言学家落伍了吗？生物学领域的个体发生，以及属于同一物种的个体胚胎和后胚胎的发生及发展，受到某种观念性因素，即某种“种属”一定形式的影响和控制。对此，生物学家也许有充分的理由坚称闻所未闻。我们这里对此不予置评，然而，语言学家对自己领域中说者心理生理系统中的具体言语现象根本没有理由视而不见。

对此，精确的心理生理学和其他心理学该有何见教呢？这个问题正好引向笔者的本行。针对那里的问题，笔者的观点是，凡是“语言心理学”止步不前的时候，都必须将讨论重新引入经院学派失语的场所，否则无法拨乱反正。不过，我认为有志投身讨论的人们必须掌握现代的研究手段。例如，针对相关问题，从洛克至胡塞尔都从心理学方面对普遍性问题有所研究，其发展历程可描述如下：首先，心理学勇敢地提出唯名论，亦即洛克所谓的观念主义，继而，许多古典的英国学者追随其后，及至密尔，才取得了新的发展，其情形堪比蟹行。只有胡塞尔的反击令人难忘，虽非智慧的终结，但却充满拨乱反正的力量，令人起敬。除此之外，其余所有的大小浪潮都如过眼烟云。

本书以心理学普遍性问题为研究目标，第一，我认识到极端唯名论（反观念主义的唯名论）注定会彻底搅乱语言学的纲领；第二，要在原理中对该纲领予以尽可能全面和清楚的阐述；第三，在此基础上，以正确的形式重新表述语言心理学的问题。我们开展了“思维心理学"的研究，用事实推翻了古典联想理论的架构，同时，通过系统性的自我观察，准确阐述了"思维"的体验特性。也许，那些确证的事实中也包含着某些非体验性的内容。无论心理学实验报告是否源自于体验或者心理学其他某种合法的观察，都不影响我们研究的创新性。

6. 最后，抛开系统的思想再补充几点关于"产品"及其他问题的说明。仔细阅读斯通普夫的纲领性论著《现象与心理功能》(*Erscheinungen und psychische Funktionen*)，就会知道"产品"这个表述源于何处。斯通普夫认为，自洛克以来的心理学基本概念中，有一个概念明确或潜在地道出了"心理功能"。斯通普夫的考察表明，心理功能在客观上都与一种独特的"产品"相对应。例如，产品就是判断所体验的"事实"，而判断行为本质上必须涉及某个事实。这里，我们只需要认识到，根据斯通普夫的观点，某种主观客观相互关系对于体验心理学的对象而言显然是内在的，因为，产品具有客观方面，但功能的出现应该只能是主观的。斯通普夫继承了布伦塔诺(Brentano)的意图论模式，在那里以及其他许多心理学家的理论中，对"体验"的阐述都是如此。在我看来，赖宁格尔(Reininger)的《心理物理问题》(*Das phsychophysische Problem*)在哲学上对事实问题有清楚的认识和发展，其中也突出了与斯通普夫和屈尔佩的渊源。我们这里只是顺带提及这一思维模式，留待以后详论。从根本上说，指出体验的双向性并非什么惊人之举。

为了从斯通普夫和赖宁格尔的理论中获得对言语行为和语言产品关系的认识，人们必须懂得，"语言"这个对象要求我们必须以某种方式超越体验心理学唯我论的观察范围。在我看来，要在哲学上坚持这一观察技巧，人们一方面要用行为取代心理功能，而且本质上讲，仅仅从一种（心理学）视角绝不可能对行为进行科学界定，这样，必然还有一种存在与之相互呼应，而它早已为人所知，早已为语言学所知。行为与产品的关系已然蕴含在“实现”和“接受”等词语之中，因为，思维的结果理所当然要求我们将听者的所谓镜像理解也视为一种广义的言语行为。此处所言，将在别处加以深入阐述。

理论构想必然因其对科学发展的影响而得以保持或遭摈弃，这也许就是它们应得的命运。语言学上古老的句子问题就是对我们的构想提出的下一个考验。什么是“句子”？我认为，“句子”这个概念既不可能仅凭产品理论也不可能仅在言语行为理论的框架内得以清楚的定义，不过，从来没有谁误解或怀疑过它是一个语言单位。我们视之为话语的意义单位，这就要求我们从言语行为与语言产品的关系入手进行考察。

C. 语言的结构模式

1. 我们所说的是单数的语言，认为该单数主语要求一个含义极为丰富的谓语，“该”语言（＝la langue）应该拥有一个结构模式。这一重要事实对于语言学家而言并不陌生。在一个对于我们而言非常重要的语境中，梅耶（Meillet）说过：“所有人类使用语音的步骤大致相同，所有人的话语都是以不同方式组合起来的词。虽然细节有变化，但全人类语言的步骤本身都是相同的。”[①]为了我们

① 参见 A. 梅耶给《世界诸语言》（*Les langues du monde*. Paris 1924，12 页）所写的简洁而结构合理的序言。

的论述，需要对此做深刻的分析，把梅耶的两句话改为三句。首先是语音，所有人对语音的运用都体现出一个共同的元素，一方面表现为一个（语音学）事实，即非常完备和流畅的“发音”，另一方面表现为一个（音位学）事实，普遍存在于一个定义适当的音位系统之中。仅凭发音不能很好地说明人类语言的特点，而其功能，亦即音位的使用，则堪当此任。其次是话语为“以不同方式组合起来的词”，从概念的角度可分解为两个命题：词汇及其“组合”（＝句法），后者更为关键。用本文的表达方式总而言之就是，每一种人类语言首先拥有一个音位系统，第二拥有词汇意义单位，第三拥有一个句法。在此，我提出如下观点：此三种事实在人类语言中并非溪流中的一堆卵石，相反，它们相互制约，规则地处于某种结构关系之中。

关于结构概念，哲学家、心理学家和生物学家在人类历史上都进行过广泛的研究和思考，这里无需展开全面的综述，[①]仅需要指出，整个讨论的三位先驱，狄尔泰、胡塞尔和斯通普夫，都以各自不同的方式论述了“整体与局部”的问题。胡塞尔（早期）以其现象学的独特方式，在最为丰富的框架内展开论述；狄尔泰论述了心理学对象的整体性，视其为“体验”的科学；斯通普夫独辟蹊径，考察了

---

① 为了解概貌，我们首先提请注意克吕格尔（Krueger）在第8次心理学大会上精彩的总结报告（Kongr. Ber. f. Psychologie，Jena，1942），另外，塞尔茨所做的总结报告《人格的类型及其界定方法》（*Über die Persönlichkeitstypen und die Methoden ihrer Bestimmung*. 出处同上）也非常深刻，极具启发意义。塞尔茨为了自己的目标所使用结构概念的视角与我们近似，尤其是自第10页起对施普朗格尔理性系统的详细论述：它们“类似于几何产品，是体现特征之间结构性联系的理性场所”（粗体为笔者所加）。两篇论著都得以扩充，以专著的形式在耶拿的费舍尔出版社出版。在本书的修订过程中，由克吕格尔执笔的新作《整体与形式》（*Ganzheit und Form*. 1932）问世，我也提请大家注意。

他称之为“心理功能的产品”。据我所知，对“整体视角下”的“结构法则”这一概念的深刻认识，第一次出现于斯通普夫 1907 年的《现象与心理功能》。需要强调的是，它不是像狄尔泰那样通过“经验”的（心理功能的）实际组织和经营，而是透过产品获得解释。这样，我们可以忽略斯通普夫思想以外的东西，因为，我们的“结构模式”也只与产品相关。从部分（元素）到整体，又从整体到部分，以如此变换的视角考察产品，可以获得清晰的认识，或者如当今某些理论物理学家（如波尔）所言：可以获得对模式的认识，为此，我们可以在基础几何教科书中找到最贴切的例子予以说明。① 以上是对我们的立论所做的简单分析。

2. 对上述立论的证明如此简单，以至于许多人第一次听说时不解其中的价值，看不出如此“平淡无奇”的解释最终能够在哪些方面以及怎样对语言学发挥促进作用。哲学家探究问题的领域顾名思义就是所谓稀松平常的现象，但是，为了说明该话题的影响和意义，我们首先再回到梅耶。他以人类语言（复数）同构性这一特殊事实为出发点，指出另一个特殊的事实，即人在人体构造、生理和心理方面拥有基本相同的结构。该特殊事实可以被视为普遍事实的部分、对照或结果。② 这肯定不是最终的结论，也许压根就不应该是，而是提出了一个问题：语言同构性和整体特征的共性与人

---

① 例如，所有三角形全等定理和相似性定理的证明，都需要根据已知元素，即假定条件，来确定未知元素，并进而求得整体。这涉及三角形的“结构法则”。我们希望从语言（la langue）获得类似的结构认识。

② “La parité des conditions anatomiques, physiologiques et psychologiques dans les divers types humains est telle que les traits essentiels de structure sont sensiblement les memes partout.”（人的类型有不同，而他们的解剖条件、生理构造以及心理条件都是相同的，因此，他们的结构基本都是一样的。）

类认同有什么具体关系？这个问题还有赖于人类学家和心理学家的研究。

这里，还要提到一位伟大的比较语言学家，即施密特(P. W. Schmidt)，他是继梅耶之后对同一问题颇有建树的学者。[①] 施密特首先通过对“人与语言”这个问题的思考，提出两个立论，一个是对所谓现代科学发现或创造了“哑人”(homines alali)的断言提出批判，[②]另一个是继承了古希腊思想家的传统，把人定义为“理性”的生灵，从总体上把语言视为一种逻各斯工具，一种逻辑性“精神功能”(Geistesfunktion)的工具。施密特认为，任何一种人类语言，其词汇蕴含着普遍概念，其句子构成蕴含着判断的“精神功能”，其句子结构体现出形式推理，概莫能外。对此，我们没有异议，但此观点也不是最终的结论，因为它回避了问题的核心。我们认为，人类的产品和行为还拥有其他无数异曲同工的标记，难道不是吗？问题是，亚里士多德为什么不根据雅典卫城的建

① 参见施密特《世界诸语系和语族》(*Die Sprachfamilien und Sprachkreise der Erde*. Heidelberg 1926)。引用部分出自于“引言”，主要在第 5 页。

② 弗朗克根据骨骼考古提出最古老人类没有语言和上古习得发音特定阶段次序的猜测(参看《冰河纪人类可能的语言》*Die mutmaßliche Sprache der Eiszeitmenschen*. Halle 1913)，对此，这里不想提出反驳的证据。弗朗克所强调的，与当今人们通过对语言习得阶段儿童的观察所得出的结论相类同，对此，我们研究所进行了新的、系统的观察和资料录音，很能说明问题。孟金(Menghin)与施密特都坚持普遍意义上的发展观，这样，即使对弗朗克温和的批评能够成立，人们仍可以坚持认为人类祖先曾经为史前的哑人，亦即还没有人类特有的语言，这是一种合乎逻辑的假设。——我认为施密特的批评完全合理，现代俾格米人并非本来就是哑人，虽然有证据表明他们大部分借用邻近大部族的语言。施密特是该领域最优秀的专家，他发现了俾格米人使用语言的痕迹。即使忽略这样的证据，心理学家也完全有理由坚信，真正的哑人部族总会模仿性地接受邻近部族某种高度复杂的语言，如现代俾格米人，并在借用的基础上形成自己的语言。一个真正没有语言的人不可能仅仅通过“模仿”来接受一种复杂的语言，因为那缺乏基本的心理学前提。

筑，或者雅典人的国家体制，或其音乐，而恰恰是根据自己的语言创建了一种完备的科学，并称之为其他所有科学的“元件”，或称逻辑学。

那么，希腊语“逻各斯”(λóγος)的双关含义是怎么回事呢？根据我们对普通比较语言学家施密特的理解，他应该赞同这样的观点：亚里士多德不论出生在哪里，原则上可以从任何一种母语直接解读得出他的逻辑三“元素”，比如从词汇得出概念，从句子得出判断。这是一个意义重大的立论。施密特等人都通过语言来解释“智人”概念。仔细分析会发现，他们的理论也可以逆向证明。然而，我们必须立即补充一个行家们都能接受的观点，那就是，如果亚里士多德碰巧不是希腊人，而是中国人、爱斯基摩人或班图人，那么，他的逻辑学的许多细节，包括他的整个范畴列表，可能会非常不同。“纯粹逻辑学”的有机组成部分已有两千年的历史，但是，现代逻辑学与之偏差和背离却愈加严重。那么，逻辑与语言结构之间的关系究竟是怎样的呢？

这不好一言以蔽之。现代逻辑学的革新运动令人起敬，对其中的一个概念方程式，即(广义)逻辑学＝普通描述理论，我原则上表示赞同。但除此之外还存在其他科学问题，而且应该是逻辑问题，不是描述问题。果真如此，也无关乎我们的目标，我们只关心“元理论”(Elementenlehre)。这样的逻辑学元理论可以借助(语言类型的)象征符号系统彻底而明晰地发展成为普通描述理论，其中所包含的任何有关心理功能的内容，并非不言而喻都属于心理功能的实践和象征性表达符号的使用。数字和几何结构的使用也属于心理功能，但是，数论和几何学对此都只字未提。人们只能期待符号学以及符号学观照下的语言产品科学具备这样的抽象性。

上面的论述指出了获得结构知识的路径。需要重申提出：为什么语言比较研究表明了每一种人类语言都拥有一个音位系统、一个词语总汇和一个句法？答案总括为：这是一种普遍性描述工具的基本元素，也恰好是人类语言的基本条件。

3. 语言实施描述，这一规定性只能源自于其创造者和使用者。个体使用者，比如诗人，经常在一定范围内个性操作，[①]这之所以成为可能，是因为除了描述之外，语言天然地还具备其他功能（此乃本书 D 的话题）。至少，我们可以放心接受常识所蕴含的相关智慧，常识告诉我们，人眼睛的主要用途是看，同样，柏拉图认为人类语言是一种工具，"以便于一个人对另一个人传达事物的信息"，用现代话语说就是，语言是一种主体间性的描述工具。为此，它必须恰好具备这类"工具"不可或缺的特征。我们进一步假设，人类的发育伴随着一个适当的主体间性描述工具的形成，为此，除了身体器官之外，喉头和喉管也作用巨大，当然耳朵听觉感受器和大脑的协助至关重要。如果一般性地思考该工具实施描述的方式有哪些，人们的初步印象是不计其数。借助于喉头和喉管，人类实际上可以用无数种方式来构造主体间性的描述工具。对此，我们今天甚至还可以罗列语言之外的情况予以说明。

比如，语言模仿（Sprachmalerei）现象，（据我所知）它出现于所有语言的声音称谓之中，有些也超越了声音称谓的范畴。这种以

① 对此，恰好有一个教材范例极富教益，可说明我的观点，这就是现代法国诗人在"纯诗"中独特的语言运用。参看温科勒理论见解独到的报告《语言理论与瓦莱里分析》(*Sprachtheorie und Valéry-Deutung*. Z. f. französ. Sprache und Literatur 56/1932)，其中也恰当而成功地运用了抽象相关性原理。

相似性为依据的对应我们在绘画里最熟悉不过，如果将之上升为原理，第一，（与少数针对非声音范畴的规约一起）可以满足人们传达事物信息的需求，第二，可以超越语言呈现给我们的现实。因为，许多对人类而言非常重要的自然过程和大多数人类行为都与声音相伴，我们用耳朵能够非常准确地理解和区别这些声音，而且能够轻而易举地予以声音模仿。已经有几百或者几千个对生活至关重要的标准声音被模仿，这是一件了不起的事情。首先，我们不要忘记，为了传达信息，人们在模仿使用每一个这样的标准声音时，可以即兴从许多方面进行连续性的塑造和改变。对此毋庸赘述。对于我们的计划而言，重要的是理解这种方式在人类语言中存在的可能性，但它不是这里关注的对象。（近似地）模仿是一回事，而语言是另外一回事。

关于“语言与绘画”的话题并不新鲜，迄今为止最为合理的论述是莱辛的《拉奥孔》，它清楚地说明了二者之间基本结构的差异，批判了“诗亦犹画”(ut pictura poesis)的古老命题。请注意，莱辛基本上预设了人类语言存在的某种形态，只想说明语言不适合于模仿。但是，他认为言语的复杂性只能在一维时间序列中展开，而画家在二维画布上拥有更为丰富的施展可能。此论有些言过其实，他高兴得过早了。我重申，人类语言完全有可能成为声音模仿型的交往工具，之所以没有如此，那必然是由于纯粹物质技术以外的其他原因，这里，我们必须对莱辛进行修正或补充。

我们对动物和人类如何创造符号的生理根源进行了反思，由此，可以克服理论发展的“瓶颈”，释解面对浩瀚的声音描述方式的无助。起初，指示发生于共同感知场之中，而语音在描述中最具指示功能，这说明声音模仿在发展中失去了优先性，它绝非最为便捷的手段。纵观世界上的已知语言，我们知道，语言最终状态的形成根本没有经由一种声音模仿占主导地位的过渡状态。这样，以相似性为依据的对应原理便被逐出语言的核心地位，被边缘化，也暂时被描述理论的简明概论排除在外，将来，当理论长足发展之后，我们才能够对之进行实证研究，而且所依据的认识必然更为丰富。希腊先哲们对问题的本质早有敏锐的观察，他们提出“现象”或“本质”的选言设问，其中明显体现出思想的转折。我认为，关于语言现象的“创造性行为”，卡西尔的语言哲学进行了最为精深的论述。[①] 卡西尔的绝大部分论述说理充分而准确，但在证明的缜密性方面却难以服人，也就是说，很难证明只有他的认识论基本观点能够完全解释语言的创造性。如果就此展开讨论将会超出本文的范围。

如人们通常所说，描述性语言符号的对应主要基于一种“自由的”规定，也就是说，对于科学和符号使用者而言对应动机不详，果真如此，有必要对此类系统的一般条件进行符号学阐述。我们可以设想一种类似而有效的人工符号系统，并将此人工系统与语言进行对比。为此目的，我选择了一种符号系统，它的发明曾经满足了人类特定的交际需求，并广为使用，此外，这种系统在某些方面与儿童语言习得的某个特定阶段也具有可比性，而该阶段儿童的语言与成熟的人类语言之间存在着明显的区别。它就是国际航海的旗语系统。

4. 在使用无线电报通讯之前，航海使用过几种国际规约的旗语系统，其中一种只含有三种基本形式（圆圈、三角旗和四角旗）。

---

① 尤其参见 132—145 页。

我们就以此为例：

○△：您处境危险，

△○：给养不足，饥饿，

○□：失火或漏水，需要火速支援，

□○：搁浅，需要火速支援，

△○□：请停船或减速，有消息，

□○△：有电报或消息给我吗？

○□△：是，

○△△：否

这些组合为应对常见情况提供了足够的符号，每一组合从左到右或自上而下读取。[①]

我们首先指出两点。第一，有三种基本形式，反复出现于每一个组合，无论单个圆圈、单个三角、单个四角旗语符号，还是它们的任何一个子群，其本身都不具备信号意义。它们的全部功能在于，在一个特定的组合位置参与组合体的建构，从而达到与其他组合体的区别。因此，这些基本形式即是基本特征符号，与语言的音位完全相同。第二，只有组合，即旗语句子，具备信号意义，用库伦特(kurrent)有声语言复述该意义经常需要多个不同的句子（陈述、命令、感召、疑问）。我们这样理解：每一次使用一个旗语句子，象征信号发送者所处的特定场景，以及在特定情况下对接受者发出一个感召或提出一个要求、一个疑问。这里，人们不妨将之称为“整体象征”(globale Symbolisierung)。问题的关键并不是翻译为

---

① 我手头有一本《信号的商业编码》(*Codice Commerciale de' Segnali*. Editione Austro-Ungarica, Firenze 1869)，对复杂系统很有启发。人们当然也可以用旗子拼写，但这与本书无关。

有声语言时需要许多个词和句子，否则，那就不是系统的内在特性，而是外因所致的系统特征。可见，该系统的决定性特征在于，对所感知的符号不存在信号意义的任何切分，此乃术语“整体象征”的真正含义。同样，望文生义将旗语“句子”与语言句子等同视之，也是错误的。旗语符号组合既不是前者，也不是后者。所要说明的是，在典型的交际场景中，每一个旗语组合只有作为不可切分的交际工具才能实施其功能，整个系统包含仅此一种形式或等级的意义单位，该系统无非是由它们所构成的组合，是一种单级符号机制（einklassiges Zeichengerät）。相反，从语言产品来看，语言（至少）是一种两级系统（zweiklassiges System）。①

前文曾经提到儿童的某个发育阶段，它与该航船交际的单级整体信号系统之间存在着可比性。儿童在“单词句”的阶段，只能使用那些为观察者所熟知和习惯的表达，他的所作所为与船长或通讯下士使用旗子差不多，都是整体性的。当然，儿童不掌握可资利用的信息代码，不知道当下国际通行的表达方式，不过，这对于儿童并无大碍，因为，他所发信息的接受者并非陌生的船长，而是语言社团中关系紧密的同伴，那里，从日常交往中，人们了解那些使用语音传达信息的典型场景，熟悉儿童这样那样独特代码的含义，有时也会发生船只触礁并需要紧急援助的情况，需要从一旁经过的成年人驻足或减速，因为有重要信息要发送，等等。为了表达这一切，儿童每次使用并传达给接受者的，都是那几十个熟悉的、

① 对音位的纯粹辅助功能，此称谓未予考虑，另当别论。是整体信号还是结构象征，这才是系统的根本区别，无论是否将区别性标记用于感知符号，都是如此。旗语中存在可独立使用的“旗语标记”，同样，语言中也存在可独立使用的语音标记（音位）——只是，我们对此没有更多兴趣。

虽可编码却尚未编码的“单词句”中的一个句子。术语“单词句”无非是儿童心理学家的一个很尴尬的表述，意味着人们把此类现象既可以视为词汇也可以视为句子，认为它们本来“还处于”二合一的状态。这应该纠正为，此类现象“还不是”这个或者那个，因为，这里儿童正在向真正的多词句过渡，这意味着正在发生系统转换，儿童正在从一种单级系统（Einklassensystem）迈向我们成熟语言的多级系统（Mehrklassensystem）。

简而言之，在科学上，航船信号这样一种整体象征的单级系统可以总结为，第一，信号的结构已经确定，第二，每一个信号对应特定的典型场景和交际目的，仅此而已。对旗语这种人工约定俗成的语码（Code），只需只言片语即可说明。

5. 相反，像语言这样的系统，其规定性（规约性）不是基于一个层级，而是基于（至少）两个层级，因而，也包含两个层级的语言产品。相应地，语言系统中每个付诸实践的话语表达也都由两个不同的抽象步骤构成，简单、不太准确、易于误解地表述就是：词汇选择和句子组构。其中，一个层级的使用给人的印象是，似乎世界可以被切分为碎片或者孤立的元素，每一个元素对应于一个符号；相反，另一个层级则要考虑将同一世界（所要描述的世界）整体性地建构于特定关系之中，并为之准备适当的手段。对于描述理论而言，这是两个完全不同的过程。这个问题必须彻底澄清，虽然人们对这两个层级的语言产品的使用默契而顺畅，但我们绝不能因为这一心理学事实而产生错误的认识，也不能为两种系统元素相互之间的自由转换这一语言学事实所迷惑。简单地说，人们在每一种语言中都可以发现和完成语言产品由句法转变为词汇，以及由词汇转变为句法，这意味着，人们对这些相互依赖、相互制约的元素的使用非常自如，仅此而已。每一种元素本身都不同于另一种。

以上比较结果表明，对语言系统的科学界定不同于一本关于编码的著作，狭义上的音位学只能部分地与编码的第一章相提并论，而词汇和语法反映了语言两个层级的规定性和产品，因此，它们在本质上，第一，相互不同，第二，与编码不同。

这里，我们对两种因素进行了抽象区分。对于二者相互融合的特殊性，语言理论必须系统地阐明其原理，必须以自己独特的方式针对语言成分的合成和分解提出问题并给出答案。此刻需要特别注意的是，实施描述功能的语言的词汇意义其单位具体且数量有限，且基本上都具备多义象征符号的特点，或者从另一个角度看，只有句子中具体的意义组构才能使词汇意义获得其最高程度的确定性。据此，19 世纪心理学家和语言学家提出如下立论：基本单位是句子，只有句子，不是词汇，或者说，只有句子，不是词汇，才是语言真正的、具体的意义单位，等等。[①] 仔细分析会发现，其中包含的判断可能正确，但也可能完全没有根据。对于描述理论而言，有一点必须清楚，那就是，无论何时何地，如果该高调提出的立论将语言视为一种由基本意义单位构成的单级系统的话，那无疑是一个误解或者谬误。词汇不优先于句子，同样，也很难说句子优先于词汇，因为，二者是人类语言同一阶段（或许是高级阶段）相互关系的两种元素。

人们尽可以想象各种各样服务于人类交际的单级系统，但在严格意义上没有一种系统的句子不包含词汇，或者相反。不包含

---

① 即使德·索绪尔也称此论为“具有广泛共识的理论”，并以此为古老观点进行辩护，认为那对语言学是不可或缺的。请注意，问题在冯特的理论（《论语言 I^2》*Die Sprache* I^2，602－603 页）中发生了迁移，变成为一个心理学生物起源问题。

词汇的纯粹句子模式无异于无根无据的元素，如同没有成分的关系。另外，人们可以通过反向证明，说明合成体中词汇元素的孤立意义不仅模糊、难以把握，有赖于“其他”元素才能获得某种程度的确定和细化，而且反过来，那些其他元素也因此获得某种程度的确定和细化。比如，印欧语言的复合词蕴含着“模糊的”句法指标，或者拉丁语第二格或第四格蕴含着多义句法指标。这些指标何以获得满足，在许多情况下基本上取决于结构中的“词汇”（其所指的对象，即“材料”），无需更多顾及其他、涵盖面更广的语境元素。①

还有最后一点也很重要，话语中的语言结构具有二重性，简单说就是词汇和句子，这恐怕是最具语言特性的结构法则，无视它就是理论上的无知。人们可以进行各种类比，但是，无论音乐、视觉图画，还是当代科学和其他领域中服务于描述的各种各样的象征系统，都不拥有与语言的互补性二维意义单位完全类似的特性。只有那些在某种程度上具备与语言完全等价的象征性描述系统，如数学方程式和现代逻辑学的象征系统，也拥有了词汇和句法，这不难理解，而且颇具启发意义。善于理论思考的逻辑学家（比如卡尔纳普）认识到诸系统之间的关系。需要指出的是，与他们无关，

---

① 为此，非语言学读者请注意下列一组德语复合词例子，思考它们的意义结构有何不同：Back-Ofen（烤炉）、Back-Stein（砖）、Back-Huhn（烤鸡）、Back-Pulver（焙粉）。在所有例子中，语言组合的方式完全相同，意义结构的使用者必须充分挖掘其专业知识，才不至于犯错。——关于印欧语言复合词的语言学启发意义的更多认识，请参看布鲁克曼的《关于词汇组合的本质——一种语言心理学研究》（*Über das Wesen der sogenannten Wortzusammensetzung. Eine sprachpsychologische Studie*. Sitzgsber. d. sächs. Ak. d. W. 1990），以及布鲁克曼/德尔布吕克的《概论》（*Grundriß* 第 2 卷第 1 部分 35－40 页，49－120 页，第 3 部分 8－10 页）。

而且应该在他们之前，我自己在语言理论讲座“论词汇和句法”(Dogma vom Lexikon und von der Syntax)中就已经指出并论证了相关的问题。① 这里究竟有什么需要证明呢？

下面，我们再把船舰旗语之类的单级象征性交际系统与语言做比较。许多人认为，语言发展经历过一个整体指示的阶段，那么，我们不妨幼稚地设问：为什么恰恰是语言没有就此停滞不前呢？借助于一定量的区别性音位，人们实际上拥有足够多的“信号”(我们还是以词汇为例)用于交际，其方法非常简单易懂。其优点肯定还不止于此，但是，有一条是旗语永远不能具备的，那就是，以有限的规约和与之匹配的语言产品无限地对复杂对象进行区别性和精确性表达，而这对于两级系统而言则轻而易举。试设想单级系统使用者在“新的”场景中的情形。因为现有的象征符号不敷使用，所以他要发明新的，而这些新的暂时又不具备主体间的可理解性。他应该怎样才能在现有规约资源的基础上获得准确的新表达？我们已经熟知的人类语言都能满足这种“能产性”(Produktivität)要求，亦即普遍性象征系统的要求，而且达到了非常高的程度。我不知道《圣经》文选被翻译成多少种语言，我们不问翻译得好与坏，只设想为什么此事在90%的情况下没有成为毫无希望

---

① 在以往语言学大家的思想中，这里所言之二元性认识有时表现出一种奇特的隐晦性，必须通过对其思路的推理才能得出，例如施莱歇尔(Schleicher)认为意义表达和关系表达的对立在语言中十分重要，因此，他在初期根据黑格尔的思想推测出语言的三个发展阶段及其可能的顺序和差别：单音节孤立型(monosyllabisch-isolierend)、黏着型(agglutinierend)、屈折型(flektierend)。众所周知，此论早已过时，但有一个原理仍然有效，并需要在语言理论中得到准确的阐述，即一切语言都必然由两级产品构成。关于词汇和句子的观点也可见于卡西尔之《论语言[1]》(*Die Sprache*[1]，281－282页)，那里对二元性的引介完全不同，但结论与我们完全不谋而合。在281页的注释中卡西尔引证了几个比较语言学的相关成果。

的妄为。其原因很清楚,人们凭耐心和智慧总可以在一定近似度上满足一切语言的前述所有要求,当然,程度不同,动机各异。我们只能断定,原则上只有两级系统具备合成和分解的能力,能够完全满足如此要求。语言学常说的派生和(适应系统的)演变,就其功用而言,与分解处于同一层级,基于同一心理前提。这里出于篇幅的原因就此一带而过。

一个整体系统的编码,无论书面形式与否,必然像非书写的口语词汇那样,都受到人类记忆力的限制。人数众多的群体对具体对应的记忆,要保证在主体间的交往中区别清晰,顺畅无阻,尤其是此刻,人们的记忆力显得更为有限。对此,我认为可以设定更为具体的条件进行量化分析。这里,我首先想到那些完全孤立的具体对应,比如船舰旗语信号的情形,假设没有任何内在的或者人工附加的辅助系统,那些对应如何才能被铭记。而这正是问题的关键:任何辅助系统都是对记忆力的延伸。我们发现,语言在一定程度上解决了这个延伸的问题,而且可以说在关键之处规避了问题,亦即克服了问题。因为,针对不断出现的不可预测的新情况,我们能够进行主体间相互理解的语言表达,实际上并非因为我们是记忆术的魔法大师,而是因为语言之类的两级系统根本无此需要。我们也可以仅凭10个基本符号和一个非常简单、约定俗成的“句法”来象征无限多的数字,十进制数字系统的规约是:数字自右向左依次代表个位、十位、百位……我们发现,顺序具备评价和使用的辅助功效,在语言句法的不同结构和性能之中包含着同样的功效,而且更为微妙。

6. 上述思考的继续深入也许会暂时体现出逻辑学家与语言学家兴趣之不同,然而,他们最终还是会走到一起,面对共同的问题:逻辑学的象征机制(Symbolgerät)也属于语言之类的描述机制

(Darstellungsgerät),那么,是否能够证明,语言之类的描述机制是唯一能够在原则上满足普遍性描述要求的机制? 我想,人们可以证明此论,一方面以所有被描述对象可以根据二阶关系的逻辑模式进行充分的切分为前提,另一方面,优秀的语言学家认识到,语言结构的分解基本上都是二项式的,比如主语谓语结构就是如此,至于其余情况,也正如这些分析家所言,可以以此类推。[①] 在争夺普遍性功效世界冠军的比赛中,语言之类的两级描述机制会占尽先机,这是十分清楚的结局,对此无须赘述。对于我们而言,关键是证明以下观点:在我们已知的有限物质条件和记忆力局限下,只有语言之类的两级系统,才真正具备充分的能产性。[②]

D. 语言功能的模式

前面,我们引用过柏拉图的至理名言:语言是一个人向另一个人传达关于事物信息的工具。其中包含了三种关系元素:一个人、另一个人、事物。我们在纸上画一幅图,三个点如三角形分布,第四个点位于中心,需要思考的问题是,该图能够象征什么呢? 位于中心的第四个点象征着所要研究的工具,与其他所有三个点明显处于某种直接或间接的关系之中。我们在中心点与各角之间画上

---

① 对这一思想的阐释和批评(这在语言表述领域将会得到赞许,同时会说明语言"表达"和"感召"对同一个符号机制提出不同的要求)不是这里的任务,而需要在关于语言描述理论中专门开辟一章。语言结构基本是二项式的,这一思想并无新意,但是,在以特鲁别茨柯依为核心的学者们的分析中引发了值得关注的新成就。

② 关于词汇与句法,凯特·伍尔夫(Käthe Wolf)在汉堡心理学者大会上展现了不同方式的逻辑演绎,参见《第 12 届大会报告》(*12. Kongr.-Ber.*)449-453 页。我们这里的思考对那里所论及的语言"描述场"不予深究。

虚线，那么，虚线又意味着什么？

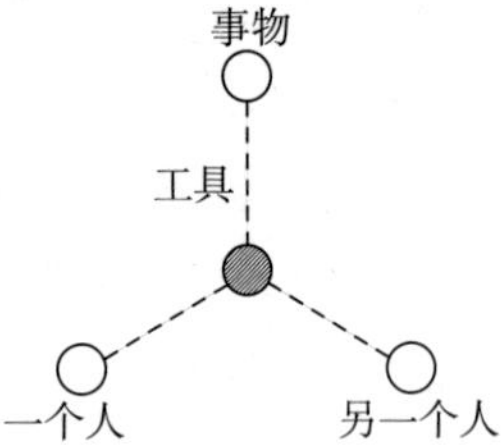

1. 这幅由点和线构成的图形，给人的初步印象是一种因果观察。"一个人"生成声音，并对"另一个人"造成刺激，构成果与因。在整个因果关系所组成的世界结构中，第三条虚线的含义有不同的解读。最简便的解读是，视其为一种复杂的、通过中间成分联系起来的因果关系。假设，受到一个时间上预先存在于感知场之中的事物所产生的感官刺激，说者生成一个音，而听到该语音则刺激听者将目光投向同一事物。比如，两个人在房间里，一个人注意到唰唰声，看着窗外，说：下雨了；另一个人也将目光投向那里。[①] 这

---

① 阿兰·加德纳引人入胜的著作《语言和言语的结构》(*Strukture of language and speech*. 1932)也讨论了下雨这个例子，我向这位可敬的作者确证，1931年我在伦敦大学的黑板上演示过该三角图形，但并不知道他10年前就已经做过讨论。举例相同也许要怪伦敦的天气。其实该三角图形不是我们提出的，而是已经清楚地包含在柏拉图的思想中，任何一个逻辑学家都能够总结出来。1918年我在《近代句子理论批判》(*Kritische Musterung der neueren Theorie des Satzes*. indog. Jahrbuch 6)开首写到："人类语言的功能是三重性的，即表达、感召和描述"，当时我并没有想到柏拉图，而是如同加德纳一样，只从问题本身出发考察眼前这个模式。我在伦敦大学学院(University College in London)做过两个报告，题目是《语言的结构》和《言语心理学》，之后，我参与了加德纳所言及的那些深刻的讨论，证实了我们各自从德语和埃及语出发对人类"语言"的认识是一致的。如他所言，这种不谋而合于我们是一个难忘的经历——我以前关于语言理论的论述散见于不同的文章，戴姆珀(H. Dempe)在其《什么是语言？一项针对卡尔·比勒〈语言理论〉的语言哲学研究》(*Was ist Sprache? Eine sprachphilosophische Untersuchung im Anschluß an die Sprachtheorie Karl Bühlers*. 1930)中有清晰和中肯的总结。关于戴姆珀对胡塞尔的批评，将在第五章做必要说明。

里，事情形成一个圆满的循环，如果愿意，可以如此继续下去，如同在一根螺杆上画圆，永无止境。如果某物或某事具有足够的新动因，并为其中一个或另一个伙伴所交替接受，事件就会紧紧地吸引双方（人们习惯这样怪异的表达），那么，他们会在一段时间里针对某物或某事以观察、试探和协商的形式展开对话。

从直观的例子再回到我们的模式。该模式体现了通过语音传达信息的基本的、基于感知的关系结构，如下图所示：

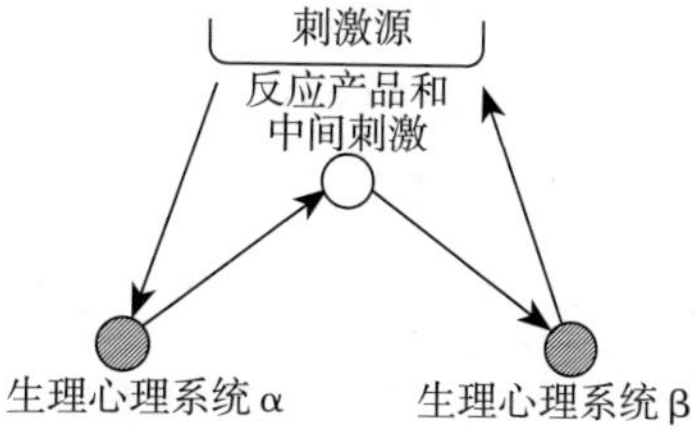

与刑侦学一样，在语言学的整体框架里也需要某种因果观察。在诉讼程序中，法官不仅要把某种行为界定为犯罪，而且要把被告界定为罪犯，这样才能审判他。（从纯粹逻辑上看）如果没有某种形式的因果思维，对行为的鉴定就是毫无意义的妄为。众所周知，在法律界要穷尽因果关系有很大困难，我断言，语言学因果考察在自身的领域里也会遭遇同样的困难，而且都是心理学核心问题的研究中已经明确的那些困难。科学理论满怀希望，认为世界上所有现象最终都可以毫无例外地根据物理学原理得以解释，同样，在被引证的所有科学里，这些困难都暂时存在于已知的语境，任何其他疑问也是如此，地理学家地图上那块著名的空白亦是如此。粗暴的行为主义者以初生牛犊的激情，首先试图在动物和婴儿身上求证他们的研究纲领，其中包含着对问题的终极认识。尽管这样的认识还如此遥远，但那正是语言学必然的方向。

主体间关于事物的信息传送畅行无阻，揭示这种绝技的奥秘就是语言学的真正任务。继续追溯可知，这种基本的、基于感知的交往的原始形态当然更为简单。行为主义认为，该交往经历了十分漫长的发展过程，其可能性也很多样，而我们以正确的视角考察问题才刚刚开始。无论如何，我们想，极端行为主义的纲领问世已然过去了一代人的时间，数以百计的先驱已经以毕生精力，各自进行过必要而精巧的实证研究。这里有必要考察一下他们的成果，以揭示问题的另一面。我只指出一点就足以为我们的想法做辩护。在我看来，詹宁斯和桑代克(Thorndike)的论著是美国行为主义最好的基础资料，伊贺朗斯基(Ichlonski)对以巴甫洛夫(Pawlow)和白赫铁列夫(Bechterew)为核心的俄国人的成就所做的综述最具现代性，女哲学家德·拉古娜(de Laguna)的行为主义语言理论甚是详尽。无论翻开其中哪一本，凡是对核心问题保持清醒的人，都会马上发现，迄今为止的研究都在本质上偏离了研究的纲领。

离开符号学的基本概念，离开"信号"这个概念，人们过去和现在都无法取得进步。关于该概念，詹宁斯以"典型刺激"(即我们所说的"一物代替一物")的形式轻松地引入其理论，伊贺朗斯基则赋予它某种"似乎"的维度，而德·拉古娜从一开始就提出了原创性理论。在行为主义的纲领中，这个真正的符号概念并非处于某个边缘地位，而是核心概念，对于每个试图解释动物习得机制的理论研究者而言，这一概念实际上都是或应该是不可或缺的，否则就会造成明显的空白和断档。行为主义理论停滞不前，美国心理学家关于习得的理论五花八门，著述汗牛充栋，其实只要以全面的符号学为出发点就足以完全预测这样的现象。在此事后评判十分贴切，而且，对那些关于习得的五花八门的观点进行一目了然的逻辑整理也很可行。但我对这里所说的暂不展开详细证明，将在语言理论专设一章来论述语言的信号功能，那时我们再来细说。到时候还将说明，威克斯库尔在生物学上提出“特征符号”(Merkzeichen)和“功能符号”(Wirkzeichen)等基本概念，其理论始终都是符号学的，是以黑格尔式的反命题对机械行为主义理论的反驳。

2. 如果决定转向以语言符号性原理为指导的观察方式，就必须追求概念上的统一性。康德强调指出，不同科学及其部分不容混杂，简单地说，不能像对待鸡尾酒配料那样，这也适用于我们所讨论的观察“语言”这个对象的两种视角。至于为什么以及怎样避免鸡尾酒视角，我们可以从语音理论中获得指导性认识。根据音位学的先进理论，今后我们必须始终根据语境或者相关定语来分析术语“语音”的具体含义，其所指是一个语音符号呢，还是一个语音标记，亦即是某种特定语言音位系统的一个特定单位呢，还是某种语音学成分。因为我们现在知道，一个特定的音位出现于同一语言的两个位置，可能具备不同的语音“形式”，而一个特定的语音材料出现于两种不同的语言，则可能具备不同的音位“价值”。重申一遍，前者属于同一语言，后者属于不同语言。概念的混杂，时而因果思维，时而符号思维，将会彻底打乱我们三位一体模式的象征寓意，使人们不知所措，使伪问题大行其道。不言而喻，“各行其道”这一口号是概念统一性的前提，要求我们在关系模式中从整体出发把握概念。应该再加上口号“整体推进”，要求另外一种科学方式，即严格遵循清晰确定的逻辑规则，对此，人们同样可以从语音学与音位学的关系中获得基本的认知。

上述三位一体模式中的虚线象征符号思维中的关系，果真如此，那么那些虚线究竟象征什么呢？柏拉图仅就其中之一做过论述，即语音与事物的关系。他在《克拉底鲁篇》中过分强调“法则”与“现象”之析取的问题，在对话里就已经为新的疑问埋下了伏笔。因此，用现代数学的话说，在模式的那个位置上存在着语音符号与物体和事件的一种对应关系，而今天的说者却不了解该对应的历史沿革。语言研究虽然可以在许多方面追溯久远的历史，重构原貌，但是，线索最终还是会随时中断。语言使用者和研究者都承认：如果我们“今天”反复比较观察语音和事物，会发现二者之间并不存在“相似性”，而且，在大多数情况下我们也不知道，是否曾经有过某种相似性，以及该对应是否原本因此相似性而产生。这些问题已经超出了我们目前之所需。因为，严格地讲，无论该对应关系的理据为何，它永远只能依据规约（严格逻辑意义上的约定），并且针对于其缔约者，当然也包括他们的同伴。[①] 简言之：我们可以继续讨论《克拉底鲁篇》中的选择，依据一部科学编撰的语言词典来破解克拉底鲁答案所提出的第一个疑问，系统描写语言称谓（如那里所说）及其与“事物”之间的对应关系。在语言描述手段的两级系统中，句法规约也属于词汇对应，这只会使我们发现更大范围的语言对应关系。为了应对这一事实，现在我们使用双重称谓“物

---

① 德语名词“Kuckuck”（布谷鸟）也许与我们在林中听到的那种熟悉的叫声基本“相似”，但这种相似性本身已经不再是语音与事物相对应并使该称谓成立的理据，它不是那种叫声的称谓，而是那种鸟的称谓（至少是那种规约双方在林中活生生的、随着那叫声而感受到的鸟），距离“相似性＝对应性”这一等式还相差很远，完全不具备逻辑性。有一点是明确的，每一位语言同伴都可能以不同和更为简单的方式参与新称谓词的创造，而且实际上的确如此，只要将某种相似性约定为对应关系的理据即可。无论如何，必须严格区分对应和对应的理据。

体和事件”，来代替模式中的“事物”概念。除此之外的另一个事实是，广义上存在针对语言社团而确定的理解“事物”的方法原型，在两个层级上都存在“内在语言形式”，这只会使问题复杂化或简化，但不会改变它。认识论学者承认内在语言形式，也许会发自内心地说：“该语言”表达的不是事物本身，而是一个世界，一个相对于此语言和彼语言而言“表现”不一的世界。我们完全赞同此说，它无损于我们的推理。这里，威廉·冯·洪堡特、卡西尔以及(最好还有)其他认识论学者都可以参与讨论。

在这部关于原理的著述里，我们将“语言描述”这个话题视为基本内容之一，并安排在C一节里予以充分讨论。在语言理论中专辟一章对问题重新展开讨论，意味着迄今为止从语言研究原理的角度对语言描述的方式和手段所做的考察和描写不能令人满意，我们认识到还有另外一种语言理论问题的存在。在那一章里要重新考察具体的言语事件并提出如下问题：人们怎样才能实施描述？说者在特定语境中有何作为？他如何“使用”母语的产品？怎样在言语的语音流中实现语言产品(无论使用、模仿或者创造)才能实施描述？无论语言描述的对象是什么，它们都处于世界之中或世界以外。如果能够揭示语言描述机制相对于其他描述机制的区别性特点并在概念上准确界定，那么，对问题的答案就在科学上具备了充分的实用性和普遍性。

3. 我们明确提出语言描述功能的主导性，下面，应该对此予以明确限定。语音是介于说者和听者之间的媒介，是“代表”，然而，“东西”这个概念，或其等值概念“物体和事件”，并非能够涵盖一切。事实上，在话语语境的建构中，不仅说者是言语行为的实施者，是言语行为的发送主体，而且接受者是话语的指向目标，是言语行为的受体，双方都持有各自的立场。他们不是信息传达事件简单的组成部分，而是交流的伙伴，最终，语音作为媒介产品体现出与其中每个人各自特殊的符号关系。我们把语音符号与言语行为实施者之间的语义关系称为“表达”，而把语音符号与其接受者之间的语义关系称为“感召”。①

我们指出说者和听者各自在言语事件逻辑模式中的立场，以及该模式对于语言研究的价值，这对于我们运用现象学方法准确分析“语言”这个研究对象，具有十分重要的意义。不言而喻，正确进行这一分析就是语言学事实的全部，这也是我在语言的基本描述场理论中进行系统性概念挖掘的目标。“我、你、他”及其他相关词语的意义只能在基本描述场的坐标系中获得确定。如果语言学家要成为现象学家，就要排除教科书内容的干扰，坚定追求语言学这一总体目标，他会发现，具体言语事件中的语言学观察对象具有如下逻辑结构：语言学观察者自己并不在 A 向 B 传达关于物体和事件信息的会话之中，这具有至关重要的方法论意义。第一个问题是，他能否将观察对象视为行为而记入实验报告？答案是“是”，甚至必须是，这样才不至于在其理论中忽略掉一条至关重要的原理（参看 B）。而一旦他不仅描写行为而且也思考行为，他的客观对象（自然）就会被分解为元素，具体分解以认识论常用的主体-客体模式为依据，并比该模式多出一个元素。体验哲学（Erlebnis-

① 以前我使用 Kundgabe（告白）和 Auslösung（招致），现在我觉得 Ausdruck（表达）这个术语在语言理论界越来越获得这里所指的狭义和准确的含义，因此，我倾向于用它来取代 Kundgabe。我认为拉丁语单词 appelare（英语 appeal）十分切中另一个概念。众所周知，现在有 sex appeal 之说，同样，speech appeal 也是一种实实在在的事实，所以，人们不要再从“Appell”去联想古典术语“Appelativa”。

philosophie)的例子证明,一种科学的对象中内在地包含主体和客体的相互关系。[1] 而语言学家对“语言”这个对象的认识,比完成“体验”任务的复杂性更高一个级别。因为,言语行为包括作为行为主体的说者、施事“我”,还包括目标“你”,以及与二者相互关系的“关于”,其中除了“他”还有所有物体和事件的总和。如此构成的对象,而且仅此对象,才是语言符号三种语义关系之所在。接受或放弃其中之一,必然接受或放弃其余。

语言符号这三种关系当中的任何一种,这三种意义功能中的任何一种,都各自开辟和涉及语言学现象的一个领域,如果说明了这一点,就是完成了对上述结构模式科学论证的关键。事实确实如此。因为,“语言表达”和“语言感召”是语言研究的构成部分,不仅需要各自的研究和方法,而且也体现出各自的结构。简单地说,诗歌和修辞各有特点,本质不同,不仅相互区别,而且也与其他类型相区别,比如与同属一个范畴的小说相区别。当然,更大的区别存在于它们的结构规则与科学话语的结构规则之间。这就是关于语言三功能理论最直截了当的表述。

4.现在,我们可以从纯粹符号学的角度谈论语言表达的问题。我们明确指出:此时此地的语音和话语及其相关的一切(不排除描述行为,而是包含它),就是说者在语境中的行为和产品,这一事实从根本上赋予语音和话语以表达性,保证其在言语交际中实施表达。语言即表达,这是关于语言的新命题。该命题理所当然必须占有一席之地,并且经得起考验,同时无碍于语言描述功能的原理

---

① 参见赖宁格尔《心理学问题 II》(*Das psychologische Problem*².1930)。

(那正是逻辑学家所担心的)。描述与表达之间是什么关系呢?我们预先提出(数学意义上的)存在与否的问题:一仆能否同时侍奉二主,即同一话语是否可以同时服务于描述和表达?回答是肯定的,因为抽象相关性原理同时在两个方向适用于言语语境中的具体之物,其相关元素伴随着言语语音流进入到描述行为和表达行为,但内容有所不同,两个方向的相关元素在某种程度上体现为各自独立的变量。

因此,还需强调指出,我们在C里所提出的整个语言结构模式必须从描述行为的角度予以理解,而表达只有在该结构中才有所作为。比如,在印欧语言以及其他大多数语言中,音调变化及其变体(节奏、声调、速度,等等)和语音流在这些方面的表现形式,绝大部分都取决于表达。在话语的纯粹描述内容不受影响的情况下,这些及其他因素都具备表达性功能。我们又一次认识到抽象相关性原理的重要性,原因很简单,没有被一个人使用的东西可供另一个人支配。同样,那些将信将疑的语言学者在这里又一次领会到语言产品观念性的确凿证据。其蕴涵只能是某种抽象的东西,因为具体事物一定是可抽象切分的,如此才能同时在多个方向与多个独立的变量元素相关联。

再者,我们看到了表达与描述之间存在的符号学区别,对此,首先是几位英国古典逻辑学家,然后还有数理哲学家弗雷格,再后还有马蒂、梅农、马蒂纳克(Martinak)、胡塞尔和甘柏兹,他们令人惊讶地都得出同样的关键性结论,这使我觉得自己从1918年以来就此所阐发的观点无需再做任何补充。所谓"事物的整体与联系"(ordo et connexio rerum)可能是斯宾诺莎在形式上借用经院学派的说法。[1] 需要说明的是，为了我们的术语体系，我们应该对这一古老的说法进行重新分解，以便将“整体”置于以对应为基础上的描述之下，将“联系”置于表达和感召之下。我在别处阐述了等同关系（或比较关系）和依赖关系的区分，与梅农的观点在本质上一致，其中蕴含着与上述同样的内容，只是表述不同而已。前者构成对应符号（简称秩序符号）的基础，后者则是表征、标记等符号或一般意义上的征兆符号的基础。描述行为依赖于对应符号，相反，表达行为则属于征兆。另外一个术语方面的建议是，可以借鉴经院学派的术语“形式与本质”，取其本体论意义上的核心意义与附属意义，为我所用，来说明对表达性话语的阅读和理解始终都意味着由存在到存在的推论，亦即从特定存在推及其他，意味或蕴含其他。[2] 相反，这样的推论对描述性话语的阅读和理解而言最多只

---

① 杜宁-波尔克夫斯基(Dunin-Borkowski)先生非常友好，应询在信中简要告知我他的观点。征得他的同意，我复述如下：“(1)经院派一定熟悉“整体与关联”(ordo-connexio)，但是，该二元性应该更接近于斯宾诺莎，在他那个通俗哲学的时代人们追求一种宇宙统一性。实际上处处都表达同一个意思：所关联的不仅仅是时间上先后排列的一系列(series)事物，也是一系列因某种内在关系相关联(connexio)的单位。但是，所有这样的“关联”也表现出某种统一性，其结果构成某种整体性(ordo)，这样，任何整体性都说明一种关联，而不是相反。(2)斯宾诺莎应该一直接受这样的表述，但却赋予不同的含义。事物和思想的秩序(Ordo idearum et rerum)：两个系列都体现出同样的顺序，直至整体的顶点。事物和思想的联系(Connexio idearum et rerum)：每两个事物和每两个思想都体现出同样的依赖性。因此，对于从最简单到最复杂的整体而言，思想和事物的顺序的类型都是一样的，无论就其依赖性(亦即 connexio)还是本质和内容(亦即 ordo)而言，都是如此。这就是我的观点。”可见，我提出的术语与斯宾诺莎的思想十分接近。

② 莱尔施(Lersch)《面相与心理》(*Gesicht und Seele*. 1932)的序言包含一些胡塞尔思想观照下的符号学思考，莱氏的表述十分贴切，说明问题的关键在于对“共同存在”的领会。有几点尚有欠缺，但如果该书作者认真借鉴那些已经取得的成果，这些欠缺其实完全可以避免。屋顶的雀群即将鸣唱，语言的“描述功能”即将成为热门话题。为什么心理学家莱尔施还要从头开始创造新的术语？如果把握莱尔施分析的核心，

是次要的，而且是间接的，因为，就其本质而言，对应所依据的是二者的结构，或如经院派所说是依其本质而将一个与另一个进行配对。

海因茨·维尔纳(Heinz Werner)提出一个简便的模式，据此，在“描绘”事物时，人们应该摒弃物理学家的观察方式，才能把握其可能的表达内容。这样做很贴切，但却不再是一个实用的提示：就照你所熟悉的情形去描绘一个人的脸谱吧。这等于说，就照你所熟悉的声音和话语那样做吧。如果我们在此基础上把世界的表达性归结为符号性，从而把表达归结为符号功能，那么，这样归类的科学成效就取决于人们在符号学里对符号性的认识水平，这样的认识也适用于表达。① 抽象相关性原理应该能够化解对此观点的怀疑，当然，为了更好地完善理论建设，我们还是应该依赖于扎实的实证研究。

当今，对表达的研究十分热门，面相术不仅是一种体力活动，而且复又成为了一种非常严肃的科学。要问谁的观点最重要、最富有成果，那么，克拉格斯(Klages)和维尔纳的名字不可不提，后者

(接上页)就会发现他的实证结论非常具有指导性。试想眼裂和视觉方向各自孤立的表达性因素，以及它们在整体性表达中的融合，并将之与描述性语言的综合性相比较，立刻就会清楚地认识到表达性语言的复杂性和描述性语言的综合性之间的共性和差异。

① “符号”这个术语是否应该仅限于秩序符号，还是应该如逻辑学家在德语和其他印欧语言所为也包含征兆符号，哪个更为适当？对此不应该过多争论，首先要从其中之一得出一定的结论，进而提出赞同和反对的理由。我将会在别处指出，“征兆”(Anzeichen)，亦即“症候”(Symptome)、“标记”(Indizien)，包含表达，而且与其余二者相比较，在逻辑上更接近秩序符号，因此应该担当“代表”的角色。只有证明这样的区别和亲疏关系，我们在定义中才能把握对印欧语言的研究，才能理解相关方面最优秀的逻辑学家(如胡塞尔、梅农等)。

刚出版了一本研究语言表达的综述。[①] 我们在维也纳进行了一系列关于“声音与人格”(Persönlichkeit)的研究,部分已经完成,部分还在进行当中。这里,我仅做简单介绍,说明我们对这两种相互关系的元素在每一种人类表达中的理解。无论是面对儿童的理解,还是面对训练有素的成年人所进行的现象学精辟分析,人们始终涉及两种相互交织的方法:反应法(Resonanzverfahren)和表征法(Indizienverfahren)。表征法广为流行,对一系列现象做出了解释。这些现象为人们所熟知,以致无需通过对特殊观察的复杂说明,理论学家就会想到它们,并将之视为分析的基础。其中的关键是,一个预期的生活场景中的一切元素都可以成为对表达进行理解的根据——恰如使用其他所有表征法的情形一样。

请读者注意查理·卓别林这位现代艺术表演大师在无声电影中的无声表达。他是怎样通过对角色的内心表达来打动观众的?在银幕上,该角色陷入各种极为滑稽的场景,那都是我们完全熟悉的场景。这是第一个条件。在此前提下,无论他做什么或不做什么,无论他在笑与否,无论他是动或静,等等,一切都蕴含着无限的

① 参见 H. 维尔纳《语言面相学的基本问题》(*Grundfragen der Sprachphysiognomik*. 1932)。维氏的心理学实验可以说是对词汇声响“面貌”的间接论述,试图说明说者和听者“从”此面貌获得相关事物特征的信息的情形,结果必然是(这里隐去了语言历史的问题)“从”词汇声响所听取的内容与赋予其中的内容相等。根据维尔纳的观点,德国人从单词 Seife(肥皂)的声响所感受到的与法国人从 savon(肥皂)所感受到的不一样,“当事物成为直接被感知的表达时,言说它们的语言就是表达性语言”(10 页),显而易见,通过词汇的“面貌”所透漏给我们的事物的“内心”就是我们事先赋予词汇的内心,这说明了人们事先所赋予词汇的内涵,并向月亮一样将隐藏的亮光折射回来,相反,面对语言表达,我们首先不去思考其称谓功能,而是要从话语的声响流中获得关于说者内心的某些信息。对称谓和表达可以同时研究。我将另文对维尔纳的“语言面相学”展开批评。

表达。对于头脑清醒的理论学家而言，此类场景中的表达手段，如同其他表征性手段一样，五彩缤纷，难计其数。[①]

一个表达高手经常大量集中运用各种表征符号，有时也老练地个别运用，以引起观众的注意。我们在实验中给受试的任务比影院里的观众要轻松许多，他们只需要倾听留声机播放的语音，并与放在眼前那些说话人的照片准确地对应归类，然后说明他们是怎么做的。他们随机归类的正确值超过了平均水平，在他们的说明中表征的方式五花八门。但这不是唯一的表现。如果我们选择儿童和成年人为观察对象，考察他们是怎样通过表达性动作相互"感染"的，那么，我们可以形象地称这样的感染为一个人对另一个人的直接回应性招呼。在我们的实验中，这种回应是理解表达所依据的第二个条件，应该具有普遍性。对此，这里不做详细解释。我最后再讨论一个问题。

表达关系的第二个基础是什么呢？克拉格斯概括为表达中的"人格"。也许人们不知道，这说明克拉格斯所谓的"人格"主要是从心理学的体验维度来确定的，他用一系列体验心理学概念来界定人格的内涵。我想说的是，我们虽然在性格学里可以采用其他方法，但在表达理论里却不行。要想获得"表达"这个概念的特殊含义，就必须将表达主体的内心视为表达关系的第二个基础。内心当然不仅仅涉及当前的体验，而且包括克拉格斯性格定义的全部逻辑元素。"内心"与表达现象相对应，构成可适当定义的一对概念。

那么，这些都属于符号学的范畴吗？关于"反应"，我暂时不就

---

① 李希特(Richter)在凯茵茨传记里详细记录了大量凯茵茨舞台表演的表征形式。

提出的问题做任何回答。反应成分在实践上最为简单，而在理论上却知之最少，[①]相反，“标记”理所当然属于符号，而标记法属于符号学认知的应用范围。根据莱尔施的研究，表达中也包含着某种表征句法。我认为，其结构规则与描述性符号的句法完全不同。另外，普通标记理论不仅对相面术，而且对犯罪学，对医生根据症候进行诊断等，都有重要意义。在《心理学的危机》里，我把心理分析的方法描述为侦探法。对此，有志于这些理论问题的心理分析学家似乎也已经给予了全面的论述。[②] 以上所述再次表明，“表达”概念需要区别性，而我们引入的“内心”概念作为其对照系，恰好能够赋予其区别性，否则，“内心”概念就会虚无飘渺，无从把握。

5. 为了探究语言学前辈关于“感召”的研究成果，人们不必翻阅描写性语法，而要参考他们有关修辞学的研究资料。实事求是地发展语言理论是萦绕在我脑海中的目标，为此，也许有必要以新的视角考察历史上的研究，例如研究罗马和其他雄辩大家的修辞术的第一手资料。描写性语法关于呼格等有形感召手段的观点太过草率。众所周知，呼格在名词“格”的系统中已经失去了功能，成为句子结构的障碍。同样，命令式也孤立于其他动词形态，而且有时表现为没有词尾的动词词干，比如在印欧语言中（例如 veni，komm）。历史学家认为这是语言由古老阶段向较新阶段发展的

---

① 我们在维也纳的儿童心理学同事凯雅（Eino Kaia）先生在半年时间里进行了一系列非常全面和精妙的实验，解释了许多人们熟知和陌生的现象，因此，我们此前认为是反应的现象，其实是表征手段。详见《阿伯西斯大学年鉴》（*Annales Universitatis Aboensis*. Ser. B. Tom. 17，1932）。

② 参见伯恩菲尔德（Bernfeld）《心理分析阐释》（*Die Deutung in der Psychoanalyse*. Z. f. a. Ps. 42/1932）。

结果,用我们的术语表述就是,那些形式化的感召词汇(Appellwort)与那些(比较)纯粹地实施描述功能的形式各不相同。所谓"比较纯粹",是因为动词命令式(广义上)根本不能兑现称谓功能,例如在"Komm!"(来!)中,当然,其中对行为的说明通常仍然是一个描述元素,只有少数近乎纯粹的感召词语例外,那里的描述性已经完全蜕化,如希腊语ἄγε或德语方言中的geh!(geh bleib da!),还有holloh,he,pst[①]等也属于极端现象,人们无法判断它们是否相当于呼格或命令式,或者二者兼有。

仔细观察就会发现这样的是非问题其实是错误的,因为它的预设前提是错误的,以为即使在形式语言的极端情况下一切都必须获得非此即彼的确定性。只是相对于纯粹的感叹词而言,纯粹的感召词汇意义凸显,不存在合唱中的第三种声音,即纯粹的描述性符号,至少在较低语言阶层如此。称谓性呼语(Nennruf)或称谓性表达(Nennäußerung),如 θάλασσα(大海!)或Feuer!(火!),经常出现于语言理论的各种体系,但是,无论如何也不可能如人们所认为的那样,无法在心理学上设想和证明它们完全不包含信息性和感召性。

因此,绝大部分语言形式具备描述功能,相反,感召和表达功能则有赖于话语语音流的特殊变化,以及其他由最优秀的鼓动家(牧师、雄辩家、诗人等)所展现的精湛技巧。"言语感召"(Sprechappell),亦即英语speech appeal,这个概念客观上必然包含所有这些因素,与表达一样,其定义切不可使用解剖刀舍东取西。在

---

① holloh、he和pst在现代德语中本身都是感叹词,在交际中具备行为功能,但没有命题内容,不具备描述性。——译者注

“用事实说话”的时代，即使真正的雄辩家也要顺应场景和听众的要求，变换方法，也可用简单的数字和表格描述没有水分的事实。因为他明白，那样做有时也可以达到修辞效果。运用描述可以达到感召的目的，即使在描述中，鼓动者也时常通过摆事实和抖猛料，或者按照更一般的说法，通过高超的鼓动技巧，达到诱导听众的目的。尼采说过：在引导和诱导的时候，如果事实充分，则无需使用欺骗。①

以如此老道的手法开展感召问题的符号学研究，这意味着在条件尚未准备充分的情况下就要解决最复杂的问题，或者，面对极其复杂的问题，人们的目标只是说明感召在整体上存在间接因素与直接因素之分（此乃无可争辩的事实）。对表达的分析和解释同时体现出反应法和表征法，同样，该“反应”也必然在关于感召的理论中占有一席之地，不过，“反应”的对应物有所不同，虽然也可以模仿表征法予以间接称谓，但却不可与之混为一谈，人们不可将感召简单地视为表达的镜像对应物，绝对不可。马蒂已经通过实例敏锐地证明，②不对称之中蕴含着对称，就说明了这点。更为关键的是，感召关系中的第二个基础与表达关系中的第二个基础不同。用下面通俗的概括方式再简单不过，读者一看即明：表达表露说者的个性（Persönlichkeit＝内心），同样，感召指向听者的个

---

① 准确起见，这里全文引证尼采的悖论式表述：“与他人交往，如果真理充分则无需欺骗：凭借它即可圆满地欺骗和诱导他们。”（*Ges. Werke*，*Nachlaß* 2. Abt. XII，268页。）

② 参见马蒂《论普通语法和语言哲学的基础Ⅰ》（*Untersuchungen zur Grundlegung der allgemeinen Grammatik und Sprachphilosophie I*. 1908）索引中的“Interesseheischende Phänomene”和“Emotive”。人们不应被马氏老学究的文风迷惑，而要集中理解其心理学内涵。但该著不过是观点的汇总而已。

性(=内心)。对此,我要画上一个很大而有根有据的问号。当然,个性这个名词尽可保留,但是另一方面,它并不具备"内心"概念的特殊内涵。因此,在我看来,"个性"是指人的品质的全部(或者从另一个层次看,动物亦然),而克拉格斯等人的结论则未免以偏概全。

简而言之:信号关系的第二个要素是信号接受者的行为,具备信号属性的具体之物承载着对行为发出操控指令的使命。行为有外在和内在之别,关于这一点,行为主义者是正确的。克拉格斯在其人格理论中给予体验概念以宽泛的理解,如果人们能够以他那样的态度理解上述行为概念,就能够真正理解"内在性",也就理解了狭义的信号所指(意图)。所有信号的直接意图都旨在信号接受者的行为。

唯有这样的观点符合事实。为了充分说明这一点,走点弯路,研究一下比较心理学对人格的分析,非常值得,例如,我认为从动物和儿童身上就可理解这一点。[①] 对此,无法在此进行必要而充分的说明,只能提示几点,其余需要在《语言理论》中专设一章详论。尤其是群居昆虫社会生活中的信号具有很高的区别性,比如白蚁、蚂蚁、马蜂和蜜蜂的整个物理交往(Stoffverkehr)都是通过信号调节来完成的。那里的情形可以与现代人类调节他们的道路交通和轨道交通所使用的较高级信号体系相比拟。此前几千年,只有极少数敢为先者享受交通。一个交通网络所联接的交通参与者是几十个、几百个或者成千上万个,交通的繁忙程度不同,都是

---

① 参见李彬(R. Ripin)和海泽尔(Hetzer)《哺乳期儿童最早的学习》(*Frühestens Lernen des Säuglings in der Ernährungssituation*. Eingeleitet von Ch. Bühler. Zeitschr. f. Psych. 118/1930,100 页起)。

巨大的区别。上述昆虫的信号系统与人类现代城市的交通信号系统虽然有等级差异，但其中存在的相似性却不容忽视，而且，正因为存在等级差异而更具理论价值。我们可以浓缩昆虫社会，从而使昆虫交往达到某种程度的密度，以彰显该相似性。由此，便触及问题的焦点：我们必须首先研究这些机制的信号系统。动物信号系统的大部分情况都是外在行为，其本质显而易见。如果要在此基础上认识现代人类的交通系统，就需要依靠已有的认识，才能理解轨道交通系统和道路交通系统理论家的讨论。“信号概念”曾经令人大伤脑筋，比如红灯和绿灯。所谓“信号概念”与真正的概念之间在哪些方面貌合神离，套用真正概念的模式去定义“信号概念”的困难何在，我们的理论一目了然。其中所要探究的常量不是事物的其他方面，而是信号接受者的行为方式。

再看感召性话语中的语言信号。首先一个有趣的问题是，人类语言信号功能的极限何在？它一方面当然蕴含于材料之中，但是另一方面却正因此而不能满足高密度交通系统简单而准确的要求。在区别性言语交往中，语言信号已经发展成为复杂而细腻的工具，可以应对那些复杂和细微的差别，不至引发混乱。

为了追求工整而将“代替”这个模式运用于信号系统，并认为代替主体在此本质意义上意指代替客体，这是一种粗暴的逻辑。红色信号灯最终代表感知情景中任意可见或不可见的行驶障碍，对其存在的判断掌握在信号发送者手里。只有将作为信号发送者的各种可能性都纳入系统，模式的功效才得以显现，言语感召才可理解。

6. 至此，我们阐释了描述、表达和感召诸概念的含义，现在，将语言的工具模式（Organonmodell der Sprache）再图示如下：

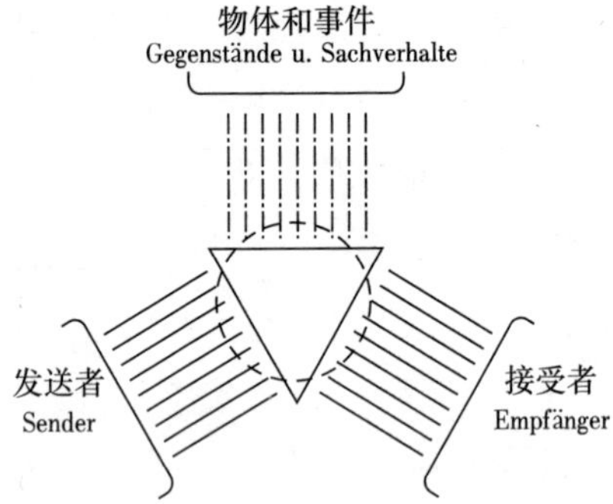

中间的圆圈象征具体的语音现象,紧邻的三种变量元素以三种不同的方式上升为符号,内置三角形的三个边即象征这三种元素。一方面,三角形的涵盖面小于圆圈(根据抽象相关性原理),但另一方面却又超出圆的范围,这表明,感知到的东西始终需要一个统觉补充。各组线条象征所定义的语言符号的语义关系。象征就是符号与物体和事件之间的关系;表征涉及符号依赖于其发送者的关系,是他的内心表达;信号是向听者发出的感召,以操控他的外在和内在行为举止,其情形与其他交通信号一样。

五　语言理论：语言的描述功能*

1　语言研究的原理

(1)原理的思想及提纲

毫无疑问，对于语言理论的建构而言，有两个任务始终没有得到解决，几近空白。我们对第一个任务只略作论述，留给后人处理，而重点解决第二个任务。第一个任务在于明确语言学观察的内容及其属性的特殊性，第二个任务在于提出高度规则性的研究思想，这种思想是特殊的语言学归纳法的指导方针和灵魂，需要系统阐述。

1. 显然，语言学完全建立在观察的基础之上，其缜密的科学性很大程度上取决于认识方法的可靠性和精确性。或者通过文字资料，或者通过现实观察获得补充证明，科学研究都会毫不犹豫地直接挖掘真正的源点，例如，当前人们会毫不犹豫地对方言进行现场

---

* 本章内容译自 *Sprachtheorie. Die Darstellungsfunktion der Sprache*. Gustav Fischer Verlag, Stuttgart/New York, (1934) 1982。——译者注

录音,掌握生活中的语音,或将少见且难于观察的具体言语事件录制到唱片上,以供反复分析之用。不过,固化到唱片上的仅仅是具体言语事件中可被听觉感知的,这只是第一步,但对于方法论的讨论至关重要。因为,完全的言语事件,即“理性的”或“有意义的”的言语事件,其蕴涵远远不至于听觉所感知到的。但是,其他元素又是怎样被把握并得以准确观察的呢?无论如何,语言学家都不能像物理学家那样去“理解”耳朵和眼睛所感知到的东西(无论所谓内在的或外在的)。与此理解相同,对声息(Flatus vocis),即声波、语音形象(Klangbild)进行录制,在方法上也有严格的要求。

如果以为人们对诸多语言学任务即将或易于完成,以为一切都基于“感受”和自我的言说,那么目光就太短浅了,就背离了问题及其方法的复杂性。事实远非如此。当今的动物心理学和儿童心理学建构了另一种方法,并以此在自己的领域取得了非凡的成绩。象形文字的研究与时俱进,独辟蹊径,也提出自己行之有效的方法,成就显著,值得称道。在语言研究中,“理解”本质上至少涉及三个不同的方面。

最初的象形文字研究者面对神秘的图形,认为那是一些人类语言的象征符号,乍看与我们的文字别无二致。他们认为那些整体形象都是篇章。人们事实上是逐步完成这些篇章的解码的,以此破解了古老民族的语言。与我们自己的语言一样,这种语言也拥有词汇和句子。事实证明,那些最初的神秘图形其实就是事物的象征符号。无论具体通过怎样的方法,人们对于那些象征符号的意义已经有了初步的理解。作为对比,我们要列举不同研究条件下的另一种情况。有些文献并非存在于石头和莎草纸上,还有那些对于我们而言陌生生命的社会生活中特定的现象和过程,可以想象,它们具有与我们人类交通信号一样的功能。这些陌生生命可能是蚂蚁、蜜蜂、白蚁,也可能是鸟类或其他群居动物,也可能是以某种人类语言为“信号”的人类。我听到命令,会根据接受者的行为而对其意义,准确地说是对命令的符号价值,产生初步的预测性理解,因此,与上述篇章的解码有本质不同。如果将所感知到的视为表达,则情形又有不同。人的表情和体姿也是表达方式,表达还存在于声音和语言之中。由此,人们又获得了另一种理解的钥匙。

语言学前辈运用这些理解钥匙的方法,散记在他们的报告中,但在深入研究某种语言的过程中如何运用这些钥匙,对此还缺乏系统和充分的描述。在语言科学的建构中如何对基本资料进行逻辑论证,如何将语言学原理与具体言语事件的观察相联系,是一项极其复杂的任务。无论如何,效仿物理学的理想方法来进行语言学研究是完全错误的。文字是对语音产品的视觉重构和固化,其中包含着一种先期分析,很难想象一种宏伟的语言学理论没有文字也可以成立,我以为不然。我认为,古典和现代的语言研究正是以先期分析的文字语篇为出发点,所获得认识的深刻性和重要性,远远超出了我们时代某些人的想象。人们应该重新摆脱字母,这个要求合情合理,同样,也要对那些结论进行补充和细化。只是不应该忘记,人们必须首先通过字母学习游泳,而且事实上人们也的确是通过字母才学会游泳的。

前不久,我们自己将儿童生活中最初的话语录制到唱片上,并期望根据语言学分析的规则去理解这些人类言语行为的初始现象。那时,我和同事们意识到一个问题,分析性理解在文字产生之前该是怎样进行的,因为,相比较理解和解释而言,那些产品的音位学形态变动不居才是分析所要面临的最大挑战。与其说舵依赖于船,不如说船依赖于舵。如果允许这种矛盾说法,那么,我想谨慎地断言,就科学实践而言,音位学依赖于语音学,同样,语音学也依赖于音位学。关于儿童初始话语的问题,我们将另文细说。

但是,无论如何语言学科学理论亟待解决的问题,仍然是对语言学归纳法的逻辑路径进行初步的解释。因为,对于物理学和语言学而言,《纯粹理性批判》开首的那句话都是合适的:"毫无疑问,我们所有的认识都始于经验:因为,如果不是通过我们的感官所接触到的对象,认识能力何以被唤起……"触及语言学家感官的,他所能感知到的,我们称之为具体的言语事件。如同闪电和雷鸣以及凯撒跨越卢比孔河一样,它们都是一次性的,是此时此地的事件,在地理空间和格里历中有其特定位置。具体的言语事件是语言学家基本观察及其基本科学结论的根据,在这方面,一切经验科学概莫能外。只是物理学和语言学的观察对象的客观性具有根本不同的特点(此乃语言符号原理的启发性之所在),与此客观性相对应,观察的方式和基本科学原理的逻辑内涵也本质不同。

"理解"这个话题蕴含着语言学的方法论问题。实际上,语言学的基本认识离不开语文学家的特殊技能。在没有文本、无法回答真假问题的情况下,面对生活中具体的言语事件,人们所能做的仍然是对文本的语文学(阐释学)解读,这类似于医生的临床诊断。就分析(阐释活动)的准确性和可靠性而言,在后者可能更多地取决于历史知识和观察,在前者则可能更多取决于对当前生活场景的理解,二者在心理学上并无大的区别。不过,这一切只是附带论及,各种语言学观察的独特性最终只有根据语言学研究对象的独特性才能得到把握。

在之后的章节中,例如在关于音位的章节,时不时地还会反复出现新的内容,需要语言学家以独特的观察视角,亦即根据生活中独特的原始语言现象或固化的文本,不断提出新的基本判断。迄今为止,还没有人成功地对俯拾皆是的确证事实进行某种程度的整理,从而使人们了解语言学归纳法的概貌。德·索绪尔等人逻辑意识上的不安已经说明,语言学界的密尔实际上尚未诞生。

2.为了恰当地称谓,人们可以将语言学家所能感知到的一切都称为语言学的基本对象。当然,在所能观察到的对象中,真正为语言研究所关注,并进入语言学实验报告之中的,只是微不足道的一小部分。因为,一切经验科学都具有一个共性,即它们各自的基本对象都具有无比丰富、具体而确定的数据,而从中取样并用于细致的科学界定和分析的,如同用勺子从浩瀚的大海中舀取的样品。系统的植物学研究并非跟踪每一棵植物,物理学验证万有引力定律并非观察从树上落下的每一只苹果(传说中是下落的苹果引发人们发现了万有引力定律)。同理,语言学也要完全根据自身科学的要求,对观察对象做出自己独特的选择。

无论何时何地,前提都是能够以少知多,通过取样而获得对整体的科学认知。科学学从所有其他经验科学获得认知,同样,语言学以此为出发点提出自己的终极问题以及涉及终极目标的纲领性问题,正如李凯尔特在其《自然科学概念构成的界限》(*Grenzen der naturwissenschaftlichen Begriffsbildung*)中针对自然科学和历史科学所言:对于科学学而言,凡是通过概念建构使材料中未知的、无法估计的复杂性在理论上变得可知和明了,都产生一项特殊的任务，简而言之就是，要探究成功建构概念的途径及其原理。“途径”始终蕴含着成功建构的“最大限度”和内在“界限”，这是李凯尔特特别强调的问题，也是其书名的根由。我们并非要根据李凯尔特的结论来提出狭隘而幼稚的问题，追问语言学在他所划分的两类科学中的归属，在“制定规律的”和“描述特征的”科学之间选边站队。[①] 那是一种视而不见的态度。相反，我们要毫无成见地返回到李凯尔特研究的源点，从语言学的视角重新提出并解答他提出并予以逻辑证明的基本问题。

可见，语言学概念体系的最终目标是，在方法和原理上将一个明确的、但又包含无限确定性的事实领域，即具体言语事件的领域，建构为一个科学认知的宇宙，如同物理材料之于物理学，如同每一种自成体系的经验科学或经验科学群那样，提出适应不同基本对象的概念体系。

这与李凯尔特提出的基本问题不谋而合，这样的答案都是对科学学的贡献。如同文德尔班和李凯尔特的类型划分及其论证以及许多类似的研究所言，语言理论也是科学学的组成部分。我们并未在一开始就提出类型问题，而是暂时搁置起来，那样做是基于如下认识：所谓必要的“视角差异”其实远不止于文德尔班和李凯尔特所理解的那两种。对此，保罗已有洞见。后来，斯通普夫在其十分全面的柏林科学院论文《关于科学的分类》(Zur Einteilung der Wissenschaften，1907)中，根据各门科学不断发展的事实也予以阐述，而且受到贝歇尔(Becher)“人文科学和自然科学”(*Geisteswissenschaften und Naturwissenschaften*，1921)尖锐而周全

① 参见152页脚注——译者注

的批评，其中都再现了保罗的洞见。

这里，不宜对斯通普夫和贝歇尔详加评论，但还是应该顺带说明我对于他们的科学学研究的看法。他们缺乏对一组科学整体的深刻理解，无论选择笛卡尔、斯宾诺莎、莱布尼茨或者洛泽（Lotze）的世界观为基础，那些科学都应该是各不相同的。因此，斯通普夫在其喜爱的研究领域和他那本最成熟的著作《语音》（*Die Sprachlaute*，1926）中，都未能发现通往音位学及其特殊任务的路径。对此，我在《语音学与音位学》中通过具体实例进行了补证。与之相反，我的观点很明确，对他针对同一组科学而提出的重要的"产品观"（Gebildelehre）以及关于"中性科学"（neutrale Wissenschaft）（现象学、逻辑学、普通关系学）的论述表示赞赏。我认为，他的某些论述十分必要，而且高屋建瓴。——贝歇尔在书中提出许多中肯的见解，但他不是李凯尔特眼中的历史学家，例如不是传记作家。贝歇尔的批驳澄清了李凯尔特关于科学的"特征描写"的思想，使其生命力和重要性得以凸显，甚至超出他自己的想象，这应该不难理解。贝歇尔在其著作283—296页两章中试图建立语言学以及心理学的基础，我认为，该基础产生于外部，并非产生于内部，而这关涉到语言学在科学世界中的地位。内部和外部都拥有巨大的施展空间，但当今的语言学家没有人能因此而获得真正的安全感。另外，语言学家自始就应该借鉴他人的视角来观察自己的对象，这样的回答也不能消解德·索绪尔针对方法论的不满。

值得注意的是，李凯尔特书中只有很少几处举例探讨了（广义上的）语言学的相关问题，但并非专门针对语言学的任务，而是专门针对语文学的任务。因此，有人根据从语言领域获取的证据，采用专门的语言学方法，对李凯尔特提出的科学世界二分法表示反对，我认为这完全可以理解。因为，显而易见，语文学在许多方面清楚地体现出特征描写的主导性，而同样清楚的是，许多语言学现象不能满足特征描写的科学模式，例如语音迁移（Lautverschiebung）以及语义变迁的所谓“规则”即是如此。如果把李凯尔特意义上的非特征描写性不分青红皂白地归为自然科学的“制定规律”，非常草率。因为，迄今为止，无人能证明排中律（tertium non datur），甚至没有人做过认真证明的尝试。对此，我赞同斯通普夫和贝歇尔的观点。描写性语法在语言学范围内十分必要，成为科学的一个经典例证，其存在价值毋庸置疑，但它既非特征描写，也不具备自然科学制定规律的属性。迄今还没有任何一种科学的语言观能脱离结构分析。我这里不是指声名狼藉的“教学语法”（顺便说一下，我很愿意为它说些公道话），而是指古希腊以降人们从特定语言所获得的朴素的结构认识。关于这一认识的科学意义我们在原理C的第三段（《文集》237页起）进行了阐述。

语言学家针对各自研究的那种语言或者一组语言发表了许多见解，下面，我们不妨就以此入手，考察德·索绪尔关于语言科学的基本概念。那里讨论了印度日耳曼语言的名词、动词和代词等类别。它们究竟是什么呢？我们应该重温古希腊先哲们的思想，他们对自己语言的观察所得赋予的称谓大部分沿用至今。当时提出的见解不乏令人称奇之处，至今在语言学术语体系中占有一席之地。对于我们而言，有些术语难免僵化和狭隘之嫌，但不必太过在意。对先辈们的才干，我们应该能够针对一切科学的所有基本概念进行实事求是的评价，以顺应我们时代的要求。必须强调，这样的考察不能忽略语言科学中任何看似平常的论断。

语言理论的总体目标是科学学的一部分，但是据我所知，从未有人如此理解，从未有人系统考察过语言学的概念体系，将特殊的语言学概念体系与其他概念体系进行比较。如上所述，最近的、最鼓舞人心的现代楷模当属李凯尔特，最遥远者则是希腊先哲，他们都认识到概念的理论意义。其间，人们还取得了许多科学成就，其中首推来自古典和现代语言学本身的惊世之作，否则，科学学对语言学概念体系的意义及其根源的认识便无从谈起。

3. 同一问题的另一个方面即是基本原理的问题。为此，人们可以尝试继续引证《纯粹理性批判》中那段著名的话："尽管我们所有的认知都源自经验，但是，它们却因此又并非都源自经验。"这足以使我们陷入毫无必要的问题之中。一种经验科学的尊严绝不是源于其先验的证明，这在自然科学上体现得最为明显。人们认为对自然过程可以持续量化（数学）分析，并习惯于把这一思想称为现代物理学的基础，伽利略的论点和开普勒所谓"物质所在，几何所在"，都在普遍意义上提出了一条纲领，为人们所遵循，奠定了物理学成就的基础。同样，牛顿的自然哲学与纯粹理性批判或者密尔的归纳法都试图把大量不确定的"物质所在，几何所在"纳入到某个原理系统之中。这些都堪称古典的努力。物理学在数学思想的指导下对自然过程进行分析，可以说是认识到了正确的研究方法，并且不断通过具体的研究完善已经明晰表述的原理。

在原理的现代表述中，在其（简单说是逻辑的）发展中，关于其中哪些是先验的、哪些是经验的之类的问题，并非自始有之，而这正是我们在语言学领域所追求的。我们提出原理研究的一种方法，我认为是一种纯粹的现象学阐释，或者是从认识论（和本体论）对基本原理进行中性确定。这些原理可以通过还原语言研究的成果而获得,希尔伯特(Hilbert)称这样的方法为原理性思考。在我们看来,这也是对所有科学提出的要求。他和他的朋友们在数学领域卓有成效地开展了不断“深入基础”的工作,[①]这对所有科学都是可能的和必要的。细究之下,这些早已包含在柏拉图和苏格拉底的方法之中,是所谓苏格拉底式的“归纳法”:向专家们和成功的“工匠们”虚心请教,在与他们的讨论中你会发现他们的实践知识中包含着原理。

语言研究的基本原理又是如何呢?下面,我们罗列一些原理,它们或许本身已经可以被视为语言研究的原理,或者起码可以为进一步的理论研究提供支撑和基础,以完善这些原理的体系。这样的努力在形式上是新的,但其中的原理思想并无新意,而且本质上讲也不可能是新的,因为,承认这些原理意味着,人们面对语言这一研究对象所采取的立场,其主体始终是语言学家自己,起码自从语言科学产生之日起即是如此。以此立场为出发点的问题已被提出,并得以回答,还有一些问题未被提出,因为人们以此为出发点认为那些问题毫无意义。人们有充分理由断言,语言学尤其在

① 参见希尔伯特《原理性思考》(*Axiomatisches Denken*. Mathematische Annalen 78/1918)。“细究一种理论,会发现概念的架构都以该知识领域中少量而充分卓越的句子为基础,根据逻辑原理足以从中建构整个框架”(406页)。希尔伯特的“原理性思考”在历史上引发了争论,其中最引人注目的当属密尔在其归纳法理论中对惠威尔(Whewell)观点的批判。惠威尔的《发现的哲学》(*Philosophy of Discovery*. 其前言是1856年版,我指的是1860年版)受康德的启发,因此,争论根本上是密尔与康德的争论。我们可以说,密尔承认惠威尔理论的核心内容,那是他们双方都不反对的,都主张开展某种经验科学的原理研究。人们应该注意密尔的如下观点:“对于后者(即必须对一个事实做出判断的是法官),困难不在于他必须做出一个归纳,而在于他必须对之做出选择。”具体科学的原理可以说就是从丰富的基本思想中进行初步的选择,至于它们源自于哪种认识,这个问题超出了具体科学原理的范畴。

其最近100多年的历史中对于正确的研究方法有清醒的意识。科学学家认为其中有些理论影响深远,堪比对自然过程进行数学分析所得的结论,而且基本上主导了研究的进程,尽管其表述有时不很充分。而这正是原理对于具体经验科学研究的意义,且不论它们还有什么其他意义。原理乃是根本性的立论,决定研究的领域,其中所归纳出的一些思想可以应用于每一个研究领域。

4.下面有四条原理,需要向读者列举、解释和推荐。如果有人提出批评,认为它们不过是“旧话重提”(借用康德的一个词),关于人类语言应该还有更多类似的原理或近似原理的表述,对此,我们完全赞同。实际上,这些原理不过是从卓有成效的语言研究的理念中提取出来的,而且并不排斥其他原理。康德并没有自满,而是对于自然科学的数学原理提出更高的目标,对此,人们从他自己的表白和理性批判的产生过程可见一斑。今天,人们还知道另一个问题,即康德对范畴和基本原理的12层设计在历史上只是昙花一现。语言科学原理的类似研究也可能面临同样的命运,也会成为昙花一现。人们现在的方法已与康德不同,现代类似研究的一般性结论也许蕴藏着终极智慧。罗素和希尔伯特等人提出实证科学领域的原理研究,认为“原理性思维”的第一步是借鉴现有的结论和理论进行逻辑归结。人们不仅仅是迈出这一步,然后把理念的落实束之高阁,相反,要做出认真思考,这才是我所期待的转折。“旧话重提”自古有之,今天要以更大规模展开,公之于众,经受检验,不过,我们率先“旧话重提”,希望获得同壕战友的关注和援手,如此,或可揭示原理的内在组织性。

四条基本原理中的第一和第二两条紧密相连,所以,可以考虑用一句话来涵盖它们的内容。我自己也是后来才明白为什么需要两条。语言工具模式是对古老语法的补充,并为维格纳、布鲁克曼、加德纳等学者,以及此前的保罗等人所称道。工具模式指出基本特征的复杂性,这些特征只有通过对具体言语事件的考察才得显现。我们首先强调语言产品三维意义的指导性原则,这方面最有成效的研究当数加德纳的《言语和语言理论》(*The theory of speech and language*,1932)。[①] 加德纳的分析导向语言的语境论。

那么,是否应该明确提出,对古老语法进行革新必须毫不动摇地在语言语境论的意义上进行?我的回答是:一切革新都必须遵守一种内在的底线。因为,具体的言语场景固然不可否认,同样,另一个事实也不可否认,即存在基本上与语境无关的话语,世界上有整本整本的书籍充满了与语境无关的话语。如果刚刚听完坚定的语境论者的学术报告,然后毫无保留地对基本上与语境无关的话语事实进行认真研究,就有理由在哲学上对这种事实的可能性感到惊讶,继而,摒弃此前顽固的教条,承认因果分析的不足,开始实事求是地考察"罗马建在7座丘陵之上"或者"2×2=4"之类的非语境句子,这样,人们就会立场坚定地回到可敬的描写性语法的轨道上来。在关于语言象征场(Symbolfeld)的理论中,我们阐述了其逻辑合理性,所提出的理论无疑具备原理性基础,并要求我们同时承认原理B和D(《文集》212页起和251页起,余同)。

---

① 这本著作内涵丰富,我只是促成了它的出版,但与其构想无关(那完全归功于其可敬的作者)。人们劝说加德纳将不断成熟的思想付梓出版,我有幸成人之美。他向我口头报告过书的内容,成书又增加了许多内容。我们还会经常涉及加德纳的书,从中汲取许多养分。

对语言学研究任务的划分由来已久，对此，原理C(《文集》228页起)的启发意义十分明显。语文学和语言学、心理学和文学对语言有各自特殊的关注点，这在概念上清楚地体现在我们的四场理论(Vierfelderschema)中。当然，各门科学最终都会整体把握：文学史家必须也是语法学家。原理C告诉我们，语法学家的产品理论在逻辑上处于优先地位，且理由充分，对此，语言心理学家也肩负大任。原理D也许可以自给自足。纵观上述原理，关于人类语言的四条基本原理的意义就在于其重要的启发性。对这种启发性进行“推论”十分必要，可以使我们认识语言研究的特定秩序，或者反过来说：这样的启发在逻辑和本质上论证了就对象开展研究的架构。

(2)语言的工具模式(A)

言语事件在人的生活中有许多原因(或动机)和环境，但哑然不语的情况也时有发生，且不论荒漠之中的独居者和睡眠之中的梦游者，即使在独自内省和默默创作之时，经常也规则地发生于你我之间、社团内部的事件之中，无论在无关紧要或生命攸关的时刻，皆是如此。学究们对像天气一样变幻莫测的人类言语活动开展研究，所提出的笼统常规与饱含真理的原理相去甚远。人们常说“灵魂有声，灵魂亦无声”，还有人说“发自良知最深处的回答是沉默”。相反，也有人声称言说与做人异曲同工，或者，外部世界和内心世界之所以存在和可知，根源仅仅在于媒介，在于对语言(准确地说是母语)的理解。至少，思维和言语应该是同一的，即逻各斯，静默的思想不过是无声的言说而已。

说到底，我们与学究们之间并没有冲突，我们所需要的是认识具体言语事件及其规律性生活场景的模式。柏拉图在《克拉底鲁篇》中指出，语言是一种工具，以便于一个人向另一个人传达关于事物的信息。我认为，这是一个很好的切入点。此类信息传达行为的存在毫无疑问，以它们为出发点的优势在于，人们可以通过归结法从某种基本情况获得对所有或绝大部分其他情况的认知，因为，信息传达是具体言语事件中最富基本特征的表现形式。“一个人、另一个人、关于事物”这一序列至少指出 3 种关系元素。在一张纸上画一幅图，三个点组成一个三角形，第四个点居中，需要思考的问题是，这幅图具有什么象征性。居中的第四个点象征可感知的现象，通常为声学现象，与三个角上的元素都明显发生某种直接或间接的关系。我们用虚线将中心与各角连接起来，问题是，这些虚线象征着什么。

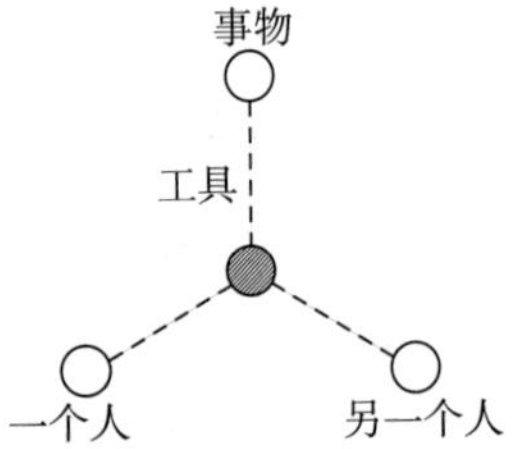

1. 这幅点线图首先引发一种直接的因果观察。“一个人”发出的声音，对于“另一个人”而言产生刺激，如此构成果与因。而第三条虚线则会有多种解读，其中最为简单的解读，是视其为围绕诸多言语事件的复杂的、经由中间元素联系而形成的因果关系。假设，某个音的生成起于说者，诱发于此前从感知场中某物获得的一个感官刺激，而听到该音则刺激听者将目光投向同一物体。例如，两个人在房间里——其中一个人注意到唰唰的雨声，看着窗外，说：“下雨啦”——另一个人也看着那里，或者因为听到那句话，或者因

为看到说者的目光所向。① 如此,事情形成一个圆满的循环。如果愿意,可以继续演进,如同在一根螺杆上画圈,永无止境。如果某物或某事产生足够的新刺激,被其中一个或另一个人交替感知,事件就会充分地吸引他们双方(人们习惯这样怪异的表达),那么,在一段时间里,他们会不厌其烦地针对该物或该事以试探和协商的形式展开对话。

我们从直观的例子再回到前面提出的模式。原始的、依赖于感知的信息传达以语音形式得以实现,其中的因果链如图所示。

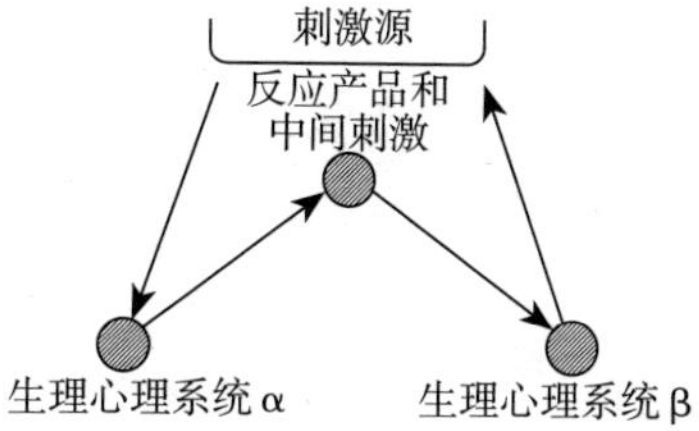

这对于语言理论而言有什么意义呢?为了复原某一犯罪行为,必须进行某种因果观察,同样,在对具体言语过程进行语言学分析的整个框架中,因果观察也必不可少。在刑事诉讼中,法官不仅仅要将某行为认定为犯罪,同时也要将被告认定为罪犯,才能对

---

① 关于下雨这个例子,阿兰·加德纳的大作《言语和语言理论》(*The theory of speech and language*. 1932)已有论述。我向这位可敬的作者确证,我 1931 年在伦敦大学的黑板上演示过该三角模式,但并不知道他 10 年前就已经做过,举例相同也许要怪伦敦的天气。其实该三角图形不是我们提出的,而是已经清楚地包含在柏拉图的思想中,任何一位逻辑学家都能够总结出来。对此,1918 年我在《近代句子理论批判》(*Kritische Musterung der neueren Theorie des Satzes*. indog. Jahrbuch 6)中有过详细论述,当时我并没有想到柏拉图,而是如同加德纳一样,只从问题本身出发考察眼前这个模式。我在伦敦大学学院(University College in London)做过两个报告,题目分别是《语言的结构》和《言语心理学》。之后,我与加德纳进行了他所言及的那些深入讨论,证实了我们各自从德语和埃及语出发对人类"语言"的认识是一致的。

他进行判决。如果没有某种形式的(纯粹逻辑的)因果思维,对行为的认定就是毫无意义的妄为。众所周知,在法律界要穷尽因果关系有很大困难。我断言,古老的心理生理学对"言语的循环"(德·索绪尔语)的蒙昧想象也遭遇过同样的困难。这里重现了心理学核心内容所普遍反映的问题。我们现在开始意识到计算错误之所在:α 和 β 这两个系统处于循环的不同位置,基本上独立发挥各自的功能。在极端简化的情况下,对刺激的感知类似于看到一份极度简单的"报告",而报告的发送则永远是一个"行为"。

坚定的行为主义者满怀青春般的热情试图通过动物和儿童证明一种研究方法,其中也包含着古老的模式,就是通过反映法来解释事件的整个过程。然而,整个情形正在发生巨变。这里,我只指出一点,就足以证明我们如此揭示事物真实面目的正当性。以我之见,詹宁斯和桑代克的著述堪称美国行为主义最优秀的经典著作,伊贺朗斯基对巴甫洛夫和白赫铁列夫等俄国学者的研究成果做了最新的综述,女哲学家德·拉古娜提出了详尽的行为主义语言理论,打开这些论著来看问题的本质,人们会注意到,学者们自始至终都难免纲领性离题之困。

他们过去和现在都寸步难行,因为他们缺乏对符号学基本概念的思考,即缺乏对"信号"这个概念的思考。对于这个概念,詹宁斯以"典型刺激"的形式(即我们所谓"一物代替一物",详见 B,《文集》212 页起)引入其理论,而伊贺朗斯基则采取一种"似乎"的观察,德·拉古娜更提出原创性论述。"信号"是一个真正的符号概念,在行为主义纲领中占据一席之地,而且绝非附属,而是处于核心地位,位列研究动物习得现象的所有学者的列表之中,也理应位列其中。因为,它的缺位会产生一种不应该的缺失。行为主义关于学习过程的解释莫衷一是,五花八门的见解充斥着美国心理学的书籍和杂志,理论发展裹足不前。从符号学全面考察,这样的乱象其实不难预见。无论如何,我们事后总结不仅轻易可为,而且,对学习过程的不同见解进行彻底的逻辑梳理也很可行。这里,我的观点暂时无需详细证明,留待语言理论专设一章来论述语言的符号功能,那里再详细论述。那里还将说明,针对生物学领域的机械行为主义,威克斯库尔以黑格尔式反命题的形式提出了自己的理论。他的基本概念"特征符号"和"功能符号"就是从符号学视角提出的。无独有偶,我所言及的转折也出现于托尔曼(Tolman)的佳作《目的性行为》(*Purposive Behavior*,1932)之中。

显而易见,以上两段小字号的文字对于欧洲的语言学家而言了无新意,因此大可删去,但是,在系统性的论述中,应该提及当代具象思维的先驱性意义及其面临的困难。物理学行为主义以现代形式重提中古早期的声息唯名论(Flatus-vocis-Nominalismus)。相比其纲领,具象思维 19 世纪末在心理学和语言学方面的尝试只能算是一个前后矛盾、结结巴巴的孩子。对此,音位学研究提出了最为简单而极具力量的论据予以反驳。实际上,言语交际伙伴的心理系统生成和处理声息的方式与古老模式的预设完全不同,后者过于简单。接受者的心理生理系统就像是个分拣器,以抽象相关性原理为工作准则,这是原理 B 的启发性所在。而发送者的心理生理系统则是建构过程的一个驿站。二者都属于信号交际的机制。

2. 我们尊重这一事实,将语言的工具模式重新图示如下。

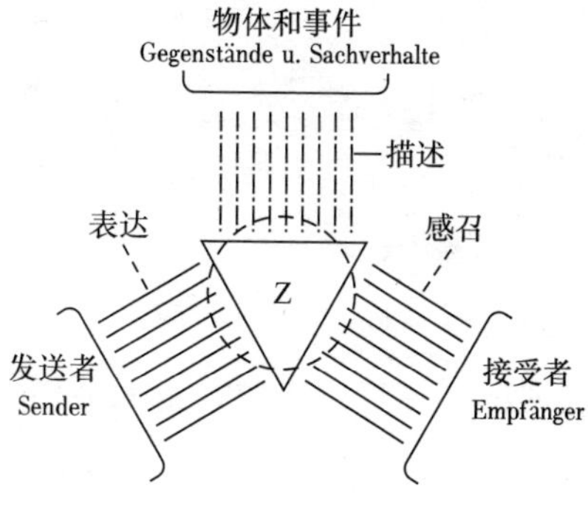

居中的圆象征具体的语音现象，有3个变量，表示一个符号在三个不同层面上的表现，具体用三角形的边来象征。在某种程度上，三角形的范围小于圆（根据抽象相关性原理），但在另一个方面却大于圆，这意味着，感知对象永远需要统觉的补充。线条束象征（复杂的）语言符号的语义功能。其象征性基于符号与事物的对应关系，而表征性（亦即 Sympton，Anzeichen，Indicium）则基于符号相对于其发送者的依赖性，表达他的内心，信号性基于符号指向听者的召唤，犹如其他交通信号一样，控制他的外在或内在行为。

必须指出，该工具模式的三个意义维度基本上相互独立。该模式第一次完整地出现于我那篇关于句子的论文（1918）。那篇论文开宗明义道："人类语言的功能是三重的，即表达、感召和描述。"现在，我更喜欢用术语 Ausdruck（表达）、Appell（感召）和 Darstellung（描述），因为，"Ausdruck"在语言学界越来越获得我们所要求的精确含义，拉丁语"appellare"（英语为 appeal，大致相当于德语的 ansprechen"招呼"）与第二种功能很贴切，众所周知，还有 sex appeal 这样的表述，同样，speech appeal 也不难想象。

然而，认识到语言的符号属性，就一定要追求概念的一致性，所有三个基本概念必须都是语义概念。为什么以及怎样避免概念的混乱，可以从语音研究中获得启示。借鉴音位学的成果，今后必须根据上下文或其定语来判断"音"这一简单术语的意涵，其具体所指或者为一个语音符号，即一个语音特征，亦即特定语言音位系统的一个特定单位，或者为语音学的一个现象。因为我们现在知道，一个具体的音位出现在同一语言的两个地方是不同的语音学"表现"，而一个具体的语音单位在两种不同的语言中则具备不同的音位学"价值"。也就是说（重申一遍），前者属于同一语言，后者属于不同语言。概念的混乱，时而为（物理学的）因果思维，时而为符号思维，必然导致我们三重模式象征性的根本性混乱，会令人不知所措，致使伪问题丛生。我们要在一个关系模式之中整体把握那些概念，在“分头前进！”的基础上再辅之以“整合出击！”，这是保证概念一致性的必然条件。后者在科学上必须以另一种方式予以满足，即完全根据清晰可解的逻辑规则进行。关于这些规则，同样可以通过语音学与音位学的关系获得初步的认识。

那么，工具模式中的线条束象征什么呢？柏拉图仅仅解释过其中之一，即语音与事物的关系。在《克拉底鲁篇》中，他过分强调“法则”与“现象”的析取，致使人们提出新的质疑。因为，按照现代数学的说法，那个图中存在着语音符号与事物之间的对应，而当前的言说者对这一对应的历史轨迹却浑然不知。语言研究对这种对应关系的追溯和重构经常可以达到惊人的程度，但是最终却总是线索寸断。语言使用者和语言研究者都承认，如果我们“当今”对比语音和事物，结果发现它们之间并不存在“相似性”，而且在大多数情况下，我们也不知道是否曾经存在过某种相似性，以及该对应关系是否原本就因为该相似性而产生。这些问题已经超出我们目前之所需。因为，严格按照概念而言，无论其理据何在，对应关系的“存在”总是基于某种规约（纯粹逻辑意义上的“约定”），并因规约各方而存在。[①] 简而言之，还以《克拉底鲁篇》中的选择为题：一种语言的语音形象与事物相对应，而克拉底鲁的回答给语言科学词典最先提出的任务，是对该语言的称谓词（如那里所说）与“事物”之间的对应关系进行系统的描述。在语言描述手段的二维系

① 参见176页脚注。——译者注

统中,词汇对应还包含句法规约,这仅仅是我们所发现的对应关系的又一个方面。因此,在图中“事物”的位置上,我们现在要使用双重称谓,即“物体和事件”。

3. 我们承认语言描述功能的主导地位,下面,应该对此予以限定。语音作为一种说者与听着之间的媒介现象,并非永远都实施对“事物”(或更准确地说对“物体和事件”)的指称,相反,在建构言语场景的过程中,不仅发送者是言语事件的行为者,是言语行为的主体,而且接受者作为受话者是言语行为的受体,他们都占据各自的位置。他们并非仅仅是信息传达的组成部分,而是交往的伙伴,从而,语音这个媒介产品与二者之间呈现出各不相同的符号关系。

因此,可感知语音与说者之间的特殊关系,与其他表达现象中的情形无异。那么,第三种关系又是怎样的呢?它只是在我们的序列里为第三,因为,本质上,也就是说在人类和动物的符号交际中,对感召的分析首先而且最为准确的在于接受者的行为。如果我们眼前不是人,而是蜜蜂、蚂蚁、白蚁,并且要研究它们的交际手段,这时,研究者需要关注的首先和主要为接受者的反应。作为动物心理学家,我使用“信号”这个概念,认为它们的交际价值在于接受并进行心理生理消化的主体的行为。作为人类语言的理论学家,我们也不应该忽略问题的这一方面。维格纳和布鲁克曼等人研究指示词的功能,虽然没有使用这个词,但实际上使用了其上位概念“信号”。事实表明,他们分析指示符号(Zeigzeichen)的方法是正确的。因为,事实上极端状态的指示词(纯粹的指示词)作为无变格形式的小品词不仅仅出现在原始印度日耳曼语之中,而且保留在我们当今的语言里,与人类和动物的其他交往信号完全一样，最为清楚地体现于其语用(empraktisch)使用之中。语言学家应该选用最纯粹的实例，才能定义语言语音信号的概念。用这样定义的概念去审视整个语言，会发现分析并非只针对单个对象，而是以新的视角进行整体性考察。

必须指出，整体性考察适用于上述所有三种视角。人们应该从生活中选取具体的言语事件，它们告诉我们，一切首先是为了语言符号的描述功能而设定，这尤其在科学语言上表现得最为明显，并在现代逻辑学的表述体系中达到顶峰。纯粹的逻辑学家用粉笔在黑板上画出符号，他怎样才能实现其表达价值？其实他根本无需为此操心。一个训练有素的笔相学家可能会对黑板上的笔画或书法饶有兴趣，施展解读的艺术，且不会徒劳无获，因为，逻辑学家或数学家画在黑板上的线条本身也蕴含着某种表达。如此，发现表达功能首先不是诗人的专利，只不过诗人的表达更为丰富。相比一位十分专横的诗人对自家小门的描写，逻辑学家望尘莫及。这是另外一种夸大，无需在意。对于第三种功能，亦即准确的感召功能而言，一切皆有意义，例如指令性语言即是如此。而在亲昵词语和谩骂词语，则感召和表达功能同时并重。它们的确经常表示可爱和可憎的意思，但至少那些最私密的亲昵词语有时却也明显地表示其他意思，用“您真是正人君子！”这样感召性的话语也可能实施一个伤害行为。据说，曾经有一位波恩大学的学生在论战中令最能骂的泼妇哑口无言，痛哭流涕，而其绝招仅仅是使用了希腊语字母和希伯来语字母(“Sie Alpha! Sie Beta! ……”)。[1] 从心理学角

① alpha(α)和 beta(β)是希腊字母，例中的表达不是德语的固定说法，字面意思是“你是 α，你是 β”。——译者注

度看,这个故事非常可信,因为骂人与音乐一样,关键是“声调”。

不过,需要强调的是,这只是一些典型现象,说明语音的三种不同属性在其中交替发挥主导性作用。要在科学上证明我们的模式,即语言的工具模式,关键在于说明所有这三种关系,即语言符号的所有三种意义功能,都各自构成语言学现象的不同领域,各自提出不同的问题。事实的确如此,因为,“语言表达”和“语言感召”是整个语言研究的不同对象,相比语言描述而言,具有各自独特的结构。简单地说,诗歌和修辞特点各异,从而形成它们相互之间,以及与同一范畴的小说和戏剧之间的区别,而它们的结构规则与科学表达的结构规则之间的差异更大。这就是语言三功能理论的内容概要。对语言工具模式进行阐释需要写三本书,那时,整个论证才算完成。

(3)语言的符号属性(B)

语言现象完全是符号性的。词汇的语音构成本身即为符号,并以符号为目的。单词 Tische(桌子)作为语音现象包含 4 个基本特征,我们可以据此把该词与其他语音近似的产品区别开来。这些特征,即词汇中的音位,具备标记的功能,构成语音形象的区别性特征。另外,Tische 作为语音形象整体,在有意义的话语中为客体指称符号(Gegenstandszeichen),表示一个事物或一个事物种类。Tische 这个单词也可以在词尾增加一个音位 s,在上下文中获得一个位值(Stellenwert),我们一般称之为场值(Feldwert),是一个单词在语义环境下(synsemantisches Umfeld)可能获得的价值。原则上,这点也适用于“这里”“现在”和“我”等单词。它们在音位学方面与 Tische 相同,但与客体指称又略有不同,它们实施指示,在上下文中的场值也与语言的概念符号(Begriffszeichen)略有不同。然而,它们也是符号。

这点明确之后,人们不要忘记A一节(《文集》203页起)的相关结论:就词汇而言,有些是通过单词独特的音位特征(如命令式veni,komm),更多是通过特殊的声调变化或干脆是通过特定的言语场景,而转变为命令、呼唤或表达符号的角色因素。在某种程度上,词汇总是具备这种特点,因此,人们可以断言,根据工具模式,作为符号性产品的语言现象具有多面性,而根据上述新的思考则还具有多重性。

值得注意的是,这种复杂性体现于人类话语的同一现象!对于这两种区别性视点,人们必须在概念上认真地把握,深刻地思考。关于多重性的问题,将在第4条原理(《文集》251页起)中论及,具体在(原著)第四章"语言产品的构成"中详述。这里,我想略作铺垫,对复杂的问题提出简单的思考。我们注意到语音材料,纯粹的语音分析从物质观察过渡到音节和多音节语音产品,从中发现复杂性具有明显的层级性。人类发音器官生成的语音和其他声音具有多维和连续的复杂性,由此,我们现代德语拥有整整40个间断性语音标记(音位),在各处发挥区别性功能,双音节产品"Tische"就包含其中4个。德语中有意义的音节的数量肯定超过2000个,我所使用的正字法字典,即《杜登》小字典,收录了大约34000个单词,我们约计为30000个视觉成词,这样,数差为40、2000、30000。

这些数字不求精确,究竟是40或45个音位,无关紧要。我们统计了歌德《亲和力》前30页具有独立语义(autosemantisch)或附属语义的(synsemantisch)音节的数量,得出1200这个数字,将之绘制成一个特殊的统计学曲线进行预测，得知《亲和力》可能有超过2000个单位，或者接近4000个。《杜登》没有收录所有语音相异的词汇形式，没有在列出Tisch的同时列出Tisches，也没有在列出lieben的同时列出liebt和liebte，因此，估计德语中语音相异的词汇形态的数量绝不止30000，这个估值不是过高，而是过低，而我们只为获得一个概貌。[①]

我们能够准确生成和理解数以万计各不相同的产品，面对这样的复杂性而基本上不出差错，这在心理学上并非理所当然，并非我们的一般能力所及。但是，复杂性的层级性使得人们的实践活动在语音上变得可以理解。谨慎地说，要对多重复杂性的解释提出批评并取而代之，为时尚早。语音产品构造层级（生成层级）的多重性并非我们所指的那么简单，不可与砖砌建筑相类比。相反，诸多方面的特征在这里相互交融，具备心理生理属性，非常细腻复杂，对此，将在关于音节的章节里详细论述。

面对同一个对象，符号学观察发现三种符号功能（并非完全平行）：单词语音形象的客体意义（对应性），单词语音形象本身的音位学体貌特征，以及上下文之中的场域符号（Feldzeichen）。我们要理解和区别不同的单词，为此，语音形象的语音标记（音位）就是预先确定的识别标记，其区别性功能是给定的，可从语音形象中解读出来。一个人的识别特征也是如此，通常被（警察）概括为他的体貌特征。相反，音节在音位和语音形象的客体指称符号之间没有区别性符号功能。毫无疑问，一个词的音节，无论单音节或双音节，体现该语音形象的特点，一个结构复杂的单词的音节划分可能

① 本段举例中，Tisches为名词Tisch（桌子）的第二格形式；liebt和liebte分别为动词lieben（爱）的现在时第三人称单数和过去时第三人称单数形式。——译者注

与其意义节奏相对应,但是这并非必然,因为,liebt 为单音节,包含两个语法元素,[①]而 Wolle(羊毛)为双音节,根据我们的语感却不能进行语义切分。词汇研究对 Wolle 这个单词的历史考证没有什么现象学意义。

为从概念上澄清这些现象,首先要提出一个问题:是否可以将音位的功能和词汇的象征意义这样不同的东西置于同一个上位概念"符号"之下?如果证明可行,而且术语适当,那么,工具模式的多面性又是怎样的呢?同一个具体的客体指称符号具备一定的表达价值,但相对于受体而言具备效果不一的感召价值,时而这样,时而那样。是否应该将象征符号、表征符号和信号统归于上位概念"符号"之下?这里的复杂性真真切切,毫无疑义,如果统而言之,上位概念"符号"是否会沦为空洞的躯壳(如许多未予科学界定的口语词语那样)?有些人认为象征性是共同的上位概念,可以在精确的逻辑分析中代表一切。这样的思考符合现代逻辑学的科学秉性。我对逻辑学的敏锐性折服不已,然而需要指出,针对语言事实,在"精确的"逻辑学界出现了一种认识论的基本态度(但愿那是暂时的),在我看来是自古以来对自然语言最不可思议的错误认识。根据我自己的理解,一般表达性表征符号(Ausdruckssymptom)和具体的语言表达符号,都呈现出事物之间某种内在的关联。动物和人类社会生活中的有效信号包含着某种控制性元素,且可以在科学上予以把握。语言现象本身置身于"现实"之中,这是问题的关键,它们与物理学现象不同,不是推理的、非真实的现象。如果物理主义(Physikalismus)世界观反对这一原则,那只会自作自

---

① liebt 为动词"爱"的第三人称单数现在时形式。——译者注

受，而于事实则毫发无损。

本书有两个地方涉及是与否的讨论。其一，在关于指示符号那一章，我们指出，与任何语言一样，逻辑学人工语言离开指示符号也是寸步难行，无法构筑其“逻辑大厦”。其二，在关于语言概念符号的章节，我们指出，现代物理主义固守极端的声息唯名论，无异于科学自杀。人们可能会对我们的符号学展开批评，我们应该有所准备，我们的口号是：这里是罗德岛，能跳就在这里跳吧！(hic Rhodus，hic salta！)因此，我们还是先把涉及各种符号功能的论述都摆放于此，至于最终究竟需要一个还是多个上位概念，暂且不必考虑。

1. 照理说，一部关于语言理论的著作至少应该论及常用符号词汇(Zeichenwort)的词源信息，例如 Zeichen、σῆμα、δεῖξις、signum、seign 等等，这些单词是什么意思呢？印度日耳曼语言，尤其是希腊语、拉丁语和德语，它们的符号词汇有两种主要类型，其词源都体现出可视性特点，原本包含两种因素，其一为“亮度、可视性”或者“使明亮和可视”，其二为“置于眼前”。“照亮”将注意力引向自己，使“被置于眼前者”进入感知范围，(用德语简短表述)大致是将事物显露于观察者的眼前，或者相反，将观察者(观察的目光)引向事物。印欧语符号词汇中的多词干词族即是如此。[①]

这可能就是印度日耳曼语中最广为使用的符号词汇所独有的原始意义的核心，果真如此，我必须说，该意义与我们拥有的指示小品词(Zeigpartikel)的功能最相吻合。另外，感知具备决定性和解释性，而感知的两种可能性，我是指将事物显露于眼前或将观察

① 参见 114 页脚注①。——译者注

者的注意力引向事物（我不再这样逆向解释），与词源常识十分吻合。对于语言创造者而言，在指示实践还主要依靠手和指的阶段（词源可以证明这一点），手和指的功能可能主要是抓和拿。希腊语“deixis”及其拉丁语对应词“demonstratio”蕴含着逻辑证明之意，因此可与词源所验证的视觉指示（demonstratio ad oculos）处于同一阶段，这也符合我们的语感：被引导者应该获得感性的或逻辑的“认知”。然而，拉丁语单词 demonstratio 寓意深刻，蕴含着“monstra”（怪异，亦即异常现象）的某种“标志性”和“警示性”，显示了早期人类面对符号现象的惊愕和思考以及一切皆符号的态度，蕴含着所谓神秘的精神态度。对此，维尔纳等人颇有研究，我们将在适当的时候展开讨论。另外，需要强调的是，罗马的预言家和逻辑学家在各自的实践中都使用了 demonstratio 这个词。

2. 在论述了我们的符号词汇的意义历史（很遗憾，语言学这方面的研究亟待进行）之后，人们可以根据不同兴趣从两个方向来对行为主义所理解的语义现象进行客观的分析，一是在动物的群体生活中，另一是在人类社会生活的机制中。孤立地选择其中任何一个方向都是片面的，都隐藏着使符号学扭曲变形的危险。1927年，我在《心理学的危机》中简单阐述了行为主义视角下语义现象描写的问题，之后，很高兴地看到在美国出现了一位最富创造性的实验学者，也取得了本质上同样的成就，那就是托尔曼的《动物和人类的目的性行为》（*Purposive behavior in animals and men*，1932）。[①] 根据他和我的观点，从纤毛虫到人类，学习活动之中都

---

① 参见《世纪心理学系列》（*The Century Psychology Series*. The Century Co.，New York）。

毫无例外地包含着对信号的反应，并可得以客观证实。这正好印证和说明了动物的心理生理系统的特点，无论低级或高级动物都是信号接受者和信号使用者。我们再进一步考察社会交往，那里，信号不仅被同类所使用，而且经常精雕细琢地为陌生的接受者所准备和生成，例如，在昆虫的符号交往中就存在完全的机制，即发送者和接受者。事实证明，较高级动物的社会生活是信号生成的生理学根源，而且是唯一的根源，那里，社会场景要求参与者不断扩展自己的共同感知的水平，如果参与协作的某一个体拥有更多的场景感知数据或场景记忆数据，就构成了信息传达行为的基础。

什么是人类词语所描述的情形呢？人们可以发挥想象，从简单原始的动物生活到细致复杂的人类社会生活，都充分说明了比较心理学关于动物符号性交往手段的研究结果，也应验了那些对起源问题极具启发性的现象，亦即对新符号初生态的考察结论。现代人类为了在繁忙的街道上驾驶汽车，几年前发明并引入了著名的交通信号系统，那恰好适合于我们的模式所描写的场景，而且仅仅适用于这一场景。在道路交通中，只要相互之间必要的互让可以在事件的感知范围内直接确定，则驾驶汽车无需信号指示。但是，如果其中有人突然要停车或转弯，这时，而且只有这时，他必须发出信号。为什么呢？因为交通伙伴的行为需要根据将要发生的情形来提前决定。未来的、对于伙伴而言不可感知但却可以预知的行为因素，必被置于共同感知之中。

再举一个动物的例子：群居动物中，有一只因其特殊的位置或较高的警惕性，接收到危险来临的气味或表情，此刻，它除了自己逃跑之外，还做出“惊叫”的反应，这时，我们观察到其他同伴接下来的所作所为,似乎它们都获得了同一个危险信号,“似乎”它们自己的感知水平都得到了提高。这里,那一声惊叫进入到它们的感知场景之中,构成了额外的刺激,发挥了性命攸关的信号功能。[①]

在人类的协作活动中,如果创造性行为的一方完全理解了他者的行为,举止得体,则无需言语。否则,就会出现一种我们的模式所描述的状况,某个伙伴就要开口说话。有时只需一个词,任意一个语言符号,如“右”“直行”或“这”或“第6排至第9排的座位”,即可达成对接受者行为的必要控制。我们称这样的话语为“语用性”(empraktisch)话语,并纳入后文体系之中。形象地说,这些词语的出现就类似于人行小道上规则放置的指路牌。如果只有唯一一条清晰可辨的路径,便无需路牌。但是,在交叉路口,情形出现歧义,路牌就大有用场,对此,我们将在(原著)第二章指示词分析中深入论述。这种社会场景普遍存在于动物世界,但是,类似于人类的词语还未见于动物,它们连类似于人类肢体和手指动作的东西都不能生成,而那对于我们而言只是使用指示词的伴随品。

3. 我们还要说明符号概念的特征,为此,应该考察人类文明社会生活中的符号性产品和符号性事件。经院派通过语言思考哲学问题,提出著名的公式“一物代替一物”,[②]突出了符号概念的上位概念。甘柏兹在其语义学理论中对该公式进行了现代化改造,挖掘了其中的概念意义。实际上,从纯粹关系理论看,代替的一般模式中蕴藏着不无意义的认识。凡是代替出现的地方,就存在一切

---

① 参见卡尔·比勒《儿童心理发展概论》(*Die geistige Entwicklung des Kindes*. 1918年第一版116—117页,1929年第5版224页起),以及《心理学的危机》(51页起)关于蚂蚁和蜜蜂信号与象征符号差异的讨论。关于手指动作详见后文。

② 参见117页脚注①。——译者注

关系的两个基本元素，即某物与另外某物，需要在观察中区别对待。如果某具体之物此时此地为代替者，这就产生了一个问题，即它凭借什么特征而获得代替功能，并实施代替。因此，对该具体之物永远需要双重确定。其中之一是忽略其代替主体的代替功能，以确定其本身所是或可能所是，[①]其二则相反，要在该具体之物身上寻找并发现与代替功能相关联的特定特征。成就其具备符号功能的只能是抽象的元素，具体之物借此才"成其为"符号。我将这一语言理论的基本原理称之为"抽象相关性原理"，并在语音学与音位学的区别中进行了阐述。[②]

在对前述内容展开讨论之前，还要明确两个问题，但无需在此详论。"代替"在生活的所有例子中都体现出不可逆的关系。使者是其国家的代表，反之则不然。律师在法庭上代表他的当事人，反之则不然。这也适用于符号，需要补充的是，由于特定的原因，这里结构中的代表成分永远属于可感知范围，相反，另一个成分则不能这样。符号始终普遍被视为主体间的媒介（社会媒介产品），因此，对于后者无需赘言，一切都已然蕴含于定义之中。问题还可以得到更具普遍性的阐述，但那不是我们关注的焦点，因为这里关于语言的论断无需证明，对于行家而言，语言现象中可感知的对象（语音）与它所代表的对象之间的区别，不言而喻。[③]

代替关系中第一个成分的双重理解和界定无处不在，对此，甘

---

① 参见117页脚注②——译者注

② 参见卡尔·比勒《语音学与音位学》(*Phonetik und Phonologie*. Travaux du Cercle Linguistique de Prague, 4/1931, 22—53页)。

③ 表面上无法听到的所谓"内在"言语并不能推翻这一规则，因为，即使对于孤独者，那样的言语也是"语音"或者语音某种形式的替代品（听觉的、运动机能的、视觉的），因此也是可感知的，否则就不存在真正的言语事件。

柏兹（刻意收集了大量各式各样的例子并）进行了形象而又准确的概念性阐释，无人能及。例如，我们观察演员（甘柏兹如此设想），此刻，站在我们面前舞台上的是华伦斯坦，却又不是华伦斯坦本人，而是扮演他的演员巴塞尔曼先生。这是一场表演、一个场景，人们可以从中对许多问题进行观察并发表见解。但是，我们还是顺着甘柏兹的思路，集中讨论“是他却又非他”这句话所蕴含的奇特的双重性。为此，使用以上表述方式很有意义：演员巴塞尔曼表现出某些可感知的“临时标记”，那是为另一个陌生的“实体”，即作家笔下的华伦斯坦这个人物而特别设计的内在属性。通过个体巴塞尔曼的扮相和肢体动作、话语和行为，观众可以感受作家笔下的华伦斯坦，或者换一个角度：巴塞尔曼将相关内容提供给作家笔下的华伦斯坦，使得作家的人物得以表现。甘柏兹为了满足简便的初步描述，从表述中抽去了“实体和临时标记”这对经院派概念的本体意义。① 这种思维模式也可以谨慎地应用于针对物体和事件的语言象征。不过，此处不作详述。

4. 自甘柏兹以来，语言学在“音位学”方面取得了积极的进步，对此，我想结合抽象相关性原理多说几句。这个原理适用于一切符号性的对象，甚至更为广泛。但是，正因为它也涵盖其他领域，所以还未能揭示符号概念的特殊性。为了方便对音位学现象的讨论，我在《语音学与音位学》中特意假设了一个约定，这里可以借用为出发点：假设两个人要通过旗语进行交流，他们约定不在乎信号旗的形式和大小，重要的只是它的颜色。具体商定有 3 个色彩饱和度具备意义相关性（特意针对某种特定的元音系统），第一，完全

---

①　参见 119 页脚注①。——译者注

不饱和的黑白系列颜色统一具备意义 A,具体为黑色、灰色或白色都无关紧要;第二,中度饱和度的旗子统一具备意义 B,具体为天蓝、玫瑰红或烟灰色都不具区别性意义,没有意义相关性;第三,完全饱和色的旗子统一具备意义 C,具体为饱和的红色、蓝色、绿色或黄色等都不具区别性意义,没有意义相关性。我想,这样的约定无疑可以畅行无阻。当然,对于该约定,每一个参与者都必须了解、牢记,并在具体情况下能够将当前所使用的颜色正确地划归三种饱和度之一,这样,他才能准确无误地参与到信号发送和信号接收的活动中来。

这里有必要对假设的信号交际流程稍作改变,以使其更具理论意义,更便于和话语语音流中的单个音进行比较。我们可以设想,在任何具体情况下,信号交际中某一饱和度范围内色差的自由选择都规则性地取决于场景。假设,约定发生于私密的新娘和新郎之间,或者其他两个人之间,双方都希望信号交际在特定的语境中顺畅进行。例如,妻子通过着衣的颜色传递信号,这时,有黑、灰、白三件不饱和颜色的衣服可供挑选,她在镜前试穿,看哪一件与她今天的脸色最相配,或者,她根据天气和其他具体的场景因素来决定穿灰色、白色或黑色衣服。原则上,在话语的语音流中周围环境的影响与这里的情形毫无二致,也是存在并作用于一个不具相关性的变量区间,这一点在《语音学与音位学》中通过适当的语言学事实已得到证实。那里讨论了一种西高加索语言(阿迪吉语)的情况。乍看起来,它的元音与德语一样丰富,例如也出现 u、ü 和 i 等音,但是,那里从来没有我们语言里 Tusche(墨水)和 Tische(桌子)两个词由于元音 u 和 i 而产生的区别,u、ü 和 i 的差别在那种语言里不具备“区别性”价值。同样,o、ö、e 和 a、ä 也是如此,虽然都出现,而且规则性地受制于语境,但却不具备区别性意义。为了从概念上准确地把握这一音位学基本事实,我假设了那套旗语信号。有一点已经十分清楚,即抽象相关性原理也适用于语言中的所谓单个语音。

如上所述,观察人类语音有两种方式。作为科学分析的对象,第一是它们本身的物理特征,第二是那些赋予它们符号功能的属性。关于这两种方式之间的相互关系,可以从我们假设的比较模式,即旗语交际系统,获得我们所需的基本认识。我们将该模式刻意设计得十分简单,以便于非常清楚地理解抽象相关性原理。毫无疑问,黑色、灰色和白色为不同的颜色,但是,(正如在假设的约定里那样)它们可以表示同样的意思,可以同义,因为,相对于它们作为符号的功能而言,重要的仅仅是它们所共享的最低饱和度这一抽象元素。

这是一个妇孺皆知的事实。此事实一旦确定,就只有哲学家和心理学家会表示惊讶,并进行合理的追问。哲学家会深沉地说:符号具有意义,但是,作为感官之物,即可感知的东西,此时此地的符号并非以其具体特征的全部发挥语义功能,更多的情形是,相对于其符号功能而言,只有这个或那个抽象元素具备相关性,简而言之,这就是所谓抽象相关性原理。以上是我们在《语音学与音位学》中所阐述的观点。

做一点历史的说明:关于语言符号,我在自己的语言理论研究中讨论了音位学问题,在此之前,我发现从许多事实得出的结论都越来越清楚地说明语言的符号属性,说明语言科学的对象毫无保留地属于符号学,如同物理学的对象属于数学一样,只是整个语音学界似乎对此缺乏认识。开普勒之"物质所在，几何所在"完全指引和决定着物理学的进程和结果，相反，语言学视角下的语音学却似乎呈现出与其他语法领域不同的特点。事实证明，哲学（科学理论）对此提出的质疑很有意义，而特鲁别茨柯依的纲领性论著《音位学元音系统概论》（*Zur allgemeinen Theorie der phonologischen Vokalsysteme*）①也释解了这一疑惑。一时之间，这一论证充分的语音学论著以一种全新的视角展现出一个成形的语言学领域，其特性与语音学完全不同，而与我所孜孜以求的目标相吻合，因此，人们能够而且必须严格按照逻辑要求来分解对语音的科学研究，一方面视之为其"本身"，另一方面考察其行使符号功能的属性，语音学司职其一，音位学司职其二。"语音元素"这一概念通常涵盖元音和辅音，但只有运用音位学的思想才可有效地予以定义，从而使人们认识到：每一种语言只具备有限的复杂性，拥有一个一目了然的区别性语音符号系统（元音的、辅音的及其他类似的）。按照我所提出的音位学术语，它们的语义功能就是在我们称之为单词的复杂现象中发挥区别性功能。音位是自然的"特征"（标记），据此，话语语音流之中的语义单位得以确认和切分。

5."抽象性"在符号学中占据着关键位置，我们一定还会反复强调，例如在针对隐喻和称谓词的分析中还要论及。如前所述，抽象相关性原理是专门为了揭示现代音位学的意义而设。欧洲语言学家录制了高加索语言的语音，他们认真细听，领会这些陌生语音产品的区别性何在，同样，词汇学家（Morphologe）也要如此深入到陌生的词典之中，句法学家也要深入到陌生的象征场域之中。他们之所以能够如此，应该归功于他们所接受的语言学专业训练，最终也归功于他们更为普遍的能力，如同我们的信号交际伙伴一

① 参见 *Travaux du Cercle Linguistique de Prague*，1/1929，39－67页。

样,作为语言使用者参与语言规约的建构。这其中蕴含着进行抽象的能力,对此,我们可以效仿胡塞尔借鉴经院派的方法,从外部入手,依靠语言学家的聆听和深思所取得的成果,最终完成抽象。通过录制和(尽可能的)跟读,学者们会逐步完善对高加索语言的抽象性规则的了解,并从中获得正确的语言学认知,取得自己的研究成果。

经院派关于抽象性问题的研究止步不前,有待进一步发展。为此,必须同时借鉴密尔和胡塞尔的逻辑学思想,以形成相互修正和相互补充。关于这一点,我将在关于称谓的章节展开论述。密尔的"客观"方法也是逻辑学的方法。这里,我们在建构原理的时候,需要说明抽象相关性原理能够澄清语言工具模式中的哪些问题,或者已经澄清了哪些问题。显而易见,同一种具体的语言现象是发送者和接受者之间的媒介,具有多面性,或者为多方面所用。人类个体"一仆不侍二主",那么,该具体之物是否具备兼顾的能力?抽象相关性原理不仅说明该语音现象无需特殊条件即可实施多面性交际功能,而且说明其实施多面功能的程度:在一个表达中,某些语音元素与描述行为无涉,反之亦然,此刻,且以此程度,功能的多面性得以实现。

es regnet(天下雨)这句德语在任何具体场景中都涉及那种我们很熟悉的气象事件,所凭借的是其音位学特性,而声调变化则无关紧要。相反,说者可以通过声调变化纵情表露心声,愤怒或快乐,欢庆或绝望,而且丝毫无损于该话语纯粹的描述意义。当细心的夫人对要出门的教授说"下雨啦",可以将其表示提醒的感召性语调渗透其中,从而对心不在焉的丈夫的行为实施成功的控制,使他带上本已忘记的雨伞。"曲调成就音乐"(C'est le ton qui fait la musique.)，这基本符合印度日耳曼语言的情况(虽然并非绝对如此)。语调属于表达和感召，而与描述无涉。另外，假如其句子语序如拉丁语那样自由，则西塞罗定会充分利用，以秀其修辞艺术。

不言而喻，我们这里所论及的是变量而非其他，观察视角的迷失永远都没有一定的范式。对语言表述进行调节应该呈现出怎样的情形呢？整体上应如恩格尔(Engel)所言：

> 在精神中，对客体的想象和因客体而发的感触形影不离，因此，人类将这些想象也融化于内心，整合于内心，也如此体现于其称谓之中。一个符号同时完全满足两个目的，那么，更应该说，那是多个符号的积淀，多个符号是那一个符号的碎片和切割，对此，他在自己的精神里未予归类，甚至没有归类的意识。[①]

6. 现在，关于语言的符号性原理还需要以较为随意的方式做几点说明。众所周知，基本原理不仅能确定正确的路线，而且可以预防迷途和绝路。那么，我们的原理能预防语言研究什么问题呢？一方面预防离题的错误，另一方面预防神秘论。假设，一位文明开化的欧洲人来到一个印第安部落，感觉那里所崇拜的图腾并没有什么研究价值，不过是木制的器物而已。就此，一个受过人文科学训练的朋友可能与他进行讨论，开场大致如下：朋友用粉笔在黑板上画一些符号，并提问这"是"什么，那"是"什么。面对下图所示的图形，那人固执地回答说，这是粉笔画，仅此而已。对此，我赞同甘柏兹的观点，视其为典型的离题。相反，据我们所知，印第安人和

---

① 参见拙著《表达理论》(*Ausdruckstheorie*)40页。

具有类似想法的人对于图腾的一般寓意和功能的解读则是神秘思维的表现。本来,这些极端开化人士的思维并非表面那样总是天马行空,因为,无论具体表现怎样,每一种"神秘"思维面对符号体(Zeichending)的符号性原理都会手忙脚乱,以(广义上的)物理学的因果观回答符号学或与符号学相关的产品论的问题。我认为,这是对我们所理解的神秘思维最为精确的解释。这样的神秘思想在特定语言(也包括我们所使用的那些语言)里如何表现,这是一个非常有趣和重要的问题,用"内在语言形式"这个标题来概括最为言简意赅。当然,如何将这样的思想态度本身纳入到语言理论的思考之中则另当别论。另外,在神秘生活以外的日常活动中,语言也是交际工具,必然存在非神秘性思维。我有一种印象,相对于非神秘性特征,人们似乎过高地估计了这些神秘性特征在这种或那种人类语言中的重要性。对此,我已经发现了一些证据,将在适当的时候公之于众。

本质上,世界上理解和使用符号的生命体都具有符号性,因此,从物理角度看,人们必须在客观过程中使用适当的心理生理系统,像探测器一样发现具备符号功能的东西。发挥符号功能的具体之物为行为生命体所生成或安排,而这些具体之物与那些生命体之间的关系就是产品与其创造者,或(换一个角度)行为与其行为者之间的关系,这里,他们可谓是信号发送者。信号发送者和信号接受者普遍存在于动物世界,其场景我们在(《文集》)217-218页的模式中已经描述。人类语言属于"工具",即柏拉图所谓的"organon",这必然意味着,要把它置于与其使用者、行为者的关系之中进行考察。所以,在语言的符号性原理中,语言学所遇到的是智人的思维模式,即工具创造者和使用者的思维模式。我们将持续考察这一模式,并通过每一个新的原理进一步揭示其特点,不过,这里暂且可以将主体间交往的符号性视为指导社会生活的机制。

(4)言语行为和言语产品;语言行为和语言产品(C)

语言学的对象不是两个方面,而是四个方面,可以称为四条线,对此,本节原理C必须予以揭示和说明。之所以是四个,乃事实如此,而且其中两个方面很难清晰定义。威廉·冯·洪堡特使用"创造"和"产品",语言学家德·索绪尔则借用法语中一对活跃的词 la parole 和 la langue(英语为 speech 和 language),相对于传统的以语言为对象的语言学(linguistique de la langue),并行提出以言语为对象的语言学(linguistique de la parole)。自洪堡特以来,基本上没有哪个重要的专家没有领会到"创造"和"产品"非常重要的蕴涵,在德·索绪尔之后,没有谁不思考 la parole 和 la langue 的问题。然而,无论古老的还是新颖的,两对概念都没有真正在语言学的基本概念中开花结果。当今,人们不断试图在"创造"和"产品"二者之间做出优先性选择,一会儿是心理学的,一会儿是认识论的。语言理论必须认识到这些研究的超验性和实证性,并接受这种四叶草在自己领域存在的现实。语言研究成果本身已经证明,研究者已经敏锐地认识到它的存在,仅仅期待在概念上予以澄清。

问题的关键既是每一个概念的定义,也涉及四个概念之间的关系,因此,我们暂且用线条来象征,从纯粹形式上说明在 H、W、A、G 四要素组中不多不少存在六种基本关系。至于在空间上用四面体还是四角形表示,都无所谓,我建议用四角形把高度形式化

的内容转变为可理解的现实，这是确定对象的关键一步，如图：①

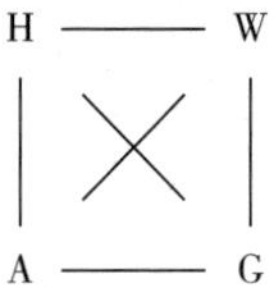

这里，排列还很随意，但是，我们从中得到一个四场图，以便解释对角的两组，如图：

	I	II
1.	H	W
2.	A	G

以怎样的视角，可以将言语行为和语言行为划归 I，将言语产品(Sprachwerk)和语言产品划归 II？又怎样借助第二种视角，将言语行为和言语产品划归 1，将语言行为和语言产品划归 2？最终，可将语言现象确定为：

I. 相对于主体的现象。

II. 脱离主体且固化为主体间性的现象

二者皆为可能，且都十分必要。对此，我们将在关于语言概念符号，即称谓词一节，通过对比讨论胡塞尔行为理论和密尔逻辑学予以举例证明。

至于另外一组对角概念的问题，语言学家可以凭借“感官接触”做如下确定：

1. 在较低级的形式化层面，为言语行为和言语产品。

---

① H＝言语行为，W＝言语产品，A＝语言行为，G＝语言产品。——译者注

2. 在较高级的形式化层面，为语言行为和语言产品。

我们首先来看语言产品。拉丁语法中关于(单数)不定式宾格(accusativus cum infinitive)的论述，涉及某种逻辑形式化的内容，即较高层面的某种东西，如 Carthaginem esse delendam(迦太基应该予以消灭)这个例子所示。例子中所引用的“话语”(＝Parole)首次被加图在市政会议上使用，之后在市政会议上一再出现，对此，每一位语法学家都十分清楚，但却没有一部语法有所论及。语法对它不感兴趣，不屑一顾。

同样，高级算术和低级算术的老师在算术课上也是从不屑于用一双鞋和一双袜子或者某个人头上的一双眼睛和一对耳朵来帮助学生直观地得出“所谓”得数 4，因为，人们认为算术不是关于眼睛、耳朵、树木和计数球的学问，而是关于数字的科学。人们需要根据事物类型的特点来定义对象，而不是根据事物类型本身。至于这样的界定是否充分，那是数学家的事情，但我自己认为不够充分。不过，我不能否认，它突出了数字概念中对应用数学而言意义重大的一个重要因素。我们将数字和语言产品进行类比可知，对“类型的类型”(Klassen von Klassen)的确定可以类推应用于后者。不过，我们应该从字典中选取一个例子，来取代关于不定式宾格的那个特殊的语法例子，详见后文。

为了简便起见，我们在比较中运用了唯名论的表述方式，而且，在(经院派和)胡塞尔逻辑学的意义上，把每一个语言产品都视为一个真正的种类，这样，确定对象关键的第一步就不会走样。概念性对象(类型)俯拾即是，但是，将物理学的数字和语言学的语言产品都视为类型的类型，这是一个非常值得注意的现象，它反过来说明语言现象的符号属性。无论如何，关于具体言语事件的观点没有涉及纯粹的音位学、词汇学（形态学）和句法学，同样，关于树木和苹果的观点也没有涉及纯粹的算术，同理，思维心理学实验报告也未被纳入经院派和胡塞尔的行为理论。然而，它对于语言理论体系的完善却十分必要，对此，有待进行系统的阐述。但是，在上述概论之后，我们要开始讨论 H、W、A 和 G 的问题。

1. 首先讨论言语行为和言语产品的问题。凯撒是否真的在一个特定的时刻说过“木已成舟”（alea jacta est），路德是否最后在沃尔姆说过“我站在这里，我别无选择”，我不得而知，但是，这些话却是模仿那两个男人典型的言语特点而说出的。从传记学的角度看，这大致类似于用地球仪来推论美洲发现者。至于凯撒的话语，普鲁塔克讲述了下面的故事：在卢比孔河岸边停下，内心犹豫，然后，“他喊出那句在结果未卜和冒险行动之时习惯的话：骰子已经掷出——之后，他决定渡河，以最快的行军速度，在拂晓之前抵达亚里米伦，并旋即占领之。”看来，凯撒并非想象力超人，而只是喊出了一句“平常的话”。不过，从此以后，所有拉丁语学生再也无法把这句话与卢比孔河和凯撒式的勇敢分离开来。如果断定，凯撒和路德的言语出现在语言系统的某个位置，那么，以言语为对象的语言学应该是一种怎样的语言理论？

比希曼（Büchmann）应该记录了这两段话语，并进行了科学的传记学（历史学）解释。而且，在图书馆的目录中，比希曼属于语言学。然而，我们从外围再深入到核心，在普遍意义上仔细追究如下问题：词语在人类生活中的地位如何，它们如何有时会意味着决定，怎样决定说者和其他人的命运，怎样给外交家带来荣誉，又怎样使笨蛋蒙受耻辱，臭名远扬。流行语具备言语属性，无论它是一个单词或者一个句子，还是一句流行的俗语（习语）或者谚语。由此，我们只需要将重心稍微偏移，从人的命运转向词语本身，即可达及目标。任何一个词语，无论流行与否，都可以被视为人类行为的一种形式。因为，每一个具体的言说都与一个人生活中的其他理性行为相联系，发生于行为之中，本身就是一个行为。我们发现，在具体的场景中，一个人时而用手去抓和处理所触及的具体物品，从事相关的活动，时而又张开嘴巴说话。在这两种情况下，我们都可以观察到一个以所追求的目标为导向的事件。而这恰恰是心理学家所谓的"行为"。德语口语为此准备了"Handlung"(行为)这一科学术语。我们将之普遍化于日常生活之中，不仅把实际上动手实施的操控视为行为，而且把一个人所有以目标为导向的劳作都视为行为。比较心理学甚至将此术语用于动物，不过，我们对此暂无兴趣。

我觉得，坚定地把言说定义为行为(这完全是亚里士多德意义上的实践)，这好像是发现了阿里阿德涅线团，但问题仍然是一个半解的谜团。展望后文，这里要指出，言语被纳入其他理性行为之列，应有自己的称谓。我们将看到，有些语用性话语似乎不够完整，是所谓省略的主要形式。我们将以此为出发点来彻底澄清所有关于省略的问题。当人们真正注意到言语的行为属性，就应该对语言符号可能而多变的相关语境进行系统的梳理，这将是我们第3(1)节的内容。这里要讨论的是"言语即行为"的问题。古典思维将语言与逻各斯完全或者几乎完全等同起来，但却恰恰忽略了我们这一观点的意义，只有斯多葛派著名的"赞同说"有少许例外。不过，我们暂且不谈历史问题。

可以依据亚里士多德的范畴和孩子们游戏时的表现，在概念上严格区分言语行为和言语产品。亚里士多德首先为我们设计了一系列重要的概念,把人类行为区分为理论和实践,继而把诗歌从狭义的实践中分离出来。我们所需要的就是这第二步区分。2－4岁及以上儿童的游戏向我们展示的首先是实践,然后是诗歌。儿童缓慢地、一步一步地、分层分级地接触不同的物质并进行制作活动,这就是夏洛特·比勒所谓的"产品能力"(Werkreife)发展成熟的过程。儿童初始的游戏属于幻想型,涉及成人的劳作行为,其后为产品游戏,涉及人类的制造行为。劳作游戏和产品游戏之间存在着明显的区别,因为,前者只是临时性、象征性地展示那些物质材料本身及其用途。但是儿童随后继续游戏,并且学习(这并非理所当然)将自己的行为所得视为产品。儿童面对自己的游戏产品呈现出显见的观察、惊叹和令人惊叹,这是表明产品阶段将至的第一个信号。此时,儿童(当然与其发展阶段相对应)采取席勒"钟之歌"的节日态度:"坏男人必遭鄙弃,他从不忌惮己之所为。"儿童似乎觉得不如此行事就算不得男人或者创造之人。对产品,即偶尔完成的产品进行回望,在嬉戏的儿童意味着冲动,预示着一个关键阶段的到来。那里,行为的结果中蕴藏着概念,表示儿童对物质材料的处理开始有了预见性和控制性,随之,行为便一发不可收拾,直至产品制作完成。

原则上,创作言语产品之时的言说方式与实际行为之时的言说方式有所不同。我们都经历过许多场景,其中,我们通过言语来解决当下的问题,即生活中的任务,这就是"言语行为"。而在其他情况下,我们针对给定的物质材料组织适当的语言表达,从而完成一种言语产品。这正是"言语行为"概念中必须强调的特征,"完成"(满足)言说必然意味着当下实际任务的完成,因此,不能将产地标记(Creszenz)(如实际生活中的葡萄庄园)从言语行为之中剔除出去，它是其中不可分割的组成部分。相反，言语产品的情形与此不同。

言语产品可以与个体的生活处所及其生成体验相分离，人类的产品总是摆脱其产地而获得自主性。相信人们能够理解我们的观点：一个人张口言说就有其产品，同样，儿童纯粹的游戏也有其产品。但是，我们要仔细观察这些产品。一般情况下，在劳作(Praxis)游戏中充斥游戏场所的是零散的碎片，只有在诗性(Poesis)游戏中那些类似于“建筑物”的东西才是产品。同样，省略、错格(Anakoluthe)等纯粹语用性话语所呈现的话语碎片也是如此，都非常出色地服务于各自的目标，想要抹杀这样的话语的想法着实愚蠢，因为它们在每一段名副其实的戏剧性话语中都能寓意深刻。但是，如果这些产品要脱离其个体实践的原产地，情形就会发生变化(又与儿童游戏相同)。这正是我们句法理论的出发点，它说明人们是怎样从言语语境中获得句子的意义的。

2. 如此，我们根据劳作和诗性的最高组织原则对问题进行了区分，显而易见，在训练有素、文明儒雅的言语中实际上交错存在着诸多主导思想，这是一个独立的问题和话题。在富有成效的实践中，进行敏锐而准确的把握和组织有其技巧。然而，为了深刻认识产品视角和言语行为分析在语言理论中的广阔前景，我们不妨适当保持科学的抽象和片面。

与人类其他创造活动一样，如第九交响乐、布鲁克林大桥、瓦尔兴湖水电站等，卓越的言语产品也具备独特的属性，对科学研究具有重大意义。通过产品，人们可以研究其创造及其创造者的特点，还可以研究其他许多方面的内容。当一个儿童在内心极度紧张之中第一次成功地完成了关于某事物的语言表述，讲述过去某个印象深刻的事件,比如"士兵唱歌",[①]这时,研究儿童发展的学者会将此"言语产品"视为一个巨大的成就。有一位诗人对某种题材做如下处理:

森林之中
我茫然漫步,
了无目标,
乃我意识。[②]

无论该题材是一个外在事件、一次经历,或者其他什么,无论如何,语言的产品视角在所有情况下都以文本为目标,往往是对一次性文本及其架构本身的细致考察。但是,具体的分析应该属于适当的范畴,因为,每一门科学都以"原理"为基础,一种全面的语言理论也必须在其系统中包含语言研究的这一方面。依我之见,相比19世纪,当今语言产品研究的新动向更应该继承古人早已开始、成就卓然的研究。我认为这样做师出有名。瓦尔泽尔(Walzel)在其专著《内容与结构》(*Gehalt und Gestalt*,190页)中提及维拉莫维茨(Wilamowitz),后者早在1905年就发出赞叹:"古希腊语风及其先驱的修辞学研究无疑取得了巨大的成就,影响深远"。"在那本关于语言表达的著作里,狄奥夫拉斯特(Theophrast)借鉴亚里士多德无比卓越的理论,即我们目前看到的第3本修辞学佳作,认识到叙事风格的不同类型,建构了自己牢固的体系。"这些虽不是我们的任务,但是,我想预先指出的是,那些古老的"各种类型的演讲"不断在新的领域以新的方式出现,这些文本就是我们对描

① 参见拙著《儿童心理发展概论》第5版309—310页的研究报告。
② 出自歌德的诗作《觅得》(*Gefunden*)。——译者注

述性语言进行分析的天然场所。人们首先要认识的，区别不在于狭义的诗歌和修辞，而在于戏剧语言与叙事语言。在每一段形象的话语中都体现出精心设计的戏剧性元素，例如，戏剧学家和叙事学家都擅长各种形式的"虚拟指示"(Deixis am Phantasma)，即是很好的诠释。这里，对言语产品的论述可暂告一段落。

语言行为理论的建设需要不同的路径。现代心理学在这方面开展了一些研究，但尚未完成，我们不妨简要地概括一下。最新的心理学研究设计了一整套全面而缜密构思的问题、视角和可能性，用全新的视角重新考察动物和人类的行为。因为，原本各自为政的现代心理学各流派现在都共同聚焦于行为问题，已经以各自的方式对问题进行了阐释。我刊载于《康德研究》的文章论及原理问题，已经为这一立论提出了几点证明，在此，我不想重复，只想强调其中的一点：无论人们在科学上做何理解，"行为"都是一个历史性的概念，在心理学里也不能例外。每一个行为都有其场域，早在几年前我就提出"行为场"(Aktionsfeld)的概念，并在《康德研究》系列论文中重申了"需求"和"机会"对于每一个行为的决定性意义。对这两种因素，亚里士多德和歌德早已有所认识，歌德在其面相学(Physiognomik)研究中有非常生动的论述。[①] 我认为这一"二元"观点十分重要。但是，除了将行为场细分为两个在场的决定性因素(内在语境和外在语境)之外，还需要对行为者本身有一个充分的历史认识，这样才能准确地预言将要发生什么，或者在事后科学地理解发生了什么。行为场的二重性以及行为基础或反应基础的历史形成，这两个认识极为重要，是批驳原理一元论的利器。这

---

① 参见卡尔·比勒《表达理论》(*Ausdruckstheorie*)23 页起。

里,柏林格式塔心理学派的理论最值得关注。

如果行为是言语行为,那么,行家一眼就能明白,个体知识在此情况下意味着什么:当然是人们期待中的个体在行为瞬间高超的(或低劣的)言语能力。对其中的蕴涵可以运用排除法做出最好的说明,因此,可以将后一种情形排除在外,它属于(历史)说明的内容。每一种人类行为(仔细观察,可能也包括另一种发展水平的动物行为)都蕴含着特殊意义上的"行为历史",或漫长而丰富,或短暂而贫乏。从思想萌芽到行为,拉斯柯尼科夫需要数周,这是一种漫长而动因丰富的行为历史,而刑事档案、小说和戏剧则充满其他形式。理论如果要涵盖能够想象的最短的行为历史,就不能忽略秒甚或秒的片段。在流畅的话语中,无论是以秒的片段为计量单位,还是在其他情况下以较长的时间为单位,行为历史都是一个事实,思维心理学家都必须尽量精确地记录在案并进行科学的解释。在心理学之前,语言学的想象非常固化,例如关于一个句子的行为历史,并根据本能的日常经验来对这一固化的知识进行表述,冯特和保罗即是如此。关于该过程究竟是一个分析还是一个综合,二人有过讨论。究其根源,乃是对具体行为历史的复杂性认识不足。

3.第三点要讨论语言科学最古老的产品论。近现代语言学家中,没有人像德·索绪尔那样,直接通过自己的研究中肯地描写语言产品的逻辑性,不过,他也仅仅停留于"描写",并没有从中得出概念性的结论。关于语言语言学的对象,德·索绪尔给出如下概括。第一,在方法论方面认识到语言语言学"客体"的"独立性","关于语言(la langue)的科学不仅可以独立于人类言语的其他成分,而且必须排除这些成分才可成功。"这里,这位成功的实证研究者多有洞见，只是还需要一个逻辑缜密的解释，才能消除其中可能存在的矛盾假象。这就要认识到，必须将语言产品（根据其功能价值）从纷繁的具体言语场景中解脱出来。第二是对语言符号属性这一基本原理的运用："语言（la langue）是一个符号系统，其唯一本质是意义与语音符号之间的联系。"这里将"联系"理解为联想似欠妥当，我们要用更好的解释取而代之，如此，就可以摆脱看似无解的伪问题的纠结和无尽缺陷的烦恼，从而，"语言"实际上是由语义关系所构成，这一认识便得以凸显。第三，将该规则性基本原理贯彻于所有语言产品。德·索绪尔是时代的先驱，距离一种音位学理论仅咫尺之遥，只差说明音位学与语音学的关系。为什么语音学必须与音位学并列存在，为什么说语音学在当时就已经迈上了精确的自然科学之路，对此，德·索绪尔浑然不知。但是，第四，他非常清楚，甚至过于清楚地认识到语言产品的主体间性特点，及其与此相关相对于语言社团个体的独立性。语言"独立于个体，个体既不能创造它也不能改变它，它只因语言社团成员之间的某种规约而存在"。这一点在某种程度上具有普遍意义，但是，当语言符号在自由的范围内被真正地"赋予意义"之时，当说者的创造性引发语言更新并为社会所接受，此论便不再有效。对此，我们将在后文关于语言行为的章节展开论述。我们还是首先讨论语言产品的问题。

德·索绪尔的纲要和四点说明足以对语言产品的逻辑性做出令人满意的解答。此处没有论及德·索绪尔无法克服的屠夫切割法。他认为语言是"具体的对象"，可以"被定位"于"循环中从语音形象到其想象（客体想象）的联想环节"。（17 页）这样的观点极为离题，我们提出坚决反对。我们认为，第一，正如语言学通常所理解和处理的那样，“语言”这个对象是“观念性的”，第二，必须指出索绪尔的原则性错误，他实际上重蹈了古典联想理论的覆辙，将我们想象实践中确证无疑的组合链和过程链与意义的体验混为一谈。

必须马上指出的是，如果意义体验（A 意指 B）与 α 和 β 两个想象之间达到某种密切度（固定度）的同一性，那么，对于所有我们习以为常，甚至能在半睡眠状态倒背如流的联想链，如上帝、字母和数列，应该都可以随意进行逻辑可逆性求证，而这种求证在定义等式中经常被忽略。关系密切的联想的确存在，例如字母联想链，但是，是否其中每一个前置成分都“凭借于此”而“意味着”紧随其后的另一个成分？是想象 α 意味着紧随其后的 β，还是 α 的对象就意味着 β 的对象？等等。如果不是，则上述同一性就只能是无稽之谈。毫不奇怪，古典联想理论的基本原理其实非常简单，但即使如密尔一样的思想家也深陷其中不能自拔，他对“S 即 P”之类的判断中 σ 与 π（即对 S 与 P 的想象）之间所存在的联想链进行了长期的讨论，最后只能承认：该联想链虽然包含着特殊的判断体验，但整体而言仍十分令人费解，犹如“人性最深的奥秘”。[①]

做了上述批评之后，下面要指出索绪尔理论的优点。语言学家简单分析了拉丁语或“某些”班图语言的结构，盘点其语音，汇总其词汇，编写其语法，这些最终都涉及语言产品的系统性。无论所要确定的内容及其相关的一切多么重要，甚至不可或缺，如语音学所示，产品论都是核心。德·索绪尔断言，该核心可以从此时此地的具体言语事件中浩瀚的非相关性成分中解脱出来，对此，语言学家无言以驳。例如，希腊语言学家或拉丁语言学家就经常说，荷马

---

① 参见 140 页脚注。——译者注

时代的希腊人或西塞罗们具体发出的语音不是他们研究的焦点，因为，希腊语和拉丁语语言科学的真正内容必须源自对书面文献的研究，然而，这本质上并无碍大局。对此，埃及学家有时也许会根据自己领域的特点提出适度反驳。因此，德·索绪尔进一步提出推测，认为如此确定的内容具备某种超个体的特性，那是说明特定语言社团现在或过去怎样言说这个问题的要害。对于这一断言，同样也不会有行家提出反对。总之，用柏拉图的话说，语言产品是观念性对象，从逻辑学看，是类别的类别，如同数字或科学思维的某种较高形式化的内容。

只不过，如果选择柏拉图式的描述方式，就必须重新思考或者摒弃所谓观念永恒不变的观点；而如果选择逻辑的话语方式，就必须与数字进行比较，才能避免与具体事实发生冲突。但是，柏拉图以来的每一种客观性语言分析，以及我们时代的逻辑性语言分析，都强调主体间性交往中语言产品的适用性。我们要通过比较来仔细考察其中的寓意。

与符号交往相对应的是商品交换，我们可以通过形象的比较来认识交往中的三种元素：品牌商品、货币、词语。工厂给香烟、巧克力、香皂等贴上特定的商标，并保证“赫笛夫就是赫笛夫”，其中每一块的品质都一样。消费者会说：“在一定的误差内没错，但仔细考察则不然。”因为，最终一支香烟被吸掉、一块巧克力被吃掉、一块香皂被用掉，人们很在意它们的材料性能，以及单件商品之间的差异。美元在流通，流通中的伙伴对之充满信任，他们不吃它、不吸它，信任的基础基本上是“美元就是美元”这样的约定。在言语交往中，词语一方面比美元更加不依赖于材料的质量（更去材料化，更具抽象性），另一方面材料的质量又因具体情况而不断变化，并体现出与交往的相关性,会引起交往伙伴的敏感。这里所关注的是词语的表达价值和感召价值。不过,我们还是首先集中考察它们的象征价值(Symbolwert)。硬币有其印纹,得自于造币厂,人们可以无忧无虑地消费,无需长时间检查,只需一眼辨认即可放心,但是,如果对其真假产生了怀疑,则还是要检查或者拒绝使用。在无忧无虑的言语交往中,一般没有后续损失的风险,我只需根据说者的意图判断清楚一个音位形象欠佳的词语硬币"应该"表示什么,即可接受,必要时,为了预防误解或者达到教育说者的目的,我可以如所有语文教师面对学生那样,以我的方式对其实施矫正。

与流通中商品的商标和硬币的印纹相类似,一个单词的音响形象的音位学特征也具备规约意义。这一(纯粹逻辑的)规约性确定了该词的象征价值,对于一个语言社团而言,与所有场景中"美元就是美元"这句话同质。上述初步类比的可能性和必要性真真切切,有助于我们完全理解语言交往符号的特点,值得我们研究。首先(为了最终超越上述比较),具体的词语为一个符号体,而美元无论其纸张形式与符号体多么近似,永远都受制于商品,因为,货币即使不能吃,人们在购买行为中得到的却是与货币对等的东西,而"语言硬币"一般情况下不是如此。

符号学没有责任与货币专家对话,不过,如果要将货币简单地归为人类的符号性产品,就有责任提出自己的思考。一张美钞放在我眼前的桌子上,它有个体识别标记,有一个专享的编号。这种(警察的)体貌特征有何功用?就是为了必要时鉴别这张纸钞的真伪。在物质上,这张纸币和这枚硬币必须经过正规的印刷和铸造程序,并成为由此而产出的那一张和那一枚。而对于纯粹的符号而言,只有在特定情形下才会如此,例如,或者在面相学中被用作表征符号，或者珀加索斯"象征性地"被驯服，或者作为象征或真伪鉴别符号（财产徽记、产地标记等）附着在载体之上。否则，象征符号无需正规的、特有的铸造场所。具备货币价值的纸张（即狭义上的符号货币），哪怕是次级和再次级货币，都必然依赖于商品领域，这是货币概念的定义特征。我认为，这一点的符号学理论意义十分明显。不过，这些都只需附带提及。

但是，所有后来补充的内容并不会抵消我们的认识，即语言学词汇单位在逻辑上与"美元"或者"商品种类赫笛夫"等单位处于相同的形式化水平。当语言学家说"父亲"这个单词，并且使用单数，那么，他所指的是其感知范围内的一类现象，这并未排除语言历史研究的成果，而是包含其中。因为，无论"父亲"这个单词在印度日耳曼语系经过怎样的事情，我们在写它的时候，它的音位学特征和象征意义都不会发生跳跃性和无序的变化。"父亲"这个单位就是因为具有这一"基因一致性"而在语言历史中形成的，并且在过去和现代德语及其方言的词汇中占有一席之地，最终，"父亲"成为语言学家眼里的一个单词。而相对于语言学家的感知而言，这样的词汇单位便构成了自然的类型。但是，语法学家也有自己的见解，从"父亲"及其他许多词汇单位得出词汇类型"名词"，并纳入自身的领域，即语言学产品理论。人们需要考察的是，从纯粹逻辑上看，数学家把一对可感知的物体形式化为数字"2"，与这里所描述的语法学家的形式化步骤有何异同。首先，人们必须发现并承认这一步骤。我们将在本节原理 D 中把语言产品分为词汇和句子并在（原著）第四章研究它们的构成。

关于"语言产品"这一术语还需要补充一点。考虑到口语，我们也许需要对这个词进行定义。因为人们也可以把“产品”的所指松散地理解为个体(用专名),但这绝不是规则,相反,“产品”即使在常规言语使用中也突出意义体的某种结构要素。我们应该认识到符号体的语言学结构性,那是语言语言学的对象。“正三角形”属于基础几何学的“产品”,同理,动词、冠词和第四格属于语言学产品,之间没有本质不同。

4. 相对于我们“四场理论”的要求,语言行为理论的建构最为薄弱,颇多争议,远没有达到缜密定义的水平。不过,胡塞尔的逻辑学研究认为行为赋予意义,并进行了细致的解释,我们可以从中汲取营养。如果不借鉴胡塞尔的重要区分,人们就无法在理论上充分理解实施称谓功能的词汇硬币在言语交际中的运用,对此,我们在关于语言概念符号的章节里还会更详细地阐述。“马”这个单词在语篇中指涉动物学的个体还是物种,当然关系重大,而且,无论在无冠词的拉丁语中还是在有冠词的印度日耳曼语言中,都没有形态学的标记,人们必须从上下文或者言语场景中侦探判断,究竟说者所感知和意指的是前者还是后者。这有何意味呢?对于我们话语接受者而言,要能够窥探说者的内心意图,而对于说者而言,他赋予他所使用的词汇硬币以意义,这个意义至少在某种程度上较之于该语言的顶尖专家对孤立单词“马”的理解更为准确、更为确定。没有一本字典包含了胡塞尔意义上的行为特点,除非该词在语言中只被用作专名,如“苏格拉底”那样。

对于专家而言,上述内容并不新奇,皆为常识。但是,这一常识在许多方面值得非常仔细认真地思考。上述“侦探”过程所需的标记何在?如果要学生把一篇德语文章翻译为拉丁语,而且他也理解了其中的内容及其德语文本,那么,针对他译文中的一个表

“言说”的动词,我会在其后“补充”要求虚拟式的 ut,或者给它一个“不合拉丁语规则”的批语。学生赋予所用语言材料的意义与古典拉丁语的规则相左,他所实施的某个言语行为不符合拉丁语产品规约的基本框架。施坦塔尔的《语法、逻辑和心理学》(*Grammatik, Logik und Psychologie*, 1855)对 19 世纪语言学具有历史意义,对以贝克尔(Becker)为首的狭隘而保守的语言逻辑学提出大胆驳斥。这里引证书中记载的一场小型魔女纠错会的情形。书中写道:

> 某君走到长桌前说:这张圆桌是四边形。对此,语法学家心满意足,默不作声,但逻辑学家却暴跳如雷道:胡说八道!那位又说:这张长桌是圆的,或者说,这张桌子是圆的(hic tabulam sunt rotundum)。逻辑学家本人既不懂德语,也不懂拉丁语,只能沉默无语,而语法学家却提出了批评。逻辑学家如果在其一般逻辑规则之外还掌握语法一致性(Kongruenz)的规则,他也会提出批评。但不巧,既掌握逻辑学规则又掌握语法规则的恰恰是语法学家,因为,这位在其语法学家的身份之外也是逻辑学家,也就是说,能够根据逻辑规则进行思维和判断,但是,逻辑学家却并非同时又是语法学家。如果把上述句子改为:这张桌子是一个圆(hoc tabulum est rotundum),那么,掌握了一致性知识的逻辑学家固然会心满意足,但是语法学家却还具备语言知识,于是做出修正:应该是 tabula,这样,逻辑学家就能完成剩余的修正,亦即,现在轮到语法学家被迫在逻辑学意义上运用一致性规则。因为,一致性规则和 tabula 这个单词的词性都只是语法关系,它们及其

> 他类似的内容构成语法学的对象，即语言。在形式上，把语言规则运用于语言材料的过程必然会出现逻辑学问题。（220－221 页）

我们面临的问题是什么呢？我们面对的是一个特殊的问题，它实际上归因于语言行为和语言产品的区分。我们不要怕绕弯子。那么，怎么理解施坦塔尔提出的语法学家和逻辑学家工作的不同呢？它们真的是挥向那篇错误百出的文章的不同的墨水吗？为了避免草率判断，我们需要借鉴胡塞尔逻辑研究中的观点。他指出，语法审查对诸如“四角形的圆”（viereckiger Kreis）和“木质的铁”（hölzernes Eisen）①之类语言结构的意义悖谬缺乏敏感性，相反，它对互不相容的词汇堆砌所导致的错误极其敏感，因为，它们根本没有意义，亦即没有悖谬的意义，所以，语法正确优先于逻辑正确，而语法学整体而言是逻辑学的基础。

> 我们可以做如下结论：孤立地看，在纯粹逻辑学范围内突出存在一个基本的部分，即意义的形式理论，这种理论涉及纯粹的意义范畴，预设了相关组合或变异的规则，揭示每一种现实语言的理想架构，其中，依据普遍人性的动机或者某种偶然变化的实验动机，充满了不同方式的实验性材料。有多少语言历史的实际内容及其语法形式能够以此方式获得确定，都取决于该理想构架，因此，对其进行理论研究最终构成了对一

① 这两个德语例子，从句法看是正确的，符合性数格一致性规则，但语义悖谬显而易见。——译者注

> 切语言进行科学阐释的基础之一。同时要注意,这里不包含逻辑在较低层面上所提出的真值、实在性、客观可能性等问题,而且,如上所述,该领域具有解释一切语言的观念性本质的功能。有鉴于此,人们可以把纯粹逻辑学这一基础性领域称为“纯粹语法学”。(319－320页)

问题是,将语法置于大厦的底层,将逻辑置于较高层次,这样的分层安排是否也可以反向处置。组合规则被胡塞尔称为“纯粹语法”的核心,它一定存在于我们将要讨论的复合名词和隐喻之中。不过,我们真正将要发现的东西却具备完全不同的特性。事实证明,对语言结构的理解永远都需要接受者的相关知识,诸如Backstein(砖)、Backofen(烤炉)、Schlangenfraβ(猪狗食)等结构,最终都只能依赖于相关知识才得以理解,这是德语对其复合词使用者所提出的要求。另外,语言中的隐喻将会告诉我们,每一种意义的建构是怎样深刻和直接地受制于相关的具体情况。对于情景中控制因素的考察,我们可以首先进行,也可以根据胡塞尔的观点最后处置。后文关于上下文因素的分析将表明,这一倒置十分必要。另外,胡塞尔自己有一段论述令我们茅塞顿开,促使我们最终做出否定的选择,他指出,“意义在保持本质核心的同时可能演变出新的意义”(311页),而且,“某些意义演变甚至属于每一种语言的语法常态”(309页),所以,“意义的变化”也是需要研究的现象。不过,他的这番解释仅仅以经院派的假设为例:“半人马是诗人的虚构”。关于这一联言判断他仅以如下结论草草了事:

> 在话语环境中,意义的变化总是易于理解,而变化的动机

具备广泛的普遍性,因为它植根于相关表达的普遍特征之中,甚或属于该意义的本质范畴,如此,相关类型的非正常表现可以反复出现,而逻辑反常现象则为语法所不容。(309 - 310 页)

这里,我们再次重申和细化我们的否定态度。逻辑学家感到诧异的东西正是自然语言的基本机制。的确,上述"倒置"的想法植根于"相关表达的普遍特征",但绝不是木桶里的第欧根尼所见的情形,因为,我们所要承认的事实一目了然:在"客观可能性"之中,事实上是在每一个人类话语之中,语言描述为意义的不确定性留有充分的余地。这是事实,否则,词典编纂便轻而易举,自然语言也会因此而失去其最令人称奇的特点和最大的实际价值,失去适应具体语境中无比丰富的内容的奇特能力。另一方面,这也使得意义分配具有一定的自由度,从而也说明胡塞尔行为论对于尚处于萌芽状态的"客观性"语言分析的必要性。

语言对悖谬(Widersinn)不敏感,但对胡言(Unsinn)却很敏感,这是施坦塔尔提出的观点,并为胡塞尔所接受。以我之见,这一原理颇具操作性。施坦塔尔开场写道:"某君走到圆桌前,开始讲话。"这样,他描述了一个言语场景,对此,作为语言出位的审查者,我们始终充满优越感。再者,在该语境和其他所有语境中,这个正确的拉丁语句子拥有丰富的,甚至非常丰富的上下文辅助元素(Kontexthilfen),而这正是每一种自然语言最值得关注的机制之一,从而以各种方式和多重保护,确保语言表述免受误解。语言基本上都在运用多义的象征符号,这些意义本质上都需要予以界定或者修正,所以,从另一方面看,语言必须为纠正预设多重辅助性手段。对于非语境话语而言,这样的辅助性手段就蕴含于语言象征场的各种元素之中。对此,我们将在语言象征场理论中系统研究。场景中的即席话语蕴含着各种“客观辅助元素”(Stoffhilfe),它们有时被忽视,而有时却主导着话语的意义,因此,要在语法和逻辑之间普适性地画一条分界线,是不可能的,因为,地球上的语言总是对其使用者提出这样那样变幻莫测的要求。如果以语言敏感性和(表面上的)不敏感性为标准,则每一种语言中的分界线都各不相同。

另外,在关于语言产品的论述中,我们描述了德·索绪尔等人以及自古以来整个语法在“客观性”语言分析方面所面临的困难。我认为胡塞尔的现象学实际上可以提供很好的补充,从而化解这一困难。胡塞尔未能彻底解决该问题,其根源在于他将整个意义世界建构在主体之上。正如我们的四场理论所要求的那样,所谓主体,并不是每一个具体经历的、心理学意义上的和只有通过指示而可及的主体或我,不是我们在本章第二节所论及的那个我,而是第二形式化等级上的主体(即逻辑的或者超验的我),亦即“被意指对象”的对极。这是胡塞尔提出的两个基本概念。因为,为了获得行为的本质特征或者(可选术语)类型标记(genera significandi),一切个体的偶然性都被“置于括号之中”。胡塞尔认为,在现实的言语思维中,我并非时而意指一个个体,时而又意指一个种类(这毫无意义),相反,此行为特征和彼行为特征都属于意义世界,此乃明智之见解。这些行为特征的系统被完全揭示之日,就是语言理论的基础得以建构之时,那时,普遍的类型标记王国不仅预备性地包含了那些通过实证而在已知语言中确证的专名和类名及其不断变换的使用,而且还包含许多其他内容。抽象性的一切问题、意义构成自由度的一切问题,都在胡塞尔的现象学中得到澄清和决定性的论述。

因此,人们应该采取现象学逻辑研究的基本态度,学习将某些内容置于括号之中,这样,包含了一切触点的单子论就会在笛卡尔"思之活动"(Cogitatio)的语境下逐步明白意义的结构规则。这样做的根据何在?当然是根据那位木桶里的第欧根尼从自幼习得和使用的语言所获得的那些模式。他理解那些模式,而且他还有感官(眼睛和耳朵)和记忆,整体而言,他拥有足够的经验材料,来解决"置入括号"和模式认知的问题。人们误以为"思之活动"的回归抽去了模式认知中的"所思"(Cogitatum)和"你"(即语言符号的接受者,往昔的我),其实不然,"笛卡尔的沉思"(Méditations Cartésiennes),特别在"第五思"(die fünfte Meditation)告诉我们,它们就蕴涵在令人称奇的思想过程之中,在主体意义封闭的单子空间之中获得完美的逻辑地位。笔者对现象学方法的可能性和意义深信不疑,坚信由此可以促进"纯粹的"符号学的发展。人们要像对待纯粹数学那样创造性地建构纯粹的符号学,为此,要完整而系统地阐释行为的特征或者(以符号为出发点的)意指模式(modi (genera) significandi),即符号使用的可能方式。

不过,我们需要由此再回归到一个系统,比如"德语"或者"拉丁语"。首先,必须在置入括号之后重新解除括号,摒弃单子论及其意向(想象的)世界,其次,为了使客观性语言分析和语言工具模式成为可能,需要一个坐标系。总之,行为理论需要以产品理论为补充,其建构也只能依照历史上一切语法的建构方法。

我们再问计于希腊先哲们。他们透过浩瀚的具体知识,以坚定不移的视角直逼本质,毫不动摇地为西方科学提出无比卓越的思维模式。柏拉图在《克拉底鲁篇》中解释道,人们唯有向纺织匠求教纺织原理,唯有向制作走梭板的木匠求教"走梭板"这个工具的"原理"。那么,想要发现语言学原理,难道只需要纺织工的培训,而可以省去木工的培训吗?我不以为然。与木工培训正确的类比是对主体间性语言规约的学习。也许,与其他遗传所得一样,"语言"是被接受的,并在说者的单子空间获得重生。接受和自创(获取和使用)是两回事。包括胡塞尔也认为行为赋予意义具备一定的自由度,那么,使用也拥有这样的自由,同理,获取所受的约束就是该自由度的界限,使用时的自由与接受时的约束互为关系。以语言共同体中所有成员共享的方式,在主体间交往中使用语言产品,或者在一次性语言产品的建构中使用语言产品,这是一方面;而在具体情况下将语言结构中预设的意义赋予语言产品,以及在此基础上的一次性的意义修正,则是另一方面。正因为它们是两个方面,所以,人们就不能如逻辑研究那样,从行为出发来解决意义理论的全部问题,即使人们一再宣称,具体语言的实证特征之所以如此,要归因于"历史的偶然"。"历史的偶然"这个概念有待"澄清",但是,我不想对该概念提出反驳,我所要反驳的是一种观点,即一切不属于行为理论的都不具备原理性。

从真正的语言工具论以及以此为基础的古老的客观性语言分析,我们提出语言的产品理论,进而认识到语言的社会性。但是,人们如果反过来以为这样的理论相对于主体性行为理论而言具备逻辑优先性,或者至少具备逻辑同等性,那就错了。那是极端的个体主义(Individualismus)和主体主义(Subjektivismus),会成为单子建构论或者普遍主体论(Subjektsuniversalismus),面对语言则苍白无力。这样的观点也许可以(也许不会)在哲学论述的最高层面得到证明,但是,一旦遭遇到语言理论所关注的形而下现象,就必败无疑。这一点在语言概念符号的理论中非常明显,详见后文。

(5)词汇和句子。语言的 S-F 体系(D)

现代逻辑学为人类视觉创造了一个人工符号系统,并称之为“语言”。表达理论学家是研究表情和哑剧艺术的专家,他们早就知道这样的系统是“语言”,而且是人类和高级动物最一般的语言。除此之外,自恩格尔和贝尔(Bell)之后,再没有人提出更有价值的认识,或如他们所说,更为贴切的认识。请允许我们历数语言的同类,或者通过简单比较,或者伴以严肃的哲学论证。为了在某个方面与真正的语言相类比,人们的词汇里总需要一个共同的“分母”。所谓“真正的”就是没有修饰语和附加语。问题是,在比较和类比之后,没有修饰语和附加语的语言的本来面目又是什么呢?关于它作为“工具”的多面性和作为符号机制的多重性,以及在我们实践和诗性活动中的表现,已有论述。需要确定的还有第四点,它自古为问题之首,也是本书着墨最多的一个方面:词汇和句子就是语言产品。并非只有其中之一可以上升为范畴,相反,二者密不可分,必须相互观照才可定义。

根据上述最后一个标准,现代逻辑学有资格创造一种人工“语言”,但是根据其他标准则不能这么说。相反,认为在人类有声语言之前和同时,表情和体姿即是一种自然“语言”,这种观点又恰恰不符合上述最后一个标准。较为谨慎和准确的说法是,作为天然的辞令手段,人类身体只有被扩展和改造成为一种成熟语言模式的象征系统,例如聋哑人和西妥教团僧侣的肢体语言,上述观点才能成立。这一点始终适用于逻辑学家的人工语言,因为,它的符号是象征性的,且被用于象征场之中,原则上与成熟语言的词汇完全一样，都是象征符号，并且在语言的象征场中实现自己的句法功能。看来，有必要把语言与另外一种有效交际符号系统相区别，来彰显有象征场的系统与无象征场的系统之间的区别。

1. 在无线电报出现之前，航海界根据国际规约使用过几种旗语交际系统，其中之一只有三种基本形式（圆球、三角幡和四角旗），其含义如下例所示：

○△：您处境危险。

△○：给养不足，饥饿。

○□：失火或漏水，需要火速帮助。

□○：搁浅，需要火速帮助。

△○□：请停船或减速，有重要消息。

□○△：有电报或消息给我吗？

○□△：是。

○△△：否。

等等。这些组合为正常交际提供了足够量的符号，每一组合由左到右或自上而下读取。[①]

我们首先指出两点：第一，有三种基本形式，在每一组合中反复出现，无论单独的圆球、单独的幡，还是单独的旗子，或是它们任何形式的亚类，本身都不具备信号意义。它们位于组合的特定位置，以此参与组合的建构，并使此组合与彼组合相互区别，这就是它们功能的体现。因此，这些基本形式就是基本特征符号，与语言的音位完全等同。第二，只有组合，即旗语的句子具备信号意义。用库伦特体有声语言重构该意义，往往需要多个句子，而且是不同

① 参见164页脚注。——译者注

的句子(陈述、命令、感召、疑问)。我们的理解是:每一次用一个旗语句子象征性地表达信号发送者在所处特定场景中发给接受者的一个感召、一个要求或者一个问题及其附带说明,由此,人们可以把旗语句子视为一种整体象征。将它们翻译为有声语言时需要使用许多词汇和句子,但这不是问题的关键,因为这不是系统的内在特征,而是外在附加的特征。这里没有出现对可感知符号的信号意义任何形式的切分,这才是一个系统的决定性特征,也是我们所谓整体象征的意涵。同样,旗语"句子"与语言句子虽然都被称为"句子",但却不可等同视之,它们既不是前者,也不是后者。只能说,在典型的交际场景中,每一组旗语组合都以不可切分的形式发挥交际工具的功能,整个系统只包含这样一种类型、一个层级的意义单位。这种系统是由它们组合而成的集合,是一种单级符号机制,相反,从语言产品来看,语言是一个两级系统。[①]

我们不妨说一说儿童发展的某个阶段,它可与该航运交际的整体性单级信号系统相比较。该阶段儿童只会使用观察者熟知的"单词句",其情形大致也是整体性的,如果人们对这些交际符号的音调变化忽略不计,而且也可以忽略不计,则它们就类同船长或信号手的旗语。当然,儿童不掌握当下全球交往所遵循的符码资源,而这对于儿童而言也无关紧要,因为,他所发信息的接受者不是陌生的船长,而是一个语言社团关系私密的同伴。另外,儿童习惯使用有声语言进行日常交往的典型场景有限,人们通过频繁交往对儿童或多或少特殊的语码已经非常熟悉。这里有时也会发生船只触礁搁浅,需要紧急援助,需要发出重要信息,等等,巧遇而过的大

① 参见165页脚注。——译者注

人应该驻足或转向。所有这些都通过儿童所习惯的、尚未编码、但却可以编码的几十个“单词句”中的某一句得以表达,并传达给接受者。“单词句”这个术语只是儿童心理学家的一个权宜表述,它意味着,有人可能把这样的现象既视为单词,也视为句子,认为它们本来“尚还”处于二者合一的阶段。这应该纠正为:这些单词句“尚还”既不是前者又不是后者,因为,儿童正在向由单词组成的真正的句子过渡,这时正在发生一种系统转换,从一种单级系统向我们成熟语言的S-F系统过渡。值得关注的是,我们文化中的每一个儿童,即使语言教育十分理想,在大约四分之三年的时间里都使用这种由语音秩序符号组成的单级系统,而且,根据美国人梅杰(Major)的实验报告,成年人的介入干预也不能使其更早脱离此阶段,不能使他们一口气说出一个以上他们自己的语音产品。

结论很简单:诸如航船信号之类的系统是整体象征的单级系统,其科学界定如下:第一,信号的结构已经确定,第二,每一个信号都针对一个明确的典型场景及其交际目的。人为规约的旗语符号的语码非常简单,一本两章的小册子即可说明。

2. 相反,语言之类的系统不是单级组织,而(至少)具备两级规定性(规约性),相应地,也具备两级语言产品。在语言之类的系统中,每一个具体实施的(可脱离语境的)描述都可以做两步抽象分解,我们可以简单地说(不甚精确、不无歧义):选词和构句。这里,第一级语言产品及相应的组织规约,似乎说明世界可以被切分为碎块,或者是由事物和过程等组成的类型,或者是诸多抽象的元素,其中每一个都对应一个符号。相反,第二级的设计则涉及不同的关系,并在此基础上为同一世界(描述对象)的整体建构提供符号性材料。对描述理论而言,这是两个根本不同的步骤和过程,对此,必须保持清醒的认识,不要在心理上被该两级语言产品和谐顺畅的运作所迷惑,也不要因为此两种系统的元素之间可以任意转换这一语言学事实而动摇。简单地说,每一种语言都存在原本的句法元素转换为词汇,而词汇元素又转换为句法结构的现象,这体现出人们运用相互依存、相互制约的元素之时令人称奇的自信,仅此而已。每一种元素都与另一种元素根本不同。

通过比较,我们的结论是:对语言之类的系统进行科学界定不同于简单的语码,狭义上的音位学只能部分地与语码的第一章相类比,相反,词汇和语法反映语言两个层级的组织和产品,第一,词汇和语法相互不同,第二,词汇和语法与语码本质不同。

词汇和句子是两种相互区别的元素,关于它们之间特殊的互动关系,关于语言符号的象征概念(Symbolbegriff)、象征值和场值,我们将在适当的地方系统地展开讨论。其中非常值得关注的事实是,只有句子的意义结构才赋予词汇意义最大程度的满足和确定,因此,19 世纪心理学家和语言学家提出,只有句子才是基础,不是词汇。或者说,只有句子,不是词汇,才是语言真正、实在的意义单位。① 细究之下,其中包含正确的思想,但也有凭空臆断。从描述理论看,有一点确定无疑:无论在何种语境下,这一高调提出的立论把语言理解为由基本意义单位组成的单级系统,其中无疑存在误读或谬误。词汇不能优先于句子,同样,句子也不能优先于词汇,因为,二者都是人类语言共时状态(也许是高级状态)下相互关联的元素。

---

① 德·索绪尔称之为一种"广为人知的理论",并为过去语言学的重要观点进行辩护,在冯特的理论里(《论语言 I^2》,*Die Sprache* I^2. 602—603 页),这个问题得以引申,成为一个鲜活的心理学和遗传学问题。

人们可以尽情想象各种能够满足人类交往目的的单级系统，但绝没有哪一种在严格意义上是句子不含词汇，或者相反。没有词汇的句子就如同没有元素的关系一样，无法存在。另外，人们也可以反向证明。一个孤立的单词的词汇意义是模糊的，难于把握，必须通过综合且依赖“其他”单词才能确定，而反过来，每一个“其他”单词也因此而在某种程度上得到确定和细化，例如，印度日耳曼语言复合词中“模糊的”句法指示功能，或者拉丁语第二格或第四格的句法歧义——它们的确定在许多情况下基本上仅仅依赖于结构中的“词汇”（根据所指称的对象，即“材料”），无需依赖对其他更复杂的上下文辅助因素的判断。[①] 对此，后文还要进行更为重要的论述。

最后需要强调的是，话语体现出语言结构的二维性，这是语言的结构原理，是其最重要的特殊属性，排斥它就是一种理论的无知。人们可以进行各种各样的比较，但是，无论是音乐，还是视觉图形，甚或现代科学及其他用于描述目的而设计的各种象征系统，都不完全具备语言的这两种互补性产品，简单地说就是词汇和句子。只有某些描述性象征系统——显而易见且颇具启发性——在某种程度上具备与语言一样的描述功能，如数学公式和现代逻辑学的象征系统，也有词汇和句法。善于理论反思的逻辑学家（例如卡尔纳普）认识到了这种关系。我要特别强调的是，与他们无关，而且在他们之前，我在语言理论讲座“论词汇和句法”（Dogma vom

① 不太精通语言学的读者可从下例看出德语复合词的意义构成有多么不同：Back-Ofen（烤炉）、Back-Stein（砖头）、Back-Huhn（烤鸡）、Back-Pulver（焙粉）。这些情况体现了同样的语言组合方式，但使用者必须依赖自己的相关专门知识，才不致误读其中的意义构成。

Lexikon und von der Syntax)中就提出并论证了这种关系。[①]

3. 讲座想要论证的是什么呢？我们不妨再次把航船之类的单级象征交际系统与语言进行比较。众所周知，语言在其发展过程中跨越了整体性指示的阶段，没有停滞不前。最简单的问题是，为什么恰恰是语言没有止步不前呢？凭借一定量有效的区别性音位，人们实际上可以把足够多的“信号”（我们还用这个词）投入交际，其方法简洁而流畅，其中可能体现出优于场域系统（Feldsystem）的其他优点，但是，场域系统有一点却是无可比拟的，即以有限的规约和与之相符的语言产品对无限复杂的对象进行充分的区分和精确的描述。人们设想一下单级系统使用者在“新的”场景中的情形。因为旧的符号不敷使用，他要发明新的象征符号，但是，这些新符号暂时又不具备主体间的可理解性。为了利用现存的规约资源准确地获得新的表达，他该如何呢？我们迄今所认识的人类语言都有资格成为这样的“能产性”系统，成为普遍性的象征系统，而且达到了令人惊讶的水平。我不知道《圣经》的许多章节究竟被翻译为几千种语言，问题不在于翻译的优与劣，而是它为什么90％没有沦为无望的妄为。原因很简单，因为，凭借耐心和智慧，一切语言的上述条件都可以以某种近似度而得以满足，当然，程度不同，原因殊异。我们只坚信一点，这样的事情原则上只能在某个场域系统之中得以实现。

整体象征符号的语码，无论是否书写形式，都必然如同一种书写或非书写的口头语言的词汇那样，有其局限性，都受到人类记忆力的局限，尤其是在众多人群中对具体对应的记忆要保障主体间

① 参见169页脚注。——译者注

的交际区别清晰、流畅无阻，其记忆能力更为有限。对此，我认为可以通过大量数据实验对其条件进行更为详细的说明。对航船信号中孤立的具体对应的记忆，独立于任何内在或人为的辅助系统，它们是怎样实现的，这正是问题的核心：系统的每一种辅助手段都是对这种有限能力的扩展。然而，语言凭借我们所认识的有限手段就解决了这种扩展的问题，并且，简单地说，在某些关键的地方避免了问题，亦即克服了问题。因此，我们能够不断地把不可预见的新情况在主体间成功地用语言描述出来，实际上并非因为我们是记忆专家，而是因为对于语言之类的场域系统而言，根本就没有那样的必要。我们用仅仅 10 个基本符号和一种极为简单的规约性“句法”就可以象征表达无限的数字。十进制数字系统的规约是，从右到左，数字为个位、十位、百位……我们看到，顺序在这里具备辅助价值。从结构和功能看，语言的句法也是如此，而且更为细致。

4. 上述思路也许暂时体现出逻辑学家和语言学家兴趣的不同，但是，逻辑学象征机制也属于语言描述机制，由此，他们最终都要面对如下同一个问题：是否可以证明语言是唯一具备普遍性的描述机制。我认为可以证明，因为一方面，根据逻辑模式，关系由两个元素构成，而一切描述对象都可以充分切分，另一方面，敏锐的语言学家认识到，音位系统中的一切都是二分性的，构成二分“对立”，此二项式也简单而等级性地体现于其复杂产品之中，主语谓语结构如此，其余也可以照此类推。[①] 结果显而易见，在争夺普

① 二项式结构贯穿语言始终，这一思想并非全新，但在以特鲁别茨柯依为核心的学者中引发了成果丰硕的分析。

遍性的世界大赛中,语言描述机制占尽先机。在上述有限的手段和记忆力条件下真正具备充分的能产性和适应性,这样的能力非语言场域系统莫属。[①] 对于我们而言,说明这一点就足够了,可以就此结束讨论。

2 语言的指示场与指示词

因为人类手臂和手指的姿势,我们有了"食指"的称谓。路标形象地模仿张开的"手臂",与箭头一起形成一幅象征图形,被广泛应用于实施指路或指向。弗赖伊尔和克拉格斯等现代思想家给予这种姿势以应有的关注,认为它们为人类所特有。类似手势有不止一种形式,不过,我们还是讨论路标。在岔路口或无路可循的场地,醒目地竖立着一只"手臂",一支"箭头",一只带有地名的手臂或一支箭头,经常给行人提供帮助,前提是,它竖立在恰当的指示场(Zeigfeld)之中。没有比这更为浅显的道理了,但问题是,有声语言的符号中是否也存在这样的东西,也发挥路标一样的功能。回答是肯定的,"这儿"和"那儿"等指示词(Zeigwort)就具备类似的功能。

具体的言语事件本身与场地上静止竖立的木质手臂有一点完全不同,言语事件是一个事件,而且还是一个复杂的人类行为,其中,发送者不只是像路标那样竖立在场地的特定位置,相反,还扮演一种角色,即发送者的角色,与接受者的角色有别。因为,二人

---

① 参见171页脚注②。——译者注

世界不只属于婚姻，还属于每一种社会活动，而我们必须将具体的言语事件描写为一个完全的言语交往的模式。如果说者“要指向”当前词语的发送者，就说“我”，如果他要指向接受者，就说“你”。“我”和“你”也是指示词，而且原本没有其他功能。如果将通常的人称代词译回到希腊语的Prosopon，意为“脸、面具或角色”，就不会再对我们的立论感到惊讶。每次用“我”所描写的人，原本无非是当前信号交往中发送者的角色而已，而用“你”所描述的人无非是接受者的角色而已。古希腊语法学家早已清楚地认识到这一点，将人称代词归类为指示性语言符号。

印度日耳曼语最古老的历史文献和问题的本质都要求我们在处理“指示性语言符号”这种类名时首先考虑一类词，它们因为无法归为屈折性(例如不可变格)的称谓词而被语言学家不屑地称为“指示小品词”。凡是不可变格的即被视为小品词，然而，它们终究却是有变格形式的，并且在语言象征场中代替名词，因而应被归为代名词。对于它们这样的功能，符号学分析并未视而不见。语言学家建议进行概念上的区分，首先关注那些仍然可变格的词汇所包含的指示性元素。这一建议完全正确，因为，所有语言的指示词都具有共同性，它们不是在语言的象征场，而是在语言具体的指示场获得意义及意义的确定性，而且只能在其中获得。“这里”和“那里”的所指，因说者的位置而异，与“我”和“你”因言语伙伴发送者和接受者角色的转变而异完全一样。指示场这个概念要求我们将这一既熟悉又独特的事实设为问题的出发点。

语言中只有一个指示场，而且指示词的意义取决于客观的辅助性指示手段及其等值物，这是一个基本判断，应该得到解释和证明。指示的模态各种各样，我们可以视觉指示，也可以在脱离具体场景的情况下将同样的指示词回指（Anaphora）使用。此外，还有第三种模态，我们称之为虚拟指示。但是，从现象学的角度看，食指指示是视觉指示的自然手段，为其他辅助性指示手段所替代，在话语中为在场的事物所替代，虽然如此，食指及其等值物的辅助功能决不能被完全摈弃，成为可有可无，即使在回指这一人类语言所特有的最奇特的指示模式中也是如此。这一认识是我们关于语言指示场理论的核心。

我在这里所提出的新观点，应该是对维格纳和布鲁克曼理论的完善。在他们之前，现代语言学就通过对各种现象的观察认识到一个事实：对具体言语事件的恰当分析必须涉及特定的场景因素。但是，直到维格纳和布鲁克曼，人们才将指示词的功能实事求是地置于最高原则之下，即描写为信号。两位学者不熟悉这个类名称谓，但深谙其观察视角，然而，他们新颖的描写以及概念梳理，只有通过极限情况才能凸显其中的本质。指示词要求人们视其为信号，称谓词则要求与信号不同的另一种确定方式，即传统的确定方式。称谓词具备象征功能，其意义的满足和确定发生于语义环境之中。语义环境是一种另样的、不可与场景因素混为一谈的秩序，我建议称其为象征场。因此，这里在纯粹形式上予以说明的，是一种双场理论（Zweifelderlehre）。

我们所描写的指示场，是形象语言的核心和优先技能。首先，我们看布鲁克曼在其关于指示代词的纲领性论著中对印度日耳曼语语言历史现象的心理学解释。[1] 其次，他在那里没有论及人称

① 参见布鲁克曼《印度日耳曼语的指示代词》（*Die Demonstrativpronomina der indogermanischen Sprachen*. Abh. der sähs. Ges. d. Wiss. 22/1904）。

代词，而是把它们与具体言语场景中的辅助性指示手段相提并论，证明它们是其中的构成部分。然后他对指示词和称谓词进行了现象学区分，这非常重要，必须予以适当的强调。我后来发现，古希腊语法学家已经做过同样的区分，而且恰如我所想的那样，很令人鼓舞。后来，人们兴趣的重点转向混合型人称代词，致使情况在一定程度上变得含混和模糊。没有人会否认混合型的存在，但若要提出它们语义混合的观点，则必须拿出证据。印度日耳曼语以外的其他语系存在与我们的人称代词可比的词类，从现象学上看应该不是人称代词，而是代指示词(Prodemonstrativa)，因为，简单地说，它们并不是一种指示性的称谓，而是一种称谓性的指示，这具有特殊的启发意义。对此，将在本章最后一段论及。

将起点与终点相联系，这是心理学的任务。仔细观察之下，我发现语言学的结论与一个著名的想象学(Vorstellungslehre)结论完全一致，这令人难以置信。该结论出现在我买到的艾宾浩斯(Ebbinghaus)教材第四版中，其情形大致回答了我们的问题，只有语言特有的回指性指示形式有些例外。另外，无论是我当时所引用的学者们还是我自己，都不知道所描写的现象对于语言实施意愿表达的重要意义，那意义甚至是根本性的。我所指的现象应该被称为“虚拟指示”。后来我又发现，恩格尔和皮德里特(Piderit)在我们之前对此早有认识，并在表达理论中(恩格尔的哑剧艺术和皮德里特的表情学)进行了重点论述，[①]不过，一切都还是含混不清，这就是为什么无论心理学家还是语言学家都对他们的初步认识少有关注。

---

① 参见卡尔·比勒《表达理论》(*Ausdruckstheorie*)1933年44页和74页起。

(1)印度日耳曼语方位指示的心理学基础

为了说明布鲁克曼的经典著作对于语言理论的意义，这里首先引用其中一段话：

> 恰好在这个词类上，从远古印度日耳曼语至今，表达手段经历了如此迅速的变化，前所未有，因此产生了许多词源学和形式历史的问题。“比较语言学家”无需再等待专家们的语义学研究，而应该抢先揭示其中的历史关联，向他们指出应该以什么样的历史基础为出发点，以及所涉及的是哪些发展历史问题——现在，对这一研究的追踪已经反复说明，专家们对涉及指示代词现象的历史解释根本上已经误入歧途，因为，他们对这些现象所处的更大的关系框架没有给予足够的重视。(17－18页，粗体为笔者所加)

我想，“抢先”和“更大的关系框架”用词贴切，是对语言理论学家发出行动的呼吁。这里还有必要求助于另一位语言历史学家，即赫尔曼·保罗。他提出另一种精彩的见解：“如果以为无需推测即可以说明最简单的历史事实”，那是自欺欺人。布鲁克曼正在提出他的理论模式，他注意到关于动词的现代理论涉及行为方式，试图以此类推来揭示印度日耳曼语的指示方式(亦即 Zeigarten＝Demonstrationsarten)。他谨慎地指出四种方式，而且四种都是我们所说的方位指示。其中第二和第三种被称为“我指示”(Ich-Deixis)和“你指示”(Du-Deixis)。人们不要为这样的称谓所迷惑。瓦克纳格尔(Wackernagel)已经纠正了布鲁克曼术语的错误，建议用“这里指示”和“那里指示”来表示第二种和第三种指示。因为，布鲁克曼的第二种和第三种指示词所指涉的不是“我”和“你”，而是我的方位和你的方位。布鲁克曼的第一种和第四种指示为“这个指示”和“那个指示”，这是从德语精心选用的措词。

这样就出现了四种指示方式。它们是谁发出的？为什么在印度日耳曼语中形成了这样四种不同的方式？当然是说者的需要。但是，我们语言理论学家的问题设计更为广泛，目标是对系统思想的认识，是要建立一种模式，该模式不仅揭示印度日耳曼语的指示，而是针对一切语言，要总结单数的人类语言的指示方式。这一任务比人们开始想象的要简单得多，因为，言说的人类根本不会以无穷无尽的方式进行指示，而总是想到同一种，当然，他们只能不同程度地利用指示场所提供给他们的可能性，但是，绝不可能包括指示场中不可预测的，或者无法归类的东西。

很奇怪，布鲁克曼已经非常接近指示场的思想，但未能提出来。为了阐释印度日耳曼语指示代词复杂的历史事实，他认为必须从问题的根源出发进行普遍性思考，并为此引入一种（更准确地说是几种）称谓。人们只需严肃认真地分析这些称谓，就可以从中发现语言指示场理论及其大部分要素。他在开篇就指出，“在日常交往”中，听者对说者话语的理解，其根据基本上是“话语的场景，亦即对话的当场，周围的事物，是听者对说者的使命和活动的了解，等等。”从我们的视角只需要补充一点：在场景中理解话语，首先要涉及肢体动作和等值的心理学感官数据，其他方面的知识和理解可以而且必须暂退其后，这样才能在理论上对体姿动作进行说明。坚持“循序渐进，体姿优先”就是金钥在手，发现指示场便顺理成章。

布鲁克曼自己写道:所言及的内容经常进入"直观影像"(Anschauungsbild),"从中,所听到话语的意图或多或少获得必要的补充"。这已经道出了问题的要害。我们可以翻译为:语言符号在"日常交往"中被置于言语场景之中,从而获得特定的场值。这是一个确证无疑的事实,且为人(如维格纳)所强调,现在关键是探究这一事实对于语言理论的意义。对此,布鲁克曼通过"日常交往"进行了阐释。问题是,适用于灰姑娘的东西,对于"非日常交往"和"高雅"的语言是否同样适用?"直观影像"及其服务于语言描述的价值在多大程度上植根于语言结构?这一定是一个理性而合理的语言理论问题。[①]

布鲁克曼继续探寻指示代词频繁出现的场景,他提到了戏剧。"指示代词的戏剧性使用(不妨这样简称)一定最为原始(粗体为笔者所加),这种语言实践中出现的某些人称代词和人称代词组合也仅限于指示代词。"(6 页)后来,布鲁克曼再次论及"戏剧性使用"的问题,由此我们可以更清楚地发现他的兴趣所在。下面摘引一段(我们对重要之处以粗体标注):

> 在对过去事件的叙述之中,"我指示"人称代词的本质丝毫没有改变,例如,指示代词意指空间或时间,适用于以说者为出发点的在场和当下,在叙述中出现就是戏剧性使用,与在叙述中使用现在时替代过去时态的情形相同。例如:er saβ den ganzen Abend traurig da(他整个晚上都伤心地坐在那

① 参见维格纳《论语言生活的基本问题》(*Untersuchungen über die Grundfragen des Sprachlebens*. 1885,特别是 19 页起)。加德纳的新作《关于言语和语言的理论》(*The theory of speech and language*. 1932)也以此为出发点阐述了语言结构的问题。

儿)；er hatte heute zwei Hiobsposten erhalten(“他今天收到两个坏消息”，不是用“那天”)-er fuhr nach Rom；hier blieb er zwei Tage(“他前往罗马，在这儿呆了两天”，没有用“那儿”)-er kam rasch her(“他迅速来到这儿”，没有用“那儿”)(41－42页)。

这些也是不争的事实。我们必须找到能够系统显现话语及其所有相关因素的根源。在描述性语言中，戏剧和“戏剧性”话语的机制性根源何在？以及与之紧密相关：“叙事性”话语的机制性根源何在？戏剧性是如何运作的？我们先预备性地提出这些问题，暂且不求直接解答。布鲁克曼的研究允许并要求我们进行一些更具普遍性的理论考量，如能适当而透彻地进行，则自然成为对上述问题的回应。在下面的段落里应该首先从心理学的角度予以解答。我们将叙事性话语视为第二种变体而与戏剧性话语形成对照。首先，要向布鲁克曼学习，充分汲取语言历史学家关于指示词的知识，因为，语言理论最终的任务就是要接受并重新描述关于指示词的历史知识。接受是出于对事实的敬畏。我认为最重要的是，运用归纳法从历史语言研究的成果中获得对于语言理论而言至关重要的视角。在某种程度上，这会比演绎法更为繁琐，颇费笔墨，然而优势明显，只有这样，语言理论才能应对语言学家关切的日常问题。

1. 预先说明一点。当前时常流传一种关于语言起源的现代版神话传说，或显或隐地与布鲁克曼等人的思维方式不谋而合，接受并扩展了对指示词问题的讨论，似乎指示词根本上就是人类语言的原始词汇。更原始的是无声的指示，即用伸开的手臂和食指实施的指示,以及头部和眼睛发出的类似的指示性动作。必须强调,这些无声或通过尖叫和呼叫所实施的指示针对的首先是感知范围内的物体和过程(动物也尖叫和呼叫,但却不指示),然后,通过语音符号的协同指示而得以不断扩展,最终,语音符号超越了体姿动作,并部分地取而代之。有人说,人类的特性始于真正的指示性体姿,由此而规则性地衍生出其他特性,[①]有人将岔路口的路标视为人类原始的食指手势的衍生图形和比喻(Gleichnis)。纵观所有变体,它们整体上都是关于描述性语言指示起源的传说。

传说不一定为错,这一现代版传说如此,赫尔德在《论语言的起源》中所描绘的18世纪牧羊人田园生活的传说亦然。那里,人看到眼前的家畜,根据其栖息和毛层的特点而赋予一个有声的称谓。赫尔德对古老语言理论的追溯及至柏拉图和感人的发生学故事,其中首先想到的是词汇的称谓功能,并将其中的规定性视为语言起源的创造性行为。必须强调指出,指示和称谓是两种截然不同的行为,指示词和称谓词是两种截然不同的词类,因此,对于印度日耳曼语等语言而言,认为其中一个源自于另一个,这样的观点毫无道理。[②] 非称谓性指示在时间上有优先性,这一假设本身来看没有矛盾,可以成立,然而,所有关于语言起源的思考都认为有些内容是已然给定的,并非衍生的(至少目前认为如此),对此,上述假设却没有充分挖掘。这一点,布鲁克曼论述印度日耳曼语四种指示方式所举的例子,已经清楚说明。

① 这方面的情况我在《表达理论》中有详细论述,特别是其中关于冯特(136—137页)和克拉格斯(180—181页)的段落,索引中关于指示词的词条解释更具普遍意义。

② 参见布鲁克曼和德尔布吕克《印度日耳曼语比较语法概论》(*Grundriß der vgl. Gram. der indogerm. Sprachen*)第2卷第2部分第2版(1911年)307页起。

布鲁克曼不注重从最古老的文献中获取这些例子，而是偏爱以他所使用的现代德语为依据。如果我们中间有人在他的感知范围内用手指着某物，同时说出“dér Hut”（这顶帽子），[①]那么，这就是布鲁克曼所谓的第一种指示方式，在印度日耳曼语系中的词干为 * to-和 * so-。此前给我们讲述那个现代版传说的人，应该试着对这一例子进行分析，他会发现 3 种必要元素，即手指动作、单词“der”（这顶）和单词“Hut”（帽子），当然，人们也可以设想“动作＋ * to-”（指示代词），或“动作＋（单词）Hut”或 * to-＋ Hut 这样的二元符号组合，只是人们必须仔细考虑，这些二元组合中只有一种不包含称谓词 Hut，那么，仅靠手指动作＋to，亦即给手指动作补充一个指示性语音符号，是否就是取得进步的决定性推手。

无论我无声地用手指还是用手指与一个语音相伴随，指示就是指示，仅此而已。因此，所谓进步只能取决于该语音所带来的新功能，而且，无论事情怎样变化，这新的功能不会有其他来源，只能源自于该语音的称谓功能。无声的体姿动作也可以通过模仿来说明“含义”，而语音是象征性的。在这两种情况下，朴素的指示都针对感知范围内的特定存在，与之不同，“说明”则针对存在的某种方式。这两种说明和确定的方式永远不会相互派生，但却可能具备相互补充的功能。如果认为二者之一方先于另一方，或可商榷，但是，这绝不意味着语言起源或语言育人的研究获得了什么充分的发现。换句话说，人们必须从纯粹现象学的视角将指示词和称谓词相互区别，任何关于起源的推测都不能抹杀它们二者

---

① 在德语例子 dér Hut 中，é 表示句子重音所在，是对口语的书面转写。下同。——译者注

的区别。

2. 我们正在讨论的指示方式,在布鲁克曼看来是最常见、最不可或缺的,他称之为“这个指示”,瓦克纳格尔根据最常见的词根音节建议使用“to-指示”(to-Deixis)。布鲁克曼在自己的文章中举了一个典型的例子:dér ist es gewesen(这就是那个),我们再补充一个例子:dér Hut(这顶帽子)。这第二个例子看起来语言结构不完整,不是一个传统意义上的完整句子,而“只是”一个省略句。与所有研究过口语和高雅的戏剧语言的人一样,布鲁克曼知道,“所谓省略句……并非偶有出现,而是非常常见,简直就是规则。”(4 页)我们将在后文讨论这一事实。

有一个普遍的事实,即在简短的言语交往中,冗余的、无关紧要的成分都被省略。人们应该注意这种极端情况,如此才能在理论上正确地把握场景中辅助性因素的重要性。人际之间还存在一种完全无声的心灵交往,其中偶尔才出现语音符号,犹如大海中出现的孤岛。这一事实正是我们的出发点。对于此类较少语音的交往,我们不能一概而论,不要肤浅地以为省略在所有情况下都是贫乏的、原始的、残缺不全的言语活动,因为,这等于错误地认为,非货币和少货币的物物交换都是原始而残缺的经济组织的表现。相反,两种情况中都可能蕴含着最精巧的设计。“省略”的言语也是高雅文化,其中语音孤岛的含义如何满足和确定,则有赖于对语境场值的充分挖掘。

假设,dér Hut 这个例子属于这种类型中的精准表达。正因为它的精简性,人们可以特别简单地从中清楚地分析出以下结论。指示性体姿在鲜活的感知范围内显而易见,不可或缺,最多可以为等值的东西所替代,那么,dér 有何功用呢?或者更一般地说,* to-指示的指示性词语有何功用？表面上看，它没有什么新的意义，而只是重复体姿动作已经表达了的内容。然而，这一点恰恰可能是个假象。人们可以说，指示性语音符号将名词 Hut 与手势动作相联系，从而在整体上构成一个有序的结构。所以，指示性语音符号可能扮演这样一种中介角色，因为，它一方面凭借其物质属性与名词一起属于语音符号，而另一方面因其功能属性而与动作一起属于指示性符号。

如此推测颇具建设性。假如从中得知 to 在印度日耳曼语中没有形态变化，而且不具备语法（或逻辑）的功能，则这样的分析一定大有问题。事实上，to 具备这样的功能，因为，德语单词 dér 表明其后名词的语法词性，而在拉丁语中则有一致性现象体现出来。通常，这样的情形可以被视为"语法性"功能。然而，更具深刻性和决定性的是，这些有形的指示代词在一般意义上已经被赋予诸多功能，毫无疑问也有逻辑功能。我们指出其中的一种，并将在讨论冠词的时候再说明其他几种。在德语中，诸如 das Maiglöckchen（铃兰）和 der Baum（树）这样的表达在非指示性场景中为类名，即指称种类或类别，相反，dies Maiglöckchen（这株铃兰）或 jener Baum（那棵树）之类的表达则指涉个体。这样，在这些场景中，指示性词语使得称谓词的所指对象个体化，而这正是指示性词语的逻辑功能之一。人们应该仔细研究这一规则的适用程度。但是无论如何，通过此类情形可以揭示和详细说明指示词的原本功能，即布鲁克曼分类中的第一种功能。我们还将在"冠词"一节深入讨论。这方面，布鲁克曼的第四种指示方式与第一种完全类同，他称之为"那个指示"，瓦克纳格尔则用拉丁语 ille（他）来称谓。与第一种和第四种相比，从第二种和第三种更容易系统地发现其他功能。

所有这一切构成了语言指示场理论的有序架构。

至此,应该对此前提出的第一条原理进行修正:指示词如果不是自始就蕴含相应的机制,就绝不可能承担我们所说的逻辑功能。指示词也是象征符号(不仅是信号),“这儿”和“那儿”实施象征,指称一个范围,一个地理位置,也就是说,一个说者所处的环境,所指的对象就在其中。同样,单词“今天”实际上意指言语发生的所有以天为单位的日期,单词“我”意指所有信息发送者,而“你”则指所有接受者所组成的类别。但是,这些称谓词与该语言的其他称谓词的区别依然存在,那就是,它们意义的确定取决于该语言具体的指示场,取决于指示场中可感知的东西。

3. 与第一种和第四种类似,布鲁克曼的第二种和第三种指示方式也是相互紧密相关。他的术语并不贴切,不应该用“我指示”和“你指示”来意指发送者所处的位置和接受者所处的位置。瓦克纳格尔提出用“这里”(hic)和“那里”(istic)来称谓,较为适当,可以排除不必要的误解。德语中没有一个表达与“istic”相对应,没有一个像“istic”那样的指示词能够准确地意指指示场中接受者的位置。“Hier”(这里)和“hic”等值,相反,“istic”在具有理论意义的典型场景中不能简单地与“da”(那里)画等号,而是如布鲁克曼所说,可译为“da bei dir”(在你那里)。①

我们先看 hic 与 hier 之间十分清楚的心理学关系。布鲁克曼写道:

---

① da-词汇指涉接受者的位置,但有时包含接受者,有时则不包含,这样的差别在意大利语和(据说)其他罗曼语言中十分明显。在拉丁语中,iste-词汇似乎曾经具备准确指涉当前伙伴的功能,尤其在法律语言中是一个含义精确的术语,οὑτος基本上也涉及接受者,但似乎不是非常严格,例如 τίς δ' οὑτος,意为“那儿是谁?”。

"说者有意将听者的目光吸引到自己身上或者自己所处的区域,或者使对方注意到自己眼前所看到的东西:请看我,或者请看我的感知对象。"一些词汇适用于此,如现代德语hier和her,希腊语ὅδε,拉丁语hic,等等。"作为对第一人称人称代词的补充,或者干脆取而代之,这一类型的指示代词特别突出"我",例如"... tu si hic sis, aliter sentias"(假如你在我这里,就会想……[10页]);对于后者,人们会不假思索地用德语说:wenn du in meiner Haut stecktest.(假如你在我的位置)。

我们再来考察日常交往中的"省略句"在弱语境或者无语境中的情形,会很有启发。例如,为了检查到会的情况,照单点名,每念到自己的名字时会回答"这儿呢",有时,从看不见的地方,从黑暗的角落或房门紧闭的房间里,用"这儿呢"来回答"你在哪?"的问题,用"我"来回答"那儿是谁?"的问题。在这些例子中,如果接受者可以通过声音来实现对特定方位或特定人员的确定,则回答话语残缺不全的问题可以消解。对这一事实有必要进行充分的心理学分析,因为,人们从中可以发现具有普遍意义和启发性的问题。

凡是声音作为交往符号的地方,第一,都会根据经验对这些声音的特点,第二对它们在空间里的来源质量,进行交往技术的评估,我断言,言语交往的情形也是如此。例如,在街道上按喇叭,根据现行的交规而被判断为常见的汽车喇叭声,而且,在声响上与自行车和优先行驶的消防车所发出的信号不同;另外,具体的接受者(例如行人)听出声音来自前方或后方,右方或左方,并做出相应的反应。同样,人的发声器官所发出的声音,对于每一个接受者而言,都有空间来源质量(räumliche Herkunftsqualität)的问题,并且,一般会轻而易举地被判断为人的声音,以区别于所有其他声音。再者,这样的声音具有个体特性(Individualcharakter),我们根据相关兴趣和终生训练所获得的素质可以进行辨别,并且可以对我们周围几十个或几百个熟人说话的声音做出正确的个体对应。通过声音,我们可以轻松而准确地辨认出我们最熟悉的人和其他许多人。

说者自信,他从看不见的地方说出的"这儿"的空间来源质量,以及"我"的个体声音特性,是清晰可辨的,所以他才这样说,而且在正常的言语场景中已经习惯于这样说。听到自己的名字被念出,便从人群中喊出"这儿",这时,他期待着声音接受者能够根据"这儿"的空间来源质量来用眼睛找出声音发送者。听者将目光投向他所感知到的声音的来源方向,并在那里用眼睛辨认出说者。盲人不能如此,他们只能依赖自己的耳朵来达到类似的目的。这也是喊话者从看不见的地方对正常听者的期待。众所周知,这样的期待不会总是落空,因为,我们在日常交往中反复实践,已经熟练掌握了所需的技能。

4. 综上所述,我断言,"这里"指示(hic-Deixis)的根本是声音的空间来源质量,"这个指示"的根本是手指动作,二者的功能相似。在整个表达"这就是那个"(dér ist es gewesen)中,手指动作不可或缺,同样,在整个表达"这儿很干燥"中,声音来源质量具备直观确定方位的元素,也必不可少。其中有一个小小的区别,手指动作+dér实际上是整个表达中两个可独立的成分,相反,声音来源质量和"这儿"的词汇形式,只能是可抽象区别的元素,表现为共同的物理现象。不过,人们不必太过在乎这一区别,因为,如果人们说出"这儿"时想要特别坚定、持续、清楚地引起注意,希望被人发现，就必然要充分利用视觉感知的辅助性指示手段，例如，在会场可以站起来或举起手，也可以用手指向自己的位置，或指向自己（就像回指），用一种反身的指示动作，等等。这一动作与说出“这个”的动作及其他所有类似于简单路标模式的动作形成天然对立，因为，路标既指“路”又表示“离开”。至此，“这里”的感召功能和导向功能与“那里”的感召功能和导向功能的区别显而易见。

我们首先考察这一对立。布鲁克曼对它的认识和界定基本上是正确的，因为对印度日耳曼语言的比较研究正好凸显出这一对立关系。在布鲁克曼的指示方式分类中，第一种主要体现为*to-词干，第二种主要体现为*ko-词干，而且*ko-词干“应该被视为这一方式在印度日耳曼语中的原始称谓”（51 页）。需要补充的是，在印度日耳曼语中，*ko-词干不仅统领 hier-词汇，也统领孤立的 ich-词汇。除了雅利安语之外，*ko-词干“出现于所有语支”。对此，我们将在后文讨论，并引入一种儿童心理学类似观察的重要结果。在布鲁克曼的第三种和第四种指示方式中明显存在其他关系，这一事实更加凸显了上述统领关系。那里，指示词分布更为广泛，涉及许多词干，在“那儿指示”中，i-词干和 n-词干（ille，jener）还可能具备某种程度的主导性，而“iste 指示”在语音方面就根本不能被视为一个统一的单位。简单地说，面对我所使用的现代德语，就不能根据功能来对“iste 指示”做出判断。至于孤立的 du-词汇，如布鲁克曼及其他专家所知，在大多数印度日耳曼语支中都源自于 to-词干或 so-词干，与 dér-指示的指示性词族一样。

5. 对于我们的讨论而言，这一切正好凸显了 to 与 ko 的对立关系。心理学能就此提出什么有根据的见解吗？回答是肯定的，前提是我们所坚持的指导思路是正确的。我要重申：如果没有动作,或者与动作等值的感性导引主线(Leitfaden),或者其他替代性导引规约,就不存在语音指示符号。这一观点乍听起来可能有些费解,但是优势明显,能完全涵盖语言指示的全部内容。为了简明起见,我们首先避开回指和虚拟指示,集中讨论感知范围内的语音指示。这里的情形比较简单,寥寥数语即可解释清楚。我们还以路标为例。

一个人无声地用手指指路,姿势与路标相同,如果他除了手指动作还掌握一种语音形式的 to-指示代词,那么,该语音就如同所有从双唇发出的声音一样,被赋予某种声音来源质量,构成可感知的导引主线,听者只需要循着该来源质量就可找到说者在场中的位置。只要听者能够利用声音的来源质量这根导线,具有一定形态、独特的语音符号就是世界上最无用的产品,而且永远是。一旦在鲜活的言语交往中听到有人说出一个"这儿"词语,他就会如上所为,因为,原本正常的情形变得不正常了,必须引起重视。一声喇叭信号可以使漫不经心的交通伙伴警觉起来,此刻无需说出(独特的、有形的)"这儿",因为,他给出的无形的导引主线,即声音的来源质量,会立即发挥功效。那么,我们究竟何时以及为何(在口耳直接交往中)说出"这儿"? 因为,人类语言超越了动物鸣叫的阶段,有时,接受者没有注意到脱离了指示场的话语的声音来源质量,特意被再次要求予以注意。至于他在通过听觉或者(对于我们视觉动物而言习惯的)视觉确定方位之后在行动或思想上会有何作为,我们后文再议。

为了使论述有一个大致的轮廓,需要对 ich-语音符号的心理学基础做基本的说明,以便为后文在更宽泛的基础上详细论述印度日耳曼语比较研究的某些结果做准备。情形大致是,ich-词汇与言语声音的个体特征的关系，类同于 hier-词汇与声音来源质量的关系。我们每个人从自己的生活经验中熟知，相比较声音来源质量，对所听到的声音和话语的个体（或典型的）特征，需要另样的归类和解释。从看不见的地方听到有人用“我”来回答“谁在那儿?”的问题，就如同听到一个专名一样，接受者会实施一项个体区分。名字是一个称谓词，不是指示词，但是，“我”原本是一个指示词，不是称谓词。对此，我们还要论及。假如我们没有经过长期细致的训练来通过言语语音进行个体区别，那么，那声来自看不见的地方的“我”就是一个毫无意义的反应。对于这种训练的重要性，我自己做过一系列关于言语声音的研究（面相学和病相学[Pathognomik]解读），多有发现。我想附带指出另一种为父母们所熟悉的儿童表现。

当今，我们正常成年人经过警察培训，能够辨别街道上典型的汽车喇叭声，不会做过多解读。相反，我们的孩子们内心对汽车的理解与我们完全不同，会做更多的区分，例如，他们会区分博世喇叭和其他品牌的喇叭，假如训练和区分的兴趣进一步发展，就还会出现（事实也时常如此）对某某先生汽车喇叭声的个体辨认。关于声音和话语，我们无论如何早已不仅能够根据典型声音来区分男人、女人和儿童，而且还能够从声音辨认出更多，我们能够根据那些鲜明的“个性喇叭声”辨认出自己身边最亲近的人。

从看不见的地方发出“我”来回答“谁在那儿?”的问题，正是向接受者提出这样的期待。我认为，这种情况与有形的 ich-词汇的心理学基础十分接近，所以，关于“这儿”和“我”的大致情形，布鲁克曼敏锐地指出，“‘这儿’的导引功能主要是将目光引向说者的位置”，这是“这儿”词汇的核心功能。原始的“我”词汇（如此简称纯粹是为了心理学简约的目的)要求其接受者先如此反应,然后再做其他反应。布鲁克曼在前述论著中仅仅论及方位指示词(Positionszeigwort),后来才论及“我”词汇,其观点完全正确。在一般情况下,“我”词汇与“这儿”要求用眼睛寻找说者的情形完全一样。不过,这只是它对听者提出的第一个要求,如果可能的话,我的伙伴应该朝我这边看,起码应该回应朝我看的要求,但与“这儿”不同,不是要找到我的方位或其他与之相关的东西,相反,简单地说,他应该用面相学的目光朝说者看去。那个在鲜活的交往中说出“我”的人,身上应该有什么可感知和可观察的东西,可能是可视的表达性体姿,或者声音中包含的某种表达性元素,或者只是需要像通常用于专名时那样实施一个区别,可能还有其他更为细致的东西。对此我们表述如下:相对于语言信息发送者而言,纯粹的“这儿”就是他的方位信号,纯粹的“我”就是他的个体信号。对于一个语言社团中的所有信息发送者而言,这些词汇适用于所有他们可能所处的位置,或他们进行言语活动的所有情景经验,其形式恒定不变,即一种情况下为“这儿”,另一种情况下为“我”。然而,要满足指示的要求,对于纯粹的“这儿”而言,只能依赖于声音的来源质量,而对于纯粹的“我”而言,只能依赖于声音的个体特征。

6.因此,在言语交往中,(逻辑上在指示词的任何形式之前)手指动作以及上述两种声音特征非常重要,没有它们,诸如“这个”“这儿”和“我”(我们完全有理由将“我”计算在内)之类的指示代词就不可能出现,而且,如果没有上述场景辅助因素,即使在成形并被使用之后,它们也不可能实现意义的最终满足。因此,系统性的深入研究必须在我们所达到的高度上提出两个问题。其中之一涉及“那里”指示,而另一个则涉及其他所有可能出现在具体言语场景中的自然指示形式，这些形式被交往伙伴为了某种符号交往意图而不同程度地直接投入使用。第二个问题最为复杂，我们暂时将之搁置起来，先讨论第一个问题。

关于“那里”指示的心理学基础，应该对下述问题有一个普遍性的解释：是否存在针对受话人及其位置的自然指示形式。“指示”这个词既可以照字面理解，也可以作引申的理解。在自然的言语场景中，在使用有形的词语实施意指和招呼之前，是否存在类似于动作的直接因素或间接场景因素，用来实施针对受话的指示，来意指和招呼受话？这是一个平行的问题，我们在此必须提出并回答。因为，手指动作和上述两种声音特征在所有有形词语之前就已经被用来实施意指，二者属于一条导线，人们只需要遵循之，即可在具体的言语场景中找到在场的对象。那么，是否可以同理推断，也存在某种指示形式，人们只需要遵循之，就可以找到受话的位置，或者找到他所在区域内的什么东西呢？因为，人称代词“你”毕竟也是指示词。

对于这一问题的一般性回答是，在具体的言语场景中，存在大量相关类型的间接表征符号，但是几乎不存在直接的标记，可以像手指动作和那些声音特征一样被完美而普遍地利用。如果细究是什么在具体情况下以不同的方式标记出受话的位置和个体特征，最终就会总结出一整套场景因素，从而使侦探们心花怒放，然而，其中绝不存在任何恒定不变、永远出现的因素。我试着梳理如下：

(a)说者通过体姿使其话语所指显化、可读。说者为此所能做的一切，我认为都与指示性手指动作“这个”相似。整个身体、头和眼睛都可供调遣，在具体情况下演员知道从这些手段中获取鲜活的具有指向特征的动作。在日常生活中,同样的手段会以粗糙或细腻的形式反复出现,还有将目光定格于视野中的某物,它们也是人际无声交往中常见的、具有普遍性意义的指向手段,不仅用于"这个"指示(der-Deixis),而且也用于受体指示(我是指"那里"指示[istic-Deixis]),当然,如此被触及的人都必须目视发送者的行为,这样才能表明被触及的样子,视觉接触和视觉关注是每一次动作交往的前提条件。手指动作为什么不应该计入此列?它有时也被用于"那里"指示,人们不需要改变手指动作,而只需要改变话语,就能完成由 dér ist es gewesen(这就是刚才那位)到 dú bist es gewesen(你就是刚才那位)的过渡。需要特别指出,这里不存在专门为 iste-指示而形成的手指动作,同时需要补充的是,布鲁克曼对其中缘由的解释不能令人满意。

他解释称:"'这个'指示以说者为基点进入直观图景,但没有考虑在场对象的远和近。径直看去,说者话语所指、目光所及,自然也是'这个'的所指,这就是对'这个'指示这种用法的简单解释。"(74 页)这也应该能够解释一个历史事实,即没有发现一种人称代词,自原始印度日耳曼语以来"仅仅或主要服务于"那里"指示,亦即指示受话人及其区域",倒是在大多数印度日耳曼语中都存在"这个"指示人称代词,它们与受话保持紧密且最终"完全固定而不可转让的关系",例如雅利安语(Arisch)、亚美尼亚语、希腊语、拉丁语和南部斯拉夫语言(如保加利亚语)。

这当然是一个有趣的历史事实,只是对其"解释"所运用的现象学分析有些站不住脚。因为,简单的几何分析就已经告诉我们,只有在一种完美的情况下,即所指的物体和受话以及说者都处于同一照准线上,指示性手指动作"这个"才会"真正指向他",否则,(按照统计学规则)绝不会指向他。

关于发送者体姿的指向,经常出现指向接受者和指向物体之间的竞争,因为,如果要指向两者,则发送者肩负双重任务,他要么一个接着一个完成任务,要么自己分身。所谓一个接着一个,就是他要将手指或眼睛先投向接受者,然后再引导后者的目光一起投向物体对象。所谓分身,就是将目光投向交往伙伴,而抬手以食指指向物体,这是画家十分熟悉的整体姿态。

(b)上述为视觉方面的情形。我们也可以观察一些活动来明确声音所具备的指向特征。虽然心理学还没有做出解释,但事实在我看来无可争辩。弗里德里希·曼斯菲尔德博士是我的同事,是个盲人。通过简单的实验我们发现,在交际圈里,你言我语,话语交错无序,但如果有人专门指向他,他会规则性地感受到被招呼,当然没有指名道姓或使用其他专门指向他的语言表达,相反,纯粹是依赖声音。关键是,他比我们明眼人更细腻地注意到任何一个可利用的区别性标记。如果同桌的某位将头(眼睛)以及说话的嘴转向该盲人,该说话人的声波在响度方面会恰到好处传达给他,而他则训练有素,知道怎样去注意它并做出反应。至于这些情形在其他盲人那里怎样,我不得而知,更缺乏了解的是,我们明眼人未经训练是否会在生活实践中对这种或那种声学元素做出规则性的反应。

人们需要认真思考,关注发送者的所作所为,他是怎样使用他的声音来"触及"某个特定的接受者,并使他响应自己,如同炮兵接到调整方向和计算距离的指令那样。发送者的所作所为被接受者正确理解,这促使我提出一个关键的推测。我们知道声音感应领域有一条引人注目的恒定法则,即"距离变化时声音响度近似恒定",人们可将此现象与那些众所周知的视觉恒定因素相类比。我们看一个东西的大小时忽略视角误差,同样,我们在听一个声音的响度时也忽略角度所造成的声音误差。这一法则对于言语交往中话语声音响度特征的接受也许具有根本性的意义。[①]

---

① 此文之后,我们成功地利用维也纳的语音库建成了一种装置,(在一个几乎没有回音的房间里)对我们的推测进行实验,验证结果基本上是正面的,对此,摩尔曼先生将在他的博士论文中详论。据此,我们听到声音的强度与我们看到物体的大小的情况基本相同,即基本上是声音被发送的强度(不是在我们接受者耳朵里的强度)。这是日常言语交际中的一个事实,应该具备十分重要的音位学意义,我们许多人幼稚地以为那是自然而然的事情。现在,应该研究(换在一个回音很大、容易漏听的房间里)针对发送者方向的听觉现象(与来源质量不同),那样,我们就可以更好地对 istic-指示词的声学导引功能进行描写。这样的导引主线肯定不是非常精确,但在容易漏听的条件下却是实用而普遍性的标记。

关于对音量的掌握,我们每一个人对同桌邻座说话时一定比给对面的同伴说话声音要小,而如果要对一张长条桌的所有人说话,则声音要大,而如果在户外就必须声音更大,声音响度必须高出其正常的传输能力,才能被受话听到。如果不能根据场景运用这一强度区分,说话声音要么过高,要么过低,难免引起受话或者旁观者的厌嫌,尴尬难堪,尤其是在许多人聚会的情况下。说话声音过高会引起饭店里邻桌或者火车另一节车厢里其他人的反感。同样,相对距离而说话声音过低也会陷入尴尬。对此,摩尔曼有趣的研究结果给出了心理学解释,也在某种程度上解释了一种每个人都有过的奇特经验,那就是,感觉被人招呼,但却无言以对。为什么呢?问题已然清楚。

最后,我们再重温一下开始那句话:有各种各样自然的辅助性手段,使说者通过动作或声音去触动某个受话并使其做出响应。在可能的条件下,明眼说话人主要采取针对受体的视觉转换,另外也会采取听觉方式。关于它们的功能和使用效度我们尚不十分清楚。最后,可供利用的还有 pst! he! halloh! 等未成形的感召手段以及成形的称谓词,包括专名。因此,在“那里”指示的语音形式方面,不乏有效的感性导引主线。这些现象出现在普遍而熟知的情况下(至少在印度日耳曼语如此),其形成无法清晰界定,但并非后期形成。这不是历史的偶然,而是有其心理学基础。因为,那些自然的辅助性手段要么在听觉上十分复杂,要么在视觉上与“这个”指示太过相近。另外,也许是最重要的,“你”词汇也使用同样的手段,并致使“那里”指示无法充分发展。

7. 对印度日耳曼语的方位指示形式进行认真的心理学考察,最后还需讨论布鲁克曼模式中的“那个”指示(jener-Deixis)。不同的是,通过这类词语经常不可分离地同时指示两个对象,即远处的某物和指示者与被指示对象之间界线彼岸的某物。

也许，对彼岸对象的指称曾经是指示人称代词“那个”的基本意义，而“较远距离”这一意义元素则源自于指示人称代词“我”与“这个”的分野。（12 页）

我赞同后面一点。其实，二者相互对立，相得益彰，这种现象在肢体动作领域并不奇怪，[①]“这里”指示和“这个”指示中的手指动作大概就是如此。但是，我不能说明哪些动作是“那个”指示固定而特有的。当然，不同情况下对立总可以出现。假如一个病人向医生指出自己身体某个病痛的部位，这时他会说“da”（这里），同时触及他能够触及的目标，有时他会说“那儿”，意指他眼下不能触及的身体部位。其实，“那儿那块瘢”或者“那儿”并非要求很远的客观距离，因此，在德语中，“da”（这儿）和“dort”（那儿）有时构成相对对立。相反，相对于用“dort”所指的那边，“这儿”的范围可以涵盖整个地球。如果手指向高空，则情形取决于所处方位，因为，我们人间生活的彼岸正在高空的某处。如果是河流或木栅构成此与彼之间的界线，则指称“那边”的动作理所当然不会指向高空。因此，对立关系的构成显而易见都是相对的、临时的，相关的动作也是如此。

根据我的语感，“da”在现代口语中涉及当下可及的地方，或者触手可及，或者数步之遥，或者忽略不计的长远距离。“某人在这儿”意味着，他在维也纳（度假回来了），[②]也可能在可言及或可触及的范围内，例如在我手边。如

---

① 参见比勒《表达理论》（*Ausdruckstheorie*）105 页起。

② 在整个德语区通行的说法是“das Messer ist nicht da”（刀子不在这儿），未见其他形式，在奥地利某些地区（排除夏天度假者）使用“dasige”替代“hiesige”（这里）。

果我将某物推向话语伙伴,我也说“这儿,拿去吧!”。在现代口语中,“那里”不同于“这里”,它所指称的对象,不在当下可触及或数步之遥或目光所及的范围内,或说者所在电车车厢的范围内。我的印象是,一般用“这里”来指示说者当下行为所在空间的几何位置,与“那里”形成相应的区别。

至于“那个”,我的口语语感知之甚少,对“那个”的回指用法和既往(anamnestisch)用法也许还比较清楚,大致相当于拉丁语的 ille,指称不直接在场的东西,但这种印象就像一种心理分析情结,在我的意识中模糊地沉浮着。在今天的许多用法中,“那个”明显也指涉感知场中的对象,但在其他情况下指涉某种程度上处于某个界线、某个中间站、某个经历过的中间空间以外的对象。

8. 这样细腻的意义分析经常无果而终,使人怀疑“那个”指示是否属于现代鲜活语感中一个独立的、特殊的指示形式,这样的怀疑颇有意义,引人深思,不禁要问布鲁克曼提出和界定指示形式的科学标准究竟是什么。说实话,提出印度日耳曼语四种方位指示形式的体系是一个难能可贵的成就,其中所蕴含的不仅是严谨的实实在在的语言历史和语言比较的知识,而且还有语文学家细腻的心理学感悟。因为,语言学、普通教育和人文知识毕竟都是包罗万象的,是伟大的铸钟人培养天才的语文学家的科学。布鲁克曼的四种指示形式正是由一位天才的语文学家所发现和提出的。可惜仅有发现,却没有概念上的定义。我们所引证的作者对术语“指示形式”的使用,大致相当于动词理论中的“行为方式”:“人们区分瞬间的和持续性的行为,相应地,我们可以将人称代词的不同用法称为不同的指示方式。”(9 页)显而易见,这其中并没有说明标准,例如怎样对我们现代德语的“那儿”进行归类,是属于“这个”指示还是属于“那个”指示。是否仅此四种形式,它们是否构成一种稳定而精确的体系，容不得任何删减和补充。这样的疑问一旦产生，就急需解决的方案。我们期待心理学的解释。

(2)指示场的坐标系及其标记

两条线垂直相交，表示一个坐标系，O表示原点(Origo)，即坐标系的起点，如图。

我断言，要将3个指示词置于O点，该图才能代表人类语言的指示场。这3个指示词就是“这里”“现在”和“我”。如果在词典里遇见这些无辜的语音产品需要进行功能界定，语言理论学家既没有必要神秘兮兮地大谈深奥莫测的哲学，也没有必要如履薄冰，裹足不前。他只需要承认，这些词在具体言语交往中的功能虽然非常奇特，但却是可以准确说明的。假如我是比赛的裁判员，要发令起跑，对参赛的运动员说：“预备！”，短暂间歇之后，我说：“跑！”或“现在”！在收音机里，天文学的时间符号在结束适当的语言准备之后发出短短一声钟响。有形的单词“现在”代替指令“跑！”或钟响，其功能像是某种瞬间标记一样，是一种用语言表达的瞬间标记。词语并不是这样对我们言说，相反，它们使我们忽略它们所赖以构成的一切物质属性，忽略它们出现时所体现出的临时的、非本质的特征。在言语交往中，这些词语的出现既不是时间标记，也不是方位标记。我们还是考察一下“形式”和“本质”这对概念，它们似乎是某种自发的存在。“现在”“这里”和“我”这些小词的语音形式，它们的音位学特征，并无奇特之处，只是它们都以独特的方式

提出要求:请注意“我”的语音现象,请一方面把“我”视为瞬间标记,另一方面把“我”视为方位标记,第三把“我”视为发送者的标记(发送者的特征)。

对于这些小词,天真的言语伙伴正是如此这般认识和对待的,从无问题,那么,这里究竟有什么特别之处呢?只有逻辑学家颇感惊愕,因为这样的用法的确或者似乎破坏了他的游戏规则,生活中这样那样的现象的确让他烦恼。但是,我们希望用迂回的方式提出坐标系的思想以打消他的疑虑,因为,逻辑学家知道,任何一个坐标系的“使用”永远都有其特殊性。我们的情况是,所有交往伙伴置身其中的一定是一个“主观定位”的坐标系,每个人从中找到自己的位置,并理解他人的行为。假如我是指挥员,站在一排体操运动员面前,我会按照规约发出“前进”“后退”“向右”“向左”等指令,这时,大家不以我的定位系统为参照,而是以他们自己的定位系统为参照,其心理学翻译也很简单,每一位小组长都能无师自通。一切顺理成章,而且根本无需什么机巧的思维,这是逻辑学家无法改变的事实,而且,如果他真正领会自己的任务,就压根不会产生改变的念头。那么,我们先看看优秀的逻辑学家关于指示词的见解,然后再补充语言学的发现。

1. 古典语法学中的逻辑学和现代逻辑学关于指示词的理论核心不谋而合,引人深思。前者指出,指示词不同于称谓词,所说明的不是“质的规定性”(ποιότης);而后者则提出反驳,认为指示词与其他词一样,都是可以简单而客观定义的概念符号。其实这些都完全正确,二者内心是息息相通的。适用于主体间交往的“概念符号”必然具备一种特性:在每个人和所有人的嘴里都是同一对象的象征符号,而且,只有当该词涉及该对象的某种“质量”时才能如此（暂将专名排除在外），也就是说，该质量被赋予该对象，被用于该对象，而且是因为某种不因场景而变的特征。这不适合于指示词，也绝不可能适用。因为，每个人都可以说“我”，而且，每一个说出“我”的人都意指一个不同的对象，因此，有多少说者，就需要有多少专名，才能以称谓词的方式，将单词“我”的主体间多义性顺利地转化为单义性，满足逻辑学家对语言象征符号的要求。其他所有指示词原则上也是如此。

单词“这里”的情形似乎不同，所有维也纳人都用它指称维也纳，所有柏林人都用它指称柏林，究其原因，仅仅由于该方位指示词意义的延伸产生了某种显而易见但却令逻辑学家大为不满的松散性或不确定性。严格意义上，“这里”指称说者当前的位置，而该位置会因说者和言语行为的不同而不断变化。同样，两次使用“你”是否两次指称同一专名的对象，也完全是偶然的，而单词“你”的使用规则无论如何不能保证这样的巧合。这正是逻辑学家要求语言象征符号与对象之间恒等对应的唯一问题。有语言象征符号的地方就有称谓词，没有语言象征符号的地方就没有称谓词。对于逻辑学而言，这实际上是一条泾渭分明的界线和一种无可奈何的选择，关系到逻辑学家是否可以将“我”和“你”以及所有其他指示词视为语言象征符号。逻辑学起初认为指示词不属于主体间交往的概念符号（因此也排除于语言“象征符号”之外），这是正确的。我绝不敢对大师们不敬！也根本没有吹毛求疵的必要。

每一种艺术和科学都不乏吹毛求疵者，这里谨提一例，出自于现代逻辑学，随即又为之所弃。逻辑学最近取得了骄人的成绩，完成了一次清洗（我首先想到罗素）、一次抽象，也因此是一个成就，堪比亚里士多德对逻辑学的创造。我们将会发现，这一成就对于语言理论也意义重大。但是,下面的内容需要剔除出去。几位成就卓然的逻辑学家(不是罗素本人)在完成我们前文论及并赞同的抉择之后,倾向于至少将“我”和“你”(同理,也包括其他所有指示词)从其科学的语言表达的高雅文化中清洗出去,甚至心理学为了成为真正的科学也要抛弃这些“空洞的”词语。这是当今一些心理学家和许多非心理学家所热衷的宣教。就连自幼习得的口语也应该接受这些人类历史上硕果仅存、道貌岸然的精英们的清洗,因为,他们是形而上学的卫道士。如果咿呀学语的儿童一开始就使用自己的专名以替代难度大得多的“我”,那“我”和“你”还有何用呢?

当然,每一位有科学影响、颇具人文素养的思想家,如果他真心这样理解语言,而且也旗帜鲜明地表明立场,都不会在纯粹学术的象牙塔里自我陶醉,梦想未来,然而此君却大有人在,究其根源,是他们对实践需求的复杂性认识过于简单和极端错误。口语必须满足这些复杂的需求,而且实际上也能够满足。因此,如果心理学家和语言理论学家能够对指示词进行系统性的考察,发表见解,为自己辩护,善莫大焉,最终,这一见解将会推动语言理论的发展。

主体间关于事物的交往乃是人类生活之必需。谁能说它只有通过称谓词、概念符号、语言象征符号这唯一的途径才有可能?在我看来,这样一条原理是逻辑学的伪核心。这里不想就科学语言及其构成发表意见,我基本上同意他们的观点,只想指出一点,他们在心理学里把“我”的问题看得过于简单了。不过,我们也不想对此展开讨论,我们所关注的是日常语言中的小词“我”及其同类。与古代优秀的语言理论学家不同,现代语言学实际上赋予语言符号“我”过多的哲学臆想,没有哪种玄学能够幸免于此。视觉指示和听觉指示是生命体所能实施的最简单而有效的行为,理论必须以这一朴素的事实为出发点，对社会交往中的场景因素予以广泛而细致的关注，包括指示词。假如 A 和 B 二人狩猎，A 没有及时看见猎物，这时，B 除了做出 to-指示动作和向 A 喊出与之匹配的词语，还有其他更为简洁有效的手段吗？如果 A 看不见 B，对 A 而言，除了听到 B 喊出来源质量清晰可辨的“这儿呢”，还有什么会更为有效呢？等等。

简而言之，与其他词汇一样，有形的指示词各具不同的音位学特征，以有效的方式对交往伙伴实施控制。通过它们，交往伙伴被呼唤，其搜寻的目光，更抽象地说是他搜寻的感知行为，他处于活跃状态的感官接受，都通过指示词而导向对辅助性手段的运用，例如肢体动作及其等价物，从而使他在场景因素范围内的定位获得便利和补充。如果人们坚持用一种普遍性表述方式来描述指示词的功能，那便是：这就是指示词在言语交往中的功能。这一表述适合于布鲁克曼的所有指示类型和所有指示模式，适用于视觉指示这一指示的原始形式，也适用于回指性指示和虚拟指示。

起码有一种指示，人们无法想象哪一种人类语言根本不需要它，那就是布鲁克曼所谓的“这个”指示。逻辑象征符号系统也是一种语言，其中没有 to-指示符号的视觉指示，但却存在 to-指示符号的回指性用法，因为，诸如“据此”“所以”等回指符号都是指示符号，出现于每一种证明过程之中。人们可以为这些指示符号引入任何一种视觉系统，但却无法改变它们不可或缺这一事实。人们通常用字母标注一个形象的几何图形，比如多边形的角，这就是一种真正的视角指示。因为，这些字母随后被使用于语篇之中，其象征价值的确定必须顾及那个图形，也就是说，依赖于感知。每一个字母都在说“看这儿！我指这个”。

与科学语言不同，口语的指示更为常见、多样和随意，这是事实，也因此能满足人们信息传达的基本需求，方法最为简洁，而且少有误解。人们总是指责“我”和“你”等词语不可救药的主观性，并殃及所有指示词，其根本是误以为指示词也应该满足称谓词的要求。指示词是“主观性的”，如同路标一样，亦即只能以其所处的位置为出发点给出有效无误的说明。城市周边的路标使用相同的符号，即一支伸开的手臂，但所指示的方向在客观（地理）上各不相同，如果路标能说出“这儿”，那么，与人们嘴里说出“这儿”一样，同样意指许多不同的方位。“我”的情形也完全相同。

有人指责“这里”“我”和“现在”等交往符号不可救药的主观性，这无异于要求所有古老风格的路标给出距离，或者，他必须承认，那些所谓词汇意义的观点是根据一个狭隘且毫无根据的原理而草率得出的。认为所有语言符号都必然是同一类型的象征符号，这是一个狭隘的语言原理，因为，其中有些已经被证明是信号，例如指示词，而人们不能期待信号与（纯粹的）象征符号相同，二者之间存在着符号学区别。指示词是一类独特的信号，亦即接受信号（Rezeptionssignal）（与行为信号不同，命令式即属于后者）。说出“这个”或“我”会引发特定的目光转移之类的反应以及随之而来的接受。相反，命令式“Komm！”（来！）是要引发听者一个特定的行为。下面，我们对作为信号的指示词所处的结构，即坐标系统进行更为细致的心理学考察。

2. 以直观的“这里”为坐标原点，可以实现对其他所有方位的指示，而以“现在”为坐标原点可实现对其他所有时间的指示。这里唯一的话题首先是指示，当然，与世界上的一切存在一样，方位也可以通过语言的概念符号得以说明。“教堂在神甫寓所之旁”这样一句话，以一个东西为出发点来确定另一个东西的位置，使用了一个真正的概念词，即介词“在……之旁”。在印度日耳曼语中，介词本身并不是指示词，但是却经常与指示词联姻，例如复合词“之旁”(daneben)、“之后”(danach)、“此刻”(hiebei)等，以及“自现在始”(von jetzt an)和“朝向我”(auf mich zu)之类的自由组合。这些结构经常实施一种虚拟指示，或者实施回指方式的指示。对此问题的讨论属于指示方式的心理学研究，应该在此基础上对问题进行一般性的回答，即指示和称谓以什么样的形式同时发生，是通过简单词还是通过复合词。

在此重要区分之后，我们回头再来思考“这里”“现在”和“我”这些基本指示词作为地点标记、时间标记和个体标记的所谓绝对功能。印度日耳曼语专家告诉我们，动词的人称后缀以及“我”和“你”等独立的人称代词与(地点的)方位指示词之间存在普遍不同，然而，有足够多的语义和形式方面的事实证明两种类型同源和交叉，这样的交叉更为清楚地表现在印度日耳曼语典型的“第三”人称的历史中，我引证布鲁克曼和德尔布吕克比较语法经典著作中的一段话：

> 这两种类型之间明显存在着联系和交叉，首先，第三人称代词与指示代词无法彻底分离，经常在概念上发生重叠(粗体为笔者所加)，可以说，它们都是名词性的人称指示代词，指示话语中存在的、被说出或者将要被说出的内容(亦即指示词的回指用法)，例如，法语的 il(他，它)源自于拉丁语的 ille(他)，或者哥特语的 is＝新高地德语 er(他)等同于拉丁语 is。但是，“我”和“你”人称代词至少部分地似乎原本曾经就是指示

词,例如,希腊语 ἐμοῦ在词源上与古印度语 áma-h(表示“这里这个”),或者古印度语 te、希腊语 τοι、拉丁语 tibi 等与古印度语 tá-m、希腊语 τόυ(亦即受话不在“我”的范围之内、但却明显存在于说者眼前)在词源上相关联。(第 2 版第 2 卷第 2 部分 306 – 307 页)

从心理学的角度看,这毫不奇怪。还有一个历史上的特例非常具有心理学启发意义,即亚美尼亚语的所谓人称冠词(persönlicher Artikel)。

对此,布鲁克曼赞同威廉·冯·洪堡特和梅耶的观点,他说:“亚美尼亚语……没有指示性人称代词,第一人称、第二人称或第三人称的想象之间也不存在什么相互联系。所涉及的 3 个成分是 s、d 和 n,分别附属于名词、人称代词或动词,实施所谓人称冠词的功能,tēr-s 表示“这儿这位先生”或“这位先生”,也可以说“我这儿这位先生”,tēr-d 表示“那儿那位先生”,也可以说“你那儿那位先生”,如果不出现与第一人称或第二人称的关系,就使用 n,那是最常见的冠词形式。”“ai-s、ai-d 和 ai-n 为各自独立的形式,分别指称第一人称、第二人称和第三人称。”(43 页)

据一位专家口头告诉我,关于亚美尼亚语的这段报告需要补充:还有其他有形的区别性手段来区分“我这儿这位先生”和“这儿这位先生”。① 因为,难以想象某种现代印度日耳曼语没有这样的区别性手段。不过,关于原始印欧语指示词这样那样的推测,似乎不排除此类区别性手段存在的可能性。

在类似的假设中,我认为布鲁克曼关于拉丁语 hic(这里)起源的假设最富寓意。它无疑由两部分组成,其原始意大利语的读音大概为 *hĕ-ke 或者 *hŏ-ke

① 人们有时举保加利亚语为例,说明其中根本没有这种现象。

或者*hă-ke。如果其中第二部分为一个一般意义的指示符号，那么，又有一个问题："怎样从词源上对*ho-进行归类？"人们发现，在布鲁克曼所认真提出的两个假设中，指示词*ĝho显而易见不做区分，从中产生两种过渡形式，其中之一导向希腊语ἐγώ、ἐγών和拉丁语ego，另一个则导向hic中的*ho-。最终发展的结果是，拉丁语的hic与ego可能与我们的hier（这里）和ich（我）没有本质区别，也就是说，除了满足ego的人称指示，还主要满足方位指示。tu si hic sis aliter sentias（如果是你，你会觉得）之类的句子可能最接近它本来的用法，而布鲁克曼将hic翻译为"我这里"。

从我们现象学分析的角度，（由冯·文迪施[von Windisch]、J.施密特和布鲁克曼提出的）这一有趣假设的心理学意义可以简单表述如下：*ĝho可能是多义的，衍生为两个不同的词hic和ego，一是通过与一般性指示小品词-ce组合，至今在拉丁语中仍很活跃，二是通过"类推构词"（施密特）。我做这一说明的目的在于，用一个例子就能说明我们通过朴素的现象学分析所获得的模式对语言学研究的意义及其应用方式。无论这里作为例子而提出的假设是否正确，都不影响我所提出观点的普遍性意义。无论如何通过语言比较可以发现，布鲁克曼所谓"这里"指示和第一人称人称代词在印度日耳曼语中的词根是相同的。

心理学家认为，完全可以运用现象学方法对这一现象进行逆向推测，为什么？因为，每一个听觉交往信号的使用都蕴含着两个要素，第一是其（空间的）来源质量，第二是其整体听觉特征，而从心理学角度看，语言的语音符号就属于听觉交往信号。对于明眼的信号接受者而言，将目光投向声源是再自然不过的事情，而这在言语交往之中就是说者，处于说者的地位。"这里"和"我"都期待这样的反应，或者起码要求接近这样的反应，这就是它们作为指示词的共性。后来，它们所体现的意图（兴趣）发生分裂，一方面在于发送者的方位和场景因素，另一方面要求以面相学和病相学的视角关注发送者本人。“这里”包含着一个要求，即在岔路口追踪前一个兴趣点，而“我”则包含着另一个要求，即在岔路口追踪后一个兴趣点。这是人们所能做出的最不受条件限制的分析，也是最一般性的分析。（附带地说）这是最为客观的分析，还根本没有涉及说者的经验。

因此，在语言发展历史的某些阶段，还不存在这种岔路口的区分，这是再自然不过的事情。也许研究有这种现象的那些语系的专家们能提供详细的证据。无论如何，在印度日耳曼语范围内，已经证明亚美尼亚语的 ter-s 和原始印度日耳曼语可能存在的 *ĝho 属于此列。我曾经观察过一个德国儿童，他正处于努力接受和正确使用“我”词语的阶段，在场景中总是将“这里”和“我”混为一谈，为成年人话语伙伴所笑话和纠正。他对大人们这种怪异的反应非常生气，充满抵触。根据行家们的理解，印度日耳曼语的绝大部分“这里”指示词（也许还有“我”指示词）在历史上主要根源于词干 *ko-和 *ki-（*kio-）。如果将词汇形式从区分较少到区分丰富的某种进步视为发展的规律，那么，也可以将该词干的历史现象与那个儿童的表现进行类比分析。布鲁克曼认为，*ko-词干“出现于除雅利安语之外的所有语支”。[①]

---

① 我是个外行，对巴德尔（Baader）的新作《印欧语言中 ich-指示词的认同功能》（*Die identifizierende Funktion der Ich-Deixis im Indoeuropäischen*. Indog. Bibl. 3. Abt.，10. Bd. 1929）中的相关论述不甚理解。巴德尔研究带有 k-词干的称谓词，将这些词汇总结为 9 类，其中有些种类实际上给人一种印象，似乎相比较其他称谓词，k-词干的称谓词所共享的某些元素更接近“我之领域”（ich-Bereich）和“占有范围”（Eigentumsbereich），因此而内在地相互联系。但是，语言理论学者在该作中找不到关于印度日耳曼语指示词与称谓词之间一般关系的只言片语。彼处的 k-词干与此处的 k-词干的辖域并非理所当然地相互关联，而这却可能是巴德尔实证性研究的基本前提。在有些语族中，显性的指示基本上都需要称谓词相助才能得以实施，而巴德尔似乎持相反的态度，认为在印度日耳曼语中 k-词干无疑被用于指示，也是统一的称谓词类（仅限于此类？）的组成部分。

3. 我们一再要求心理学与语言学互施援手，但若要结出硕果，两门学科的专家们都要有勇气设身处地与对方交流，因为谁也不能摆脱人类理解力的局限。心理学家要说明自己对语言学事实进行心理学分析的方案，如果所建议的方案从语言学的角度看存在问题或有失片面，语言学家就应该提出专业的修改并以此推进讨论，给出的答案最好也能够深入心理学家的思想。在这方面，布鲁克曼堪称榜样。他运用现象学方法精辟分析了一般人类言语场景及相关因素，指出具体语言符号甚或整个语言符号的组合在其中获得意义确定的事实，其中蕴含着语言理论的最后结论，只可惜他自己没有总结出来。我引证一段：

> 它们（方位指示词）不仅仅如话语中的任何成分一样，在一般意义上要求受话将自己的注意力投向相关的想象，而且同时（粗体为笔者所加）也是有声的手指动作和视觉招呼语，（如维格纳《语言生活的基本问题》*Grundfragen des Sprachlebens* 100 页所言）总是包含“看这儿！”或“这儿有东西需要注意”等内容。（5 页）

在这一观点中，值得注意和思考的首先是我着重突出的“同时”，需要补充指出，布鲁克曼在阐述人称代词，即角色指示词的时候也提出完全相同的观点，而且也使用了那值得关注的“同时”。我们可以断言，方位指示词和人称代词在原始形式上都只是指示词。这对目前的论述很有说服力。它们并不是附带性的、偶然还具备称谓词的功能，这样的事情不可能附带而为之。之前，布鲁克曼在文中指出：“它们与其他人称代词一样，对对象的指称不是指

向其特殊属性。”这是一种陈旧的观点,认为它们原本不参与对质量的确定。人们应该关注这一点,才能澄清问题。布鲁克曼还说:

当所指对象为当前可感知的东西,指示代词的使用是否始终与指示性动作相伴随?历史研究无法回答这个问题。(7－8 页)

如果“动作”只是手指动作,那么,心理学的研究方法对该问题也无济于事。但是,如果实事求是地将范围扩大到手指动作以外,那么,运用心理学手段就不仅仅可以解决那个关于原始情形的争议问题,而且还可以说明现状,说明在过去或者现在都不可能的情形。作为手指动作的替代品,可以使用其他视觉或听觉辅助性导引手段,也可间接地运用场景标记或常见的辅助性指示手段。无论如何,辅助性导引手段不可或缺。

不可或缺的原因是,每一个指示词失去这样的导引主线就会变得飘忽不定,指示词向我们说明的只是一个区域,一个“几何位置”,还不足以使我们确定身处其中的对象。例如指示词的回指用法,那是可能对我们的立论提出反驳的第一个问题。如果我在德语中用 dieser(这个)和 jener(那个)来指称同一话语中此前言及的对象,上述感性导引主线又何在呢?答案是:必须承认,在此情况下不存在感性导引主线。但是,取而代之的是规约,即听者在思维中会回顾性地将此前最近言及的对象用 dieser 来重复,而将此前较早言及的对象用 jener 来重复。该规约也可以反过来使用,那么,话语中已经出现的会再次出现在自然后续的话语中,这时,人们用 dieser 指称首先提及的对象,而用 jener 指称最后提及的对象。这样颠倒过来的规约在某些语言社团里确是常态，对这种可能性的认识无需任何研究考证。

究竟什么能够替代指示的感性导引主线，这个问题无论如何已经清楚。如果一致性等音位手段缺位，就会出现指示场的秩序规则。后文还将详细解释该概念。例如我在大街上对陌生人说："一直走，第二条横街向右，就是您要找的。"——这时，我的所作所为原则上与语言指示的感性导引主线缺位时的情形完全一样，我所使用的也是同样的秩序规则。因为，我所利用的秩序规则就是我们双方眼前的街道网络，以及其中临时性或由我主观设给提问人的空间定位（Raumorientierung），我与他的对话就在此坐标系统中进行。如果陌生人并非恰好面向他所应去的方向，那么我话语中"直走"和"右转"等词汇的意义就根本不会精确。

4. 我们接着再讨论"我"和"你"。词汇研究有一种健康而有效的基本原理，那就是通过直观形象来探究原始意义。每一个人都可以跟我打招呼，并说"我"，而我会注意这个人，或者，如果不可能，则会将注意力投向说者的方向。之所以用面相学或病相学的目光，而不是其他，根源正是"我"的原始意义和原始功能。简而言之，"我"和"你"指称具体言语表演中的角色，亦即言语行为的角色。希腊先哲给了一个绝佳的称谓 Prosopon，拉丁语先哲则使用 Persona，二者都指称语言行为中的角色。语言理论必须十分清楚而且坚定不移地挖掘 Persona 这个称谓的古典意义，这一点，布鲁克曼和德尔布吕克无可挑剔，但只希望他们一以贯之。名词乃是称谓，但是，"我"和"你"等人称代词主要和原本的功能并非指称语言信息的发送者和接受者，而仅仅是指称他们的角色，如阿波罗尼奥斯（Apollonios Dyskolos）所言。

无疑,一个熟人对我说“我”,其声音可做多种解读。当门外一个人回应我的问题“谁呀”时说“我”,他一定深信我能根据他声音的响度而从我的熟人中辨认出他来。“我”这个有形产品的音位特征很明显,足以与德语的所有其他词形成鲜明的区别,纵有成千上万张嘴说出来,在音位学意义上仍然完全相同,只有其声音材料,即响度表现,具备个体特征,而这正是来访者在我门外回答“我”的意义所在。“我”的音位特征,即语言的形式元素,提醒我这个提问者注意它的声音特点。必须承认,这是一种十分特殊的关系。某物的形式所具备的功能,就是提醒人们注意该形式赖以实现的物质特点。然而,这一关系并非人们想象的那样孤立地存在于世界。为了简短起见,这里不再举例说明。

必须强调指出,该有形语言产品作为交往手段,其功能在我们假设的简单明了的场景中得以充分体现,那就是,将接受者的面相学“目光”吸引到该产品的声音特点。无论同时使用眼睛和耳朵,或只用耳朵,接受者都应该感知到发送者。因此,从意义上看,该词汇的形式中不包含涉及所指对象“谁”或者“什么”的任何内容,所以,“我”首先不是一个称谓。但是,形式上相同的“我”被说出时的响度方面的物质特性,在不同人的嘴里各不相同,这听得出来。我们门前的那位发送者相信,他会因这一物质特性而被个别辨认出来。至于“我”这个指示词在句子环境中被赋予什么新的功能,以及心理学家和哲学家从中得出怎样的科学概念意义,不是这里所要讨论的内容。

专名无疑是称谓词,人们还应该比较它的功能。那位门外的访客如果仅凭声音不能获得辨认,就会说出自己的名字(之前说出“我”的目的可能只是为了教育语言理论学家)。专名这样的语言产品被用于熟人圈，其功能是凭借其形式来标记个体。密尔通过《一千零一夜》中著名的强盗故事来形象地说明专名的功能。一个强盗在市政大楼上画了一条粉红色的线条，以便与同伙返回时能够从众多的房子中重新将其辨认出来。根据密尔的观点，与这条粉红线条一样，专名的功能就是区别性标记，而且是纯粹的个体标记，而类名则包含一个“内涵”。后者与我们暂时还没有关系。无论如何，人们认识到专名作为称谓词的特点，它是一个可以出自任意一位说者之口的语言符号，其声音的物质特性与其称谓功能无关。作为个体符号的专名，其功能不在于其声音的特性，而在于其音位特征。在具体场景中，门外的访客说出“我”时必须体现其声音特点的区别性价值，因此，“我”也是个体符号。

我们仅用一个例子就已经从概念上解释了“我”的原始意义。“你”的情形也是如此，只不过，要自始至终在理论上注意到“你”有时又类似于一个纯粹的感召词，如“嘿，你（请注意），我有话告诉你”。这是近距交往的开始，以一个感召词为开始，然后分配所预示言语行为的角色。如同说出任何一个词语时运用声调和其他语音变化手段一样，人们在说出“你”这样具有感召意义的词语时也可以简单地通过声调来实施一系列表达和要求。这是语言理论另一章的内容，不必在此赘述。在某种程度上，“你”有时是一个纯粹的指示词，在这样的会话场景中，发送者感觉有必要通过手指动作或其他直观的指向性手段来表明这样的词义。这时，诸如“嘿，这位，你”“嘿，那一位，你”之类的表达与“这儿这个”（dér da）、“那儿那个”（dér dort）不同，其区别就在于希腊语法学家所谓的 Prosopon。的确存在第三人称的 Prosopon，而且，不仅作为纯粹的人称指示词，即不含方位指示价值，如“他”“她”和“它”，而且作为方位指示符号,如 dér、díe、dás,[1]都被赋予区别语法性别的功能。这是印度日耳曼语研究的一个问题,不属于这里所要界定的指示词的问题。我们也可以对"我"和"你"的问题做这样的阐述,而根本无需讨论第三人称代词。那样,布鲁克曼所谓"这个"指示中的方位指示词无论在视觉指示还是在回指用法中,都是纯粹的"非人称"指示词。事实上,方位指示词在印度日耳曼语中的确曾经如此,那时,它们还属于不变格的"小品词"。

5. 据我所知,历史学家对于指示词的来源也持同样的观点,现在,指示词涉及许多词类。对此,布鲁克曼和德尔布吕克的理论颇有代表性,他们写道:

> 也许,所有指示词都曾经是指示性小品词,也就是没有变格形式。在对象被称谓的情况下,指示词出现于称谓词之前或之后。同样的小品词以定语形式与名词组合,还出现在印度日耳曼语的多个历史阶段,例如新高地德语 der mensch da,da der mensch(那儿那个人),du da(嘿,说你呢)等。许多事实可以说明人称代词变格的这种起源。(311 页)

当然,我认为布鲁克曼所列举的原因十分重要(特别参见 307 页起)。而系统理论学家的问题是,这样的无变格小品词是否也可用作称谓词,是否因此也可以被称为人称代词。否定这个问题,就必须一以贯之,承认这个词类的成立不在于其人称代词的用法,而是因为其指示功能。如果与连词进行类比,这一点就会非常清楚。

---

① 举例为德语定冠词 dér(这,阳性)、díe(这,阴性)、dás(这,中性)。——译者注

在行家看来，连词的指示性内涵毋庸置疑，施托尔茨和施马尔茨(Stolz-Schmalz)在其拉丁语法中写道：

> 连接词(Verbindungswort＝连词)可以分为原本指示性的(亦即 deiktisch，并列或从属)和连接性的(表示序列的“und”、表示追加的“auch”或表示转折的“jedoch”，大多为并列)，二者之间并没有尖锐的对立，因为，许多纯粹的连词(比较 nam，tamen 等)的基础是指示性的，但其指示性含义消失了。(霍夫曼 J. B. Hoffmann 第 5 版，653 页，最后的粗体和德语例子为笔者所加)卡莱普基(Kalepky)也认识到连词的指示性(参看《语法的新架构》*Neuaufbau der Grammatik*. 1928，第 55 页起)，称之为“标记词”。

这一点与朴素的现象学分析也完全吻合。所谓“消失”意味着，当今敏锐的分析还总能感受和发现早先消失的某些元素。我们无需追究作者是否真能证明拉丁语连词并非原本为指示性小品词。

布鲁克曼和德尔布吕克认为“代词”包含着一切特殊类型，那么，如果一一考察所有这些特殊类型，就会经常听到这样的观点：代词都曾经是指示词，或者现在还附带具备此类功能，例如，他这样论述关系词：

> 自原始印度日耳曼语时代开始，“词干*i̯o-、*i̯o-s、*i̯a、*i̯o-d就具备关系功能。”“其中，*i̯o-s 原本是一个回指性指示代词(粗体为笔者所加)，指称先前句子中出现的一个名词性或代名词性概念。”(347 页)

精彩！现象学分析以一个宽泛而准确定义的回指概念为出发点，阐明关系词从来就没有丧失其指示性功能，而是至今仍然具备此功能，而且，这丝毫无损于关系词与其他连接句子的小品词之间的逻辑区分。

最终，理论学家要追问整个“代词”词类的秩序源点，并且可以勉强接受下述观点：

> 代词首先分为两大类。(1)指示代词和疑问代词，可支配关系词和不定式，蕴含着代替某些概念的功能。指示性代词构成这类词汇的主体，属于每一种语言最古老的成分。(2)人称代词和物主代词，以人称概念为基础，指称交谈之中的人，即“我”和“你”、“我们”和“您们的”以及话语所涉及的所谓第三人称。“物主”为传统的称谓，过于狭隘，因为，该形容词性的形式在占有关系之外还表达其他关系，例如 odium tuum 不仅仅表示“你的仇恨”，而且也表示“针对你的仇恨”。(1911年第二版第二卷第二部分 302 页起)

人们不要过于看重分类问题，仅仅在我所强调的定义中就包含或隐藏着逻辑学家无法回避的重大的模糊性。现代语言历史学家深知上述两类词汇之间的密切关联，而仅凭所述的定义对这一现象没有给出解释，反倒欲盖弥彰。某些词汇具备所谓“蕴含着代替某些概念”的功能，另一些则具备人称代词的特殊功能。所有这些词汇的词干都同源，并且在语言历史上多次发生功能彼此转换。这是怎么发生的呢？简而言之，布鲁克曼两个定义中的第一个定义没有根据，无论直接代替还是间接代替，指示代词原本以及就其主要功能而言都不是概念符号,相反,是名副其实的"指示词",而这一点根本不同于真正的概念符号,即"称谓词"。人称代词也是指示词,因此也体现出两种类型的词干同根同源的关联性。指示因素必须上升为类型概念的特征,这样,语法术语就会避免许多分类的偏差,指示词的整个自然体系就会得以彰显。

6.将布鲁克曼关于指示词的专著与布鲁克曼和德尔布吕克的合著相比较,人们无法理解为什么指示性元素随处可见且被普遍认可,但却未能如我们所愿被坚决地视为整个类型的特征。古典语法学家创立了传统术语的基础,引人思考,人们也许会发现有趣的现象,即我们的批评实际上涉及语法与逻辑相互融合的某种痕迹,那正是施坦塔尔及其19世纪的同仁们所猛烈攻击的。逻辑学家的职业本能是从词语中发现概念符号,别无他求,如果发现某个词类全都不是直接的概念符号,不是称谓词,那么,他会从中抽出某种元素,并以某种方式将这类词与称谓词列为同类。这时,这类词在他看来本身不再是真正的称谓词,而可能是称谓词的代替词,即代词。从概念上讲,古典语法是逻辑学的一部分,可以(形象地)说,在古典语法的思想中蕴含着代词这个上位概念的萌芽。

必须承认,这其中蕴含着真理的巨大内核,不可小觑。应该承认逻辑学家涉足语言理论有时很蹩脚,但我仍然坚持认为,逻辑学在语言学领域所发动的神庙清洗运动,其结局不禁让人产生改写著名的拉丁语谚语的念头:"逻辑乃驱动"(logicam expellas furca)……将逻辑知识错误地运用于语言这一人类思维先天和自然的机制,从而导致离题,因此,重要的是对这样的离题从逻辑上彻底澄清,消除其危害。这样,我们就对主体间交往中指示符号的适用性进行了纯粹"逻辑的"阐述。某些偏激的语言清道夫应该看到,实际上即使在他们自己的人工语言里指示符号也是不可或缺的。

相比较粗暴的神庙清洗分子对施坦塔尔思想的认识,“代词”的问题更为复杂,更耐人寻味,更具有启发性。因为,有文献为证,最初那些伟大的希腊语法学家们对指示与称谓之间的符号学区别有无比清醒的认识。根据施坦塔尔的考证,[①]斯多葛派和阿波罗尼奥斯对称谓词与指示词进行了中肯的区分。阿波罗尼奥斯与斯多葛派的本体论形式不同,但是,问题的关键理所当然不在于其中所蕴含的整个形而上学,关键是认识到,只有称谓词才能如此这般地说明对象存在的特征,只有它们才能从“质的规定性”(ποιότης)方面将对象视为一种不同于其他的存在。相反,根据阿波罗尼奥斯的观点,代词只满足于指示它的对象。

> 它们的本质是……对当前对象的指示,或者通过“回指”(ἀναφορά)实施对不在场的、但却已知的东西的回指。通过对“真实的感知”(τὰ ὑπὸ ὄψιν ὄντα)的“指示”(δεῖξις)而产生一个“初步认识”(πρώτη γνῶσις),通过“回指”(ἀναφορά)而产生一个“进一步的认识”(δευτέρα γνῶσις)。其中,人称代词和其余成分被等同视之,“第一人称和第二人称代词都是指示词(δεικτικαί)”,而第三人称代词则有时既指示又回指,有时只用于回指。(316 页)

如上所述,这只是事实的一个方面,而逻辑学从中会得出什么

① 参见《古希腊罗马语言学历史》(*Geschichte der Sprachwissenschaft bei den Griechen und Römern*. 第 2 版第 2 部(1891 年)313 和 316 页。

样的必然结论，我们又从中得出什么样的结论，尚未论及。希腊先哲们没有认识到问题相互之间的历史联系，没有像布鲁克曼和德尔布吕克那样，指出所有印度日耳曼语的指示代词可能都曾经是“指示小品词”。“小品词”这个称谓很是不屑，意为话语中高贵的、支柱性的成分被系统地处理完毕之后的残羹剩饭。这一称谓已不大适合当今的术语体系。然而，这些小品词过去确实存在，也曾经完成过自己的使命，而且人称代词是它们后来才拥有的功能。我断言，这种没有消失的最古老的功能应该被升格为类型特征。

如此升格在逻辑上无懈可击，完全可行，而且只能在一种双场理论之下进行。指示词不需要语言的象征场便能够全面而准确满足自己的功能，但是，它们在具体情况下需要指示场和来自于指示场的限定，或者依赖于维格纳和布鲁克曼所谓特定言语场景的直观因素。这一点，称谓词的情形完全不同。它们在某种语用（或如人们以前所说：省略的）指示场中仍然可以实现自己的意义，但这并非必然。相反，在 S→P 之类的描述句中，语言描述的实现在很大程度上独立于具体场景的辅助性因素。对于这一典型情形，希腊语法学家十分清楚。这里的问题不仅很有意义，而且必然针对每一个词类：它们在句子中有何功用，它们在那里的功能是什么？对于“小品词”而言，回答十分困难，甚至无法回答。但指示词的回答大部分（但不是全部）是：我们代替名词。实际上，在语言历史进程中，原始印度日耳曼语的小品词越来越趋向于这种功能，而且分工越来越细。但是，根据语言历史考证，小品词在某种程度上曾经很难适应和融入其所代替的称谓词的格系统。

关于小品词融入称谓词格系统的程度，应该在适当的句法结构中予以阐述，这也是两千年以来的惯例。只不过，这样的句法理论不再能够满足布鲁克曼和德尔布吕克等人的语义阐释，他们认为小品词“代替某些概念”。我们自己将在本书(原著)最后章节专门讨论句子结构中的回指问题，我认为那是对指示词适当的句法分析。

此前，问题的要害是对指示词进行正确的符号学界定。理论学家要认识到每一个词类的特殊性，如同指示词那样，承认每一个词类在语言历史进程中被赋予新的功能，并且与其他词类组合配对，果真如此，那的确值得关注，但是，不能因此而对它们功能中从未消失的本质元素视而不见。通常的方法致使概念重叠，问题百出。如果套用常规将那个词类洗礼授名为“代词”，那么，那些未受洗礼以及不可洗礼的“小品词”定会起而反之，因为根据语言历史考证它们也是词类大家庭中的一员。同样起而反之的还会有连词，它们也不是代词。二者都会言辞凿凿，而且儒雅至极：“指示的确必要，但代词纯属多余”(demonstrare necesse est，stare pro nominibus non est necesse)。

(3)虚拟指示和指示词的回指用法

人们用“这个”和“那个”(或者“这里”和“那里”等等)回指话语中已经处理过的内容，而用 dèr (derjenige)[①]和其他指示词指称后文将要处理的内容。自古以来，这被称之为“回指”。要对它们进行全面评估，必须谨记挖掘这些词的指示元素，尤其是其中那些与特殊的语法功能相互交织的成分。因此，不仅狭义上的关系代词，而且还有印度日耳曼语的连词，都蕴含着指示的元素，另外，所指示的对象不在感知范围之内，而是要在全部话语中去寻找和发现。

---

① 德语 dèr (derjenige)为指示代词，可以引导关系从句，例如 derjenige，der gestern hier angekommen ist(昨天到达这里的那位)。——译者注

我提请注意德语的da,它在单独或与其他小品词组合的情况下具备多种功能,在感知场中为一个方位指示词,在darum=deshalb(所以)和(时间的或回指的)danach(之后)的结构中变为回指,还可以独立出现在论证句列中充当连词(=因为),且保持其中的回指元素(后指Zurückgreifen或前指Vorgreifen)。

因此,我认为一开始就要关注回指概念,才不致将历史上相互联系的东西拆散,才能实事求是地从整体上把握指示问题。原因很简单,指示还具备建构话语的功能,而印度日耳曼语实现该指示大多数使用与视觉指示等同的词语手段,远的不说,至少对事实进行简单描写的情形是如此(如我们所言):或者是空间秩序和其中的方位,或者是话语流的秩序和其中的方位,或者话语的构成部分,指示基本上都借助于同一个指示词系统。

从心理学上看,指示词的每一种回指都有一个前提,即发送者和接受者对话语序列的整体把握,可以反向和正向回指其中的部分,[①]因此,发送者和接受者必须对该整体有一个现场的把握,能

---

① 从心理学上看,"正向前指"完全可以理解,因为我们已经知道将要填补的内容在规则上或多或少是一个"空位的"句子模式,预备性地存在于我们的思维之中,而前指就发生在该模式之中。布鲁克曼称前指是"预备性"(präparatorisch)使用指示词,区别于反向回指。"预备性"这个新术语不够精确,我们可以使用"后指"(Rückverweis)和"前指"(Vorverweis)(或回望和前望),否则就需要从希腊语借用一个新词,大概就是Kathaphora。与我们一样,希腊语学者也说"上文"和"下文"(ἄνω 和 κάτω),涉及不同的篇章角色。我们这里预先记下这样的起源,以便对后指(Anaphora)和前指(Kataphora)进行准确的理论阐述。在布鲁克曼时代,人们遗忘了对前指和后指真正特性的认识,现在需要重新拾起。——至于从视觉文本所获得的语言图像及称谓是否必然也可以转化为听觉表现形式,是一个次要问题,但也是一个问题。如果针对过去的为"以上",则针对将来的应是"以下",除非,古希腊将当前视为一个低点,以此为出发点,则两个方向都为"以上",这样,Anaphora这个词就适用于感性图像中的两种情形。问题是,地球上的民族观察过去和未来的目光究竟是怎样的?

够在其中游移，类似于目光针对某一在场对象的游移。这一切对心理学家毫不奇怪，因为他知道，这样的游移不仅涉及话语序列，而且其他有形听觉序列也要求并允许这样的游移、复指（Wiederaufnehmen）和预构（Vorkonstruieren）。每一曲音乐的生成和接受所提出的要求不尽相同，但却近似。在直接记忆范围内，或者更准确地说，针对直接记忆的内容，也会发生此类众所熟悉的运作，这足以说明回指的心理学基础。对此，我们无需赘述。

为了便于解释，人们可以将语言回指与认真而整体性地听取一段音乐或观察一个较大的视觉对象进行比较。敏锐的分析家已经发现这样比较有不妥之处。事实上，其间的确存在一些值得注意的区别。首先，无论图画还是乐曲，不可与回指的指示词相类比，二者都不拥有仅仅或主要用于引导目光的特殊符号。我们承认这一点，并且预告将在结尾部分给予满意的解答。那里，这一简单的认识会成为我们理解语言结构最奇特属性的钥匙。现在，只要该比较无甚大碍，足以让我们断言：语言描述在某种程度上使用独特的手段来实施和控制前指和后指，这样的过程若发生在别处则无需这种手段。至于通过有形手段实现回指的复杂性如何，那是特定语言的特性。前指和后指因心理需求而发，但绝不会听命于整齐划一的命令。有充分理由说明，面对复杂的语言信息，接受者并非毫无自由地被捆绑在回指词汇的“襻带”之上，那样不仅不可行，而且纯属多余，事实上，只要大致可行就足够了。以上是对前指和后指的心理学基础的初步讨论，不过，关于回指还有许多问题没有论及。

为了研究所谓直接记忆的能力，心理学家会研究非直接记忆，即间接记忆方面类似的能力，也就是已经成形的回忆和建设性的构想。他期待在那里也会遇到指示词,而且数量巨大。他会如愿以偿。还有,布鲁克曼的注释告诉我们,植根于语言表达的戏剧性元素也会在那里得以兑现,且表现得特别纯正,在科学上易于理解。这是指示的第三种形式,我们称之为虚拟指示。[①] 所以,回指和虚拟指示与视觉指示不同。

有必要对第一种和第三种形式进行心理学对比分析,以突显回指的特殊性。我们将会看到,在关键问题上回指与另外两种指示形式不同,而且,在指示场之外应该还存在另外一个场,即语言的象征场,那也是一种句法,否则令人费解。人们也可以这样说,回指的功能在很大程度上正是将指示与真正的描述联系在一起。因此,应该在语言象征场之后再对回指进行系统性的阐述,具体安排在(原著)第四章。那里将会说明,回指就是将话语未来的上下文变为指示场,那是一种非常奇特、对语言描述而言十分典型的现象。因此,语言的两个场:(实在的)指示场和象征场,通过第三个场(可以这么说),即语境指示场而相互结合。我认为,逻辑上不应该将这第三个场视为一个新场,它是指示场的亚类,因为,新而独特的只是它赖以产生的反身性,即未来的话语以前指或者后指的形式回指自身,另外,无论哪种指示场(某些特殊的反身词语除外)使用的指示词都是同样的。

1. 为了从心理学方面充分回答虚拟指示的问题,有必要扩大视野。如果一个人向另一个人指示什么,那么,引导者与被引导者双方必须拥有充分一致的参照系,即在指示对象所处的秩序之中

---

① 我最先想到"既往指示"(anamnestisches Zeigen)这个术语,但与之相比,现在这个术语较少误解,因为,anamnestisch 根本上也是"回指"(Anaphora),而虚拟指示的能产性不在于既往,而是具备纯粹重构(Reproduktion)以外的功能。

的定向,简单地讲,就是城市的导游和博物馆的讲解员,那里是他们指示和定位的参照。那么,被引导者就是听者吗?可以证明,在语言指示的情况下,尤其是在第二种和第三种情况下,他在指示所发生的秩序中也必然以一定的积极行为和一定的定向度参与其中。如果对象就存在于共同感知场之中,只需通过“这里”和“那里”,以及“我”和“你”之类的词语就可以指称眼睛和耳朵所能触及的外在对象,那么,对于交际双方在该场中共同定向的问题其实无需深入细致的分析,因为以我们正常的理解力完全能够充分把握给定的条件,能够理解接受者是怎样以及为什么能够找到发送者所指的对象。对他们可供支配的自然(前语言的)辅助性手段,我们已经进行了力所能及的说明和分析,这里无需再做补充。

如果讲述者要将听者引入一个不在场的记忆世界,甚或引入一个建设性构想的世界,而且使用同样的指示词,来让听者通过视觉和听觉(当然还有触觉、嗅觉和味觉)感知场中的存在,这时,情形立即大变,感知不再依赖于外在的眼睛、耳朵等,而是使用口语中以及心理学常说的“内在的”或“精神的”眼睛和耳朵。这时的情形一定不同,因为,那些对于视觉指示不可或缺的前语言辅助性指示手段在虚拟指示中消失了。在虚拟场景中,被引导者不能用眼睛追踪说者伸开的手臂和食指来发现“那”里某个特定的东西,他不能利用声音响度的空间来源质量来确定说者说出“这里”时所处的位置,同样,在书面语言里,他也不能听到不在场的说者说出“我”时的声音特征。然而,即使针对生动形象的叙述中不在场的物体和不在场的叙述者而言,这些及其他指示词同样也是以各种各样的形式出现。我们打开任意一本旅游指南或小说,在第一页就能大致确定所言的对象。不过,要达到科学的理解,还必须进行更为深入细致的心理学思考。

心理学的核心问题是，这样的虚拟引导和被引导何以成为可能。如科学中通行的那样，研究者要获得遥远的目标，本质上首先要彻底回归到他主观所非常熟悉的东西，即回归到对在场对象的指示。这里，他必须对情况重新审视，才能开展进一步的研究。此前，我们简单地将一个共同的感知场作为一种秩序，其中囊括了一切：指示对象、指示信号的发送者和接受者，交往双方在其中和谐理性地展开行为。该行为并非心理学门外汉所想的那样和谐默契、天衣无缝。不过，关于事实对于认识论终极问题的挑战性，我们这里不做深究，仅满足于对感知场中会话双方 A 和 B 的定向问题进行简单的描写。

这样做十分必要，因为事实证明，定向问题在整体上也会渗透进入到“幻想空间”，进入纯粹幻想的某个世界以及记忆世界的某个角落，并被接受。有人对虚拟指示的可能性感到惊讶，但其前提基本上是错误的。在虚拟指示中，视觉指示赖以发生的自然辅助性指示手段并非完全缺位，相反，舞台上的演员能够将不在场转化为在场，并向剧场的观众将台上的现象阐释为对不在场的模仿，同样，在形象的虚拟叙述中，说者和听者也有这样的能力和手段。[①]“形象的”语言完全适用于这样的虚拟表演，这样被使用的语言就是形象的，只不过无需在方方面面都如演员那样，而是还有第二种可能性，即高雅的叙事文学。在此我们“点到为止”(Quod erit demonstrandum)。

2. 处于清醒状态并且“自在”的人在其特定的感知场景中获得

---

① 相关证据可参见拙著《表达理论》中针对戏剧的观察，特别是 44 页起。

定位,这首先意味着,他的所有感官数据都被纳入一种秩序,一个坐标系,其原点(坐标基点)就是指示词“这里”“现在”和“我”的所指。在我们将要描述的秩序中,这三个词必须共同确定于一点。人们清醒地进行这样的定位,对于这一事实,体验哲学多有论述,纵观之下,才能从科学成果的宝藏中为缜密的语言理论汲取必要的信息。其中没有多少书本教条知识,每一个受过现象学训练的人都能够以从容不迫的科学态度从日常现象中获得粗浅的认识,例如,他可以清楚地区分清醒的自在与我们熟知的梦游,以及其他形式的神迷状态(极度兴奋),对此,这里无需赘述。

其中只有一种情况我们需要附带论及,因为它可能具有方法论的启发意义,那就是病人和伤者的自在意识遭遇障碍的情况。假如一位医生在病床前调查病人是否神志清醒,那么,他只需要一定程度的自然技巧或这方面的实践经验,就可以提出常见的测试问题。无论人们具体怎样安排,大致都会明白是否可以与被试进行言语交往,更进一步还可以明白,病人是否可以运用前语言指示和语言指示,以我们惯常的方式招呼对方并做出反应。这时,人们会发现,面对我们指向的或者人为设计的感官数据,被试是否会像神智正常的人那样,将之置于“这里”“我”和“现在”的系统之中。从被试的语言或其他反应,一定能够判断出他是否将身边的白色理解为病床和病房的墙壁,是否感觉自己处于整个房间的某个特定位置,一定会弄明白他是否以“现在”为基点来有序整理最近的过去和未来,一定会弄明白他是否不只会说出“我”,而且还会思考“我”,将自己记忆数据中的哪些及多少内容有序地与当前的“我”相联系。还有一点:在这种情况下人们也可以根据场景而降低测试的要求。人们已经用纯粹行为主义的测试手段,测出婴儿和动物在感知场景中是否具备与其发育阶段相吻合的定位水平。当然，婴儿和动物也能够完成符合其发育水平和行为系统实际的自我定位。

3. 现在，我们详细讨论一下清醒的人在这样一种整体定位中的空间因素。我们是“视觉动物”，也就是说，视觉空间虽然不是全部，但却在我们明眼人的空间定位中处于突出位置。根据布鲁克曼的研究，我们知道言语交往的指示过程也是如此。那么，心理学家是怎样描写（体验中的）视角空间的？老一代视角空间现象学家，如赫林、希勒布兰特、海尔姆豪尔茨、波尔顿、维塔塞克等，只揭示了科学分析的出发点和操作方向。假设，无论我们周围的物体还是我们自身（整个身体、头和眼睛），一切都是静止的，而且，观察最先不是用两只眼睛，而是用一只眼睛，这时，人们不是去“看”，而只是接受特定视域中进入视线的空间数据。在老一代学者看来，这是开展研究唯一实事求是的出发点。两只眼睛和一切形式的运动只是后来才逐步附带性地作为空间观察的复杂化条件被引入。现在，我们感谢那些前辈，知道这样的出发点并无不妥。

但是，我们同样也清楚地知道，从方法上讲，分析毫无疑问也可以从另一端开始，甚至，为了检验和完善既得成果必须如此。因此我们假设，某君逍遥自在地漫步街头，例如在一个陌生城市从火车站走向街道的拐角和闹市。此君的行为举止很有启发性，他下面提供给我们的数据可作为我们“空间定位”一章的分析参数。我们的这位游客要返回原处，或者他忘记了去火车站的方向，需要认真想一想，或者他能够十分准确地说明去火车站的方向和距离。准确记录且认真分析之下，二者都具有科学意义。如果定位清楚，他就会成功到达目的地，其情形让我们想起关于草原向导的报告，或者从其他定位能力高强的生命那里观察到的情形，后者给人的印象更为深刻，理论意义也许更为明显。马匹能找到返回的路，还有鸟儿、蚂蚁、蜜蜂和马蜂。

我在这里罗列各种各样的高手，目的是提醒语言理论学家要认真了解情况，然而，面对整个动物世界和人类千姿百态的空间定位能力，不要纠缠于生理细节而迷失方向。因为，生命体都具备一种记录机制，提供某种定位表来指导自己的行为实践，无论怎样，那始终都是一个核心的因素，发挥着作用。我们通过简单的观察发现，每一种生命体的运动都有自己的方式和自己的行为系统，都在其行为中根据特定的对象，根据对于动物或人类生死攸关的方位数据或空间方向，程度不同地获得基本正确的定位。

人也是如此定位的生命之一。当他开口说出指示性表达，例如“火车站肯定在那儿！”，会同时临时性地摆出一个路标的姿势。在定位中获得其场值，这样的词汇在词典里远不止单词“那儿”。他使用“前面”和“后面”、“右边”和“左边”、“上面”和“下面”等词语，则涉及一个新的事实，即在其视觉定位的关系之中他感知到自己的身体，并将之指示性地投入其中。他的（有意识、体验性的）身体触觉图像（Körpertastbild）与视觉空间处于关系之中。对于动物或人而言，空间定位永远都不仅仅是孤立的面部感知器官的事情，否则，许多我们熟悉的事实都无从解释。我们知道，人通过面部感官、触觉和听觉所获得的数据一起被上述记录机制整合接收和处理，再从我们头部和身体的特定动作中获得新的意涵，即所谓的动觉意涵，一并被记录。不要忘记还有那些半规管的所谓“静态”机制也发挥着重要的调节功能。我们这里遇到了视觉方向与身体触觉图像的特殊关系，对此，可以考察那些非常熟悉且对于语言指示的分析和理解具有重要意义的现象。对此，我将在下节简要说明。

4. 众所周知，视觉方向的坐标原点在身体触觉图像中变动不居。简单地说，直观的“这里”即使主要用于视觉方面，也不是永远停留在身体触觉图像的同一位置，仅仅从单眼视域向双眼的整体视域的过渡，就会发生根本性的迁移，这是一个早已为老一代现象学家所熟知的事实。赫林提出将一只巨眼安装在鼻子根部的设计构想，来观察迁移的情况。实际上，我们“以那儿为出发点”用双眼观察整体的方向，似乎每一个人都是只长着一只巨眼的波吕菲墨。无论对希腊众神的崇拜传达什么样的教义，无论怎样人性化地幻想塑造他们的形象，一位现代医学专家会以不同的视角进行同样重要的思考。这一事实的意义远远超出了人们起初的印象。[①]

简而言之，这第一步已经使得布鲁克曼所谓的“直观影像”或“感知影像”（Wahrnehmungsbild），即语言理论所谓的最终秩序，与身体器官的紧密关系发生了动摇，而且这种疏离还会不断加剧，人们可以追踪观察。学者们研究那些陌生的语言，从那些研究报告看，指示词和指示过程似乎表现得非常任意和复杂多样。现在，我们认真思考上述疏离现象，自然也就理解了那样的表现。其实，事实并非表象所示，那些语言的操用者与我们并无太大差异。据我文献考证，少数现象，例如许多印第安语言奇特的指示形式，在

① 正如赫林等人实验证明的那样，这一事实并非如前人所料完全属实，因为，新近证据说明许多人习惯性地倾向于某一只眼睛的视觉方向，与用手相似，用眼也有“右撇子”和“左撇子”，“右撇子”习惯于从其右眼开始观察双目视像，这多少冲淡了赫林思想的意义，但并不会彻底推翻之。关于用眼“右撇子”和“左撇子”的问题米尔斯（Miles）的论述特别值得称道，其结论适用于更广泛的语境（*The Journal of General Psych*. 3，1930，412 页起）。

心理学上与我们时常在自己身上所观察和跟踪的情形完全吻合,更为重要的是,这样的契合具有系统性。心理学家发现和描写了这些现象,但他们并不知道不同语言的基本指示形式非常不同。在我的描写中,我将根据心理学家各种研究的发现和实验记录的可靠事实,集中讨论上述空间意识与身体器官之间由紧而松的疏离步骤,并图示之。

目前还只是从所谓纯粹感知中发现了一些现象,还不确定,有待于对视觉中的"这里"在身体触觉图像中发生迁移的情形进行深入的研究,以便促进理论的完善。有时候我们对"前"和"后"等现象的确定和"感知"根本就不是直接从眼睛出发,而是参照与头部的关系。在我们自己的身体触觉图像中,头部也有其前和后、左和右,这已基本成为视觉判断的系统,穆勒(G. E. Müller)干脆称之为头部坐标系统。身体触觉图像还有其他不同的情形。如果头部也被弃用,胸部坐标就会变得很重要,而如果头部和上身最后都被弃用,则腿部和盆骨部位就承担坐标载体的角色,这时,盆骨、膝盖和脚步"感知"到的就是"前部",而眼睛、头部和上身的姿势朝向则无关紧要。这是"位置坐标"最为重要的系统。

对于相关心理学观察的细节,我们不必深究。显而易见,根据具体情况,不同部位在身体触觉图像中各领风骚,视觉数据也相应适从,这些完全可以满足我们。这里,还应该补充直观空间定位的另一种更为深刻的变化,即从自我中心定位(egozentrische Orientierung)到人们所说的拓扑定位(topomnestische Orientierung)的变化。下面的重要现象就属于此:人们以某种交通工具(汽车、轮船、火车、轿车等)为基点,直观地根据交通工具通常的行驶方向完成定位,而且别无选择,不假思索。动物和其他人的定位也是如此。体操教练站在体操队员队伍的前面，迎面向队员发出口令，这时，根据规约，口令“向左”和“向右”的发出和理解所参照的是体操队员的定位系。这是一个典型的案例，可以解释空间定位系统和语言指示系统的场值之间非常简单的互译性。

而这种简单的互译性则蕴含着向拓扑空间定位过渡的先决条件。所谓“拓扑”空间定位普遍存在于常规性天体方位(南-北，东-西等)。根据我们目前的认识水平，以自我中心为出发点的情况极易理解，除此之外，对拓扑定位进行精准观察似乎只能依赖推测了，但那是我们所要避免的。以上就是我们对特定感知场景中神志清醒的人进行正常的空间定位的心理学分析。

5. 上述内容也包含时间因素，并通过直观的“现在”体现出来，其细节还没有多少观察发现。语言学家对他们所熟悉的材料进行心理学分析，会获得比心理学家迄今的成果更为丰富的发现。例如，从印度日耳曼语的动词变位就可以轻而易举地获知，直观的“现在”一般是语言中确定时间的出发点。与“这里”相同，只要被说出来，“现在”即可独立实现自己的价值。与“这里”一样，“现在”很少是一个非延续性的(数学的)点，即缺乏严格意义上的界限，相反，根据其中蕴含的“此刻不再”而包含一个较小的或无限大的延伸，例如，一位基督徒说“这里”即可包含整个此世今生(地球甚或更广)，如果用地质时间思考问题，那么，“现在”则涵盖自上个冰河纪之后的整个时期。如同“这里”一样，“现在”也可以用于虚拟世界的任何位置，但这不是这里的议题，留待下一节再论。印度日耳曼语有过去完成时和将来完成时，向我们展示了不同时间的一种可能，类似情形我们将在空间领域说明(下文第三种情形)。通过“现在”所体现的时间划分在其他陌生语言中是否完全不同，我不得而知。心理学家可以请教专家,是否存在可与拓扑空间定位相类比的情况,这很有建设性。如果那样,便以一年(例如冬夏二至点)或一天(例如日出和日落)中的一个或几个客观固定点为零点,来确定此前和此后的时间,这应该是时间定位的一种方式。我大概知道纪年中有类似情形,如罗马日历。但问题是,在日历出现之前,语言的指示形式和指示词中是否已经存在更为原始的、类似的东西。

顾名思义,"世界观"的自然坐标原点为"我"。关于其语言形式的形成已经有所论述,还需要更为深入和广泛的阐述。

6.前面,我们进行了必要的铺垫,现在,重新提出关于虚拟指示的心理学基础的问题。

记忆想象(Erinnerungsvorstellungen)和幻想想象(Phantasievorstellungen)能够支持、伴随和部分满足我们的自言自说和语言理解,但我们首先要说明,那样的想象严格来讲并非都属于我们的议题。我们要区分"影像"或"小影像"(权且如此称谓)与完整的场景想象(即上述第二类想象),二者性质不同。在后者,记忆想象和幻想想象具备与感知类似的属性,并代替原始的感知场景。另一些,即影像和小影像,则分散渗透在思维过程之中,时隐时现,犹如对某个词语或思绪的瞬间注释,不具备辅助指示的功能。从语言方面看,影像和小影像属于对所指对象的直观确定,其表现形式和功能只能在语言象征场理论的框架下运用心理学视角来把握和理解。另外,语言隐喻和比喻也不是这里的话题,都另当别论。

这里,我们研究的是发生指示的虚拟场景。为了简便起见,我只回答一个问题:如果一个神志清醒(不在梦幻之中)的人自言自语,或作为听者(或读者)"沉浸"在记忆之中,或者处于奇幻旅行和奇幻构思之中，那会是怎样的情形呢？[①] 他在虚拟世界所实施或所顺从的语言指示又是怎样的呢？此刻，根据我们的约定，他应该不是真正出神游走于他当前的感知场景之中，而且一个正常人一般也根本不会那样。例如，在白日里刚听完一段生动的游记故事或小说片段，此刻，人们重新回到日常生活中来，面对当下，仍会有一种如梦的感觉。诸如此类的标准能够使我们将真正的出神与清醒状态下非常鲜活的"穿越"(Versetzung)严格区分开来。

我用"穿越"这个词已经触及可能出现的第二种主要情况。打个比方，要么穆罕默德去往山里，要么山向穆罕默德而来。顺便说明一下，在生活的许多方面，山比寓言更有人情味。经常，被想象的对象，尤其是活动之物，如人，虽然未"被看见"，却来到我们面前，也就是说，进入特定的感知秩序之中，并在那里获得定位。迄今的遗觉(eidetisch)研究表明，一般情况下，在肉眼感知和所谓精神之眼对所想象对象的感知之间存在着千变万化的差异，不过，这些差异对我们的纲领性意义不大，更重要的是，即使是一般(非遗觉的)形式中精神想象的事物也有其位置，位于我之前、之侧或之后，位于我所处房间的物品之中，它们是我所感知、想象或得到的东西。你可以试着将一件熟悉的家具想象到一间全新的空屋子里的某个位置，目测它所占据空间的高度和宽度，以及在整个环境中的效果。

马丁(L. Martin)的研究结果表明许多人都能够这样。在实验中，人们也许不能将一个想象的花盆形象地置于自己感知中的

---

① 这个问题的提出和回答可参见由我修订的艾宾豪斯《心理学概论》第4版第1卷(1919年585页起)，那里也引用了本研究所依据的原始资料。诚如所言，一切都还只是描述，尚未应用于语言指示现象，因此，还缺乏对回指问题的展望。

一张桌子上，但是，绝大多数人却能够描述其他情景中十分清楚的物体定位，例如山体以某种可能的形式向他们而来。在类似的情景中根本没有什么东西可供视觉感知，我们却能够在内心听到记忆中朋友的声音，并知道他此刻正从右侧或左侧走来。人们想象到一个活生生的会话词语，在内心听到一个熟人独特的声音，突然感觉到声音响起，似乎说话的人正站在我们面前的桌子一旁，看着我们。这第一种主要情况还有许多变体，但可以被视为一种典型。

穆罕默德向山走去属于第二种主要情况，情形正好相反。根据典型的先期体验，或者毫无准备地突然被置于想象中对象所处的地理位置，从自己在想象中所处位置的某个明确的视角，用精神之眼观察想象中的对象。人们在想象中转过身去就可以看到之前位于身后的东西，在想象中移动脚步就能看到那些此前真实漫步中见过的东西，只不过更为赏心悦目，运动更为迅速，就像在童话里随着思想的跳跃而被置于新的位置。这是一种适合于儿童能力的叙事技巧，现代电影有时也用来支持诸如此类的想象。在《一千零一夜》里，人乘着神鸟飞向天空，镜头就是通过一些叠加的画面迅速地从一个地方转到另一个地方。我这里也引证了西格尔(J. Segal)细腻的分析，他发现那些受过培训的成年被试都有类似的经验。

还有一点，乍听起来十分奇特，但确证无疑，且不无理论意义。在逗留此地与前往彼地之间发生了一个事件，山与穆罕默德都各自留在原地，但是，穆罕默德从自己的感知位置看到了山。这就是第三种主要情况。那经常是一种不稳定、不持久的初始体验，其特点是，体验者能够用手指出精神之眼观察到的不在场对象的方向，与我们在城中漫步时说明火车站方向的情形大致相同。例如，我曾在课堂上向500位听众提问“史蒂芬大教堂在哪儿?”,教室里大概有300人举起食指指示方向(很有趣的是方向多有偏差)。如上所述,这第三种主要情况经常不出现于复杂而完整的幻想叙述。从心理学的角度看,童话世界无处不在,但却不宜用“这里”来说明。可能还存在其他情况,但并不影响这第三种主要情况的存在。

总之,西格尔详细描写了想象中漫步的情景,非常容易理解。如上所述,对于童话的叙事技巧和简单的想象情景中的许多东西还需要认真研究才能理解,这里仅仅有所提及。格林童话的叙事技巧十分简单,没有多少心理学奥秘,但是,其中必然蕴含着通向丰富巧妙的叙事技巧的可能,其具体细节还不为我们心理学家所认识。然而,无论这些巧妙的叙事多么不同,我敢断言,上述三种主要情况涵盖了想象机制和虚拟指示的一切基本内涵,除非有人提出反证。

7.现在应该思考的问题是,在科学论述中有些图像非常贴切,十分必要,意义重大,但只具有临时意义,最终都必须被替换为概念。例如,关于穆罕默德和山的寓言为描写提供了一幅便利的图景,还有想象中的“穿越”也很形象。这些图像可以被替换为概念吗?我认为可以。我们再看视觉方向的坐标原点,直观的“这里”随着身体触觉图像而“游移”,路人、骑士或司机在旷野中的定位习惯于以所体验的运动方向为坐标,来确定自己的“前方”。仔细观察,这种定位就已经包含了问题的要害,即对当前身体位置的超越,有时要求穿越转入一种虚拟姿态,这样,运动着的人以其运动方向为基点将旷野切分为“右侧和左侧”,并予以说明,例如讲述莱茵河或塞纳河的右岸和左岸,就会清楚地意识到类似的姿态。众所周知,叙述者这样的说明有时会给读者带来困难,需要读者认真思考，并在自己内心调整或者转换姿态，才能达到理解。达到这样的目标有多种技巧，但是无论如何，穿越的成功意味着主体最终获得当前身体触觉图像的参与感。科隆-道依茨＝莱茵河左岸-莱茵河右岸——冷静思考之下，我对这一情景有了清醒的意识，感觉到我此时此刻随时准备举起手臂指示方向。如果我没有搞错的话，想象中的穿越这一现象可以在这一观察的基础上得到科学的解释。当穆罕默德“穿越”进山，他会将自己当前的身体触觉图像与一个想象中的视觉场景相联系，所以，作为说者，他完全能够像在原始的感知场景中那样，在虚拟场景中使用方位指示词“这里”“此处”“那里”以及方向词“前”“后”“右”“左”等。而且，对于听者而言，情形也是如此。

听者自己也以相似的方式进行“穿越”，也就是说，他将自己当前的身体触觉图像与想象中的一个相应的视觉场景相联系，达成理解。用话语可以表述为：“在维也纳，你越过鼠疫灾难纪念碑旁的水渠，走到铁钉柱广场(Stock im Eisen)，抬头左前方就是史蒂芬大教堂。”到过那儿的人会随着记忆同行前往，并看见那些东西。如果没有到过那儿，就会以一个自己熟悉的城市取而代之，漫步其中，比如斯特拉斯堡或布莱斯高的弗赖堡。引导者与被引导者之间起码的默契会因指示的细节而有所不同。从一条简单胡同的拐角处放眼观察，整个指示场中的坐标点恒定不变，因为它们构成每一个神志清醒的人在当前感知场景中进行定位的基础，体现出指示词的基本含义。

我们指出，所谓虚拟指示中不存在自然的辅助性指示手段是一种误解，现在，这一观点的意涵得以凸显。它们是存在的，其根源就在于穿越的发生，形象地说，每一个“穿越者”都将当前的身体触觉图像“携带”入场。“携带入场”发生在第二种主要情况下（穿越），“穿越者”始终保持当前的身体触觉图像，并且连同第一种主要情况下的视觉感知定位一起，将虚拟对象纳入其中。第三种主要情况是一个相加而成的整体，或者说，是一个由两种定位组成的超级方位（Superposition），在概念上，一个属于第一种，另一个则属于第二种主要情况。至于超级方位组合的程度和方式，对心理学还是一个未解之谜，我们期待语言专家和语言中枢障碍专家给出答案。

8. 不言而喻，上述内容对于语言心理学而言意味着更高水平的问题。为了系统地考察上述心理学家的结论在言语思维中的体现，必须检验所有语言现象，看它们是否以及在多大程度上包含或预设了上述不在场描述的三种主要情况之一。最终，无论出现哪一种主要情况，总是将不在场的事物与交际伙伴在感知场景中进行有序言语交往的必然定位相联系，或者纳入其中。这是一个非常机巧的、我们成年人习以为常的“穿越”游戏，无论我们何时通过语言进行虚拟指示。我们不妨考察一下布鲁克曼的方位词在一个适当语篇或一个形象叙述中的情形，就会理解那些习以为常的现象。假设，有位英雄被派往罗马，这时，作家面临选择，应该用“那里”还是“这里”进行叙述。“在那里，他在广场上来回蹒跚，度过惬意而漫长的一天，在那里……”，也可以用“这里”进行同样的叙述。这有什么区别呢？“这里”意味着穆罕默德朝向山的穿越，而“那里”则是第三种主要情况所虚拟的情景。

每一个读者是否都严格遵循语言的引导，这是另外一个问题。一个人读过或听过很多童话故事，在“那里”接受过训练，会轻而易举地应对任何一种情况，以当前的感知位置或者以想象中的位置为出发点,都可以轻松地举目远眺,例如,用印度日耳曼语的过去时和将来时进行指示,他可以选择以直观的"现在"为出发点,也可以选择以所想象的时间链条的另一个点为出发点。用过去完成时和将来完成时对事件过程进行确定,例如"被杀死"(necaverat)或者"杀死他"(necaverit eum)。说者和听者好像都能够以"现在"为出发点经过中间穿越而获得确定,至于此前或此后在语篇中所描述的穿越是发生在过去还是将来,对于想象力的要求没有丝毫区别。语言在多大程度上能满足这样组合和聚集起来的穿越所提出的要求,心理学目前还无法判断。①

不过,理论学家也许已经认识到这样或那样穿越及其技巧的核心意义。人之所以能够在虚拟状态下用语言手段向另一个人讲述不在场的事物,正是归因于穿越。如果一个叙述(我们所能想到的最简单的情况)重新唤醒当前的说者和当前的听者所共同经历过的一个记忆犹新的场景,此刻,无需多费词语,首先,说明物体和事件质的规定性的称谓词就可以省略,只需要安排一个基本场景,将当前的感知空间转换为舞台,以便说者用直观动作来指示在场的对象,在"那儿",知情的听者会用精神之眼重见过去肉眼所看到的东西。

如果听者那时没有亲历,但此刻听到的是一种十分熟悉的行为类型,例如荷马式的打斗,这时,情形并无太大变化。"我在这

---

① 参见布拉泽(Blasé)《拉丁语过去完成时的历史》(*Geschichte des Plusquamperfektums im Latein*. Gießen 1894)。今天,人们认为我们拉丁语举例中"时态等级"的形成是印度日耳曼语动词历史中一种后期形成的现象,对此,波尔齐格(Porzig)《印度日耳曼语句法的任务》(*Aufgaben der indogermanischen Syntax*. Festschrift für Streitberg 1924,147 页)中有一些十分细致的观察。

儿——他在那儿——这儿是小溪”，叙述者这样开始他的故事，并伴随以指示性动作，如此，舞台得以搭建，当前的空间被转换为舞台。在这种情况下，我们文化人会拿起铅笔，几笔将场面勾勒出来。例如，我要将普鲁塔克所描绘的凯撒和庞培之间决战的过程形象地复述出来，会借助辅助性指示手段画出一张情势草图：“这儿是凯撒的战线——这是第十军团——这是骑兵——这是他自己；这是庞培的战线，等等。”这就是对基本的虚拟语言指示进行心理学研究的出发点。如果手头没有一块画板，生动的叙述者可以将自己的身体和伸开的双臂临时“变为”战线示意图。

不过，我必须就此中断论述，因为这里暂时还没有形成完整的、仔细观察的结论。我本人清楚地记得在旧金山的一个夜晚，一个中国大学生向导把我们领进一家中国剧院。舞台上所发生的事情，正是最朴素的虚拟指示的翻版。例如，两支军队（其中一支按照恶的原则为黑脸，另一支则遵循明亮为善的原则）表演一场战斗，舞台上相距不远摆着两张长桌，之间的间隔表示一条河流，上搭一块木板表示桥梁，一位不参与表演的剧务总管将木板移开，表示桥断了，一队演员手里拿着用马尾巴做的马鞭，表示骑马，马鞭被抛到地上，表示骑兵被撤下，等等。从心理学看，这无非是系统化的、由无数规约所承载的虚拟游戏。同样的游戏每一天都在全世界的幼儿园里上演，只不过没有规约，全凭随意熟练的发挥，但最终运用的手段却十分相似。儿童游戏和中国戏剧表演——也许是两个精心挑选的观察案例，一方面发展的结果存在天壤之别，但另一方面却又十分相似。戏剧中运用简单的辅助性手段，而叙述则不运用这些简单的辅助性手段，但无论如何，我们清楚地看到，二者都利用那些活动的、感性具体的物体来完成一个人给另一个人的虚拟指示,二者都利用了当前感知场景的定位场,都运用了史诗的穿越和戏剧的借场(Zitierung),将不在场引入当前空间。

想要对形象的叙事话语所假设的穿越进行整体上的确定和描写,就不能忘记“直接”和“间接”话语及其那些非常奇特的混搭现象,另外,还要关注那些“次要规则”,了解指示场以及与之相关的“戏剧”手法和“叙事”手法融入语言象征场领域的程度。对此,本节暂且不论,后文再议。

(4)语言的自我中心指示和拓扑指示

我们先后阐述了印度日耳曼语语言比较和印度日耳曼语心理学家的观点,逐步说明了有声语言的指示形式和模态。这里是否只是描述了印度日耳曼语的情况,甚至在某些方面太过印度日耳曼语化,这是语言理论十分关切的问题,因为,我们要对单数的人类语言的结构获得重要的认识,揭示可能变体在不同语系的语言结构中明显不同的表现,而语言理论的目标,在我看来就是阐明这样的研究思想究竟是否可行。这一研究假设并非首先和直接针对语族问题,因为,同一基本结构可以是多语族的,也可以是单语族的。

在不同发展脉络上形成了相同结构的产品,对此,人们试图在人种学领域进行证明。如果认为这种尝试是失败的,可以请教比较动物学和比较植物学,如果在那里依然不能获得重大认识,那就只能自己动手,一方面一切人类语言的基本结构相同,另一方面相对于其相近动物而言人类的身体构造基本相同,可将这两个不争的事实进行类比。言语与人性是一个极具诱惑力的话题,对此,关于语言结构共性这一研究思想的命运将会十分关键。毕竟,无论是多种系发生还是单种系发生，人性的统一应该不难理解。如果人类发展是普遍的，区别的存在就只能引发一个问题：在动物历史上“人”这一页究竟是被多次翻开还是仅仅一次被翻开。为此，必须首先定义人性的内涵。

相比象征场而言，语言指示场的问题较为简单，而且，我认为语言理论对实证分析的指导意义在后者也比前者更为明显，不过，首要的任务是弄清楚，语言理论在哪里还存在可能性且目前尚未被挖掘，只有这样，才能针对特定的语言现象对心理学家在想象生活中所发现的两种指示形式展开讨论。

1. 维格纳和布鲁克曼是实事求是地研究语言指示信号的先驱，对具体言语场景中决定语音符号交往功能的各种因素进行了很好的总结，罗列出很长的清单，其中也包括交谈双方对对方所从事职业和事务的了解。看到这里，人们立即会想到，猎人有猎人的语言，大学生有大学生的语言，其词汇和语言习惯都很特殊。这些问题基本上不是这里的话题，但还是要用一个例子来说明，即使指示词也受到社会环境的影响。根据施密特（W. Schmidt）的研究，澳大利亚有一些部落严格保持异族通婚，女人只能从异族婚娶。在新的环境中，她们继续使用自己的语言，即使与说其他语言的男人们进行交谈也是如此。人们能够相互理解，但自己却不接受对方的语言。这时，发生了一种十分奇特的现象，男人们说出“我们”时发音不同，有时候包含所指的异族女人，有时候又不包含，“我们”有包含和不包含之分。我立即收录了施密特颇具启发性的分析。人们也可以抛开那种非常特殊的环境，来思考第一人称复数人称代词包含和不包含的现象，一般性地提出语言指示形式中社会秩序普遍影响的问题。

对这种现象的复杂性,语言理论不可能一览无遗,既要寄希望于具体的研究,也要全面考察事实,在现有认识的基础上揭示更多的东西。我们需要认真思考"我们"包含和不包含的双重形式究竟蕴含着什么。从功能上讲,我们的言语中也区分不同情况的"我们",有时包含听者,有时不包含听者,甚或将听者归于另一个阵营,即"您们一派",只不过我们的语言对两种情况的区别不是音位学的(亦即 phonologisch,或通常所谓 phonematisch)。"我们的语言"就是德语,因为,一个说出"我们"的德国人的言语行为(la parole)经常能够成功地规避对包含和不包含的疑惑,如果不能通过语音达此目的,则体姿动作就会承担区别的功能,人们会用手做出某种指示动作来说明"我们"所涵盖的范围,或者标出"我们"一方与另一方之间的界线,再或者,万不得已之时还会明说:"'我们'就是我和你",或者"'我们'就是我和我家里的老婆"等,以避免可能的误解。

毫无疑问,这样区分的需求及其满足,是缜密的语音指示理论必须面对的问题之一,不过,如前所述,要穷尽类似的现象是不可能的。这里再附带补充一点关于"我们"的一般性思考。和"我"一样,"我们"也必须借助辅助性指示手段才能满足。但是,"我们"似乎比"我"距离纯粹指示符号那种极端情况更为遥远,因为,"我们"要求以某种方式构成一个人群,例如包含的"我们"与不包含的"我们"所指的人群构成不同,而群类的构成是称谓词的优先权利,即语言概念符号的优先权利。也许,在我们的语言中,包含在"我"之中的单数元素通过对立才体现得更为精确,即与表示双数和多数发送者的符号所构成的对立。同样,这种精确的单数元素在逻辑上也不再是纯粹的指示,而是称谓的第一步。当成百上千的德国人说出“我”，则单数元素并不因具体情况而变，而是我们已经描写过的那种最小值，其中，对于“我”词汇而言，一个概念符号的基本逻辑条件也得以满足。

如果不能实事求是地进行抽象，就可能对上述观点感到吃惊。毫无疑问，每一个指示符号都可以实施称谓，否则就不会有人称代词了。

这一切是否会消解和打乱指示和称谓之间的区分，这种疑问大可不必，否则，此前的论述就都成为徒劳，就会有人在逻辑上吹毛求疵，重弹所谓成熟语言中存在各种“毫无意义的词汇”的老调。语言学要坚持正确的方向，揭示印度日耳曼语指示小品词演变为变格词汇的符号学意义。当初，指示小品词在实施指示的过程中放弃了称谓功能，并因此获得了一个语音结构。并非所有的符号功能都要体现在语音上，我们所列举的德语包含和不包含的“我们”的例子就清楚地说明了这一点，还可以举出无数例子来证明。对此，温科勒(E. Winkler)有清楚的认识，并在其语言理论系列研究中予以强调，我完全赞同他的观点。但是，语言(la langue)在某种程度上超越了随言语场景而变的变色龙发展阶段，跃上了更高水平，说者在基本成型、固化的机制下拥有新的能产性。过去、现在或者将来，“纯粹的”指示信号都是一个指路的箭头，而且无需在上面书写名称，即使写上名称也不会消解路标的指向功能，同样，to-指示小品词演变成德语单词“der”(这个)之类的词汇也未导致其指示功能的消失。单词“这个”被用于其他称谓词所在的象征场中，因而在某种程度上失去了称谓功能，因此才有所谓“人称代词”这样恰当的说法。

2. 纯粹的指示小品词或指示信号也可以具备称谓功能，这还有另一种主要表现,即拉丁语的方位指示词。拉丁语的方位指示词表现出相当的系统性。Hic、hinc 和 huc,istic、istinc 和 istuc 以及 illic、illinc 和 illuc 是我们熟知的三组三词聚类,我们应该对它们进行怎样的符号学描写呢?我认为,将拉丁语翻译为不具备同样丰富性的语言,是精确阐释的好办法。我们德语(her 和 hin 已经退化且多义,都演变为 hier,除此之外)有 von her(从这)和 von dort(从那)等词对。von(从……)、in(在……里)、auf(在……上)等介词都是真正的(非指示性的)称谓词,同样,除了方位指示功能之外,那些相关的拉丁语构词也被赋予称谓功能。在概念上,某物,如一个事件,与某个被指示的方位之间可能存在三种最简单又最普遍的关系,该事件与被指示的位置之间的关系,可以发生于"之旁""之外"或"之上"。这也是概念界定的一项任务,必须从指示场理论中剔除出去。要想尽数罗列一个指示词由于这样那样的音位变化还会获得哪些类似的功能,是难以实现的。草率之人不能只顾放飞自己的想象,而要认识到自己的超前构想还缺乏必要的数据支持,因而无法实施,也无法完成。他应该去考察某些陌生语言。

附带就德语的 her(从……来)和 hin(到……去)做一点说明。众所周知,它们都涉及 hier(这)。现代德语与拉丁语 hic、huc 和 hinc 完善的体系之间是什么关系?我说的不是形态方面,而是符号学方面。her 和 hin 在语义方面充满奇特和矛盾,er kommt her(他来这里)涉及 hier 所蕴含的旅行目的地,但是,面对 von Berlin her nach Breslau hin(从柏林出发到布雷斯劳)这种说法,我们的语感开始摇摆不定。后一种情况里的 hier(说者实际或虚拟的位置)是指哪里?如果是介于柏林和布雷斯劳之间,问题还比较简单,但恰恰不一定在那儿,而是飘忽不定。在 der Wind streicht über den See hin(风吹拂湖面而过)中,我个人感觉 hin 与 hier 基本上没有关系,在我的语感里,her 通常与运动始发位置多有交错,相应地 hin 与目的地的交错很多,因此,在这一点上我们现在的语感相对于过去的语言恐怕需要予以调整,dahin、dorthin(到那里去)和 hierhin(到这里去)等复合词就已经表明,该体系不如拉丁语 hic、huc 和 hinc 那样稳定,与 hie(r)her 配对的 hierhin 明显要求某种穿越,作为说者,我在 hierhin 中的虚拟位置与实际位置不一致。众所周知,这些奇特的情况给外国人造成很大困难,同样,我们开始讨论"这个"指示和鲜活的"那里"指示时也有这样的问题(如意大利语的例子)。

关于称谓在指示之外所蕴含超级方位这一奇特现象,还有一个(不是最后一个)例子,那就是所有语言里的连词。对此,将在关于回指的章节里论及。

3. 现在,我们应该为自我中心指示(egozentrisches Zeigen)和拓扑指示(topomnestisches Zeigen)的区别做一点准备。假设有人为了娱乐或者狂热偏爱称谓词,给自己设定了一项任务,将词典中所有指示词划掉,但依然要与思想水平相当的伙伴进行言语交往,并且达到在成熟语言中使用被划掉成分等同的效果。一个最为简单的做法是:我们不再说"这里",而是说"脚",不再一边做指示动作一边说"这儿"或"那儿",而是约定俗成地使用身体部位的称谓词如"额头""背""心脏"和"肝"等,"背"表示以发送者为起点向后,"额头"的意思大概是"以说者为起点向前"。当然,也可以以接受者为坐标,或者以某种明确的方式由话语双方分担这一角色。那么情形会怎样呢?我建议上述新的语言社团提出一个口号:指示词在我们的言语交际中已经死亡,指示万岁。因为,从交际手段中删掉的只是某些词,并非指示本身。

某些成熟的人类语言自古以来就按照虚构的方式通过有声语言满足人们指示的需求,而是否能一下子满足所有指示需求,那是另外一个问题,但无论如何总能满足一些。"我"和"你"的问题似乎很容易对付,只要遵循一定的规约,以"口"象征发送者,以"耳朵"象征接受者,或者,如我们一些咿呀学语的幼儿实际所为,以专名取代"我"和"你"。但假如不存在这样的语言,对于我们这本非常严肃的书而言,整个虚构就是毫无意义的肥皂泡沫。

我们假设了满足言语交际指示需求的方式,最好给这样的指示一个恰当的称谓。这对于语言理论而言十分重要,因为,其中准确地追溯了人称代词由纯粹指示小品词演变而来的历史起源。我们不妨以下例(还用虚拟式)说明:发送者 A 和接受者 B(浪漫起见假设两个懒汉在狩猎)必须运用符号来提醒对方注意感知场之中的事物。古代讲印度日耳曼语的人应该是首先进行指示,随后用他们的指示词进行称谓,起初是 to 与手指动作并用,然后由 to 衍生出布鲁克曼的典型例子"dér"(这个)。在 Dér kommt näher (这个在靠近)中,指示词实际上代替了称谓词"熊"或"水牛",这些称谓词在具体情况下也许是多余的。这一切在我们眼里理所当然,似乎除此之外别无可能,并且曾经如此。如果人们能够举起手臂进行指示,为什么还要说"鼻子"或"脊背"? 坦白地说,我还真的一下子回答不上来。

但是,另一种情形在我看来易于理解,在心理学方面与手指指示同样简单,那就是拓扑方法。A 和 B 很熟悉他们的猎场,并在其中根据熟悉的地标定位,这样,地标的名称就可用于说明方向,例如,据我所知,骑兵有"向树林边方向"或"以杨树为目标"等命令。如果没有地标,例如在草原上,就会像航海那样利用天体方向。在一望无际的原野辨认风向，这一点性命攸关，因此，风向对于他们而言也不失为一种适当的导引主线。因为，最终的关键是接受者有一个可供参照的导引主线，并由此用自己的眼睛找到所应关注的对象。无论如何，心理学家，甚至是生活中与猎人和懒汉无缘的心理学家，都亲历过我们想象活动中地道的拓扑方法。有些交际手段以拓扑定位为基础，或者要求拓扑定位，其中被称谓的地位十分突出，那么，如果我们的指示符号为代名词所代替，为什么在其他情况下名词就不应该代替指示符号？这种可能性是心理学完全可以想象的，现在需要新造一个术语将之确定下来，例如“代指示词”。[①]

印度日耳曼语语言学者可能对这一切不屑一顾，但另一些人却饶有兴趣，例如印第安语言和其他几种语言的专家，如日语专家。我认为完全可能存在代指示词，并曾经建议索耐克博士和洛克尔(Locker)博士认真考证。他们去做了，收获如下：

我们通过实例来说明语言中拓扑原理的可能性，其他罕见语言的专家也许能举出更为贴切和全面的例子——当然，如果能够启发人们对这种现象进行全面的比较研究，无疑是我们理论研究的可喜成果。我们的证明及其评估可能还需要修正，但我们这里关注的焦点只是一些形象的例子，并非要证明这些现象的准确外延。

A)在日语方面，我们以鲁道夫·朗格的日语口语教材(柏林 1906)为蓝本。该语言有一个(狭义上的)指示词系统(朗格 43 页)，与拉丁语的 hic、iste

---

① 希腊语的正确构词应该是ἀντιδεικτικαί，我倾向于 prodeiktisch，便于发音，但又顾忌到古希腊语文学者会反对，因为 pro 这个前缀含有拉丁语意义，却不包含希腊语意义。

和 ille 完全吻合，kóno（名词性的）和 kóre（形容词性的）指涉说者身前的人或物，sóno 和 sóre 指涉受话身前的人或物，áno 和 áre 指涉离二者较远的人或物。另外，有些动词成双成对，本身预设了会话伙伴的不同“角色”（朗格 161 页），包含区别“人称”的因素，但奇怪的是没有或几乎没有原始的人称代词，没有原本为此目的而形成的角色指示词（朗格 33 页），作为弥补，名词实施我们意义上的代指示词的功能。这些名词与人称的对应主要遵循社会地位的原则，同时，要求说者对听者表现出礼貌，①为此，针对第一人称时蕴含“毫无价值的、毫无意义的人”“仆人”等字面意义，针对第二人称时蕴含“先生”“贵族”“可敬”等字面意义。不过，值得注意的是，词汇当前的交际意义有时与词源意义不相符，但这无损于上述原理的效度，这样，人被称谓，而不是通过指示词“被指示”，相互的对应遵循交际伙伴所处语境的社会原则。

另外，还有另一种临场的、隐性表达人称的系统，如上所述，由区别人称的指示词派生而来，不过不是运用后缀派生，而是由名词附加而构成，如 hō（旁边）：kóno hō（这边，hic!）＝“我”，sóno hō（那边，iste!）＝“你”，té-mae（字面意思为“手边”，“这边”），根据临场情况，既可涉及谦卑的我，又可涉及卑鄙的你，这一奇怪现象可视为临场原则和社会原则的错合，临场意义也体现出交际伙伴低下的社会地位，往往涉及听者。

这些系统之外，还有 wátak'shi（字面意思为“私人关切，私人的”）和 wáre（郝夫曼认为字面意思是“中心”），涉及“我”，两个词都明显具有相同的代指示词属性，验证了我们上面从第一种人称代词替补方式所证明的结果，当然这里的对应基础有所不同。②

---

① 当然，我们对原始人称系统之外广泛出现的“礼貌人称代词”（Höflichkeits-pronomina）不感兴趣。

② 关于这里所论及日语的情形，译者请教了一位日语专家。他认为，在现代日语里，kóno 是修饰名词的形容词，不能单独出现，kóre 是名词。关于指涉对象，kóno 和 kóre 的所指靠近说者一边，sóno 和 sóre 的所指靠近受话一边，áno 和 áre 的所指位于会话双方的“那边”；té-mae 已不再用于说者，只针对听者，近似于骂人的话；wátak'shi 应为 wátaku shi 的笔误。——译者注

B)关于另一个方面，即方位指示，请参考某些印第安语中所谓身体部位前缀(Körperteilpräfix)的情况。萨丕尔研究了《博阿斯手册》(Boas Handbook，第二卷1-296页)中提及的塔科马语言(Takelma)。情形如下：身体部位前缀(73页)只出现在动词组合中，一般性地说明参与的身体部位，同时也出现一些具有相关意义的常见名词，但它们不能被简单地视为名词，且不影响在引申用法中的代指示词特性。引申用法中的对应关系是：头表示"上面"，口表示"对面"，耳朵表示"沿着"，颈表示"后面"，背、腰表示"之间"，胸表示"对面"，生殖器官表示"之内"，腿表示"下面"，眼、脸表示"朝向"。可见，方位关系确实被称谓，不是"被指示"，而只有将自己的身体引申为方位关系的基础，才会启用自我中心元素。

3　语言的象征场和称谓词

在直接言语交际中，语言的指示场就是主观定位的"这里""我"和"现在"的系统，发送者和接受者总是清醒地在该定位中活动，并在此框架下理解视觉指示的体姿动作和辅助性手段。我们还阐述了虚拟指示，那里，在称谓中运用穿越，所使用的也是与视觉指示相同的指示场和相同的指示词。在组合而成的语言产品中，语言象征场还具备生成和理解的第二种辅助手段，可以简单概括为上下文。因此，简单地说，场景和上下文构成任何情况下准确分析语言表达的两种源泉。现在，应该对语言象征场进行整体说明和系统分析。对于语言理论而言，有两种途径可以达到这个目标：一是内在分析，二是语言与其他描述机制的横向比较，即与非语言描述系统的比较。

我建议采取一种整合的探究方法,其优点显而易见。在内在分析中,人们感觉脚踏实地,但是,面对"现象"却经常不知所措。的确,语言科学的构成类似一个茂密的森林公园,而事实是,人们还远没有完成对人类语言的整体研究。[①] 我们提出语言的工具模式,指出在该框架下语言描述功能的主导地位,这一思想的语言理论意义需要发扬光大,为此,首先需要进行横向比较的勇气。在一代人之前,冯特就将人类有声语言置于一切动物和人类"表达"之中进行考察。我继承了这一表达理论的基本思想,将其视为始于18世纪那场运动的一部分,以现代的目光重新解读和深入分析。[②] 那场运动非常值得关注,它目标统一,其精神今天仍然以新的姿态闪闪发光。表达和描述各具不同的结构,我们认识到这一点,就感觉要义不容辞去进行第二次比较研究,将语言置于一切描述机制之中予以考察。

现代人类了解并使用各种各样的描述手段,将其中每一种与有声语言在结构和功能方面进行比较,进而逐步获得对于语言系统特性的认识,这并不困难。如同每一种类似的比较一样,在同一程度上认识相似性和差异性极具启发性。对于这里所进行的比较,历史上有许多大手笔的榜样激励着我们,其中首推莱辛对诗歌

---

① 1910年前后,芬克出版了许多著作,思路清晰,极富启发性,尤其是其教材杰作《语言结构的基本类型》(*Die Haupttypen des Sprachbaues*)。我当时进行了认真的研读,还有萨丕尔的《语言论》和一些法国人的著述,特别是梅耶及其策划的文集《世界诸语言》(*les langues du monde*. 1924),还有这里详细引证的施密特的人种学著作《世界诸语系和语族》(*Die Sprachfamilien und Sprachkreise der Erde*. 1926),也是思想丰富、方法新颖。其中都蕴含着语言结构系统观的萌芽,不过,根据专家们的看法,还需要展开详细论述,而仅凭归纳所获得的结论尚存不足。

② 参见《表达理论》(*Ausdruckstheorie*)128－151页。

与绘画的比较。必须承认,那里讨论的不是语言问题,而是艺术问题,而且所做的比较还很粗略。但是,起码有一点不容忽视,人们对贺拉斯所谓"诗如画"(ut pictura poesis)有误解,甚至滥用,据此无法解释语言描述机制和绘画描述机制之间的结构性差异,至少存在不可逾越的困难。

语言描绘并不能穷尽人类声音的可能性,只能是象征性的,称谓词是对象的象征符号,但是,如同画家的颜色需要一张画布一样,语言象征符号需要在一个场域获得组织安排,我们称之为语言的象征场,这是我关于场域提出的第二个概念。下面,将就此展开论述。这一概念最重要的使命,就是对语言句法和词汇元素之间的关系做出更为普遍和更为深刻的解释。人们习惯于将这两种相互关系像形式和内容那样相互对立,因此,几经努力仍以失败而告终,终未能超越亚里士多德的思维方式。但是,心理学在其思维研究和格式塔讨论中对形式与内容的问题重新进行了审视,其成果对语言理论不无意义。

下面,我们要对上下文因素予以内在性的揭示和阐述,随后进行横向比较,帮助我们首先对"场域和象征"这两种因素进行更为严格的区分。通过横向比较我们将认识到,内在分析的结论适用于一切能产性描述系统,从戏剧舞台和画家的画布到几何坐标系统,"分析"都涉及场域及其内容,描述性语言也是这样的系统。不过,这是通过比较分析所获得的第一点认识,还必须有第二点认识作为补充,才能构成一个整体,为实证语言学所用。这第二点认识可以简述为:语言描述机制属于间接描述,是一种媒介机制,其中,特定的介质发挥组织要素的功能。从语言的本质看,语音材料并非凭借其直观的秩序属性直接反映世界,担当世界的代表。在语音材料和世界之间存在着整个媒介因素,存在着语言介质(我们还使用这个词),例如在我们的语言中存在着印度日耳曼语的格系统。下面,我们将关注“其中的内容”,即语言的概念符号,并以上述印度日耳曼语的格系统为例获得阶段性的分析结果。那是科学界说明语言场域机制(Feldgeräte)的一个十分熟悉的例子。

我们的好奇心瞄准的是整体,只有在全面认识一切相似的场域机制之后才能得以满足,这显然需要有所局限。就我们目前的认识,人类诸语言之间因世界观所致存在着差异性。威廉·冯·洪堡特第一个通过内省认识到这一差异,并冠之以“内在语言形式”的概念。之后,这一概念广为人知,识读不乏机巧,但却嫌短视。在本章第3(5)节,我们从心理学角度阐述了词源差异性的问题,那是内在语言形式的一个核心。我认为,内在语言形式的另一个核心(二者相互关联,同属一体),就是不同语系偏爱不同的介质场(Mittlerfeld)和象征场,因为,不同语系对所描述的对象,即所有该语系的操用者所生活其中的世界,有不同的认识。整个差异性也许类似于我们十分熟悉的不同画家的不同观察,差别不会太小,但也不会太大。而且,我认为这始终仅仅是一个偏爱的问题,因为,我们使用印度日耳曼语的人绝不是无法理解那些陌生的象征场,完全相反,所有陌生的场域机制都可以在我们的语言中找到对应。对此,我不能证明,但是,在获得了指示场的认识和消解了其他一些疑惑之后,我坚信不疑。我们通过象征场也消除了同样的疑惑,详见本章第3(6)节。

正是这些亲身的经验给了我希望,相信一定会有年轻学者在前人成果的基础上成功总结出地球上所有语言的场域机制的真正系统,通过模式认知提出语言理论方面的真知灼见。但是,接下来同样重要的是,必须在充分考察现有系统的基础上,从中归纳得出一种系统。因为,仅仅依靠模式认知是不够的,无论是理论物理学,还是语言理论。理论物理学追求的不是任意一种可能的原子模式,而是经过实验检验的特定模式,而语言理论在实证方面也不甘落在其他最为严格的科学之后。我自己曾经做过类似的实验,但尚未完成,所以未敢示人。我发现,就象征场的特点而言,爱斯基摩语言基本上是印象语言,而班图语言基本上是范畴语言,汉语喜欢以客观个体为目标,印度日耳曼语言则侧重对指示对象的普遍性进行整体和分类分析,它们相互形成对照。但是必须承认,这样的比较研究要求有实证数据,而我个人无法企及。所以,这里只能提及这样的努力,以便以较为随意的方式指出语言理论对人类语言象征场进行分析的可行的方向。

根据我们的认识,语言是否在象征场之外还有一个真正的模仿场(Malfeld)? 这个问题我们在本章第3(4)节进行了附带说明,其结果是否定的。事实证明,语音模仿是毫无争议的现象,但对结构分析而言是次要和微不足道的。康德关于语言直观性的观点十分精辟:缺乏直观的概念是空洞的。但语言的直观性不在于语言潜在的模仿能力,而在于语言的指示场。我自己长期以来在关于语言理论的课堂上将二者区别对待,坚持认为不存在什么模仿场,那原本就是描述场。我现在觉得,微不足道的模仿碎片的确存在,但都是孤立的,不是一个连贯结构的组成部分,不足以被称为模仿场。因此,语言并非存在模仿场、指示场和象征场三个场域,而是只有两个场域,即指示场和象征场。虽然许多词汇中都有语音的拟声(lautmalend)现象,但那也许只是原始现象,形成于音位之前。这只是一种推测,可视为对语音拟声分析的补充,后文再议。

这个推测仅作为虚拟基础，以突显真实的情况。同样，人们也可以将广泛开展的拟声分析视为语言象征场理论的序曲。对此，需要详细论述。

下面我们运用分析的方法展开论述。对任何产品的科学切分都必须符合结构的规则。屠夫解牛固有其道理，但只对厨艺有实际价值，解剖学家自有其独特的分解方法。自古以来，伟大的语言学家都努力想成为复杂的语言产品的优秀的解剖学家，并按照语素学规则进行准确的切分，对于“语言”(la langue)分析者而言，这样做就足够了。解剖学家解剖的是尸体，但并不影响将其结果应用于鲜活的对象。语法学家切分的是鲜活言语行为的固化产品或者“躯壳”，但这并不影响他成为鲜活或曾经鲜活对象的科学的分析者，不影响广义的语文学家的分析结果。对此，不应该存有异议。

为了避免分析方法的片面性，人们应该在语言(la langue)结构观的指导下进行方法改革。(原著)第四章的论述具备建设性意义。所谓建设就是寻找材料和结构方法，为建房寻找砖瓦和砂浆。语言学家要寻找的，是语音系统、词汇和句法结构的全部，自古如此，也很切合实际。语言理论学家最感兴趣的问题是，这样做为什么曾经是切合实际的。当然，如果一切正常，对同一对象的分析或综合，其结果不会，也不能相互矛盾。的确，在取得最终研究结论的时候仍然将问题和回答分为两章论述实属多余，但目前研究尚在继续，结论尚遥远，因此，应该对所获得的阶段性认识进行再思考。

(1)语言符号的语用环境、物理环境和语义环境

这里所使用的“环境”(Umfeld)这个表述和概念源自于色彩

理论，埃瓦尔德·赫林的学生们对颜色对比这一重要现象进行了简单描写和精准界定，说明平面上的每一块颜色因其“环境”而给人以不同的印象。显然，“内场”(Infeld)和“环境”的影响是相互的。这一认识被推广到整体性研究的许多领域，即当今被统称为“格式塔心理学”的领域。感官数据不是孤立的，而是被嵌入或植入到心理事件不断变化的“整体性”当中，并因此而不断变化。这样的事实人们从未忽视或否认，而当今的分析更为细致。由此，“环境”这个称谓便顺理成章，落地生根。

毫无例外，我们称之为语言符号的东西都是特殊类型的可感知事物或过程，这几乎是不争的事实，现在只需要考虑，伴随它们出现的相关和有效的“环境”是什么，因为，一般性规则的每一次新的使用都必然受到环境的影响。至于符号体，正是验证了人们对血液的描述：它是一种完全特殊的汁液。对于专家而言，语言符号最重要、最有趣的环境不言而喻就是它的上下文。具体的符号与其同类相互联系，这种联系就是有效的环境。除此主要情况之外还有两种情况。语言符号的出现有时可以与上下文无关，但却不能与环境无关。为了能够全面论述语言符号的语义环境(synsemantisches Umfeld)，并在概念上严格按照标准进行必要的区分，以彻底澄清所谓语言省略等问题，我要将这些现象提前讨论。对于语言理论学家而言，省略是由来已久的难题，它们是我开展下述研究的最初动因。可以想象，其结果超出了第一个问题的范围。

1. 全面考察日常生活中语言符号使用的一切方式，我们可以立刻罗列出许多上下文很少甚或没有上下文的情况，并且发现这些情况自然而然地分为两类。一是运用孤立的语言符号来进行语用(empraktisch)称谓和指示。事实上，一位寡言少语的顾客在咖啡馆里对服务员说“一杯黑的”,或一位乘客在有轨电车上对售票员说“直走”或“转车”,二人实际上都已经从齿间发出一个充分的话语。过去在维也纳,乘客甚至连“转车”都不用说,因为那时只有一种车票。此刻发生于寡言的交际伙伴之间众所熟悉的车票买卖行为表明,我们应该以怎样的极端情况为基础来一般性地理解所谓“省略话语”:在沉默而清晰的交际大海之中,凡是需要区别、需要在诸多可能性之间进行选择,并且能够用一个词轻易搞定的时候,就会出现语言孤岛。孤岛的出现大受欢迎,如同岔路口路标上给人指路的名称和箭头一样。

我眼前有一组日常生活中的例句,程度不同地残缺不全,其中单词的使用都是没有上下文或极少上下文。至于这些单词是指示小品词还是具备称谓功能,都不影响问题的顺利解决。根据意愿,乘客在有轨电车上也可以不说“转车”,而是用手清楚地指向售票员手里两种车票中他想要的那一种。通常,作为“副词”的小品词“geradeaus”(直走)应该(也许不应该)与动词“转车”处于同一层级。看来,第四格“一杯黑的”与第一格等值。有时,如果对方询问,只需要回应一个点头或一句“是”就足够了,或者说“今天一杯别的”,当然,该商品现货有售。称谓词也可以这样使用。它们称谓某物,有时与语言的和非语言的区别性符号一同出现,很容易误导理论学家对情况一概而论。理论学家需要谨慎小心。

在没有上下文的地方,语言理论学家要特别仔细,谨防就次级结构妄下结论。此刻,说者有可能只说出句子的一个片段,而把另一部分留给自己或听者,语言学家有可能从这样或那样的形式中辨认出语言符号的句法地位。这有什么意义?这意味着这样表达的语言符号也可以出现在某个特定的上下文中,而且很有规则性,仅此而已。简而言之，如果认为这是对所有情况必要而充分的解释，那必然是对心理学条件的根本误判。我起初就是那样做的，直到我认识到，我的补充是那样的随意和无奈。面对简单明了的言语实践，如果试图通过句子成分的补充来进行理论分析，那就显得像个愚蠢的学生或(更像是)迂腐的教书先生。

当咖啡馆里那位寡言的顾客说"一杯黑的"时，他从他的语言记忆库中抽取了最接近的一块材料，其所作所为如同一个人要钉一颗钉子，会抓取手头最方便的物件。这东西不一定是真正的榔头，也可以是一只登山鞋，一把钳子，或一块砖头。在假设的咖啡馆交际场景中，需要在几种可能的饮品之间进行选择，为此，说出称谓词"黑的"或者孤立的介词"无(糖)"(ohne)就足够了。此刻，句子材料"一杯黑的"触手可及。我认为，从心理学上看，该说的都说了。为什么恰好是它触手可及，这并非什么秘密。如果将它说出，那对于交际双方而言就预示着一个句子模式，这是事实，但是，除了实际说出的一个词，这个句子模式不需要更多的补充。

坚持省略普遍论的人有话要说，认为人们在所有情况下都可以围绕着语用称谓来组构一个句子。我们的回应是，这毫无疑义，但不证明任何东西，因为，灵活的语言分析者可以针对无声交际行为中的任何一个片段组织一个适当的语篇。在有轨电车里，乘客举起右臂拿着钱对售票员"说"："请买一张票！"。无疑，动作所"说"的用意十分清楚，与呻吟乞食的狗抬起前爪对吃东西的主人说"请也给我一块"没有差别。试想一位乘客缄口无语，或者是个不会德语的英国人，他会用什么动作说话呢？他会用所有语言言说还是不用任何一种语言？错！动作是动作，语言是语言。如果一切都要以有声语言为基础，都必须能够对等地翻译(解读)为有声语言,那么,人际交际中的表情动作和体姿就会很成问题。省略论者必须提供证据,来说明那些在语用中孤立使用的称谓如果脱离相关的(由发送者和接受者设想的)句子模式就不能明确地发挥交往符号的功能。

而这样的证明,无论从正常人的心理生理活动还是从语言中枢障碍患者的心理活动,都无法获得。如有必要,人们倒是有可能从后者发现最贴切的反证。准确地说,能够证明的恐怕是,当组构语法上正确的句子的能力受损时,在语用中使用称谓词的能力受阻的情况不尽相同。众所周知,失语症和失用症(Apraxien)患者的语言障碍绝非省略普遍论所预设的那样成比例,不存在规则性的"共变"。人们可以从幼儿园观察获得更为贴切和令人信服的反面证据。在掌握多词句之前,儿童已经很长时间以理性的、为我们所理解的方式使用动作和适当的语用称谓。因此,语用称谓在个体发育中较早就出现了。

成年人虽然很会说话,但并非如省略论者所默认的那样能言善辩。在生活实践中不用言语同样能够如愿,甚至更好,那还要言语何用呢?在许多情况下,行为中使用区别性词汇符号不需要其他语言符号簇拥伴随,因为,被指称的对象就在现场,完全可以依赖,不需要使用代替性的符号。顾客在咖啡馆有消费的意图,一个男人在剧院排队买票并不断向敞开着的窗口前移,轮到他时,对他买票的意愿和所买商品的种类,那位(坐在柜台之后的)交际伙伴早已明白。当买票人无声的理性举动有歧义(形象地说:处在岔路口)时,他所使用的语言符号只需要具备区别性功能。使用语言符号是为了消除歧义,这就是语言符号的语用功能。这时,语言符号所处的相关环境是一种实践。因此,我们也可以说(出于顺口的原因),意义符号登场了:被语用植入了。至此,我们简单说明了"语用"概念,后文还将继续实证讨论,然后整体性地运用于整个论述。

2.另一种孤立(即无上下文)使用称谓词的情况则本质不同:称谓词可以固定附着于其所指对象之上,例如,给商品打上商标名,在路标上写上地名,用所有者或生产者的专名来"标记"对象,还有书名和章节标题、图画和纪念物上简要的标题和碑文,等等,它们都固定地附着在所指对象上。

没错,这样的条件也适用于路标上的地名和物品上的所有人或制造者的名字,因为,路边的实物指示牌竖立于固定的地点,上面写着的地名不指路牌,而是指路牌所指的地方,如同"远程附着体"那样承载着地名。只有一点小小的区别,作为实物的财产或产品所承载的是其所有人或生产者的专名,生产者和财产的标记所涉及的虽然不是关于被标记对象的"质的规定性"(ποιότης),但却指某个人,他对于相关物品而言就是我们所熟悉的所有人或生产者。我们用"远程附着体"表述路标作为地名载体的功能,形象又简单,因此,有理解意愿的读者如果理解和接受了这一点,就也可以期待将固定附着在物体上的名称理解为对占有人或制造者的称谓(当然不完全一样)。[①] 无论如何,我们注意到,实物附着是这里所讨论的所有称谓的一个共同点。我们称之为"物理性的"附着。[②]

---

① 希腊语和拉丁语中占有者的称谓为第二格,在指路牌上书写为"Romam"(罗马),类同于我们的"nach Wien"(通向维也纳)。这些细节与我们关系不大,无形式变化的地名在指路牌上一般也可理解,我们也可以列举其他范例。

② Symphyse(附着)是个外来词,常见于医学,善于思考的读者从"物理环境"应该想到"连体生长",粗略理解为"物理关联"也无不可,而且事实上也很贴切,也与Physis这个单词同根。

有一些极端现象无疑也属于这种类型。例如某些设计精巧的现代广告，在报纸上、大街的海报上、墙体上、甚或天空，独独打出商品名称，且只有名称，对于毫无准备的读者形成奇特的冲击，这时，人们是在假设，读者会通过其自身心理生理系统做出补充，并联想到相关的商品，或者他会像没有完成作业的学生那样，针对广告陷入思考，并在下一次再看到该名称时进行必要的心理活动，“注意到”那名称及其商品。这是一个有趣的心理学设计——仅此而已。

有必要针对这种现象引入一个专门的术语吗？回答是肯定的，因为那样附着的名称经常是商标。对于细心的语言理论学家而言，商标和标记具备多重意义。自然的和人工的标记或商标引发符号学思考，而符号学家的发现也是对语言理论的启发。例如，音位是“声息”的整体声响特征，即我们所谓词汇的标记，是词汇声响的语音标记。同样，对象(称谓词所指称的对象)也必须体现出明显的区别性特征，无论何时出现在说者感官之中和被说出，它们都是“此类之一”，此时，人们关注的元素经常是德语母语使用者眼里正确的“标记或商标”，逻辑学家则会进行抽象的概括，将对象必须满足的一切条件称为“特征”，从而使一个称谓词成为概念符号。术语上可以用单数的“标记”和单数的“商标”指称易于感性分离的特殊符号，当然，包括自然的或人工的，胎记就是这类特殊符号，但是，这样的种类划分无法严格进行。

如果称谓词用作商标名称，那么，它们属于另外一种类型，即非语言的商品标记(图形和某些基本符号，具备象征性，类似徽章[Wappen]，或借用和模仿徽章)，并在这种环境中发生特殊的变化，对此，需要在其他语境中另文细论。注册的商标受法律保护，关于名称的法律条文很容易予以系统的符号学说明。人们可以从现存的条文中选取几条予以理论论证，从而帮助相关专家来面对那些尚未得到完全统一和适当回答的问题。对于语言理论而言，关键是用于商标而被固定附着的词汇没有上下文，也无需上下文。它们固定地与某种商品的客观特征相联系，同时具备便于读取的优点，并可作为一般称谓词而被放回到上下文之中。这是一种极为特殊的符号学两面性，其影响极具启发性。

路标上的名称，或更普遍地说，固定附着的称谓词，要求读者遵从某种指示性规则，以便找到所指的对象，对此还需作如下说明。我们稍微变一点花样，调节一下单调的模式。试想写在瞭望台金属版上解释"全景"的文字，那里，有长短不一、方向各异的箭头以及与之紧邻的地理名称。在贝德克尔《旅游指南》中有一张全景照片，在其上方标有名称，并用纵线与山峰和田野相连。这也是一种(指示性)对应。这些扩展的指示手段只是布鲁克曼那里常见的"这个"指示形式的大量重复，等于在体姿和指示词的架构中再收入一个称谓词，相当于 dér Hut(这顶帽子)。无论是在鲜活的话语中，还是在由可读词汇形象与箭头之类的指示符号相组合的视觉指示结构中，都有称谓词规则地出现。

3.最后还有一点需要说明。仔细观察可知，在具体情况下生成并被用作语言符号的每一种感性事物(也包括"事件")都在物理空间有其适当的位置，并因此有其客观环境。即便是图书馆中浩瀚的书面语言象征符号，也以某种方式被印刷于白纸之上，得以固化，为感官所感知。我们分析的焦点是，这种固化是否与符号体的功能相关。书籍的纸张无非是(不可或缺的)载体而已，如同谚语所言,任劳任怨,任凭油墨所欲,承载一切,赋予一切以可视的形式。[①] 相对于书籍的纸张与其所承载的黑色图形之间的关系,商品与其承载的商标名称之间存在着另一种关系,因为载体所承载的语言符号是自己的名称,以突显自己为目标。这时,固定附着成为这种对应的物理和感性标准。类似的附着固化现象也体现于历史上一个有趣的现象,即徽章。

中世纪热衷于象征,迷恋象征,徽章符号(Wappenzeichen)比现代的商标更为讲究。看来标记和商标都非常古老,有些也许同根同源,因为,人类社会创造并保护财富,发明并敬畏财富的标记,制作了徽记。同样的事情也伴随着人们在社会组织中的协作,作为一种必要手段,人们创造了认同符号,即协会的徽记符号。事实证明,中世纪的徽章形象首先出现在军队的旗帜上,直到13世纪才相继成为可继承的财产象征和家族象征,这具有某种符号学的启发意义。例如,在其短暂历史的巅峰时期(三或四个世纪),骑士徽章神气十足地出现在骑士角斗中,一般是醒目地固定于盾牌之上,以显示该骑士的身份。不过,徽章并非仅仅满足于简单的区别功能,而且还是对家族的炫耀,以及对具体骑士个体美德和命运的炫耀。为此,如同每一种复杂的描述手段一样,也需要一个描述场。盾牌成为表现丰富内容的天然场所,成为描述场,也被制作成符号场,盾牌面被分割为上下左右,盾面的区域划分服务于基本象征符号丰富程度不同的句法组合,因此,其整体也被称为一个或多个“场”。

---

① 德语谚语 Papier ist geduldig,意为“纸很有忍耐力”。——译者注

这其中没有形成统一的描述方式，原因并非是外在的，并非在于具体象征符号和场值的贫乏。古代职业使者的职责是解释和维护该符号的纯洁性。无论是他们的徽章规则，还是大学里的徽章学(Heraldik)教授，都未能将这种生生不息的现象清晰地纳入一个系统之中。普鲁士帝国徽章局(始于1706年)实质上只负责注册登记，拿破仑希望用徽章统一而清晰地体现其官僚的贵族等级，并为此进行了精心的符号学策划，实施了一场改革，却也只是昙花一现。究其根源，应该不是符号学方面的。①

因此，整个徽章是个象征场，具体符号在其中获得场值，所以，这个场域怎样划分，以及具体符号处于什么位置，至关重要。这些作为整体在徽章局注册登记，成为家族徽章。在实践中，它出现于物理环境(symphysisches Umfeld)中，由徽章的主人佩戴，例如在比赛中，或者悬挂于家族城堡的大门上，最终，作为财产的象征配置在某种运动的物体之上。这样的固化在一切使用形式中都很重要。所以，发生于语言符号的偶然现象，对于徽章却是规则。

我们再比较一下徽章与墓碑上的碑文。这样的碑文经常含有指示词，是对那种附着固化关系的佐证和细化。在这样的指示场中，谁为发送者，谁为接受者？有时是石碑，有时是站立一旁的某人在言说：某某先生之墓。但也可能是死者对来访者说："游者啊，你来到斯巴达……目睹我们长眠于此……"相比此前一种情况，这里更为清楚的是，说者不是石碑，而是一位站立在石碑前的导游："这座石碑……是卡洛斯·塞德洛斯纪念碑"。如果铸钟作为说者，情形无论如何又不一样："我呼唤生者，我控诉死者，我折断闪

---

① 参见尤里乌斯·克朗佛尔(Julius Klanfer)《徽章符号学》(*Sematologie der Wappenzeichen*. Wiener Diss. 1934)，那里有我们论述所依据的事实材料。

电”。我不知道是否还能设想更为复杂的言语场景，也许还可以在善于发明创造的阿尔卑斯山死难者纪念碑上有所发现。

徽章没有自己的指示符号，必然取自语言，例如古老钱币上的刻文就经常如此。这其中蕴含着一个值得关注的普遍性问题：历史上最早将口语固化刻在牛骨、木头或石头上是怎样的情形呢？食指的形象性、声音的特征以及语音的来源质量，这些辅助性手段都没有了，这种缺位会造成什么困难吗？回答是：至少口头语言不会有困难，因为它已经超越了视觉指示的阶段，试想复杂的人类话语的主要叙事方式的情形。也许在视觉上重构复杂的戏剧话语会遭遇困难，比如，一个真正的演员以及每一位戏剧演员如果要在早期将他的创造视觉化，某种程度上会很无助地站在石碑前发呆。相反，盲诗人荷马却可以妙笔生花，完全没有过渡性的困难；法律文书也可以如此，因为，它从另一个角度超越了体姿指示的局限。

做一点概念上的说明：词典中的每个词与其所指的对应都是观念性的，也就是“人们”根据词典所处语言社团的规约来使用相关单词。这样的对应类似于家族徽章与一个家族的对应。在个体（简而言之）的言语活动中，一个单词的语音形象和客观形象之间存在着某种心理生理联系。在具体的言语体验中，一个称谓词的所指体现在意图之中，也或多或少在意图之中得以实现，也就是说，在同一语言社团中，一个成员作为一个语言表达的发送者理性而准确地使用该称谓词，或者作为一个语言表达的接受者理性而正确地理解它。

对于这些方面的概念界定而言，需要严格区分这三个论证充分的观点，否则会出现严重的混乱，而且事实上已经出现了混乱，例如，就出现在德·索绪尔功绩卓著的著作中。当然，这三种事实之间存在着某种关系，但其联系方式绝不是简单地将我们针对它们所表述的句子用等号或者“亦即”连接起来，尤其严重的是，在关键的上下文中或显或隐地使用“亦即”将关于体验的陈述（以及包含在其中的意图）与关于该体验发生的心理生理条件的陈述（以及包含在其中的“语音形象与客观形象”之间的联想）等同起来。称谓词的视觉形象与相关的感性物体之间的物理对应，必须根据有效的物理环境得以解释，这时，这种显见的附着关联就成为（观念性）对应的标记。这就是我们的观点。

4. 下面，我们用比较简短的篇幅，专门深入探讨语义环境这个概念。不仅是语言符号，但凡符号体（仍然包括过程）成为一个感性的复杂统一体，都要满足语义环境出现的基本条件。这一点，在一个似乎远离语言的领域已经得以说明，人们首先在颜色领域使用了环境概念。我们就通过颜色这个例子来说明物理环境和语义环境在非语言领域的区别。

我们现在知道，颜色的对比是一件相对次要的事情，完全是视网膜接受近距刺激后的简单功能。对于我们而言，那主要是色块在物理环境中的一种表现。与一幅图画中画值（Bildwert）的“上下文”根本不同，如果画家在调色板上三次调出同一种灰色，并三次将该物理上相同的色块用于所画的图画中，那么，该色块就会在图画的上下文中三次（或更多次）获得不同的画值，例如，它给人的印象可以是阴影，或光的反射，或物体的颜色（例如一块白色桌布上的污点），对于正常的观察而言，这完全合乎规范和令人信服。绘画的画值结构与颜色的对比根本不同，画值处于一个语义环境之中，并且在其中获得特定的场值。为了体现这样的结构，色块（或一般地说：感官数据）必须获得某种符号价值。色块会顺利而系统地获得该价值，因为画家不是胡乱涂抹，而是运用画笔着色，通过颜色实施"描述"。绘画中画值的上下文与语言符号的上下文相类似，二者都有一个语义环境。①

也许还有必要强调一点，在日常鲜活的交际活动中，有声语言的符号绝不是排他性的，说者随心所愿同时生成动作、表情和语音，其中，作为具体语言符号的语义环境，附带生成的所有交际符号都是总体性发挥功能。但是，理论学家如果要对这一切进行科学解释，就必须首先考察相对简单的现象，循序渐进。语言学家要建构特定语言的"句法学"，就要首先考察那些音位特征各不相同的语音符号的组合方式。事实证明，这一抽象方法是实事求是而且行之有效的，况且在特殊情况下必然需要扩大视野。对此，我们通过指示词的讨论已经有了清醒的认识。指示词一定出现在语言的指示场之中，并在那里借助感性导引手段或者特殊的规约，来获得明确的含义。我们在论及语文学省略问题时也发现了这一点，对此，下面再做一点说明。

5. 省略句当然存在，如同未完成的建筑（例如中世纪的教堂）以及各种各样半途而废的人造工程，其中也包括没有说完的话语。我无意否认广义上的语言省略或句子省略等特殊现象，有太多的诱因、由头和原因，促使说者或者内心中断了思绪，或者要缓一口气，或者感觉再说一个词即是多余，或者由于外因而中断句子，等等。这一切原本没有什么语言学理论意义，但是，简单地说，有些

---

① 关于这一论断的依据，我在《论颜色的表现形式》（*Erscheinungsweisen der Farben*）中讨论绘画光学的一章里有详细论述。如果要进一步实证研究相关的问题，对语言句法相互之间的关系进行对比考察应该非常有益。除了一般性类似以外，可能还存在根本的不同，因为，二者虽然都是描述，但语言不是绘画。参见卡尔多斯（L. Kardos）极具启发性的《物体与阴影》（*Ding und Schatten*. Ergbd. 23 zur Z. f. Ps.，1934）。

产品在一方看来没有完成，但另一方却认为非常圆满，此刻，情况就根本不同。此类情况大量存在，如果能够说明和凸显它们在语用（sympraktisch）和物理方面的完备性，那么，其余情况也许会体现出某种同质性。这些情况内在地提出完善句法的要求，但外表看却并没有实施，因为，从上下文看那样做纯属多余。这样的完善举措之所以多余，有时显然在于用语习惯，而有时则在于语文规则，也就是可以根据具体的语篇位置得以解读，例如，“ire ad Jovis”之类的表达不会给理解造成困难。

赫尔曼（G. Hermann）下过这样简短的定义：“省略就是忽略某个词，虽然没有说出，但已在思考之中”，如果坚持这一观点，就要针对每一种具体情况认真设问：意义隐含是否不可避免。同样，莫仑布莱谢尔在其论文《拉丁语的省略、句子概念和句子形式》（*Die lateinische Ellipse*, *Satzbegriff und Satzformen*）①也提出了这一问题。根据拉丁语学者的考证，莫仑布莱谢尔提出几条规则，据此可以遏制极端省略的泛滥。当今，再没有人像斯多葛派语法学家那样看待省略问题，至少莫仑布莱谢尔的观点能够遏制某些问题。我认为，相比莫仑布莱谢尔的三条规则，用我们的方法可以使问题得到更为简明和圆满的解答。他认为，发生下列情况时出现省略：

“1. 如果整个想象（句子）的某些组成部分没有用语言表达出来，而是潜藏在说者和听者（读者）的意识之中，并且客观上易于理解；

2. 如果同样的内容通过非语言表达活动（动作、表情、视觉符号、其他声音，等等）得以表达；

3. 如果从其他句子（一般为此前的句子）获得补充，而且是（a）同一个说

---

① 参见《施特赖特贝格纪念文集》（*Streitberg-Festschrift*. 1924，234 页起）。赫尔曼的定义即出自那里。

者的话语，(b)其他人的话语（'回答'即属于后者）。"（236 页）

上述第二条与维格纳以来研究辅助性指示手段的学者们的观点相交，例如保罗和布鲁克曼。他们对指示场和指示词功能的分析比较细致，无需再补充什么重要内容。第三条特别论及回指这一重要现象（上下文中语言和非语言的后指和前指），这与我们对主句-从句结构的研究相吻合。只有第一条可能会引发批评。根据我们今天的理解，以冯特和保罗为核心的心理学家提出体验心理学所谓次级建构（Subkonstruktionen）的观点太过自信。莫仑布莱谢尔对会话伙伴的"想象"的准确认识从何而来，何以能够决断：虽然没有语言表现，但可以想象隐含其中？当前，这样有争议的认识缺乏可操作性，即使想要迎合合理的语文规则来遏制省略的泛滥，也是如此。语言符号发送者和接受者在体验中对客观的想象难于取证，但凡针对该问题而研究过思维心理学实验报告的人都有这种深刻印象。但是，所有理性使用的词语都必须出现在一个语义环境之中，都必须以上下文为载体，因此，前述省略的前提条件是错误的。指出这一点，就可以将省略之洪水阻隔于泛滥之前，这是根治省略问题两千年困扰的唯一良方。

(2)上下文和具体场域元素

我们认为，语言的指示场最明显地体现于言语行为，而其象征场则最明显地体现于成形的语言产品。这并非偶然，因为，用伸开的食指原本只能指向可感知的对象，接受者必须看见那伸开的食指，从而成功地执行信号所发出的指示，只有这样，伸开的食指才是可以利用的交际手段。在虚拟指示中，山朝穆罕默德走来，或者穆罕默德朝山走去，也就是说，接受者打开"内心的"眼睛，并遵循指示的引导。指示是言语行为，即使在诗歌中也是如此。读者对"诗歌"的理解应该是广义的，也就是亚里士多德和现代儿童心理学意义上的。

语言产品独立于原始的指示手段而形成，这是属于我们句法理论的话题。我们现在不妨接受这一观点，只回答一个问题："之后又怎样?"。(根据后来的证明)我们所谓独立的话语产品包括所有在某种程度独立的句子。现在，我们撇开过渡性现象，直接通过独立句来揭示上下文因素，例如，刻在石碑上或者黑纸白字固化的文字就是最为独立的话语产品。专家们对这些"死"语言的研究也从未针对过其他形式的可读或可听文本。面对那些"死的"对象，学者们不断就新问题给出新答案，所依据的，少数情况下是这些语言符号的物理环境，而大多数情况则是其语义环境，因为，语义环境因素基本上蕴含于所指对象之中。现在的任务是对语义环境进行彻底和系统的阐释，这时，我们可以忽略死语言本身对研究可能性的所谓临时性局限。

米克罗希奇在其《斯拉夫语言比较语法》(*Vergleichende Grammatik der slawischen Sprachen*)中提出的观点值得注意：句法是关于词类和词形的理论。对此，我们基本表示赞同，但要补充几点建设性的意见。我们这样明确表态，并非想驻足不前，而是要继续发展。在李斯的著作《何为句法?》(*Was ist Syntax?*)问世之后，专家们都认识到句法理论的建设不可一蹴而就。李斯正确地提出外在路径(与米克罗希奇相同)和内在路径(优于贝克尔)，它们至少应该成为解决问题的两种主要途径，当然希望还有其他途径做补充。

为什么是后者? 句法为语法的一部分，属于上位概念"产品论"的范畴，而且还将继续如此，但是，我们不妨再通过四场模式考察一下语言产品理论与其他论著提出的语言理论之间丰富的内在关系。人们可以严格依据文献，逐步提出一种句法理论，写出一部古法语句法和现代法语句法，但为什么不这样呢？这样一种句法必然阈限于分析之中，必然要说明内在和外在场景因素，如艾特迈耶所强调的那样，难免成为“心理学”（即体验心理学）的附庸，最终裹足不前。——而另一些人可能会在句法研究中将兴趣聚焦于机制的创造性。为此，可以从胡塞尔的行为理论汲取丰富的养分来解答修辞学的问题，即使在语法研究中也应该如此。或者从口语言语行为者的角度，或者从挑选出来的语言产品的创造性机制的角度，二者都是客观阐释句法的适当视角，都可获得对语言结构的全面认识。

人们必然采取米克罗希奇的分析方法，德尔布吕克后来的分析也基本如此，瓦克纳格尔也将之视为句法研究的出发点。李斯对句子理论和词类理论提出了补充建议，虽然十分必要，需要继续展开，但无疑应该暂时搁置。作为语言理论学家，我们试图在整体上揭示语言符号语义环境的秩序性。显然，我们首先应该循着米克罗希奇的思路，即“由外及内”的思路。结果证明，米克罗希奇的发现还需要进一步扩大。保罗和李斯等人敏锐地指出不同类型的语调变化和分布因素的重要性。我们不断开阔视野，始终强调物理辅助手段的重要性，对此要有清醒的认识和坚定的态度，认识到这些手段在整个上下文因素中的重要地位，这样，就能获得对语言本质全新的认知。为了简便起见，我们把物理辅助手段和词类一并讨论。

1. 物理与词类。语文学家经常重构一些残缺不全和乏味无聊的文本，有时让后人觉得他们的考据好似哥伦布对地球的探究。夏洛特·比勒做过一个心理学实验，使用虚构但合乎体系的文本，得出类似且可检验的结论：让一些受过某种文学训练的受试（大学生）阅读陌生而简短的格言（警言），篇幅最多 10—15 个单词，但是，这些文本被完全打乱，单词以无理之序堆作一团，需要测试的是修复还原的情况。语料共分 62 组，这里选摘 4 例：

1. Bibliothek（图书馆）-Bände（卷）-Gehirn（大脑）-Fächer（书架层格）-Gedanken（思想）-100 000-Generationen（世代）-riesig（巨大的）-ähnlich（类似的）-verschwunden（消失）-aufreihen（排成行）

2. Edelstein（宝石）-Fassung（托座）-Preis（价格）-Wert（价值）-erhöhen（提高）-nicht（否）

3. Häuser（房子）-Jahrmarkt（集市）-Stadt（城市）-alt（老旧的）-klein（小的）-herumhocken（闲蹲）

4. Ozean（海洋）-Schiffe（船只）-Nacht（夜）-Dunkelheit（黑暗）-Leben（生活）-Menschen（人）-Schweigen（沉默）-Stimme（声音）-Signal（信号）-Ruf（呼声）-Blick（目光）-einander（相互）-entfernt（遥远的）-sprechen（说）-vorüberziehen（途经）-begegnen（碰到）-denn（因为）-wieder（又）

结果，受试在许多情况下都能够根据意义基本完成重构，此时，言语思维的组织技巧得以显现，而这明显根源于长期运用语言符号的训练。把类似的文本残片以及其他零散成分让受试重构，也经常明显可以完成。显然，我们的受试表现出一种语言建构的冲动，而且，经常能够非常迅速地理出文本的主线。原本未打乱的语篇如下：

1. Wie in den Fächern einer riesigen Bibliothek in 100 000 Bänden die Gedanken verschwundener Generationen aufgereiht sind，ähnlich in unserem Gehirn. (Strindberg)

2. Die Fassung des Edelsteins erhöht zwar seinen Preis, aber nicht seinen Wert.

3. Wie auf einem Jahrmarkt hocken die alten Häuser der kleinen Stadt herum. (Rilke)

4. Ships that pass in the night, and speak each other in passing
Only a signal shown, and a distant voice in the darkness;
So, on the ocean of life we pass and speak one another,
Only a look and a voice, then darkness again and a silence. (Longfellow)

这里，我们所描述的关键不是具体受试进行理性重构时所实践的不同路径、弯路和斜路。对此有兴趣者可查阅那两项研究。[①]我们发现，这里被抹掉的基本上是语素形态和语序提示，名词的格标记几乎完全消失，动词和大部分小品词也没有词尾。然而，每一个（德语的）语言象征符号所属的词类标记清晰可辨，另外还给出了其他因素，这里统称为“物理材料”。看见“水萝卜”这个词，读者会立即想到餐桌或菜园子，而看到“海洋”这个词想到的则是一个完全不同的“域”（这个概念在所引的论著中有思维心理学定义）。另外，每一个语篇虽然词汇都被打乱，而且没有形态标记，但人们能够大致感觉到它的场域，不需要特别敏感，就能从中发现想象的线索，找到阿里阿德涅线团，并且，一个会给另一个以提示，获得一个明晰之点，其周围的一组便迎刃而解（“中心规则”），某种内涵丰富的关系模式（反义对、升级序列、a∶b = c∶d类推四相式）会向受试显示出某种物理形式的暗示，等等，这时，重构一般都能顺利进行。

---

① 夏洛特·比勒《论思想的起源》（*Über Gedankenentstehung*. Z. f. Ps. 80/1918）、《论构句的过程》（*Über die Prozesse der Satzbildung*. 出处同上，81/1919）。

从上述内容能得出什么语言理论的结论呢？物理材料的秩序性辅助手段这一现象告诉我们，说者或听者会针对语言符号的象征对象来调整注意力，并在内心开展自己独特的、创造性或模仿性行为，这些都属于语言符号一般使用者的生活习惯。此刻，人们建构性或重构性的内心活动紧紧围绕着所言及的对象，该对象或为人们所熟悉，或因在语篇中如此这般的建构形式而被理解。成熟的语言不会阻碍这一过程，反而会提出这样的要求，具备这样的机制，常规的言语方式会考虑到此类情况，并随时随地为之留有余地。我们日常的描述性语言，程度更高的诗歌语言，还有科学著作的语言，每一个句子经常并不是追求逻辑上的高度明晰和缜密；语言对整个对象的全面而又无缝的描述，远不如人们所想象的那样理想，甚至在逻辑要求很高的论证中，自然语言也很难达到那样的状态。语言理论学家注意到言语思维受物理现象制约这一事实，并准备运用胡塞尔及其纯粹语法的思想就此展开讨论。

这里，研究语言描述的理论学家必须特别注意到，相比较其他许多现象，针对物体和事件的语言把握原则上具备开放性。言语思维受物理现象控制与其他几种情况一起能够证明一个重要的原理，即手指所实施的指示并非仅仅是指示词的功能，而且也是概念词的功能，属于人类语言的结构特点。即使在孤立的上下文中干巴巴的描述，发送者对于语言符号的运用也恰到好处，近似于骑士给予坐骑的提示和敏捷的驭手给予其所驾驭的生命的提示。听者的思维一旦启动，语言技巧高超的人类话语就会放松束缚，非常节制地投入全新的提示，对于其中存在的程度和层次上的差别，可以应对自如。我们断言，对于绝大多数语言目的的实现，接受者的建构性思维是必不可少的，也是基本无碍的，甚至是非常有益的。无论如何,语言理论必须视其为重要的因素,给予足够的重视。迄今为止,维格纳的观点最有洞见,不过,他的论证太过格言化,需要系统性的补充。

另一个问题是词类。我不知道它们在人类语言中存在了多久,哪一种最为古老;我也不知道哪些不可或缺,无处不在。当词汇像德语那样出现和被理解,无论是否有词类标记(如我们的不定式),都会给篇章构成以基础性指示,不仅对于猜谜和一堆无序的词汇如此,在其他毫无陷阱、秩序井然的上下文因素中更是如此。每一种语言都有亲和力,副词寻求与动词和其他词搭配,也可以这样说:某种类型的词支配一个或多个空位(Leerstelle),并由其他特定类型的词来填补,这是"内涵"的重要表现,不仅为我们所关注,也早已为经院派所熟知。在物理辅助手段之外,这是第二种重要而普遍的上下文元素。我认为,人们可以想象一种人类语言,它凭借物理辅助手段和足够多特征显明、选择适当的词类,就可以满足基本需要。不过,人们也可以想象,其他上下文元素(例如语序)也可以使词类的外在特征成为多余,例如汉语的情形,还有英语在其历史演变中被简化的情形。

在我们将要对比考察的非语言描述机制中,音乐符号因其简单的类型系统而非常特殊。它有两种基本类型的象征符号,即音符和休止符,在上下文中相互联系。逻辑学家的人工语言具有极为丰富的象征符号类型,已知的自然语言也是如此。但是,迄今为止,还没有人成功地在全面考察一切人类语言的基础上一目了然地总结出自然语言的词类。

2. 保罗列举了各种上下文元素,但却没有提及词类,而米克罗希奇关于句法的经典而简短的定义涉及了词类:"句法是关于词类意义和词形意义的学问。"表面上看,保罗对整个句法研究的范围缺乏认识,但其实以否定的形式出现在我们下面引证的第二段话之中。所以,将观点以准确的肯定句表述出来非常重要。我们说:"er hat den Schnupfen"(他感冒了)——"er hat ein Haus"(他有一幢房子)——"er hat Unglück"(他很不幸),这里描述了三种各不相同的事件,句中所指的那位朋友"有"感冒,肯定与"有"房子不同,也不同于他"有"妻子或"有"不幸,而准确理解的任务都有赖于对物理辅助手段的挖掘。[①] "Backstein"(砖头)-"Backofen"(烤炉)-"Backholz"(柴火)体现了结构成分之间三种不同的客观关系,准确理解则有赖于专门知识(=物理辅助手段)。这里,理解的确受客观现象的控制,但关键不仅仅是承认理解要跳出语言描述以外,而且必须自始至终关注所谓"非语言"因素的影响。我们提出上下文中物理辅助手段的命题,其用意并不在于凸显它们对语言的冲击和侵蚀,而是要表示对这些限定因素的重视,要为之保留空间。

米克罗希奇列表的第二部分颇多偏误,可能归因于他的研究对象主要是斯拉夫语言,而不是现代法语或英语,因为,"gentlemen prefer blonds"和"blonds prefer gentlemen"这两个英语句子"含义"的不同并不在词形,这一点,保罗的列表显示出远见卓识。甚至,在此前已经厘清了物理辅助手段和词类问题之后,我们应该肯定地说,它非常全面。因为,语言系统的句法手段并非无穷无尽,而是类型有限,形成一个缜密而维度清晰的系统。保罗提出7

① 这三个德语句子的动词都是及物动词 haben,用法极多,字面含义可译为"有"。——译者注

种类型,我们把它们归为3种自然类型,这并没有对保罗所列有本质上的补充和删减。保罗的《原理》[①] § 86 非常简单明了地写道:

> 用以下语言手段可将想象联系起来:(1)与想象相对应的言语词汇相互并列;(2)这些词汇出现的顺序;(3)这些词汇被强调程度的差别,即强重音或弱重音,试比较"卡尔不来"和"卡尔不来";(4)音高的变化,试比较陈述句"卡尔来"和疑问句"卡尔来吗?"(5)时态,一般与强调程度和音高紧密相关;(6)连接词,如介词、连词、助动词;(7)词汇的屈折变化,下分a)通过屈折形式本身准确说明词汇之间相互联系的方式,如patri librum dat(父亲给了一本书),b)通过形式的统一(一致性)体现词汇之间的相互依存性,如anima candida(纯洁的心灵)。当然,最后两种手段是经过较长历史发展才逐渐形成的,前5种则自始就为说者所掌握,即使2—5的形成也并非直接根据想象和感受的自然流程,而是根据一定的传统。
>
> 根据所使用手段的多少和确定性的不同,对想象的确定程度不同,诸多想象之间建立联系的准确程度也不同,因此,语言表达并非与说者的心理状态以及对听者的心理影响等值,而是体现出很高的不确定性。(123-124页)

我们认为,保罗所列的第一种手段,即元素的组合,已经在夏洛特·比勒的研究中得到了解释和详细区分;关于不同语言里语

① 指保罗的《语言历史的原理》(*Principien der Sprachgeschichte*. 1880 Tübingen, Niemeyer)。——译者注

序的句法功能，可以根据W.施密特的大胆理论，以复合词为例进行解释，我们的论述也将以此展开；这样，就剩下音调和音位变化的问题了，因为，语言历史能够说明保罗所列的两种手段之间的紧密相关。"重音、音高、时态、间歇(Pause)"等生成某种结构，与音调的情形相比较虽然不完全相同，但却类似，因此也可以被称为音调变化。音调变化无疑属于上下文元素，虽然句子重音或语调在有些语言中决定着陈述句、疑问句或命令句的界定，如德语。那里，音调变化在儿童语言的发展中出现得非常早，也许，"地球上的语族和语系"普遍如此，只是我还不知道而已。

施密特通过一种非常典型的现象分析了语序前置和后置的问题，即定语结构，并在考察所有已知人类语言的基础上提出一条规则，一方面是限定成分前置，如"Hausschlüssel"(大门钥匙)，和后缀构词，另一方面是前缀构词中的后置现象，二者之间始终存在着一种亲和性，这是一种非常有趣的(也是可信的)相互关系，即使不属于所有语言的普遍规律，也非常值得关注。

不过，我们将不同组合手段的相互关系先搁置一旁，以上列举的情形非常全面，无需补充。所谓"音位变化"，不仅涉及独立的词形(介词、前置词等)以及后缀和前缀出现的音节，而且，当然也涉及那些附加或省去的、但却不改变音节数量的音位，另外，还有德语的变音(Umlaut)和换音(Ablaut)，或者闪米特语言中更为系统的元音化现象。那里没有增加什么，也没有减少什么，但却发生了音位变化。最后，还有所谓的中缀也需要适当关注。这里已经包含了一个决定性的前提：在其他新发现的语言中不会再有什么惊人的新发现。

如果只让语音学家发表意见，在一个特定语音流中，有多少以及哪些变化手段具备句法功能？对此，语音学家无从知晓，但是，如果除了语音学家还有音位学家有话要说，那问题就不一样了，因为，音位学提出的原理是，每一种语言只有一个特点鲜明的音位特征系统，使语音流中的特定部分相互区别。仅此一条，就可以立即将大部分可以想象和可能生成的、甚至真正出现的变化排除在外，但这并不意味着，它们的出现与言语交际压根无关，相反，那只是说，它们与语言的描述功能无关，例如，言语声音的颤动和音质的变化对于病理学而言十分重要，但是，据我所知，这种变化对于任何人类语言的语法而言毫无意义。

但是，音位学家必须开阔视野，睁大眼睛，虚心关注来自左右任何一个方面的启发。我设想他右边有语法学家，左边有心理学家，因为，情形理应如此。将话语中语音流的特定部分界定为词及其构成部分的，不是音位学，而是语法学，或者我们所谓的词汇学。而这也是我们列表的前提条件。另外，现代心理学也特别指出，这些产品的语音特点，除了语音特征＝音位之外还包括某些特定的格式塔品质(Gestaltqualität)，大的形式有所谓句子语调、句子节奏和句子的时态，同样的安排也以小的形式体现于词汇，词有重音和声调，这些现象当然不容忽视，并且的确也被录入列表之中。它们属于声调变化，有些(如句调)也直接体现出句法意义，有些则间接地通过具体词汇的声响变化体现出来。übersétzen(翻译)和ǘbersetzen(摆渡)在德语中是不同的词，但都是动词。与变音和换音一样，这样的变化也可以改变词类，并直接发挥组合材料的功能，例如，德语复合词的重音规则。换句话说，每一个词都有其声响特点，且并非完全取决于该词的表达方式，部分也说明该词的象征意义和句法配价。

承认上述人类话语语音流的一般性结构条件，就会认为我们的列表非常全面，更准确地说，再没有其他方面的重要变化形式未被列入，或者不重要的未被排除。相比较该列表的完备性，我认为更重要的是，根据一般性语言比较的结论，第一，总结地球上所有语系在上述基本场域中符号组合的不同类型；第二，系统说明这些手段的功能。因为，同样的手段在不同语言中的功能可能非常不同。

3. 在 19 世纪后半叶，人们顺应归纳法研究的要求，将感性因素视为句法研究优先关注的对象，例如，人们首先确定名词格的表现方式，然后再讨论其语义功能。实际上，面对第二项任务，当时优先采用的方法是"由外及内"，这种方法至今兴盛不衰。但细看之下，其中的表现即使不能说是一种无助，但至少也应该是没有把握的。李斯在其重要著作《何为句法？》中对问题进行了清楚的阐述，我们这里所选用的由外及内的方法可以消解李斯的疑惑。其实，米克罗希奇一派应该把对显性句法元素的研究扩展到词类和词形以外，难道不是吗？

语言象征场的职责是传递信息。在语言交往行为中，当语言信息在发送者和接受者之间交流的时候，语言象征场必然有其感性表现。因此，对于句法研究而言，米克罗希奇的方法（李斯所谓由外的方法）是可行的。我认真思考了李斯的批评和疑惑，对现代句法中最清楚、最具语言理论启发性的研究，即瓦克纳格尔的著作，也进行了尽可能详尽的考证。① 瓦克纳格尔的著述与李斯的

---

① 参见瓦克纳格尔《句法讲座，以希腊语、拉丁语和德语为例》(*Vorlesungen über Syntax mit besonderer Berücksichtigung von Griechisch, Lateinisch und Deutsch*. 2 Bde., Basel 1920 和 1924)。我向同事威廉先生请教关于最古老的希腊语碑文中指示词的问题，他送给我瓦克纳格尔的书，认为那最值得一读。我要永远感谢他。

理论遥相呼应,与米克罗希奇/谢勒尔/埃尔德曼(Miklosich-Scherer-Erdmann)的理论非常接近,不过,瓦克纳格尔并未提出(完整的)句法理论,而是与19世纪一贯坚持的纲领在某种程度上一脉相承,大力提倡"由外及内"的方法,对词类和词形的讨论虽然有些随意,但整体而言却还是贯彻了米克罗希奇的方法。顺便提一下,那是一部大师级的杰作。早期古希腊语法学家没有浩瀚知识的困扰,以令人耳目一新的视角考察语言,在术语建设中提出了令人振奋的见解,其中某些认识与比较语言研究的最新成果一起,为瓦克纳格尔一派所称道。作为语言理论学者,我们倍受鼓舞,希望按照著名的苏格拉底式的方法在这里参与专业问题的讨论:"什么是句法?"

瓦克纳格尔的讲座对句法进行了很好的阐释,虽然采取了折中主义的态度,但并无大碍。另一位(德尔布吕克)也运用了同样的方法,且进行得更为系统。李斯准确地指出,第二条道路十分必要,即"由内及外"的方法。事实上这种方法也逐步为比较语言学所广泛应用,例如,人人都清楚,在印度日耳曼语系的具体语族和具体语言中,第二格的所指是怎样构成的,或者"动词"是怎样变位的。这时,至少有一个不言而喻的前提条件经常未被论及,即在比较中动词被视为一个词类,而且,有些名词"形式"在功能上也应该全部或部分被视为第二格。我能否继续大胆设问,所有人类语言中的第四格,即所谓宾格(Objektkasus),是怎样构成的?这对语言理论而言是一个挑战。我们必须进一步开拓视野,才能通过实例将问题推进到焦点。对于普遍句法的建构而言,"由内之路"十分必要,亟需开拓,而且要在研究中全面贯彻,不留死角。我将尝试以印度日耳曼语的格系统为例,阐释"由内之路"的必要性。

(3)非语言描述机制的象征场

人们可以进行大的方面的比较,以对比显示所比较成分的特性。我们这里的目标不在于对非语言描述机制进行系统的研究,而是经过特意的选择,集中探讨其中的某些问题。因为,简单地说,非语言描述机制对于我们仅仅是分析的工具而已,以便我们能够揭示描述性语言的结构因素。我们的做法近似于隐喻:我们说某某人是“Salonlöwe”(社交名流),[①]就是用比较的眼光将某人置于动物之列,以此简单的方式可以强调某人的某些行为特征,从而达到描述其特点的目的。同样,我们用比较的目光来考察几种非语言描述方式,以达到揭示语言描述方式的特点的目的。描述的方式非常之多,对它们进行系统研究,离我们太过遥远,就好像上述“沙龙中的狮子”这个隐喻的使用者要写一部动物心理学。我们只想把几种非语言方式与语言相比较,因为语言中已知的或欲知的特点和结构,在所比较的非语言成分中显而易见。

据我所知,上述横向比较所预示的认知源从未得到认真的挖掘和利用,这很不正常。因为,曲线救国是值得的,其他机制只是过渡性地被植入语言理论,在完成使命之后就会重新自动退出。正因为这一特殊功能,可以防止人们被可能出现的各种程度的相似性所迷惑,不致于最后丧失了对语言描述机制独一无二的特殊性的判断。只要同时认真注意差异性和相似性,就不会被迷惑,就不会与此最终认识失之交臂。之所以选择这样的方法,关键是它会引导我们获得对模式的结构认识,完成对重要概念的定义,提出准确的问题。

---

① Salonlöwe 直译为“沙龙中的狮子”,意指“社交名流”。——译者注

1. 我们同时想到乐谱纸和地理图。前者有 5 条平行线,为标注音符和休止符而设,后者是我眼前这本已经填满内容的图册。不过,我在这其中也发现了特定的架构,即笔直或弯曲的纬度线和经度线。这些线条经过通行的绘制方式,使得一张纸、一个平面成其为地图,并准确而清楚地与地球上某一位置相对应。乐谱自始就包括高音谱号和调号(因为规约如此),这对我们关系不大。同样,地图里也有一些不必在意的内容。乐谱的内容和地图的内容大不相同,然而,其中的共性却显而易见。

音乐家可使用的象征符号数量有限,包括全音符、半音符、四分音符等直至 32 分音符或 64 分音符以及一系列休止符。这是他的词典。乐谱上的其他内容,例如强弱记号和速度记号,断奏记号和连奏记号,等等,暂时对我们的比较没有意义。另外,在地图的下方有"符号说明",包含数量不等的象征符号,例如表示 10 万人以上、10—100 万人口以及 1 万人以下的城市,还有乡村及其他某种特点的居住区,标有一个十字架符号的点象征大教堂或小教堂,另外还会对不同的线条做出解释,以区别人行道、机动车道、三级、二级、一级道路和铁路。地图下方的"符号说明"也是一本词典。

乐谱和地图上的这些象征符号在特定位置获得它们的场值。音符自左而右排列表示音符的顺序,其中包括上下纵向排列的象征符号,表示同时发生的音符,其他场域维度标明每一个在场的音符相对于不连续音阶的音高。当然,地图的场值完全不同,但也是场值,人们可以用圆规和角尺从地图中测出图中地理产品的绝对地理位置,它们之间的距离,它们各自方向之间的夹角。这些已经足以解释乐谱和地图场域的共性。

2. 为了将乐谱和地图场域中显而易见的现象与复杂的语言象

征场中的情形进行准确而有效的比较,必须首先获得某些符号学普遍认识。一张白纸不是场域,同样,人类话语的语音流未经加工的堆砌也不是场域。语音序列中还需要加入某种元素,目的是构成场域或者时间序列中的场域链,相当于地图中那些对应线和乐谱中五线谱的线条所构成的网络,画家的"场域"就是供他着色作画的画布,彼此情形相似。

这是临时用来进行比较的第三个例子。与地图绘制师和作曲家的线条系统相对应,画家也必须赋予他的物理画布某种属性,使之成为一个描述场,这样他才能在其中植入他的数据。我们只需要注意到,画家有时也会像真正的绘图师那样,在纸上标出几个定位标记,勾出几条轮廓线和框架线,以此来确定标尺和布局节奏。否则,他会从某一个局部开始,或者先打一个色彩草稿,一块一块地调对并选择色值。只有当这些数据获得一定的画值(=描述价值 Darstellungswert),物理画布才能成为画家着色的描述场。如果他决定省去这一步骤,我们当然完全信任他的估测水平,那么,他可能是个天才的平面图画大师,或者在与其他色彩音乐师(Farbfleckmusiker)和灯光音乐师(Lichtmusiker)的比赛中展示才能,但是,他的作品无论如何不能与我们的语言描述相提并论。另外,我们也不能为莱辛的类比所误导,得出草率的结论。也许,绘画数据的复杂性体现于空间,而上下文中的语言数据则体现于时间序列。我们下面还将对无声电影进行定义。但是,我们所理解的语言并不是严格意义上(非常意义上)的无声电影。

语言理论学家必须就这小小的一点聚集最大的力量,要能够说明一个人用语言符号进行描述究竟是怎样需要一个或多个场域,场域的功能又是什么。描述需要场域,这是符号学的一个基本认识。原则上讲,其情形与乐谱、地图或绘画并无二致。无论以何种方式出现在何时何地,语言作为结构合理的描述,都需要某种方式的场域。

为了追求全面,我想再附带补充人类描述的其他两种情况。我们将它们一并讨论,目的是透过矛盾的表象揭示其中的共性。我们要说的就是演员的表演和当今各种科学中屡试不爽的图示法。为了使描述性曲线具有准确的可读性,必须在符号的物理平面上确定一个"准确"的坐标系,这是不言而喻的。但是,如果要在一张平面上同时标示多条曲线,其中使用的区别性标记一般仅仅是象征性的,否则,就会是多余的。人们以同样的形式标记一条曲线上的各点,以突出它们及其相互之间的联系。图示描述法是我们列举的一个极端的例子。

那么,演员的情况又是怎样呢?演员登上舞台,更一般地说,他出现在一个特别布置的物理空间,并将它用作表演的场域——无论是否配备其他外在的道具。他必须对该物理空间进行可能和必要的场域改造,使之成为一个"舞台"。他可以借助一切道具和那些通用于他与观众之间的规约。他将登台表演,这是观众进入剧场的默认前提。对于语言理论分析而言,该情形以及演员所处场景的意义远大于人们所想。我们成功地说明了语言指示场的存在以及整个指示词类的功能,但是,现在要讨论的是语言的象征场。

象征场是语言符号场值的源泉,人们可以从乐谱和地图发现其形式上的相似性。其中,所有音符和地图的"符号说明"栏下所罗列的象征符号都具备某种独立于场域的表达值,并通过场域特有的确定性得以补充。我们先说音乐家的音符,即那些词典中孤立的音符,它们本身不具备音高的任何标记。针对出现在音乐作品中的所有音符，例如每一个全音符和半音符，无论所象征的音有多高，在音符词典中都只有一个符号。在乐谱中说明音高完全是场域的事情，但场域不说明（相对）音长，因为，相对音长只通过音符的结构得以象征。[①]

再看地图方面的一个例子。在词典中，表示“场地上的教堂或小教堂”的标记是孤立的，为基督徒所理解，以独立于场域的含义进入地图，因为，那两个十字架与地图中的南北和东西以及地理距离无关。这个符号虽然标在图上，并在那儿占据一定的位置，但除了十字架符号下方的地名标记，却不具备场值。当然，那一个点的确定性取决于场值，换句话说，取决于场值的只是关于位置的说明，而不是关于“教堂”的说明。与海岸线、河道和所有其他形象图式不同，十字架这个符号形式是个另类，同样，在语法（句法）确定的场域中，（物理）单词的词典“意义”原则上也是“另类”。不过，我们距离这个问题还很遥远（请读者保持耐心）。

3. 上述对特例的比较说明，一个符号的场值与其独立于场域的意义泾渭分明。这一点非常关键，我们可以根据同样的道理来明确定义“象征性”这个概念。孤立的音符形式的意义是象征性的，地图场域中的十字架符号也是象征性的，二者都与这些符号在所处场域关系中的场值不同。符号的象征性只能在所处场域的关系之中得到确定，例如，在一幅画作中，十字架形式不一定具备我们所指的象征性，而可能只是一幅图，即场地上的一个十字。这样，同一个十字架在地图上与在其他形式的上下文中有不同的意

---

① 众所周知，这一点在中世纪的音乐中有些不同，但是，无论多么不同，以及经历了怎样的历史发展，都不影响我们对现代音符系统的理解。

味。再如，画作中正义女神朱斯提提亚手中的天平、蒙眼的布带，通常被用作"象征性"定语，这无非是同样的定义以较高级别形式的再现。当然，上述感性物体被置于画中，不能脱离画家的描述场，不能像上述地图中的十字图形那样孤立于场域。但是，它们可能无法归入画家经常使用的"定语"，因而属于另类。这就是理论上的"象征性"。与正义的定语不同，再现正义女神的强大、坚毅和美丽都有其特殊形式。我认为，这为我们在符号学框架内准确定义象征性概念提供了一个基础，但仅此而已，逻辑学意义上的象征性问题远未因此而穷尽。接下来，我们就讨论其中一个对于语言理论而言非常重要的问题。

"象征性"这个概念在许多科学里具有悠久的历史，但却缺乏连贯的讨论，即使在希腊语中这个词的意义也已经演变得难以把握，可能由 συμβάλλειν 和 συμβάλλεσθαι 的许多含义相互交融而相应地形成了多义的单词 σύμβολον（也作 συμβολή），如《希腊语大词典》（*Thesaurus Linguae Graecae*）就收录了这个词。近义之间相互影响，趋于同义，最终，拥有了"符号"的含义。该词的词源如此模糊，难怪后人的解读添油加醋，思考多有不同。

我的上述理解得自瓦尔特·姆利对该词古典意义演变的详细考证。①姆利也把该词的早期发展分为两枝：(a)"符号"（σύμβολον），表示"组合""客观标识"（对宾客的识别）、"认证"；(b)"商务合同"（συμβολαί），表示希腊城邦之间的司法协助合同。另一种词源解释是：集合点，汇集点，规约。值得符号学注意的是，上述(a)导向概念"征兆"（识别符号、症兆、标记），而(b)则强调协

---

① 参见姆利《论象征性：词汇历史和客观历史研究》（*Symbolon. Wort-und sachgeschichtliche Studie*. Beilage zum Jahresbericht über das Städtische Gymnasium in Bern. 1931）（也可参见 Ref. im 49. Band der Indogerm. Forsch.）。

约性。一份国家协约不能算作简单的符号体,但是如果强调规约性,则其间的联系就不难理解,这里,随着国家协约而形成的,不是征兆符号,而是秩序符号。

亚里士多德认为人类语言是象征性的(de interpr. cap. I),实际上是将上述意义演变的两个方向合二为一。因为他的解释是,语言是心理过程的符号,而心理过程是事物的反映,因此,语言也间接地成为事物的符号。指出"间接性"可谓一语中的,问题是,这样把"想象与事物"的关系用平行符号连接起来(V ‖ D)是否太过简单了。我将亚里士多德的观点图示如下:L ⇄ V ‖ D(L=语音,V=想象,D=事物)。在语言理论和逻辑学的历史上,存在两种思维方式,我们区分为主观主义和客观主义的分析法,亚里士多德将二者融为一体。这种融合根源于认识论(过于简单)的古典反映论思想。随着"感性"和"理性"思想的形成,V ‖ D的相等关系也被消解,这样,亚里士多德关于象征性概念的"合成"说便陷于崩溃。霍布斯以降的英国逻辑学坚持征兆观,形成主观主义语言论,直到密尔(同样是片面的)才重新高举柏拉图客观主义分析的旗帜。我认为,现在若要实现两种方法的重新融合,就必须沿着经院派和胡塞尔的道路,采取行为论的方法。

象征性概念的现代历史说明,无论如何,浪漫派喜爱含义丰富的象征性概念,倾向于意涵无尽的"形象和比喻";相反,逻辑学家则(职业性地)追求概念内容的精简和形式化,其结果,就只剩下符号与其所指之间任意约定的对应。

这两种定义理念极易理解,因此,我们只需要补充说明象征性概念广泛的使用范围,就可以理解其历史对我们的意义。象征性"符号"存在无疑,而且具备描述价值,问题是,是否也存在象征性行为?而且,一次性存在的事物是否也是"象征符号"?如国王权位的标识(圣史蒂芬王冠和金球),无论其命名依据是统治的权力和统治的地位本身还是其授予和占有,当然是一种"象征符号",而且被使用的案例还有许多。十分有趣的是,这里也体现出非浪漫派和浪漫派的不同喜好。因为,一个行为脱离了现实目标的驱动和简单物理成就的诱惑，对于一个人而言是象征性的，因为该行为没有后续效力，而"只是一个象征性的"动作而已；对于另一个人而言也是象征性的，因为摆脱了低级（如动物）的目的链，转而承载了一种高级的人类功能，具有比喻性，或者其"象征性"中蕴含着一种行为的合法性或其他意义。

永远都会有浪漫派和非浪漫派，谁也没有必要对另一种定义理念心存歉意，人们只需要学会在科学上相互理解。我认为，目前应该提倡两种象征性概念相互妥协（当然不能放弃和撤退），即使得以圆满解决，同样的性格差异还会在其他方面表现出来。作为语言理论学家，笔者赞同非浪漫派，认为语言的拟声不是"语音象征"，而是"语音反映"。

逻辑学家认为象征的基础是对应的任意性，这一解释难以服人，因为，"任意性"如同"偶然性"一样，属于否定性确定。为了达到描述的目的，一切象征符号都需要一个场域，并且每一个场域都需要象征符号。认识到这一点，我认为是一个巨大的成就。这样，上述两种元素原则上成为相互关系的元素，也必然在相互关系之中得以定义。前文已经表明，音符的象征性独立于场域，但是，必须立即予以正面补充：这些独立于场域的符号一定具备场域能力（Feldfähigkeit），而且对于它们可能获得的场值是开放的。显而易见，为了使符号获得场值，我不可能把乐谱的词典单位移植到地图上，也不可能把地理象征符号移植到乐谱上。音乐象征符号不具备地图的场域能力，因为，音乐象征符号不能象征指称地名这样的地理产品。这一浅显的道理对于词汇定义而言非常重要，因为，词汇概念的特征之一是词汇语音符号的（句法的）"场域能力"。

最后再重申一遍，所有非语言描述机制都仅仅是服务于我们分析语言描述机制的工具，这里绝没有对它们本身进行充分分析的意思，例如，除了历史已经形成的音乐书写方式，人们还能够创新什么样式的音乐表达呢？这是一项完全不同的任务。我们对拟声语言的分析，是要说明语音之所能，而不是语音之所为。但是，我认为，我们的朴素描写应该体现一种新意，在现有基础上把分析人类描述机制的水平提高一步。我认为这是可能的，虽然我还不知道具体应该怎么做。下面我们将会看到，语言描述所提出的问题与数学问题根本不同。

4. 事实证明，说明形象与象征的逻辑关系十分必要，而且亟待解决，这是逻辑学能够服务于语言分析的地方，而且已经触手可及。如同我们一样，大多数语言理论学家毫不犹豫地使用“语言象征”这一复合词来对应形象描述这一概念。我们又一次面对莱辛在《拉奥孔》里提出的问题：语言是不是形象描述，为此，我们建议首先提出以下一般性思考，然后再在后文详细讨论。

“形象”的基本例子应该是摄影和绘画，而运用象征符号进行描述的基本例子应该是乐谱和运用高烧曲线来描述高烧变化。显而易见，随处都存在过渡和中间形态，而我们可以设想描述方式的线性结构，从最高等级的形象性到最纯粹（非浪漫派意义上）的象征性，这样，语言描述距离纯粹形象性这一极端就非常遥远，倒是接近或者比较接近另一个极端。结果可以简述为，两种极端情况都无法付诸实践，相反，所有已知的描述手段都是形象性与（空洞的）“任意性”对应交替主导，协调互动。

最令本书读者感到意外的，也许是对摄影的讨论，不过，这需要暂时搁置，因为还需要几点基本知识，才能清楚地说明摄影对于我们原理的借鉴意义。我们的目的不在于说明一般摄影采用一维变化反映五彩世界，把灰色化为灰色，甚至在一张可调色的纸上，即相纸上，把物体灰色的所有色值缩小到一条短短的灰色色值线段上，既不像被拍摄对象黑绒布那样黑，也不像被拍摄对象瑞雪那样白。这都不是我的本意，后文也不做说明。不过，我们还是将摄影问题暂时搁置一旁，先考察雕塑的形体描述。这里，问题的要害同样体现得令人信服，并且更为明了。

仅仅因为材料技术的局限，雕塑无法达到绝对忠实再现的程度，即使用蜡和真头发也不能完全真实地再现活人的身体。人们只要把条件夸大到极限，就会明白绝对忠实的极值绝非那么理想及其个中原因，不仅对于"自由"创造的艺术家如此，即使对于以忠实为目标的肖像艺术家也是如此。因此，如果太接近极值，就会极大地伤害"一物代替一物"(aliquid pro aliquo)这一方法的意义。同样，人们有充分理由相信，可以用戏剧方式再现英雄，被搬上舞台的兴登堡或其他某个德国国民并不是物理的，不是要在人种和心理特征方面最接近他。对此可以从心理学角度进行阐释，但我们在这里只是略提一下，不予详论。

因此，应该认识到，忠实的再现存在程度之分，其中有材料或其他原因，使得极值成为不可及或蹩脚的表现，因而也不可求。但是，还有一个认识对于我们而言更为重要，即所谓"忠实"不仅涉及上述物质忠实(Materialtreue)，而且还涉及其他，我们称之为关系忠实(Relationstreue)。我们将会看到，语言就其结构而言并不是追求某种物质忠实(或可称现象忠实(Erscheinungstreue))，而是(通过不断建构)追求关系忠实。

什么是关系忠实呢？我先提一个预备性的问题：正确描绘的高烧曲线和乐谱是否包含反映的元素？对此，有人也许迟疑不决，不敢大胆肯定回答，因为，二者都一致体现出某种物质忠实。[①] 仅此还不足以成就最终的分析，因为，同样可以肯定的是，无论乐谱还是高烧曲线都在一定程度上体现出“关系忠实”的再现，音符在五线谱的区别性刻度上或高或低，对应于所象征的音在区别性音阶刻度上的高或低；我的高烧曲线中的各点标记着每一次用温度计测量的结果，或高或低记录在纸张上，对应于温度计水银汞柱所示的高或低，自左及右依次又与测量的日期相对应。对于乐谱和曲线而言共同的规约是，符号的“高度”与所象征对象的“高度”成正比，越是偏右，则所象征序列成分在时间维度上越晚。这就是我们对所谓关系忠实的描述，当今物理学家和技术人员则干脆称之为“反映”。

这一表述方式的理由很简单：这里的反映就是“依赖于场值的再现”，同时，也体现了狭义的形象概念，要求图形与所反映对象之间形象地相似，或者（也可以说）用图形忠实地再现，当然，其中不可避免地存在着不同的等级和程度。

上述解释之后，再回到对摄影的讨论。按照谚语的说法，那是摄影式忠实，忠实性程度最高。我们绝不想挑战谚语所设立的标准，但即使是摄影，也会给不忠实性和任意性留有一定的空间，并且被充分利用。我们先把关于形式再现的一切思想搁置一旁，集中关注物体的灰度值（Grauwert）（即反照率[Albedowert]）和相纸的灰度值。如果在同样条件下用不同“品种”的两张底

---

① 音乐的材料是声音，不是五线谱上的音符，音符对应着不同的声音。同样，与“发烧”相连的是体温，而不是写在纸上的铅笔线条；彩色绘画，甚至黑白照片则又有所不同，因为物体的颜色通过绘画色彩得以再现，或者至少“白色色值”通过白色色值得以再现。

片拍摄同一个对象，甚至把照片从同一张底片洗印到另一张不同的相纸上，结果都会表明，两张图片的比色度(Skala)不同，例如，人们得到一张洗印的照片，即第一张照片，明显在黑色区域有多个等级的灰度值，而第二张照片则在白色区域有多个等级。人们可以通过特别硬的底片来显示照片上的灰度细节，显现出肉眼在物体对象上所不能分辨的东西，反之亦然。因此，我们通过不同的等级可以显示摄影的任意性，即内在非忠实性，对此只能部分地予以弥补。

至此，敏锐的语言学家会说："哈！这类似于洪堡特以来被称之为诸语言因其内在语言形式而体现出的差异性。"对此我们不予置评，但承认事实上这就是感光底片因类型而特有的梯级性，与语言具有相似性。但是，在我们看来，上述两张照片依然是对摄影对象的关系忠实的反映：照片上一处比另一处更白，客体相应位置的反照率也相应不同(即使不是同一梯级)。①

5. 这样的同质性无处不在，我们不必穷尽例举。横向比较不能沦为无节制的同质搜索，上述观察其实已经蕴含着一个转折。语言描述的"忠实性"又是怎样的呢？不难证明，对被感知对象的现象忠实性描述的确有其痕迹，但是，语言的结构规则基本上将现象忠实性排除在外，这是后文的话题。人们将显见的场域元素直接与语言所指的对象相对照，就可以发现还有其他更多更细的条件限制着可能存在的关系忠实性。例如某些语言的语序因素，或更一般地说，句子中词汇的占位秩序，就极为重要。不能说，词汇在句子中的占位秩序形象地反映了语言所指事物的秩序，不能说那就是关系忠实性再现，但人们经常发现，词序或句序通过巧妙的

---

①　参见卡尔·比勒《论颜色的表现形式》(*Die Erscheinungsweisen der Farben*. 1922)95页起，有兴趣者还可在那里找到更多的参考文献。

安排而获得了一定的"文体"效果,生动地再现了事件,如名句"veni,vidi,vici"(我来了,我看见了,我征服了),以及后文其他语境中的许多典型例子。那里我们将会看到,凡事都需要自己特定的框架,才能利用语言符号的顺序再现事件的顺序,我们所强调的这种认识恰恰为我们的观点提供了必要的证明。人类语言绝非模仿,既不像画家那样,也不像电影那样,甚至连音乐家用乐谱那样的"模仿"都不是。

虽然如此,语言还是可能实现某种程度上的忠实性再现,因为,没有忠实性就根本不存在名副其实的"描述"。我感觉,当代有些著名的语言理论学家(包括卡西尔)反对古典和中世纪的语言"反映论",虽然振振有词,但却有失偏激,恐怕要把小孩连同洗澡水一起倒掉。我随便举个句子为例,如"两位先知分左右,凡夫俗子坐其间",[①]或者"科隆大教堂有两个后来扩建的塔"。通过这些句子,语言之外的有形之物获得了语言表达,并且非常清楚地再现给德语读者。在日常语言交际活动中,语言理论学家不能死守现有的认识信条,根据这些句子描述的忠实性来对朴素的问题进行哲学诠释,因为这样做无疑就是一种滥用,一种元理论意义上的艺术怪胎,一种教条的认识论。歌德与那两个先知,带有双塔的科隆大教堂,对于这样的事物,画家的描述与另一个人用语言再现相差无几。只有诸如此类的表现方式才是对语言描述的方式和忠实性问题进行设问的背景框架,它表明,在感性场域元素与描述对象之间不存在直接的反映,但这并不否认间接对应的存在。

---

① 出自歌德的诗作《科布伦茨的午餐》(*Diner zu Coblenz*)。1774年夏,歌德与哲学家巴西多(Johann Bernhard Basedow,1724—1790)和拉瓦特(Johann Kaspar Lavater,1741—1801)在莱茵河上共进午餐,聆听二人高谈阔论。——译者注

这个问题分别涉及语言的象征性和场域符号，为此，我想先从心理学的角度对间接对应的一种主要表现进行论述，即所谓“n 角与字母表”(das n-Eck und das Alphabet)。

假设，我们仿照几何学中常见的做法，用字母标注多角形的每一个角，此刻，人们可以怎样以及实际又是怎样做的呢？原则上，人们用任意一个字母来标注每一个角，以便(如柏拉图所言)用语言以舒适的方式在相互之间传达关于“事物”及其特征的信息，例如关于图中的几何关系。我以六角形为例，下图列出两个方案供我们比较。二者的区别何在？

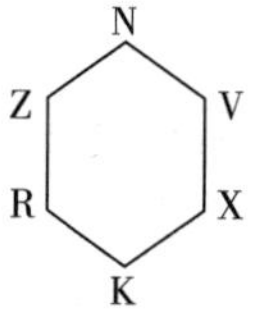

图1

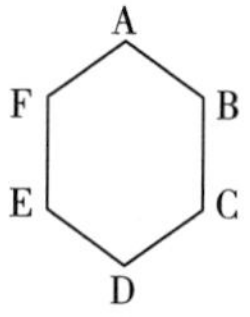

图2

图 1 的方案为一种完全任意的对应，不构成“反映”，也很不方便。图 2 的方案为有限的任意对应，体现出“反映”的迹象，因此更具功能性。在第二种情况下，人们在分配称谓的时候坚持字母在字母表中众所熟知的联想顺序，将角的顺序反映为字母的联想顺序，这样的反映对于讨论极有好处。例如，只要提及一次，并且大家都熟记于心(相比图 1，图 2 更易记忆)，然后把对象从感知场移去，人们仍然可以仅仅凭借联想顺序就随口有根有据地说出图示的某些方面，例如其中最为简单的一点，从 A 到 F，所有相邻各点都再现了联想序列中的相邻关系。在讨论中，我说“线段 CD”，听者就会明白那是六角形的一个边，我说“线段 CE”，听者就明白一个角被跳过去了，我说“AD”或“BE”，听者就会在想象中画出一条主对角线，等等。

字母表是一个联想链(一种盲序),仅此而已,但是,每一个人都学习并掌握了它,因此,用字母顺序对任意客体序列的反映都是便捷的对应,我们在实践中将字母顺序反复用于秩序安排。显而易见,在口语符号系统中有许多联想链和联想网络,从心理学上看,与字母链位于同一等级,以同样的方式服务于我们对体系庞大、包罗万象的世界知识的组织和传播。我们并非永远在学习和生成语言符号(词汇),但却在不断地学习和生成语言符号的序列,并由此而以极为丰富的方式记忆和掌握客观对象。在我们的例子中,字母链充当一种媒介,而作为媒介,它们发挥着秩序组织者的功能,是一种秩序机制和对应机制,因此,我们可以想象语言中也有类似的"媒介"和"秩序组织者"。之所以为媒介,是因为它们被置于其间,之所以为秩序组织者,因为就其功能而言与客观的组织机制相类似,例如卷宗、目录等。不过,人们不应草率地将语言媒介和秩序组织在任何方面都与客观的媒介和秩序机制等同起来。

为了凸显我们的思路,有必要列举一个与以上所述明显不同的例子。书写的数字,即我们的十进制系统中的数字,同样也是空间秩序的一种简单而有效的模式。用数字组合 3824(以如此形态)象征一个特定的数字,其规约是,从右到左,这些符号被赋予个位、十位、百位等值。对此,每一个学生都牢记在心,而且采用联想的方法。联想就是对结构的认识,数字的运用就是结构知识的运用,其根源都不是盲目联想链。从右到左的位置顺序就是一个简单(直观)秩序的位置顺序,而数字值的每一步跳跃相对都是同样的(十倍),这里,一种可建构的秩序被反映在另一种可建构的秩序中(而且没有媒介)。每一位"计算者"都深谙其中的关系,并对其技术十分娴熟,从中获得巨大的便利,而且为任何其他秩序所无可比拟，无论是两种盲目联想链的秩序，还是一个秩序链的成分与一种盲目联想链中的成分之间的秩序，都无法与之相比。

上面我们考察了数字，即数字的视觉象征符号，我们不妨再顺带考察一下听觉的数字符号。与字母表完全相同，数字 1—12 也是一个盲目的联想链，但是，抛开少数孤立的情况不说，稍大的数字却都是语言组合，由盲目的个位链及少数系统性辅助变化手段组构而成，是可建构的，基本上与十进制数字系统简单明了的视觉表达相类似。这里所揭示的是一种简单的模式，适合于其他称谓领域以及人类语言句法更为复杂的情形。因为其中包含着这样的规约：所有数值都被分为千位数、百位数、十位数等类别，对于后者，德语中有构词语素-zig，如 vierzig(40)、fünfzig(50)等。这是数字中的句法媒介，属于洪堡特所谓的内在语言形式。由于诸多原因，并非总能凭借唯一的或少数且毫无例外的句法规约即可畅行无阻，相反，规约为数众多。但是，无论情形多么复杂，语言句法的核心内容（在服务于语言的描述功能方面）最终都可以被分析，或者（部分）根据实用的 n 角标注模式，或者仿照（视觉的）数字句法模式，或者根据可建构的（听觉的）数字模式。对此，后文还要论及。

语言的有些方面是可建构的，有些方面是不可建构的，这是常识。教学语法特别强调简单的可建构性，视之为核心，而将不可建构性或有限可建构性视为恼人的累赘，视为“例外”置于替补席位。对问题的历史观察往往可以说明那些孤立的构词其实是早期可建构系统的遗迹，其中有些得以保留，让后人有孤岛的感觉，昭示着往日富饶的形式世界，或者情形相反，说明早期存在大量的同形现象，后来局部地消失了。对这一整体事实人们大致比较清楚，表明语言描述机制对秩序组织者的需求，例如字母链之类的盲目媒介，或者如复杂数字清晰可见的结构性，或者如希腊语或德语"规则"动词的变位形式。关于这些组织机制的媒介特性，我们还将增加讨论印度日耳曼语的格系统这个被充分挖掘的例子。句子是印度日耳曼语的语言产品，反映描述对象即事物，这样，在（人类或动物）行为模式的视角下，格的场域机制成为一种有效的秩序组织。这是印度日耳曼语反映事物的主导模式。在实践中，内在决定的格形成场域机制，并在场域中对事物进行反映和描绘。

(4)拟声语言

模仿的趋势不仅存在于诗歌中，而是在语言产品中随处可见，有时表现为无聊的游戏和阿拉伯式的饰纹。模仿无论出现在何处，最终都应该是人类愿望的一种流露，希望放弃语言与其他文化机制共有的间接性和迂回性。对形象性的渴望，与感性事物直接接触和交流的欲望，对于说者而言是一种完全正常的心理态度。人学会了对世界进行有声的阅读和解释，而语言这个媒介机制及其独特法则又使得人们免于对海量事物的直接感知，不用亲眼所见、亲耳所闻和亲手经历，尽读音之所能，便可以重新达到对具象世界的完全理解。这就是语言拟声现象的简单动机。

语言理论必须认识并阐释这种"回归之路"(zurück)何以能够在不伤及语言本身的情况下顺利实现，其语境和方式又是什么。毫无疑问，如果抛开语言，则声音模仿就可以随心所欲了。唯一的问题是，在语言机制之内人们是否以及怎样才能如愿以偿。语言结构中一定有特殊的安排和许多可能性，但是，有一点是不可能发生的：这些零散的、偶然的碎片在一定的自由范围内通过联合而形成一个连贯的描述场。

简单说，这一点就是本节想要证明的。这一章节就像一段插曲一样，系统性地介于语言指示场和真正的描述场即象征场这两节之间，因为，这个话题本身是要证明语言描述的可能性，而非其现实性。如果语言蕴含着一个连贯而有效的模仿场，那么，语言就不成其为现在的语言。但是，语言具有很强的包容性，自身的规则有时无法满足需要，在这种极限情况下就会接纳特殊的模仿规则。而一般情况下语言的结构规则会给任何无限模仿以一定的限制。我们要揭示这样的限制机制，但是需要首先讨论一下海因茨·维尔纳的新书。以往，语言学家试图将语言与事物形象地直接相连，我们在该书中似乎看见这种古旧思想又粉墨登场。其方式非常奇特，类似于亚里士多德的思想，认为表达优先于描述。至少，我们可以这样理解维尔纳的所作所为。我们对他的批评虽然有理有据，但是，维尔纳关于（在实验室培育起来的）“语言表达意愿的功能”的论述无可厚非。

1. 海因茨·维尔纳的《语言相面术的基本问题》(*Grundfragen der Sprachphysiognomik*，1932)值得关注。在那里，他对相关的理论进行了溯本追源的探究，从而也对语言模仿论的鼓吹者进行了综述：他们包括几个中国哲学家和柏拉图。不过，（我们想补充指出）之所以提到柏拉图，只是因为放大了《克拉底鲁篇》中某种未被彻底摒弃的东西。另外，还有保罗·汉卡莫尔在一篇文章里所讨论的16、17世纪德国巴洛克诗人和语言学家，[1]以及雅各布·波墨、赫尔德、哈曼和其他浪漫派分子，直至威廉·冯·洪堡特。关

---

① 参见汉卡莫尔《16、17世纪的语言概念及其阐释》(*Die Sprache, ihr Begriff und ihre Deutung im 16. und 17. Jahrhundert*. Bonn 1927)。

于洪堡特，维尔纳写道："很遗憾（粗体为笔者所加），针对我们的关键问题，洪堡特及其之前和之后的许多人，都忽略了语言表达创造思想的原理。"（23页注释）洪堡特的后人中不乏令人同情的思想家，他们几乎全都是19、20世纪的语言学家。维尔纳所详细引证的也有少数例外，分析这些例外非常有助于我们自己的观察。不过，该谱系中的"远古逻辑"更为重要，是某种原型。对远古逻辑的"语言"，恩斯特·霍夫曼进行了阐释。[①] 我认为这种语言颇具传奇色彩，语言理论学家应该认真思考其存在和影响。

远古逻辑可能曾经以某种方式存在过，因为它至今仍然时有闪现，不仅在那些所谓的文化贫乏的原始语言里，而且在我们的语言里。虽然如此，它绝不可能成为人类语言思维的决定性源泉。为什么不可能呢？我们可以用反命题的方式进行间接论证。因为第一，那样就会使得人类彻底失去生活能力；第二，人们原以为在原始族群中，现代俾格米人对"远古逻辑"的想往最为虔诚和纯洁，而这样的预期恐怕会让人失望；第三，左边写着："远古逻辑和语音模仿式描述"，右边写着："象征性语言"，我们认为哪种是可能的？现代人类语言面临抉择，需要慎重思考。赫拉克勒斯选择了美德之道。[②] 根据我们对神话的理解，使用有声语言的人类原本完全可以选择左边的道路，但绝不可能在行进了很长一段路程之后，又要把前次选择的痕迹一笔勾销，重新从左边的道路返回，以顺应现

---

① 参见恩斯特·霍夫曼《论远古逻辑语言》(*Die Sprache der archaischen Logik*. Heidelberg, Abh. z. Philos. und ihrer Geschichte, 3/1925)。

② 赫拉克勒斯(Herakles)是希腊神话英雄，又名海格力斯。他年轻时面临重大的选择，一边是邪恶女神，会带给他享乐和堕落；另一边是美德女神，会带给他艰辛和美德，也最终给他幸福。赫拉克勒斯选择了美德，也就是选择了正确之路。在德语中，"正确"与"右边"同形，由此，引出下文所谓"左边的道路"。——译者注

代语言的要求。每一个神话都明白，原始的选择只能有一次。

给自己的观点穿上了神话的外衣，这可能是一种误导。问题本质上是很理性的，现在需要实事求是地做出判断，洪堡特以降的专家们的敏锐感觉是否基本上是正确的。如果是真知灼见，就必须给反面观点留下应有的地位，听听他们的意见。一个教条取得了胜利，就要将反面教条揭露为纯粹的邪说，这种做法在当今科学界已经不再流行。对于模仿的需求，语言独特的、非模仿性的结构也给予自由，可以形象地说，是模仿给了自己一小块地盘，最终以独特的方式在语言表达领域的范围之内发挥功能，这也应该得到认可。我认为，维尔纳的见解只需要稍作位移，从描述领域位移到语言的表达理论之中，这样，我们甚至可以保留“相面术”这个称谓。对此，我们还将论及，并详细展开对维尔纳的批评，但是现在首先要提出我们自己的观点，以表示对他的赞同。

2. 我们将相关现象径直称为语音模仿，与此不同，希腊语法学家提出过一个特殊的称谓，即词汇模仿，亦即拟声，其中也许蕴含着一定的智慧。对于这一现象在语言结构中的意义已经有所讨论。我们应该稍微放宽标准，对问题做尽量宽泛的阐述。在必要时人们是否能够用声音模仿世界？假设人的声音大致如我们所认识的那样，我们需要思考，是否以及怎样可以用它们来满足一个普遍性描述机制的要求？一种可能性是，所发出声音的基本功用应该是模仿。莱辛认为语言本质上不是模仿性的，赫尔德等人则断言语言曾经是模仿性的，而且真正的语言艺术大师实际上一直在模仿。那好，我们就来评估一下声音中所包含的模仿潜能。这看起来似乎是一种非常含糊的做法，其实不然，关键是面对每一种新的可能性都要坚持语言的结构观，判断具体现象是否是对一般可能性的充分利用。我感觉这会成为一种"清算",至少在主要问题上可以达到预期程度的确定性。如果还需要借用神话,那么这种清算其实是对所错失的机会的一种盘点。

那么,人类声音的模仿潜能又如何呢?为了思考这个问题,我们将声学中的元音化现象和发音的肌能现象放在一起考察。嗓音中包含着极为丰富的音色,因为,从声学来看,所有的元音区别都是音色的区别。小提琴的声音是小提琴的,小号的声音是小号的,根源在于每一种乐器将基音和泛音组合起来的特殊性。人的言语声音则完全不同,这里,组合的特点因元音的不同而异。如果用乐器模仿 i、e、o(如在 Ingeborg 中)或 u、o(如在 Fruchtsaft 中)音色的变化,那么,无论哪一种常用的乐器,如笛子和小提琴,都根本无法实现,"Ingeborg"需要依次使用三种乐器,"Fruchtsaft"需要两种,如果要人工生成类似于人声的东西,则需要使用带音栓的管风琴那样复杂的乐器,或者需要发明与常用单音乐器(如笛子和小号)完全不同的乐器,[①]类似于萨克斯风(如果我没有搞错的话),才可以满足丰富的音色变化。

著名的元音三角只是基本上再现了音色持续而丰富的变化。我们要考虑到这样的复杂性,才能明白上文的意义。那些某种程度上可被复制的音并没有多少是"日常世界"的音色,更何况还有大量(声学还根本没有解决的)辅音的伴音、首音和尾音,每种乐器各自发出独特的声音,吹笛子、拉小提琴、拨竖琴、弹钢琴、击鼓,等

---

① 为了简便起见,我们根据斯通普夫对海尔姆豪尔茨思想的新论,把元音的特性归为音色,但斯克利普图尔(Scripture)认为这样做没有根据,并得到涕灵(Thirring)及其学生的支持。假如他是对的,那么,我们的比较就需要使用三种不同的共鸣器(发音器)来代替那三种不同的乐器,而这与我们的目标完全无关。

等,还会有各种杂音掺杂在声音之中。然而,人的发音机制用“吹”“嘶嘶”“打击”等方式发出声音,其差异性极为丰富细腻。

在元音化中,这一切都在快速转变和有序组合之中发生,其中恰好体现了“发音”应变机制的极为多变和灵活的特殊性能。是否每一种如此灵活的发音也表现出音节的划分,这完全可以搁置起来。如果由言语联想到唱歌,那么,不可将语音原材料本身所包含的音节趋向随意夸大和普遍化。希佛斯等语音学家对音节深有研究,(我感觉)他们非常清楚,言语音节可以在0.1秒的最短时间到一口气的极限范围内任意拉伸。当然,真正可以任意拉伸的只能是那些可以拉伸的音,即持续音。声音现象可以在所有维度上发生单向变化(这是希佛斯音节理论的核心),但在变化的过程中却不可出现转折。音强、音高或音色曲线上的每一个方向的转折对于听者而言都预示着音节切换,例如,通过爆破音使音流突然中断,或者插入某些无中断的声音,原则上都是如此。用语音学的话语表达就是:与辅音转折点作为音节标记的情形完全一样。总而言之,希佛斯音节理论的一个核心就是音节的“声学转折点理论”。我们还将在适当的地方阐述这个问题。

还有一点对于正确认识人类声音的模仿潜能非常重要,简单地说就是音流在所有维度上的独立变化。人们可以不考虑音高和音色而独立地改变元音的音强,亦即,人们基本上可以自由地选择这些因素,并在音流中互不相干地完成变化,例如,为什么声音在升高、变强或变弱的同时不改变元音的响亮度?具体到后者,变化可以从u到i,从o到e,或以相反方向,也可以从u到a,或从i到a,或相反方向,都是如此。当然,针对世间的一切,我们每个人都能够如此,这也给模仿开启了新的可能性。这里所谓的“模仿”与表达完全相同,在不涉及音位学相关性的情况下,对许多变化都可以真正和合法地加以利用。这种元音音流被伴随的声音所裹挟,同时,人们还可以把其他声音相继掺入到音流之中,这样的事实及其具体情形的细节怎样,这里不做解释,可简单视为一种已知的语音学现象。

那么有什么是不能模仿的呢?我们所生活的世界,有其听觉的一面,同样也有其视觉的一面,我们周围充满了各种各样的声音,是我们所关注的无数物体和事件的典型表现,而且各具区别性功能。我们无需探头于窗外,只需凭借耳朵,就可以知晓大街上或隔壁房间里发生了什么样的日常事件。假如让专家们投票表决,看谁拥有更为丰富的模仿手段,是色彩模仿还是声音模仿,那么,我会毫不犹豫地投票给后者。我们还要考虑到音节划分也可能促成一种非常独特的模仿,比如"有声电影"(如果可以这样称谓)的情形,那里并非因为增加了某种视觉的东西,而是因为小小的有声画面在其中渐次展开。这些有声画面当然不是语言音节,而是真正的语音画面,是有声世界的画卷。毫无疑问,当今的专业人士可以"拍摄"一部视觉电影,同样,一个受过训练的人也能够系统性地跟踪并绘声绘色地复述复杂的事件,因此,人们完全不应该对杂技演员类似的表演感到惊讶。另外,如果真要制作拟声音乐(毫不客气地讲那没有多少音乐美感),人们不必端坐于钢琴之前,因为,舞台上每一位口技演员以及某些现代美国歌手都可以做得更为出色,而且无需任何弦乐器和管乐器,只需以胸腔为风箱,巧妙运用喉头和喉管。这里,人们清楚地看到我们的声音手段所蕴含的模仿潜能。

3. 我们提出一个幼稚的问题:假如情形果真如此,为什么从来没有一个语言学家想到如此建构自己的语言理论？那可以成为一本书，其中模仿原理最为重要，是理解和掌握一种语言所要优先学习的内容。这个问题一旦提出，每一位专家都会即刻给出正确的解答：声音模仿绝非语言最为重要的结构规则。假设任意一位说者想描述某种简单的事件，例如拟声模仿马蹄声或火车进站的声音，这时，他完全可以放弃使用语言，而且有时也会取得令人意想不到的成功，但是，一旦要进行规则的言说，那么他的所作所为相比较所有民族的诗人，从荷马到席勒和理查德·瓦格纳，原则上不会有什么不同：

耳边的呼啸渐渐低沉……

翻滚、沸腾、咆哮、嘶叫……①

这说明，语言中有形式规范的词汇、词组、句子等，它们首先要遵从语言的构词规范和复合规范，在此基础上才会出现一些语音模仿现象。这可能是拟声组合的唯一样式，有声电影(少数情况下)，即一连串语音画面，也是如此。诗人们偶尔也会在诗歌中“拍摄”这样简短的有声电影。但他们坚守在语言的范围之内，因为他们只有特定的权利和自由，不能破坏语言原本的组合规则。说真话，我不想质疑他们的艺术技巧。试想，席勒的诗歌对狂风和大火呼啸的蹩脚模仿堪比一个模仿高手的作品吗？我继续使用虚拟的语气：除非席勒别无大志，只会与这类模仿大师争风吃醋。

实际上，席勒永远是一位语言艺术大师，但在他的语言形象描述中只有很少近似实际听到的声音。细究个中缘由，我们会发现一些限制语音模仿的重要条件：第一，无论在哪里进行语言描述，

---

① 出自席勒的叙事诗《潜水者》(*Der Taucher*)。——译者注

模仿“充其量”只能在语言句法允许的范围之内进行，句法限制是语音模仿的门禁，或紧或松地把守着。相比较希腊语、拉丁语或者德语，现代法语或英语的词汇在句子中的顺序具备更强的句法相关性，因此，系统性语音模仿所受的局限就会更大。

构句条件满足之后，选词和构词是语音模仿的另一个相对较小的自由领域。德语复合词“语音模仿”的含义较为宽泛，而古典语法学家则用了一个涉及面较窄的关键词来描写整个过程，即“称谓模仿”（Namen-malen），这一说法更为妥当。即使这样，也还是存在新的限制。说者个体不能通过模仿来任意扩展语言的词库。他所需要的是否已经被现有词典收录，或者他眼前的新词是否为语言整体所接纳，这永远是一个问题。因此，我们提出语音模仿的第二个限制条件：人们可以巧妙地利用一种语言的词汇，但却不能通过新构词来对它进行实质性的扩展。对此，我们无需讨论。目前，在语音模仿方面，词汇的充分利用及其历史发展仍是一个未解的问题。声音称谓词在某种程度上显然是忠实反映现象的语音形象。在词汇发展的历史上，类似的情形到底有过多少，是自始就存在于其他单词之中，还是被植入其中，对此还需要具体研究。

接下来，音位学告诉我们还有第三种限制。我重申，一种语言的语音材料具有巨大的模仿潜能，但是，音位学家认为每一种语言的语音符号（音位）系统只包含精选出来的内容。果真如此，这意味着什么呢？对这一问题进行仔细而系统的回答可以澄清许多问题。这样的回答必然包含许多内容，既要公布自由度又要申明禁令。我们先说后者，即音位学纲领中阻止模仿的元素。词汇的整体性进一步压缩了模仿需求的发展空间。一般情况下，规则只给少数语音留下空间，供它们在无关乎音位的范围内施展，只是不可轻易越雷池半步。

4.为了尽快阐明我所关注的问题,有必要直接对维尔纳等人的研究成果给予深入分析。最近,人们又一次高估了语言的模仿性,例如,维尔纳实验的受试从单词“Seife”(肥皂)的词汇声响中一步一步解读出“肥皂”这个对象被语音模仿的特点,其中包括“黏滑”“泡沫”等特性,但又是通过什么而体现的呢?根据他们白纸黑字的实验报告,无非是一个一个地梳理单词的语音,然后指出S、ei和f各自都蕴含着对整个属性的某种模仿性描写。他们这么做并非偶然,而完全在音位学的情理之中,因为,每一个音位(语音符号)的实现都拥有某种自由的空间,模仿潜能在其中得以实现和解读,说者可以把持续音S和F发得很响、很长,而把ei发成泡沫状,我看都没有问题。这就是那种一步一步地展开的描写手法。

人们对可怕的“原子主义”唯恐避之不及,也必须避开。但是,事后对“原子主义”的一切理论怒斥都不能掩盖如下事实:当“这个”德语词被说者清楚地说出,同时被听者清楚地听到,这时,单词的上述区别性特征必然以上述顺序出现,首先保证不能混淆。通过强调语音可以完成模仿,但前提是满足区别性的首要条件。假设a听起来比e更具泡沫特点,那么,对于维尔纳的受试而言,德语中听起来像似ai的双元音,其发音可以特别突出a的意味。再假设au听起来更像泡沫(的确出现在德语单词Schaum“泡沫”中),那又该如何呢?这时,我们所说的音位门槛(Phonem-Riegel)便会启动。因为把Seife发成Saufe(痛饮)还算是歪打正着,但是否真要指称那种东西却令人生疑。其他形式的“音位跳转”也会如此。必须承认,在满足区别性条件的前提下,说者可以尽情改变语音材料来达到对事物的客观特性进行模仿的目的,也就是说,说者根据言语情景可以这样或者那样说出德语单词 Seife，以满足不同的模仿需求。对此，后文还要论及。

然而，还有一个问题不无重要性：从语言（la langue）的角度看，德语单词 Seife 的词汇创造和词汇历史在多大程度上预设了或者没有预设这样的方式？而维尔纳对受试的观察记录都直接来自言语（la parole）领域，并非来自语言（la langue）。

因此，我们的结论是，语言对其每一个单词都提出一定的要求，即音位特征显明，足以与听觉近似的其他词汇相区别。尊重这样的条件是阻止语音模仿欲望恣意泛滥的最后一道门槛，这就是"音位门槛"。单词的语音特征，即音位，必须十分鲜明，并以正确的顺序出现。但是每一个音位的实现都拥有一定的自由空间，在此自由范围内可以尽情模仿性地改变语音材料。充分自由地处理语音材料只能局限在一定的维度之内，即特定语言设定的音位空挡，不触及音位相关性。例如，如果一种语言的语调差别在元音系统中不具备区别性特征，那么，语音模仿就可以启动，可以在语调上尽情发挥。德语的语音模仿在发出每一个元音时可以把音高提升或降低，这里不存在混淆的危险。相反，在一些南斯拉夫语和其他声调语言（Tonsprachen）中，这样的模仿欲望无意间（简单类比）将 Seife 发成 Saufe，就会招致批评。我估计，在"声调语言"中，句子声调和单词声调也基本上不具备音位学特征，只有个别元音在发音中会被套上西班牙靴子。[①] 这样，在那些语言中模仿爱好者也可以在句子语调和单词语调中对所指对象进行语音模仿。当然我不知道诗人是否真会那样做。语音模仿的情形在声调语言里是

① "西班牙靴子"是中世纪西班牙的一种刑具，呈筒状，夹住犯人的腿和脚，逼其招供。德语将此刑具称为"西班牙靴子"，比喻压迫和束缚。——译者注

否与我们一样，这是一个有趣的问题。

应该客观地界定一个元音音位在一个单词中丰富的语调表现，例如，人们可以仔细记录日常语言中英语词汇的发音，如 yes 和 no(yes sir，no sir)或者 bad(its to bad)，并用曲线予以描写。有时，用这样一个元音足可以表现美国人的整个精神世界。

5. 现在，我们应该换一种视角考察问题。语音模仿场作为语言唯一直接的描述场，其实无足轻重。只有在明确了这一点之后，才应该且能够实事求是地在语音模仿的视角下分析那些现象。最为真实、最为直接的语音模仿现象首推声音称谓词，它们在所有已知语言里无疑都是模仿的主导形式。将单词 klappern[①] 用于德语语篇，在准确再现所要描写的声音时，可以系统地试用大量近似的声音称谓，从中找到最忠实的再现形式。将模仿性元音 a 改变为 e、i、u、o、au、ei 等，或者将单词中的模仿性 pp 变换为 tt、kk 或者 bb、dd、gg 等，或者将词首辅音变换为任意某个简单或复合词的首音，这样虽然不能总是但却经常会形成常见的声音称谓词，就可以比较随意地在语篇中引入新构的声音称谓词了，因为，如果能理解 klappern，也就能够理解别的构词，如 kleppern、klaggern 或者 ruppern 等，并会欣然接受。这里，人们基本上持宽容的态度，对威廉·布施[②]那些滑稽的嬉闹如此，对其他更为离谱的作品也一

① 德语 klappern，动词，表示两个坚硬物相互连续碰撞发出的声音，如格格声、嗒嗒声、啪嗒啪嗒等。——译者注

② 威廉·布施(Wilhelm Busch，1832. 4. 15—1908. 1. 9)是德国诗人、画家和雕刻家，其作品以搞笑讽刺性插画故事《马克斯和莫里茨》(1865)最为闻名。——译者注

样。作为读者人们是宽容的，因为作为说者人们也需要同感，组构新词的大门对于每一个有能力的人都是敞开的。

还有一个事实十分重要，同样值得关注。纵使在最随意的口语中，语音模仿也没有出现违背音位规则的现象，例如，许多我们日常熟悉的重要声音都可以通过倒吸气音（Schnalzlaut）得到最忠实的再现，另外，每个用心的人都可以轻松模仿呼啸的风声和汽笛声，但是，据我所知，在这方面从未发现违背德语音位现状的因素进入声音称谓词汇。我记得小时候在学校里把倒吸气音当体育来练，并且把它用到 Schnaps（烈酒）等德语词汇中，练习数次之后就会很轻松地用倒吸气音发出其中的 a。但是据我所知，威廉·布施从来也不指望我们那样做。神奇的是，语言和与之相对的非语言之间的区分泾渭分明，所生成的新的声音称谓词保持在音位门槛这一语言特有的限制范围之内。这也同样适合于表示“语音动作”的词汇，例如 ächzen（呻吟）、jauchzen（呼呼）、kichern（格格地笑），适合于对动物鸣叫和动物呼叫的模仿，如动词 blöcken（猛禽栖息）和 wiehern（马嘶叫），或者称谓动物，如 Kuckuck（布谷鸟）等。从声音模仿来看，这些模仿给人的印象完全不是自然主义（印象主义）的，相反是高度象征性的再现。它们与所指对象之间的相似性，与绘制在纹章上的动物和其他纹章学现象与其原型之间的相似性无异。假如在音位系统不同的 10 种语言中用语音模仿布谷鸟的叫声，则会出现 10 种语音形象，而不会是同一种。

虽然如此，系统论者还是需要强调现象忠实再现的其他情况，对上述所引的例子，亦即广义的声音称谓，需要在整体上进行概念梳理。在所有这些声音称谓中或多或少都出现了现象忠实再现的情况，但是，还有另一种规模更大的现象，本质上却是关系忠实性再现,baumeln(晃动)、bummeln(闲逛)、schlendern(溜达)、torkeln(蹒跚)、schlottern(哆嗦),或者 flimmern(闪烁)、huschen(掠过)、wimmeln(蜂拥),或者 kribbeln(发痒)、krabbeln(爬行)等等,这些词汇同样也与所描写的对象形象地接近,然而,它们并非是听觉对听觉的反映,而是听觉对非听觉的反映,例如,flimmern 是一种视觉现象,kribbeln 是一种触摸印象,所再现的都是动作方式和动态结构。被描写的这些现象不具备专门某个感官的属性,而是超越专门感官的,亦即需要同时动用多个感知器官,也就是亚里士多德所谓的"共同感知"(αἰσδητὰ χοινά),[①]所以,我们不能称之为现象忠实性再现,而"仅仅"是关系忠实性(或称结构忠实性[Gestalttreue])的再现。每一种形式的忠实再现都或多或少包含着关系忠实,反之不然。我们的观点并不新鲜,冯特早有洞见,只不过冯特所使用的概念还是"声音模仿"和"语音形象"。此后,心理学家进行了许多针对联觉的研究,其成果对于关系忠实性再现和现象忠实性再现之间过渡现象的研究很有借鉴意义。

6. 语言历史的启发意义何在?直到前不久,对语音模仿的重要性和规模的研究基本上还取决于研究者的个人性格,浪漫派追随赫尔德,而古典派则追随莱辛。现在,我们应该能够实事求是地在一些关键方面推动对问题的研究,从而避免情绪化判断,具体讲是两个极端不同的问题。这两个问题可以同时提出,而且必须同时提出:语言的声音模仿现在和起初有什么特点?今天,人们作为说者仍然可以尝试非常自由地创造词汇,创造声音称谓词(Geräuschnamen),所以,人们完全可以提出猜测,认为这样的词

---

① αἰσδητὰ应为笔误,正确写法为 αισθητα。——译者注

汇创造过程极为自然,因而自古有之。这似乎完全无可厚非,因为,我们知道,人类的选择从来就不是毫无动机的,为什么词汇创造者的原始选择就应该是毫无动机的呢?如果人们想用声音来回应新的东西,来说明其特性,还有什么比模仿更为便利呢?

对于那些针对“汪汪理论”(wauwau Theorie)的批评嘲讽,完全可以回敬一个问题:你有何高见?我们此前所做的一般性思考并不反对“汪汪理论”,而是反对某些古典和现代思想家极为幼稚的思想,他们关于“人类语言起源”的见解是表象的,似乎无需检验就可以相信一切新词都是那样产生的。完全相反,如果将人类声音的模仿潜能与语言现有的结构规则一起考察,考虑到该结构给模仿的蔓延所设立的限制门槛,就会使人产生一种冲动,对盖格尔那句至今为许多语言历史学家所赞赏的名言进行新的解释和证明。盖格尔发现,印度日耳曼语言的词汇“以描绘的方式模仿客体是很晚才出现的一种倾向。”

这涉及某种普遍的事实,“Rabe”(渡鸦)、“Krähe”(乌鸦)、“Kuckuck”(布谷鸟)、“donnern”(雷鸣)、“schwirren”(嗡嗡声)等虽然随着时间都被视为语音模仿词汇,但是它们的根却与这样的关系相去甚远”,[①]这意味着什么呢?在早期的讨论中,“汪汪理论”的支持者和反对者经常摆出同一个证据,这非常有趣。根据盖格尔的研究,很容易填写一个柏拉图式的对话,其中充满文献确证的思想,双方唇枪舌剑用的是同一个事实,分析却完全对立。例如,盖格尔在语言近代史中发现了词汇以描绘的方式模仿客体的

---

① 根据冯特《论语言 I》(*Die Sprache I*)319 页对盖格尔《论人类语言和理性的起源及发展》(*Ursprung und Entwicklung der menschlichen Sprache und Vernunft*. 1868,168 页)的引证。

倾向。人们不禁要问，该倾向是否从天而降，或者自古有之，只不过其中许多方面我们已经无从辨认。似乎别人都坚持如此判断，唯独你的思维有误。恰恰这样的异化证明了我想证明的东西。事实上，以我们对“词根”以及古代印度日耳曼语言重构规则的认识，最好的学者会认为这些词根不是模仿性的。这些词根本身当然也是发展的产物，但是，又是什么使得它们在发展中脱离了原始的模仿倾向？过去和现在都有同样或近似的规则阻止和限制语音模仿的自由发展，除此原因，还能是什么呢？如果一切都以模仿为重，那么已经存在的模仿就不会消失。我们就此结束讨论，因为这样你来我往固然能够训练敏锐的洞察力，但却不能使辩论双方产生共识。我不再继续这样追溯，而要请出一位勇敢的现代语言学家，来向我们说明当初的情形。

7. 威廉·厄尔是瑞士弗莱堡大学的印度日耳曼学学者，他说他 17 年来收集了“全球五大洲 1400 种活语言和死语言”的资料，证明了这样的立论：“从起源上看，一切语言的所有词汇或者是拟声词汇（Schallwort），或者是喃喃词汇（Lallwort），或者是象形词汇（Bildwort）。”①

> 我是这样获得这一认识的：自从 1915 年夏天，我把印度日耳曼学搁置一旁，以原始民族的语言为出发点，结果偶然发现了喃喃词汇和象形词汇构词的类型系统和意义谱系（Bedeutungsstammbaum），另外，我研究了迄今的语言学文献，使

① 参见厄尔《论喃喃词汇》（*Das Lallwort*. Rektoratsrede Freiburg/Schweiz. 1932）。他不久将出版新作《*Fangen-Finger-fünf*》。

我所掌握的结论得到逐步验证。我的孩子们也无意间成为我的受试,事实上向我展示了一些混合类型。我并没有发明什么,只是有所发现。1915 年 6 月我在南洋语言(Südsee-sprachen)中寻找某些语音模仿现象,结果就像从前《旧约全书》里年轻的扫罗,他外出原本是要寻找父亲的驴子,却找到了一个王国。(40 页)

在这个王国里,语言创造的情景并非如人们根据开始的引证所猜想的那样被一分为三,而是被一分为二。第一种发生在幼儿时期,产生了那些喃喃词汇,而且在过去 5000 年的历史中一再被创造出来。第二种能产性的情形发生在成年人的生活中,产生了拟声词汇和象形词汇。根据厄尔的研究,古典语法学家费斯提斯和瓦罗早就指出喃喃词汇的现象,之后,还不断有语言学家认识到这一现象:

康达敏(La Condamine,1745)、阿德龙-法特(Adelung-Vater,Mithridates[①])、布施曼、瓦克纳格尔、迪茨、卢伯克、库尔、甲柏连孜、塔博莱特、科尔庭、克雷奇默、嘉车特、科尔蒂、基斯威、威廉·舒尔策、冯特、特罗贝蒂、迈耶尔-吕贝克、叶斯柏森、施拉德-内林、瓦尔德-波克尼,等等,许多人对喃喃词汇都有某种程度的研究,值得赞赏,但他们只是部分地认识到这种新构词汇的意义划分,而对于它们详细的类型构成却一无

① 全名为 *Mithridates, oder allgemeine Sprachenkunde*(Berlin 1806—1817),该著共 4 卷,第一卷由阿德龙著述,第二卷是阿德龙的未竟之作,法特继而完成,并独立完成出版了第三卷和第四卷。——译者注

所知。（第3页）

粗略判断，厄尔收集的资料事实上比布施曼和科勒等人的收集（非洲语言的词汇）要丰富得多。冯特那本论述语言的著作（I^2，339－340页）就是从后者获得了丰富的资源。厄尔自己的创新之处是发现喃喃词汇的"意义谱系"和结构类型（Rektoratsrede，33－34页和36页起）。意义谱系说明喃喃称谓词指涉小小儿童世界以外的某些对象。喃喃称谓词所指涉的首批对象都集中在摇篮场景中：父亲、母亲、孩子、母亲的乳房、母乳、嘴、玩偶，等等，事件有吃奶（喂奶）、吃饭、说话、摇摆、摇晃、抚摸、挠痒等。其间还有两种"有形词汇[Formwort]"（原文如此！），即感叹词和指示词。我们就来考察这一领域。

厄尔的结构类型提供了语音产品的一种秩序：A类为简单型，如pa、ap、ma、am、ta、na、ka、la、sa，以及所有通过常见的音节重叠而产生的词汇；B类为混合型，如pama、mapa以及所有其他可能的组合。

> 这两种体系，即意义谱系和类型体系，尤其是后者，乍看起来令人称奇，难以置信，简直堪称神奇，尤其是混合型。这难道是可能的吗？这难道不是赤裸裸的字母游戏吗？如果这一切果真如此，难道语言研究几百年就没有发现吗？这些疑问的答案是：一切果真如此。（38页）

笔者有误入歧途的感觉，这在行家们眼里毫不奇怪。因为，如果人们再考察一下元音的各种组合，如同儿童喃喃词语游戏中实际发生的那样，那么，厄尔提出的结构类型就会包含任意一种人类语言的单音节、双音节和三音节的所有形态，这样，从语音构成来阐明喃喃词汇的类型就变得毫无希望。厄尔自己也没有坚持那样做，而只是通过语言对比来揭示某些特征。我认为，重叠因素在其中影响应该更大，因为，在儿童喃喃游戏中最为突出是有重音的复杂结构中相同音节的重复（双重或更多）。在我的研究所里，我们前不久对儿童生活中频繁发生的喃喃情景进行了系统研究，并录了音，不久就能够提交准确的分析结果。例如，我们在受试（德语儿童）身上发现了非常清楚的重音安排：喃喃词汇起初的重音都在最后一个音节，几个月之后就统一前移，都位于双音节和三音节的第一个音节，其中，三音节不如双音节常见，数量较少。当然，这只是顺带提及。喃喃词汇问题的研究可以而且必须以儿童为出发点，建立在精确观察的基础之上。有一点与过去的儿童观察以及厄尔的研究相吻合，即拟声词汇肯定不是儿童词汇中的第一批词汇。

厄尔的语料中喃喃词汇的数量特别巨大，首度发表的汇表就区分了至少 30 个领域，它们有规律地出现在所有语言中，其中前 9 种已经在《人种学》(Anthropos)①系列论文中进行了论述。厄尔首先讨论了“husten”（咳嗽）范畴的词汇，直到第 9 段才讨论到“keuchen”（喘息）、“hauchen”（呼气）、“atmen”（呼吸）、“schnauben”（擤鼻涕）、“blasen”（吹气）、“pfeifen”（吹口哨）等范畴的词汇，而词汇表中的其余类型也涉及“Seele”（心灵）、“Geist”（精神）、“Sinn”（意义）、“Verstand”（理解）之类的词汇。“心灵”属

---

① 参见厄尔《词汇创造的基本形式》(*Elementare Wortschöpfung*. Anthropos, Bd. 12/13, 575 和 1047 页, Bd. 14/15, 405 页)。

于呼吸，单词被归为语言声息一类，这没有什么意外。还有一类是“言说类动词”（verba dicendi），厄尔在其中列入“schreien”（呼喊）、“kreischen”（尖叫）、“schelten”（斥责）、“rufen”（呼叫）、“singen”（唱歌）、“prahlen”（自夸）、“loben”（表扬）、“jammern”（哀求）、“sprechen”（说话）、“reden”（讲话）、“plaudern”（闲聊）、“plappern”（饶舌）等词汇（第 24 类）。但奇怪的是，为什么人类和动物天然的脚步声没有出现（或者还没有出现），例如“traben（trapp！）”（小跑）、“Galopp”（疾跑，源自法语）、“trippeln”（小步跑）、“stapfen”（蹒跚地走），以及次级语音模仿生成的词组，如“Schritt und Tritt”（处处）、“trampeln”（顿足），同样，还有天空的声音，如“wehen”（刮风）、“Wind”（风），水声，如“plätschern”（流水声）、“plantschen”（戏水声）、“schwabbeln”（溅水声）。我认为，既然要通过大量听来获得一个词汇表，就应该充分全面，将结构模式完整地归纳出来。

厄尔在§5 对“Räuspern”（咳嗽）、“Schleim”（痰）、“Spucken”（吐唾沫）、“Speichel”（唾沫）等现象进行了总结，很好地展现了他的工作。他写道：

> 在“Räuspern、Schleim、Spucken、Speichel”中，除了 s、p 和 t 三个辅音及其变体和各种组合顺序，还有第四种构词元素，即颚音，在咝擦齿音和吹气唇音（为了完成吐出）之外，还有咳痰时的颚音，因此，一个单词中含有这四种语音模仿元素，似乎模仿了咳嗽和吐唾沫的整个过程，但是，这样四类构词却似乎并不存在，而只出现了三种类型，即颚音+s、p 和 t 中的某两个，更常见的是只有两种类型，即颚音+s、p 和 t 中

的某一个或相反顺序的混合。(421 页)

我们发现,原则上所有辅音都参与了上述类型词汇的形成。这不难理解,因为,对象本身,即被模仿的声音,在声学上是复杂的,要求言语器官从喉部到唇部的所有部分都参与该音的构成。面对对象整体,此语言再现此元素或此阶段,彼语言再现彼元素或彼阶段,为什么不应该如此呢?徒弟模仿师傅,所谓:“他怎么咳嗽,怎么吐痰,这些都被你们幸运地偷学到了”,同样,在厄尔所列的 30 种类型及以外的词汇中,不同的语言因结构不同,在语音模仿中强调的对象也不同,除此之外,我们还能有别的期待吗?这样,问题已经比较清楚,接下来必然是一个方法论的问题:假如所有类型的辅音都具备语音模仿潜能,那么从语音形象看,除了“拟声词”之外,是否还能提出其他的判断?厄尔的所有判断总有一个弱点,并且在与施坦塔尔的论战中暴露无遗。我抄录其中一段:

在这个问题上,施坦塔尔完全错了,他断言:“拟声构词(Onomatopöie)的缺陷在于只体现了必要性原则,缺乏调节性,因此,最多只能为词源学提供佐证,而没有指导意义。”对此还有一个脚注:“另外我必须指出,人们试图通过其他相距遥远的语言来证明拟声构词,如黑人语言、澳大利亚土著语言等,所有这样的努力都注定失败,因为我们只了解这些语言的现状。我们只能依赖那些最古老的文化语言,因为只有它们得到了彻底的历史研究。”这就是施坦塔尔对他此前 115 页所提出问题的回答。他的问题是:“比较历史语法的一个重要问题是,是否可以运用拟声构词的原理来解释不同语言的同音词?”

厄尔回答道:“施坦塔尔的问题很好,但他的回答却很糟。我们的研究应该能够提供关键的证据,说明拟声构词等现象不仅是语言学自然过程的必然表现,而且对词源学研究也具有调节性和启发式意义。目前,下面的论断足以回应施坦塔尔的疑惑。施坦塔尔所依据的那些‘得到彻底历史研究的最古老的文化语言’,拥有大量各个时代各种类型的拟声词汇和喃喃词汇,我们可以仔细观察这些词汇在过去几百年,甚至几千年里语音规则的发展,其中大部分在相当早的时候就经历了语音规则的同化过程,因此,经过形式演变以及意义演变而失去了其原本的拟声特点,但是另一方面,也有一部分经受住了一切语音规则的影响(更正确地说:很少或未受影响),经历数个时期仍然非常鲜明地保持着原本的拟声特点,这一点令人吃惊。大量的拟声现象(关键是那些词汇!)都体现出很强的生命力。这一论断虽然只在印度日耳曼、闪米特、埃及、乌拉尔-阿尔泰等语言中有文献证明,但必然也适用于所有语言,哪怕是新近发现的语言。因此,如果我们在任意一种语言中,无论是古印度语、印度斯坦语,还是某种新发现的巴布亚方言,遇到某个在视觉和听觉方面语音模仿特点明显的单词,我们马上有理由说,它是拟声构词,而且无需考虑该拟声构词在该语言中是只有一代人的历史还是已经存在了几百年。至于某种语音模仿的历史是三十年、三百年还是三千年,是次要问题,只要它依然可以辨认!暂时就指出这些,关于细节以及可能的错误(‘疑似类型’)我们后文再论。”(581－582页,粗体为笔者所加)

必须承认，经过对如此全面的资料数十年的研究，人们的耳朵变得灵敏起来，在细致听出来的同时也需要细致地听进去，善意的批评家们在厄尔那里也感受到施坦塔尔提出的疑惑，那是每一个行家的疑惑。为了解答这个疑惑，是否应该在新的视角下对全部资料重新进行研究？厄尔从1000种语言中收集到大量的资料，足可以进行系统的比较研究。例如，不需要再像此前那样证明颚音在1000个单词中每次模仿的对象是什么，相反，按照我的观点应该变换方式，例如，限定分析对象的范围，例如人类（非语言）呼吸声音的称谓，或者人类和动物行走的声音和行走的方式，然后分别指出它们在每一种语言中的系统性，因为，这样的类型在语言A中呈现某种结构，在语言B中又略有不同，弄清楚这个问题十分有益。如果语言历史缺乏明确的决定性标准，理论学家就必须找到一种充分的替补方式。我认为，系统比较以及由此而获得的对具体语言典型模仿形式的认识，就是唯一可及的研究目标，从而也是唯一可以想象的对语言历史研究缺位的弥补。例如以我们的语言为出发点，马上可以提出这样的问题：我们的语言里元音辅音相混合的模仿情况是否适合于所有语言？我们的声音称谓词，如“brummen”（吼）、“summen”（哼）、“surren”（嘤嘤叫）等和“klirren”（铿锵声）、“schwirren”（嗡嗡声）、“bimmeln”（叮当声）、“schrill”（刺耳的）等，其中的元音肯定不是无关紧要的，那么，别的语言和语系中的情形又是怎样呢？是否有些语言的语音模仿主要通过辅音，有些又主要通过元音，或者还有其他情况？对于我们而言，只要最后找到阿里阿德涅线团，厘清问题就足够了。虽然有厄尔的研究，但整个喃喃词汇至今仍然像一座基本未解的迷宫摆在我们面前。

我觉得,厄尔有一项小规模的专项研究以及他对整个系统性的研究,运用了同样的方法,取得了非常清楚的结论,例如对众所关注的蝶类动物的称谓词总汇就极富启发意义:①

> 那些凤蝶词汇(Papilio-Wort)是象形词,它们试图通过某些语言手段,通过适当的语音组合来对动物世界特定的视觉现象进行称谓,而且仅仅涉及视觉现象。人们早已发现,尤其在丰富多彩的日耳曼方言中,这些词汇明显包含叠音,这样的音节重叠表现了飞行中蝴蝶翅膀规则地上下翻动的情形。(76 页)

这里,布兰德施泰特的著作《印第安语言、印度尼西亚语言和印度日耳曼语言中的叠音》(*Die Reduplikation in den indianischen, indonesischen und indogermanischen Sprachen*, 1917)很好地完成了一项基础性研究。他对截然不同的语系进行了考证,总结出至少 14 种"叠音拟声构词"。厄尔收集的资料极大地扩大了视野,得出前述统一的结论。另外,下述原理也得到了充分证明:

> 这些凤蝶词汇存在大量叠音,原本非常合理,含义丰富,某些轻音节的重叠应该象征蝴蝶双翅轻轻飘动的情形,但是,pepe、pepele、lepepe 等所有这样的形式如果与其余语言成分没有词源联系,就会成为另类。这种原始的特殊性由于两种变化——时快时慢——变得模糊了:由于语音规则和民间词

---

① 参见厄尔《词汇创造的基本形式:papilio-fifaltra-farfalla》(*Elementare Wortschöpfung: papilio-fifaltra-farfalla*. Bibl. dell'Roman. 3(75—115)。

> 源转义的影响，经常二者皆有。一个单词在某种语言中长期存在，就必须面对那种语音规则的分化和剥蚀，众所周知，由此而引发的单词结构的变化不计其数。（89页）

由此，人们便可以充分理解语言结构规则对抗模仿原理的巨大力量，因为，所谓语音规则的“剥蚀”效果当然只是一种形象表述，显现了假设中从视觉模仿观察到的情形，那么，阻滞模仿趋势的情形又如何，是什么引发和控制着剥蚀以及同化的进程？当然主要是人类语言的特性。我们发现，人类其他描述机制都呈现出结构模式，而模仿却没有。

(5)语言的概念符号

霍布斯以来的许多英国人都试图建构一种逻辑学，其中密尔的论著最为成熟。他们的出发点都是称谓词，更一般性地说，是语言的称谓符号。密尔以成熟的语言为例，认为应该将这样的语言符号在科学中的称谓价值与其前科学称谓价值（市值）相区别，通过特殊努力，最终获得对这些语言符号称谓价值的科学解释和定义。语言理论应该仔细考查逻辑学的这一选择性研究，并从中获得一些启发，例如，其前科学视野和兴趣也包含了词源学的一般结论。我们口语中许多词汇的词源已经死亡，例如，“马”“牛”“羊”“鹅”等词的词源所指为何，现在使用德语的九千万人知晓者恐怕不足万分之一。[1] 而即使知晓，这样的知识永远都处于冷冻状态，在任何词汇实践中都感受不到，甚至最出位的诗歌创作，比如效仿

---

① 参见西克曼（Hickmann）的地理统计学通用图集。

法国人的某些纯诗(poésie pure)创作,诗人笔下的词源音乐(Etymonmusik),也不曾使用。[①] 但词源或多或少仍然活跃的词汇则不同。不过,我们暂且搁置这个问题,首先考察一下"杠杆"这个德语单词的"市值"及其语言理论意义。

对于口语中"杠杆"的含义,即使小学生或伐木工都略知一二,稍借旁人帮助,他就会用实例将自己鲜活而又零散的相关知识表达出来。伐木工不会把禾秆和柳条视为杠杆,相反,他判断的根据是杠杆可以移动和举起适当(所谓超乎常人力量的)重物,如树干。否则怎么会有这个专门的称谓词呢?至于杠杆是木制还是铁制的,对他也许不具意义。相反,物理学家会抛开这个太过人性化的实用思想而给出自己的定义:"依我之见,杠杆就是具有固定支点并可旋转的刚性物体",这样,他就贴切而简单地表述了自己的杠杆原理。

早先,有些动物、植物和用品对于创造语言的人类而言至关重要,并因其突出且简单的特征而获得原始的称谓,这与物理学家的规约并非完全风马牛不相及,相反,至少在一个方面为某些科学家在高级层面所效仿。假设,词源学家在"狗、马、牛"等词汇的词源中找到了人类家畜的某种(感性突出的)特征,而且这样的词源学意义也非常容易确定,只是语言创造者特别强调容易感知的特征,而科学家有时却非常关注某些抽象的特征。当然,非常重要的是,科学在很大程度上一定要在其定义中将所依据的标准明文宣告。

另外,所定义的诸多概念还应该共同构成一个逻辑连贯的系

---

① 参见温克勒尔的论文《语言理论与瓦莱里诗歌》(*Sprachtheorie und Valéry-Dichtung*. Z. f. franz. Sprache und Lit. 56/1932)。此文在语言理论方面非常严谨,极具启发性。

统。这样的系统就是一座知识的大厦,结构非常人性化,核心易于把握,人们经常可以在不同抽象程度或限定程度之间自如地上下穿梭。所有这一切,在有声语言称谓符号的所谓前科学传统中已初露端倪,不容忽视。例如,从纯粹逻辑上看,"词干"及其派生就显示出语言秩序符号强大的系统功能,再粗略考察名词、动词、介词等"词类"现象,在我们所认识的自然语言中,人们感受到的不是混沌无序的称谓,而更多的是某种科学术语系统的理想样板。不过,这只是推测性的判断,不应该过分看重。我们还是从头说起。

1. 称谓词的意义界定可以某些语言历史标记为根据,在本质上体现出前历史特点,将称谓词与现代科学的概念构成进行深入比较,很有必要。词源学家的充分论证说明,人们最初需要称谓的对象基本上是直观的事和物,另外,语言创造者将所指称的对象分门别类,其根据就是我们人类在使用、克服、保护等实践活动中直接观察到的特殊的识别符号和特征符号(区别性符号)。这是词汇研究的一个古老的主导思想,近代研究虽有所限定和补充,但未能完全取而代之。也许,可以假设人类历史早期就采取所谓神秘的思维方式和生活态度,果真如此,情形就会不同。在这样的思想态度中,说者使用"真实的"名称称谓事物,实际上就是高声对物质世界发出(有益或危险的)呼唤。研究表明,人类早期对语言的所有认识都包含着上述思想态度,尤其如皮亚杰所指出的那样,这种思想也处处体现在我们自己孩子的身上。但是,在解释这些确证的现象时,人们也要防止重蹈逆序法(proteron hysteron)的覆辙。总体而言,在人的发展中思考不是发生于创造之前,而是在创造之后,而对称谓的思考也是发生于它们形成之后,而它们形成的情形与词汇研究的共识基本吻合。

在这个问题上,目前对俾格米人的深入研究与我们对儿童细微观察的结果完全一致。在我的研究领域,有人在某一专项研究中对处于关键发展时期的三个儿童的大量语言场景进行了观察。在这些场景中,训练有素的观察者记录了眼见的现象,将听到的事件录制在唱片上。这些研究耗时费力,但却硕果累累,可以反复播放,充分比较,从语音学到我们这里所关心的问题,都可获得许多新的认识。语言形成的情况,即复杂的语音组合第一次生成并稳定成为指示符号和称谓符号,在许多方面都得以图示。例如,在三个儿童那里,布鲁克曼的 to-指示令人惊讶地都有齿音参与其中。这些成功挑选出的唱片(差不多一百张)还证明了上述论断:最初称谓词的形成根本不是思考的结果,可以说具有"前神秘性"。

我认为,列维-布留尔的想象有些极端,其现代追随者们更有过之而无不及,必须予以彻底纠正。我们所了解的儿童在神秘思维萌芽之前就已经习得了第一批称谓词汇,而即使在真正萌芽之后,也绝不会涉及和影响所有的生活场景,相反,会以宽容的态度接纳其他发展脉络。当然,在情绪高度紧张等情况下,儿童的世界观会发生变化,其结果恰好验证了研究神秘思维态度的理论家们的结论。只是,其间始终有别的现象相随相伴,即儿童完全非神秘性的试探性态度,这样,儿童在(我们当今通常所说的)"与物质的交往中"逐步成熟,成为生活的能手,在不同的态度之间游刃有余。例如一块木头,刚才还是哭泣的、被安抚的"养子",转身就被他十分平静地扔进火炉,而且,他会愉悦观赏,那再也不是什么"养子",而只是普通的木块在燃烧。对于这样从一种态度到另一种态度的转变,人们应该认真研究。

"先生活,后哲学。"(primum vivere deinde philosophari)我无法想象,在原始森林中的可靠观察会得出什么本质不同的结论。为了生活,人们必须充分有效地学习采集、狩猎等,同时,完全如同儿童那样,在练习的过程中逐步得到提携和提高。如果这一切与创造和使用称谓词协调同步,那么,称谓对象的"特征符号"也一定首先是在对物体某些表现方式的适应中被认识的,这些表现方式对于人类取得成绩至关重要。如果违背这一常识,就会在理论上与俾格米人及儿童的现代心理学研究相抵牾，就必须证明神秘世界观一贯到底的可能性，说明神秘世界观造就了人类的生活能力，因为，所谓现代的原始族群在其生活环境中是具备生活能力的，我们的祖先也是如此，否则，他们自己以及他们的后代就不会得以繁衍。

命名的初始情形十分简单，科学最终往往会返璞归真。我们这个模式允许一个中间过渡形态的存在，期间，词源"褪色"、钝化，甚或死亡，同时，简化的新结构还未形成。这一中间过渡就是思维心理学起初所发现的情形，二十年前我也是其中的一员。他们以自己的方式对具体现象进行分析，试图说明语言符号的使用者在说和听的过程中是怎样意指和想象诸如"马"这样的词汇的。此刻，"意指"(meinen)与(直观)想象(vorstellen)必须予以分别解读和描写，这是他们提出且被认可的一般性结论之一。许多思维心理学家当时还提出另一种观点，并最终由夏洛特·比勒做出最为贴切的解释，那就是提出"域"(Sphäre)这个概念。专业的观察者受过良好的训练，方法可靠，无懈可击。他们总是发现，经常根本不存在可以准确说明的(直观的)客观想象(Sachvorstellung)，相反，思维主体所指涉的(意图)是自己知识世界中的某个潜在的片段或元素。这里，我使用"意图"这个概念，是指意念之中追求目标的行为。夏洛特·比勒指出，在具体思维中，说者所指对象的质的规定性(Poiotes)与经验中的其他域之间界限分明。还以"马"为例，简单地说，它在我的知识中属于"动物"或者"家畜、有用的动物"这个域，而且，域类组织(Sphärenordnung)即使在没有任何具体形象的体验中依然存在。当说者不需要这些具体现象的时候，它们也就不出现在他的体验中。

上述思维心理学的观察并没有什么错误，也并非不重要，但是，却不能从语言心理学的视角充分解释说者和听者恰当使用概念符号的心理生理过程，学者们在方法和理论上的视野还过于狭隘，需要拓展，需要借鉴语言学家的视角。我们的结论是，“域”这个概念十分必要，是语言学和心理学相互借鉴的结果。

在阿拉伯语言和其他闪米特语言中，有一种奇特的构词和派生词方法：凡是有辅音架构 ktb 的阿拉伯语词汇，其含义都与人的书写活动有关，该辅音架构中的元音变化则说明更为详细的所指信息，例如阿拉伯语 kátab＝他写，kátib＝写手，kitáb＝书。面对这一通行的方法，一位阿拉伯语学者立刻就会认识到，德国思维心理学提出的“域”给他提供了一个成功的分析模式，因为，无论他自己怎样描写这些现象，无论是以该辅音架构为出发点，还是以元音变化为出发点，他都会说，阿拉伯语中诸如 kitáb(＝书)等词的完整词义由两种元素构成，其中之一就是所指对象的域，与德国思维心理学家对德国受试观察的结果相吻合。对此，每一位感兴趣的印度日耳曼语学者都有话可说，因为，现代德语的许多词汇序列，如“spricht”(言说)、“Sprache”(语言)、“Spruch”(格言)，都是很贴切的例子。最后，有必要请所有人类语言的专家前来会诊，考察同样问题在其他语系的可比方案。以这些基本事实为基础，心理学就会获得广阔的研究视野。

以上就是思维心理学对概念使用的体验问题和心理技术问题的论述，详见亚历山大·威尔沃尔的专著。①

2. 从逻辑上看，口语中的许多所谓无法解释的概念都可以用许多方式获得解答。我们的知识有明显的域类组织，这表明，在许多情况下使用一个单词无需说明内容意义，而只需要以某种方式

---

① 参见威尔沃尔《论概念的构成》(*Begriffsbildung*. Psychol. Monographien, 1926)。

说明概念的域类，即秩序符号的使用范围。另外，请注意以下情况：冯·克里斯在其独特的《逻辑学》(*Logik*,1916)中多次论述了一种现象，并称之为"概念合成"(synchytische Begriffsbildung)。众所周知，法律工作者如果要在概念上精确而简单地说明什么是特定法律意义上的"房子""交通工具""事故"等，会遭遇极大困难。正如冯·克里斯所指出的那样，其原因在于，在口语中与这些称谓相对应的事物的类型，是根据一个不十分精确的相似性而确定的，所依据的是一个多维的相似性，即不仅仅从一个视角获得确定。这里不追究冯·克里斯观点的细节，但是，我不赞同他把"红色的"和"蓝色的"等简单的颜色概念也视为合成概念，我认为赫林的分析更为合理。但是克里斯对"房子"或"小偷"的分析是正确的。

合成概念的领域基本上与口语中的某些称谓词相吻合，符合下面两种解释。第一，称谓符号在日常语言中具备某种市值，其清晰界定既不取决于某个活生生的、清晰可辨的词源，也不取决于科学；第二，称谓符号的指称对象相对于我们各不相同的文化而言虽然已经情形各异，但却仍然沿用着某个古老的类名。何为"书"？今天，"书"有多种形态，印刷的书籍、笔记以及经济生活中散页的"记账"等。我想，自从有了有效文字(字母文字)，每一种书写体都被称之为书，例如信函，对"书"这一称谓的概念意义进行说明应该较为简单，但是，在只有山毛榉树皮作为书写平面的时候，解释更为简单，因为那时每一片被书写的树皮都是书，而且再无其他形式的书。

何为"狗"？其词源在现代德语中已经死亡，但必要时动物学可以给该类名一个定义（即使滑稽的单词 Grubenhund[①] 也无大碍）。从前，当该词的词源尚还鲜活的时候，我们的祖先会说：这种家畜叫“狗”，因为它为我们捕获猎物。可以想象，今天英语“hound”的狭义是“猎犬”和“血猎犬”，人们仍可以用上述“因为”句式来描写，尤其是考虑到它与“hunt”（捕猎）的渊源。针对德语单词我自己无法获得这样的帮助。我尝试用形容词“狗似的”，结果，要么是中性地指涉我所知道的属于狗的许多特性，要么含有某种骂人的意味，近似于希腊人称某些哲学家为“犬儒主义的”，强调他们（实践和理论上）厚颜无耻的特性。但是，无论“狗”还是“狗似的”，都与“捕猎”完全无关。简而言之，对我而言，词源可以忽略，因为在我的语言里孤立的词汇本身不能给我提供任何类比的线索。对于语言历史学家而言，词汇的孤立化是词源褪色最为常见的伴随现象（无论是原因还是结果）。

3. 另一个问题。经院派继承柏拉图、亚里士多德的思想传统，对语言进行了许多哲学思考，例如，就名词提出的问题是，除了说明世界上的声息以外，名词是否还能够给使用者提供更多和不同的具备认识价值的内容。作为语言理论学家，我们撇开经院派对此问题的各种形而上的解答，结果发现关于普遍性问题的争论包含着一些十分重要的元素，很有助于我们的研究。现代语言理论学家找到了适当的切入点，对经院派关于语言概念符号的模式进行补充和进一步发展。我们画一个圆圈来象征声息的所指，表示“马”这样的语言符号可被感官感知的现象。对于这种能指的所

① 德语 Grubenhund 虽然包含语素 Hund（狗），但整个词义为“错误的报道”，与“狗”无关，故显得“滑稽”。——译者注

指，我们可以用一个四边形来象征，而这是需要思考和争论的焦点。与逻辑学家一样，经院学派也认为“马不是反刍动物”一句中的单词“马”并非意指具体对象，而是一种抽象和概括。对此，我们用中间的小四边形来表示，因为相比较每一匹具体的“马”，它的确定性特征较少。语音形象“马”或者只涵盖这个小四边形，或者在特别意义上至少要涵盖该小四边形。这是作为物种的马的意涵（如图 a）。

唯一的问题是，如果根据事实改动图 a（如图 b），又会怎样？

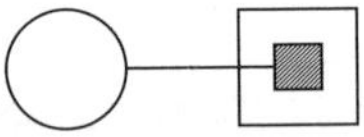

图a

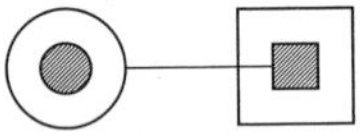

图b

事实正是如此。语言学实证研究证明这一修改是必要和卓有成效的，而这正是音位学提出的要求。因为，对于语言符号的称谓功能而言，关键不是其具体的物质声响（声息），而是其相关性元素的总和。世界上被我们用作符号的一切东西或事件，都是根据抽象相关性原理被投入实践的，这是符号学的一条普遍原理。例如，航船、火车、汽车的信号灯，其规约是：红色→危险，通行受阻；绿色→无险，行路畅通。当然，我所使用的每一种信号，每一盏信号灯，都是在结构和大小等方面具备无穷确定性的具体之物，然而，对于交通和交通伙伴而言，重要的仅仅是蕴含于规约之中的红色或绿色这样的元素。该称谓词呈现某种特殊的语音现象，那是巧合，不足为奇。在一百个德语使用者嘴里，“同一个”单词“马”会有一百种稍不相同的发音。从不同的言语声音中，我辨认出我的熟人，而且还从熟人或陌生人的语调中听出他的心态。言语声音的差别对于病相学和面相学十分重要，但是，对于德语单词“马”的称谓功能而言，却不具备相关性。

在此可以得出一个对于语言理论而言不无意义的结论，即借助严谨的符号学便能有力地驳斥声息唯名论的一切论点，因为，声息论对经院派问题的回答，使得某些思想家不敢面对我们图示中右侧所提出的要求，对抽象性和普遍性进行思考，他们顽固地坚持图示左侧所谓真正的具象，视之为救命的稻草，直到音位学登场，才证明那些逃避抽象性的人实际上只是站在屋檐下躲雨。极端唯名论早在普遍性争论之初就被提出，但随后被经院派一致抛弃，今天人们偶尔还会谈到。我们重申语言符号性的原理，再次指出，（简单地说）任何以纯粹物理主义方法建构符号学的企图都是错误的，面对人际之间语言符号交往最简单的事实，物理主义必败无疑，至少寸步难行。

做一点历史说明：要想了解那些敏锐的思想家们关于声息论的讨论，可以翻开甘柏兹的《论世界观》（*Weltanschauungslehre*，第二卷）。81 页论及伊壁鸠鲁派对斯多葛派的批判，以及“可敬的”印度思想家唔帕瓦萨（Upavarsha），他们都是这一理论的代表和极力辩护者。那里未见现代语音学和音位学的只言片语，仍然幼稚地讨论“字母”的问题。在 118－119 页，甘柏兹旧话重提，讲述了现代发生于密尔和赫伯特·斯宾塞之间关于同一问题的争论。我感谢甘柏兹提及此事。甘柏兹本人对声息论甚是不屑。这里，抽象相关性原理这一符号学普遍原理得以回归，言语交往的事实得以凸显，这正是我们论证的新颖之处。同时，我们决心不再纠缠于体验心理学或者本体论的问题。

4. 我们要遵循语言理论的要求，在现代逻辑学的水平上继续探讨语言概念符号的功能，为此，我建议同时阅读密尔和胡塞尔，并比较他们关于专名和类名问题的论述。这样,理论学家以自然、成熟的语言为研究对象的目标就可以相对简单地得以实现。他要向具体人类语言的专家们提供某种基础性的内容,反之亦然:从实证语言科学的成果中汲取营养,建构自己的理论。我先从密尔开始。

密尔理论的核心有一个比较:众所周知,《一千零一夜》中有强盗用红色粉笔线条做标记的故事,该标记类似于专名。强盗为了从数百座十分相似的房屋中重新找出独特的那一座,使用了一种标记,即红色粉笔线条。密尔认为,专名的功能无异于红色粉笔线条,即区别性标记。对此,有人可能而且必然立马跳将出来,(举出许多例子)提出一堆论据来反驳密尔。因为专名一般情况下并非像红色粉笔线条那样固定附着,写在额头之上,以便人们看到并将约翰与雅各布相区别。专名虽然通过洗礼或其他仪式得以分配,但是人们坚信,其客观性区别标记已经确定,可以作为称谓符号在此后的言语交往中顺畅地发挥功能。称谓词固定附着在其所指之上,对此,前文已有讨论。那里对称谓词的物理环境问题进行了一般符号学意义上的阐述。这里,我们不是要对密尔的比较吹毛求疵,而是要通过忠实的解读,追寻这位伟大逻辑学家的思路。我们同意他的观点,认为专名一旦被分配便不再追问:被我叫做“勃朗峰”的“你”是否真的是一座白色的山峰?[①] 密尔写道:

当我们说出某物的专名,当我们指着一个人说“这是布劳

---

① 勃朗峰,德语为 Montblanc,法语为 Mont Blanc,意大利语为 Monte Bianco,意为白色之山,是阿尔卑斯山的最高峰。——译者注

恩或者施密特",或者指着一座城市说"这是约克",这时,除了告诉听者这是他(它)的名字之外,不再传达任何其他信息。为了让听者识别具体的对象,我们将这些对象与听者此前获得的相关知识联系起来。我们说"这是约克",就是告诉听者,那里有大教堂,但前提是听者此前对约克的了解,并非是该称谓词的含义。相反,当人们用包含有限定性成分的称谓词称谓对象时,情形则完全不同。我们说"这座城市是用大理石建成的",这时,我们可能告诉读者一个新的信息,而且直接基于限定性词组"用大理石建成"的含义。这样的称谓符号不是针对赤裸的对象,不是满足我们指称具体对象的需要,相反,是与定语相伴的符号,是一种号衣,借此可以用定语描写所有相关的对象,标志着对象拥有该号衣。这样的称谓符号不是简单的符号,而是意义丰富的符号,而其意义即在于其限定性,即内涵。(41 页,粗体为笔者所为)

"内涵"这个概念出自于经院派,前文对阿波罗尼奥斯和斯多葛派的分析已经包含了对它的认识。那里指出,称谓词包含着所指对象的质的规定性,这也是经院派所谓"标记"(notare)的含义。有些经院派学者解释,形容词,如 albus(白色的),不仅指出特征,即颜色元素"白的",同时也指出该特征的某种载体,那(当然)不是某个特定的物体,而是可以被赋予该颜色属性的任何物体。用现代话语说就是,该属性同时表示一个空位。密尔以此为切入点来展现自己的分析方法。我们不妨借用(《文集》)414 页的象征图 b 来说明问题的关键。图 a(一个实心方块外套一个空心方块)可以说明经院派眼里的"albus"。密尔的问题是,是否存在没有内涵的称谓词,结果发现两组这样的词,一为抽象词,如“红色”,一为专名。形象地说,我可以设想空心方块不存在,结果就是小的实心方块,如图 b,或者我可以将空心方块填满,如图 c,这样,小的实心方块就消失在其中。

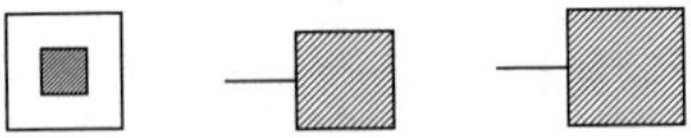

图a　图b　图c

密尔自己写道:

> 一个非限定性表达只指称一个对象或一个定语,而限定性表达则指称一个对象并附带一个定语。这样的对象拥有定语。例如,“约翰”“伦敦”或“英国”都是只指称一个对象的称谓词,“白色”“长度”“品德”则表示一个定语。所有这些名词没有一个是限定性的,但是,“白色的、长的、有品德的”都是限定性的。“白色的”这个词指称所有白色的对象,例如“雪”“纸”“海水泡沫”等等,而且包含定语“白色的”,或如经院派所说,蕴含着“白色这个定语”。(35 页)
>
> 问题已经清楚。我们是从内容的角度考察这些概念的,而密尔是从范围的角度,所以,应该将小方块和大方块的象征意义予以调换,才能准确重构他的理论,当然,这对于我们的目标无关紧要。

因此,根据密尔的观点,当我在话语中使用“苏格拉底”这个专名,就是通过该语言符号指称那位著名的个体,别无其他内涵,如图 d 所示。相反,当我说“马不是反刍动物”,则蕴含一个内涵,如图 e 所示。对此，历史语言学和语言理论是何态度呢？[①] 我们不妨暂时将所有符号学的疑虑搁置一旁。我们反对声息唯名论，认为结构图示的左侧永远如图 f 所示，因此，必须坚定不移，认真思考是否同样的情形原则上也适用于右侧。逻辑学家李凯尔特在其《自然科学概念构成的界限》第二版中很不情愿地与某些书评作者一刀两断，他们曲解了他的观点，认为“苏格拉底”这个历史性概念彻底无遗地涵盖了那个个体。这在李凯尔特看来是不可能的，其原因在于，个体永远不会以其特征的全部进入一个概念，因此也不会如此进入科学的最终结论。这毋庸置疑，而且足以证明密尔的专名理论。为此，需要借鉴胡塞尔提出的区分，详见后文（原著 § 19）。

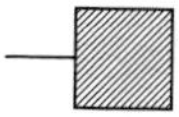
图d

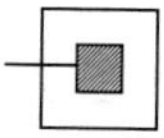
图e

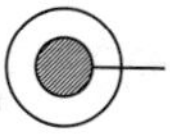
图f

某些称谓词不是（完全的）概念符号，所以，并非适用于概念的一切都适用于称谓词。这里，我们简单指出这一点就足够了。我们用语言学家的常识来回答这个问题：对于我们来说，生活世界中的事物，第一作为个体而吸引我们，第二我们自信能够随时辨认该个体并将之与其他相区别。我们给这样的事物以专名，不仅是个人，而且还有山脉、河流、我们身边的许多动物以及树木和石头，当然还有夜间出现在天空的星星，还有历史上的一次性事件。有一

① 自亚里士多德以来，关于“专名”（ὄνομα χύϱιον）概念的定义人们进行了许多尝试，对此，布龙达尔（Brøndal）做了很好的总结（*les parties du discourse*. Copenhagen 1928，9－13 页）。布氏引用了叶斯柏森和冯克（Funke）等语言学研究的新观点，但却没有提及胡塞尔的行为理论。最后，他认为密尔的界定最为适当，欣然接受。

种特殊的钻石叫作月亮宝石(专家们声称能够辨认),有一场战役叫作“萨拉米斯海战”(历史学家说它只发生过一次)。个体是什么以及应该如何看待,语言学家不会为此大伤脑筋,每一种科学都会在各自的领域做出解释。

5.讨论了密尔之后,我们再看胡塞尔。胡塞尔《逻辑研究》(*Logische Untersuchungen*)所讨论的第二个大问题是“种类的理想单位与近代抽象理论”。胡塞尔所批评的近代,从洛克到休谟、从密尔到G.E.穆勒和柯内留斯,批评的矛头还指向梅农在著名的“休谟系列研究”中的观点,认为梅农与心理学唯名论的决裂不够坚决和彻底。胡塞尔自己的理论是一种行为理论,从许多方面看都是对经院派思想的革新。胡塞尔也认为可以而且必须以感知为出发点去发现对象,问题是,在感知中个别对象和一般对象是怎样“构成”的,前者是一个我称之为“苏格拉底”的东西,后者是我在生物学智人意义上称之为“人”的东西,例如“人具有与其他人科动物相同的牙齿”。胡塞尔做如下区别:

> 为了简便起见,我们首先对感性抽象(sinnliche Abstraction)领域进行区分:有些行为附带一个直观“给定”的定语元素,有些则是以此为基础的行为,后者不仅仅在于引起对该元素的注意,而更是一个一般性地意指相关种类的新的行为。(161页)
>
> 根据不同情况,意指的客观性(das Objektive des Meinens)或者是全称命题“一切A都是B”,或者是一般命题“A(种类)是B”,或者是不确定的某个个体A是B,等等。我们所关注的,既不在于伴随并显化思维想象的个体直观形象,也不在于那些塑造直觉或者在直觉中直观实现的行为特征,

而是那些以此为基础、在行为的过程中变得“可理解的”客观性思想，就是被思想理解的事物。当然，“抽象性”说明，我们不只是关注直观的个体（例如专心去感知它），更多是思想对意义的一种理解。我们就是生活在思想行为千变万化的理性过程之中。（163页）

所以，根据胡塞尔的观点，依附于同一个感官数据的往往是不同的意指行为，思想者所思以及言说者所言的，或者是个体A或者是种类A，或者是其他别的，这样，“意指的客观性”得以建构。关于如此理解和言说的对象的本体论问题，在胡塞尔的学说和密尔的称谓理论中都被排除在外，语言理论学家对这样的问题肯定也没有兴趣。再读密尔称谓理论的序言可以看出，胡塞尔和密尔的区别在根本问题上十分清楚，那里写道：

霍布斯说，“一个称谓是一个词，被任意选择为符号，可以在我们的观念上唤醒一个与以前某个思想类似的思想，当着其他人的面说出来，对他们来说就意味着一个符号，说明说者观念里此前存在过某个思想。”（密尔接着说：）将称谓这样简单定义为一个具有双重目标的词（或者一串词），一方面唤醒我们此前观念里的相似性，另一方面是一个向他人实施表达的符号，这看来无懈可击。实际上，称谓的功能远不止于此，人们将会在适当的地方看到，它们还可能具备其他功能，但都是这一功能的衍生。

称谓词是事物的名称，或者是我们的思想对事物认识的称谓，两种说法哪个更好呢？前者是一般语言使用的表达，后者是某些形而上学的表达，他们认为这是一个极其重要的区分，这似乎也是刚才提到的那位卓越的思想家的观点。他接着说，“语言中依序排列的词汇是我们思想的符号，所以，它们显然不是事物本身的符号，因为，所谓单词‘石头’的语音是‘石头’的符号，这仅仅意味着，听者推断说者意指石头。”（密尔：）称谓使人们想到思想而非事物本身，或者将此思想传达给听者，这样的理解当然无可否认。虽然如此，仍然有充分的理由坚持一般使用的观点，即单词“太阳”称谓“太阳”而非我们对“太阳”的认识，因为，称谓大概不仅仅要唤醒听者头脑中与我们相同的思想，而且还要向他传达我们的所思所想。但是，如果我使用一个称谓来表达一个信念，那么，这是一个与事物本身相联系的信念，而非一个与我对该事物的思想相联系的信念。（26－27页）

我们再次提请注意如下重要的历史事实：亚里士多德在其象征性概念中试图将二者合而为一（参见156页）。随着对古典感性理论和理性理论的超越，这一尝试实际上过于简单，应该予以摒弃。我们发现霍布斯和密尔各自遵循其中的一条逻辑路线，彼此截然不同。

这里提出两个不同的任务，因此也需要两种不同的思维模式来解决。密尔和胡塞尔都继承了经院派的思路，从中汲取了丰富的养分，但是，胡塞尔主要是以自己的方式对经院派的行为理论（即他们所谓的理性，不是处置行为，而是理智行为）进行了彻底的重构，而密尔的重点是对主体间言语交际，即语言传达的条件进行一般性表述。在语音和事物之间要进行怎样的对应勾连，才能实现 A 对 B 关于事物的信息传达？这样的问题柏拉图早已提出，密尔摒弃了霍布斯理论中对问题所进行的主观主义表述。面对这两种旗帜鲜明的纲领，人们是否首先必须进行非此即彼的摒弃？有人持此观点，例如接受胡塞尔而摒弃密尔的方法，因为据说现代现象学更为纯粹，亦即较少没有把握的、疑点重重的前提，相反，也有人不相信胡塞尔模式中显而易见的内容。密尔对古典的客观性语言分析进行了改造，摒弃了霍布斯的现代主观主义；相反，胡塞尔吸收了经院派行为论的元素，将之发扬光大，提出“置于括号之中”的观点。对此，语言科学当作何论？

6. 语言研究有极大兴趣根据密尔的分析将主体间的符号交往置于原理中特别突出的地位。胡塞尔理论最后强调指出，说者使用“人”这个单词有时指类型“人”（如图 g），有时指属于该类型之一员的个体（如图 h），具体所指为何，要取决于其行为。这样，坚定的主观主义者会将这一观点推向极端，做出如下解释：“我可以用任何手段意指一切”。[①] 作为批驳只需指出一点，这样一条原则如果上升为原理，只能成为使任何言语交往都无法实现的毒药，无论怎样极端的自由主义者最终都不会为之动心。

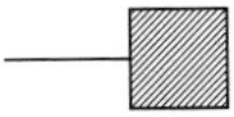
图g

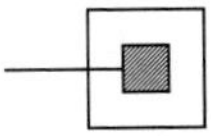
图h

实际上，即使“作为种类的人”或者“作为个体的人”这样较小的个体自由空间，也会在言语交际中通过独特的语言手段或该单

① 同样的意思也出现在我关于思维的第一篇论文（1907 年）和温科勒的语言理论研究（1932 年）中，我们两人都从胡塞尔那里得出相近的结论。

词的当前语境而被完全消解或者至少降低到无害的程度。的确，自从普遍性争论以来，胡塞尔的行为理论第一次从体验的视角对抽象性没有解决的问题进行了有力的论述，揭露了休谟抽象性理论伪方案的本质。但是，如果认为语言理论从胡塞尔逻辑研究的陈旧思维模式就可以获得充分的满足，继而对这位伟大的逻辑学家后期著作中的先进思想视而不见，似乎那些思想不是他所提出的，那就大错特错了。

因为，对于分析而言，如果木桶里的第欧根尼认为他的自言自说的话语并非唯一的、更非理想和充分的出发点，而是对人类话语简化的工艺品，那么，人们就会有恍然大悟的感觉，对此，语言理论应该抱有无比的兴趣。将孤立的说者重新置于语言同类的社团之中，这样，对于柏拉图和密尔的一切指责，即对客观主义方法的指责，都会不攻自破。现在，人们甚至可以充分想象客观主义方法的两种变体，一个是密尔的方式，另一个是某种程度上必要的、在动物心理学极富成果的行为主义思维方式，应该将二者适当融合，应用于人类语言的分析。因为，如果考虑到语言发展的真正源头，如对指示符号的研究，就会有意无意走上维格纳和布鲁克曼的道路，也就是接受行为主义理论。对此，我们在(原著)第二章已有论述，无需再做辩解。

胡塞尔十分接近客观主义的语言分析，这集中体现于其《形式逻辑和超验逻辑》(*Formale und transzendentale Logik*, 1929)，例如第30页写道："所有这些客观性不仅是指当前形态在话题场域中转瞬即逝的登场和消逝，而且还涉及其意义存在的持续效应，特殊意义上甚至超越当前认识的主体性(Subjektivität)及其行为的客观性。相同的东西在重复之中得以保持，并以持续存在的形式被重新辨认出来，在文献形式中有其客观存在，在文化世界里也有其实在性：每一个人都在某种客观延续之中发现某种客观存在。客观存在就这样为人所理解，在主体间得以辨认，即使无人念及，也存在着。”

以上认识可称为科学“成果”，是某种“普遍性理论”的原理，对于语言科学的整体对象而言意义非凡。人们对“拉丁语”的重构，无需等待完善的科学（当然也是胡塞尔意义上的）出现，要评估这样重构的合理性，也无需对整个现象学进行透彻的研究，因为，还有其他多种途径可以达到目标。其中最为便捷的途径就是语言工具模式。语言工具模式的分析十分规范，突破了单子论的局限。自从1918年回应胡塞尔的批评之后，我越来越清楚地认识到，透彻思考这一模式必然要冲破现象学的某些局限，并从语言学的角度给认识论提供新的理论推动。我眼前摆放着一本刚提交的博士论文，从语言理论的角度对胡塞尔现象学的创新之处进行了无懈可击的批评。我希望该论文与其他语言理论著作都能在不久的将来与读者见面。

我认为，这里应该以词汇的实证研究为例，将密尔和胡塞尔的思维模式予以对比。我将“类名的内涵、观念性的种属和词源”三个关键词并列考虑，具体讨论它们是否应该永远被分为三章予以讨论。内涵与词源之间有什么关系？我们所引密尔的观点认为专名不具备内涵，或者换句话说无需“定语”限定。密尔本人的解释中有许多众所周知的城市、山脉、河流、人物的专名，语言学是否可以认为它们本质上缺乏象征性？（如下图）当然不可，因为语言历史学家知道，这些称谓与类名一样也有其词源，其中有些词源在历史中褪色或者完全销声匿迹，例如“伦敦、莱茵河、谢莫林、维也纳”等，有些则鲜活如初，例如（有些明显的复合词）“勃朗峰（Montblanc）、克拉克森特拉格（Kraxentragen）、海尔布隆（Heilbronn）、萨尔茨堡（Salzburg）、布宜诺斯艾利斯（Buenos Aires）”等。常见的人名也是如此，因为，“弗里德里希、格特鲁德”与“卡尔、奥托、玛利亚”之间的区别，和“马、牛、驴”与“鹪鹩、灶巢鸟”之间的区别，完全相同。

也许，被用作专名的复合词抵抗词源褪色的能力更强，那么，复合词用作专名具备怎样特殊的适应性呢？无论如何有一点是清楚的，密尔意义上的内涵与某个不同程度鲜活的词源之间可能存在某种关系，但肯定不是简单的相互关系。毋庸置疑，不仅称谓符号，而且指示词也程度不同地有其词源，否则，我们在语言指示场一节从心理学视角对布鲁克曼等人的研究所做的分析就毫无根据了。印度日耳曼语言的*to-和*ko-之间的意义差别（功能差别）无疑属于词源学家的研究范围。就功能而言，一种语言的称谓词相互区别，同样，该语言众多的指示词也必然相互区别。同一个句子中，“这儿”变为“那儿”，“这个”变为“那个”，其中也清晰地体现出领域的跳转和辅助性指示手段的变化，语言学家完全有可能从中得出规则，布鲁克曼就曾尝试将其四种（方位）指示方式的理论普遍推广到印度日耳曼语言。因此，我们重新提出问题：在内涵和词源之间是否存在某种间接关系？是怎样的间接关系？

7. 毫无疑问，在语感中仍然鲜活的词源可以调节一个称谓词的使用范围，而是否一定如此，则是另一个问题。如果这种调节说明德语单词 Hund（狗）和英语单词 hound（狗）都体现出某种范畴模式，那么，就说明可能存在一个虽未褪色但却闲置的词源。同理，单词“杠杆”在一位现代物理学家的词汇中虽有固化的科学定义，但却无损于其词源的存在。一位现代物理学家想到“杠杆”这个单词，也可以像伐木工那样毫不犹豫地将之与“抬起”联系起来，虽然他在自己的杠杆规则中并不那样看。对大象的不同称谓就是一个（被经常列举的）例子，大象有时叫作“独臂侠”（Einarmiger），有时叫做“二次饮者”（Zweimaltrinkender）。因此，必须对我们非常熟悉的领域中的事实做类似的观察和谨慎分析。

为此，应该首先认识到，使用范围与词源的巧合完全没有必然性，词源可以是鲜活的，但却不决定（亦即“调节”）词的使用范围，否则就无法理解，为什么在语言历史的过渡中，词源的调节功能和一个简单的新的意义之间存在一种为主体间交往所接受的状态。因此，应该理解和承认（其他人肯定也已经注意到），一个直接的或者在思想中鲜活的词源并非理所当然地具备“调节性”，对此，说来话长。不过，我们还是坚持对事物进行逻辑观察，暂且满足于下面这个毫不新奇的认识：一个概念只是相对于内容或者范围而“可以理解”。思维心理学证明，“域”主要涉及某种范围，而词源的存在、褪色或者最终彻底消失主要是就内容而言的。

也许，一个称谓词成为专名，其所指至少针对某个个体，但范围不仅仅局限于某个个体。在家庭范围内使用“父亲”等类名，在乡下人和城里人之间使用“城市”这个名词，可以规则而明白无误地指称场景中确定的个体。同样，也有将专名用于类型指称的反面例子，“太阳”通常是一个个体，但是，天文学家认识许多“太阳”，不一定就是苏格拉底（逻辑学家的那位楷模），还可指一次性出现过的某位，他撰写了《高卢战记》，战胜过庞贝，之后2000年将自己的名字强加给所有皇帝（而被战败的对手庞贝则将自己的名字限于私用）。所以，这样反反复复的事情在成熟的语言里自在而无忧地发生，针对场景中确定的个体为专名，针对多个同类又变为类名。

虽然如此,密尔仍然是正确的。他作为逻辑学家试图区分专名和类名的对应关系。因为,或在洗礼时让人给孩子起一个地道而持久的专名,或称之为"黄毛丫头",这实际上就体现了二者对应关系的差别:第二个称谓只是将孩子归为一个类型,而第一个则是针对个体,因此,数年之后个体的"黄毛丫头"会失去这个称谓。相反,一个印第安人因其(确证或期待中的)斗志而被称为"凶猛的狼",而且一直保持这个"专名",即使名字的主人早已年老体弱,牙齿全无。

在洗礼时我郑重地让人给孩子起名"卡尔"或者"玛利亚",那么,对于当时在场的人及以后得知消息的其他人来说,这就是一个大家需要遵守的规约。在小范围内,仅仅该名就足以担当个体标记的符号,孩子在学校会遇到许多同名的兄弟姐妹,也叫做"卡尔"或"玛利亚",这时,一般附加姓氏就能够满足个体标记的要求,否则,我们会再行追加,如"亨利二十二世,小罗伊斯"等。

从对应关系看,诸如此类的专名与"类名"是否位于同一条线上?我赞同密尔的观点,斩钉截铁地回答:否。因为,洗礼时的对应在逻辑上永远不等同于定义,相反,广义上讲,与画在房屋上的红色粉笔线条等值。至于专名作为个体标记没有烫印在受洗礼者的额头上,这对于我们的问题无关紧要。当时在场的人已经记住了它,并能够(随着时间越来越肯定地)从众多的人群中将其主人辨认出来。该个体是预先给定的,被带去接受洗礼的,无需"定义"。而且洗礼也不是定义,相反,类似于固定附着,是一种授予(人们应该非常乐于延续一种圣礼),授予一个指示性称谓。这里,专名被分配用来指示,而指示的相关元素不完全是物理环境,但却十分类似。

无论言语交际发生于何时何地,称谓符号的关键是弄清楚称谓的范围,而且人们实际上一直都在追问称谓范围,这究竟是谁的观点呢?生活,包括语言称谓符号的生活,其丰富性远远超出逻辑学强行推销的那种唯一性思维模式。指示性称谓词的授予现象显然存在,然而,却不能从心理生理系统获得解释。有些思想家与我们生活在同一个世界,却将概念称谓的授予与定义混为一谈。对于朴素的语言学现象，需要从心理生理系统予以全面的分析。语言理论就是要研究这些丰富多样的分析方式。

(6)场域机制：以印度日耳曼语言的格系统为例

为了说明问题的症结以及怎样将语言象征场的理念应用于格理论，我们重提那个常见的选言性问题：格是空间的还是逻辑语法的？如此选言显而易见是不能成立的，但其中却可能蕴含着一个真理，因为，逻辑学绝对不能容忍将自己与“空间”降于同一水平，而每一个格又一定都是“语法的”。那么，选言的第二项应该是什么呢？

许多语言学家都感觉到“空间的还是逻辑语法的”这个陈旧的观点存在不妥之处，例如德尔布吕克就回避“逻辑”格这个概念，坚持使用空间与非空间这对概念。冯特敏锐地指出该选言的第二个成分存在不确定性这一缺陷，认为用“外在和内在”比较可行。他认为格有内在限定(innere Determination)与外在限定(äußere Determination)之分。对此，好奇者不禁会喋喋不休地发问，要探明内在和外在的究竟。像冯特这样的人物当然会准确地说明自己的用意，我们也将谨记在心。这里首先概括了解一下冯特缜密全面的格理论。我认为冯特的格理论极大地推进了该问题的研究。今天如果要有所成就，则不可对冯特的成就充耳不闻。冯特对格问题的研究基本上借鉴了马克斯·穆勒的《语言科学讲稿》(*Vorlesungen über die Wissenschaft der Sprache*)。冯特在语言历史方面所提出的观点已经显得过时，而且将格功能过于草率地引入逻辑学。但这些都不能改变我们的上述判断。无论如何，认真分析和建设性地评价冯特的内在外在观，是语言学应有思路的必要准备。在我们对冯特所做区分的背景描述中如果存有某些陈旧过时的内容，每一位专家都可进行补救，并考虑是否要将那些选用的例子替换为更好的或者删掉，以便更好地证明同样的问题。

1.冯特从印度日耳曼语言的比较研究中得出一般性结论，他的简短表述没有引起同时代语言学家的任何反对，即使德尔布吕克也没有指出什么值得一提的错误。冯特指出，在格的使用中，形象直观的属于空间类型，纯粹概念的则属于另一类型。至于直观格的历史优先性问题，对印度日耳曼语言的充分分析不能完全说明空间类型优先形成的理论。冯特认为，从格的数量看，希腊语系统比拉丁语系统更接近现代，但是还有某些系统更为丰富，例如古典拉丁语系统，而更丰富的如梵语系统，本身已经包含了现代系统。他写道：

> 这种情形在那些相互对立的古老理论中形成一种折中的观点。在梵语的8个格中有3个可做纯语法逻辑的解读，即第一格、第四格和第二格(第一格为主格，第二格为状语格，第三格是主语的定语或修饰语)；有4个格，即第三格、方位格、夺格(Ablativ)、工具格(Instrumentalis)(或称社会格 Sozialis)，说明“去哪里”“哪里”“从哪里来”和“用何工具”等问题，可被视为空间类型；第八格是呼格，是第一格形式的命令式，从来就是一个另类。(62)

我们的构想不关心细节问题。如果承认两种类型，那么，纵观之下，表示较远宾语的第三格是否也属于第一种类型，或者继续保持第二种类型，就无足轻重了，尤其是历史学家根据普遍和可靠的观点，在印度日耳曼语言范围内发现了原本分离的格又相互融合，体现出一种具体论(Konkretismus)的形态,但也不能完全否认对立的现象,即一个格分裂为多个相互区别的格。因为,高加索语言的格分裂得纷繁复杂,[①]这引发人们思考一个问题,在印度日耳曼语言的历史进程中是否在简约性退化之前也发生过复杂性进化?

这两种类型都还没有严格定义或从概念上相互区别,“直观的”和“概念的”都是无法简单接受的措词。不懂专业的德语读者都很有发言权,至少可以通过设问这样的人为手段来将某个格归为直观类型,而且可以翻译任意一个拉丁语例子,例如将 Roman proficisci 翻译为 nach Rom aufbrechen(向罗马出发),将 Roman defendere 翻译为 Rom verteidigen(保卫罗马),即德语译文与拉丁语原文的结构相对应,这样,两个例子使得区别得以彰显:拉丁语第四格在第一例中符合空间论,但在第二例中却(有些)不同,即类似于我们德语的第四格。

我们很高兴获得这样的进展,谨慎起见再回首看一眼那段小字印刷的关于梵语的说明。引人注目的是,那里的第三格回答“去哪里?”的问题,而第四格在空间类型中根本没有出现。前者并非疏忽走眼,而是的确存在一个“目标第三格”(Zieldativ,亦即“受者第三格”Adressendativ)。根据今天的知识可将后者纠正为:梵语并非完全没有方向性第四格。

上述解释之后,我们再回到冯特。我们注意到其中某个过渡

---

① 参见特鲁别茨柯依《北高加索语言》(*Langues caucasiques septentrionales*. Les langues du monde,1924,336 页)。文章对阿迪吉语贫乏的格系统和同语系其他语言丰富的格系统进行了比较。

性思考颇具启发意义。冯特知识渊博，观察敏锐，注意到一个常见的现象，他说道："从逻辑上看这一现象绝对违反规则，但在心理上却完全可以理解。"（65 页）细想之下就可发现"逻辑"格的类型特征。他关注并提醒心理学家思考的，其实就是印度日耳曼语言中性名词的第一格和第四格读音相同这个事实。根据冯特的观察，在印度日耳曼语言中某种行为方式颇受偏爱，这种行为不仅将"施事、生活的主体"视为出发点，而且反过来又将它们视为行为伙伴。果真如此，这一点对后文应该很重要。我列举两个句子作为对比："Paul pflegt den Vater"（保罗照顾父亲）和"Paul trinkt（das）Wasser"（保罗喝水），其中的区别即使对于我们今天的语感也显而易见。我们根据自己的思路解读如下：发生在保罗和父亲之间的（根据我们的思维习惯）是介于两个行为人之间的行为，我们可以变换其中的角色，这样，就会出现"父亲照顾保罗"的情况。发生于保罗和水之间的（同样根据我们的思维习惯）也是一个行为，但是我们无法想象"水喝保罗"的情况，除非我们运用一种偏离我们思路的引申的言语方式。

冯特知道我们的确可以期待在印度日耳曼语言范围内存在这样的假设，但并未从中得出任何格理论的结论。实际上，我们也允许水和石头等物质实施"行为"，例如水"翻动"石头，石头"阻碍"水流。正如冯特所想，这"在早期服务于原始生活需求的语言表达里"可能曾经有所不同，有生命和无生命物质的"意义区分"在其他语系非常规则，在印度日耳曼语言中也应该有过。假如我们的中性名词原本只是说明无生命物质的特征，那么就如冯特所言，我们可以认为，这些中性名词虽然存在对主格和宾格（第一格与第四格）相区别的要求，但不如将生物分别描写为雄性和雌性那样的区别来得迫切。因此出现了那种众所周知的现象:在两种情况下中性名词只有一种形式(中性第一格＝中性第四格)。以上是一种过渡性的思考。

我们如果在此专门讨论中性名词的问题,那无异于歧途和旁顾,这个问题可交由相关专家自己解决。但是我的目的是指出冯特与我们思路最为契合的地方。其实,对于印度日耳曼语言的根本性和普遍性行为模式,冯特并没有给予深入研究,甚至那些解释性的例子也是由我引入语境的,以便在一般意义上阐明他的理论。之后,冯特以广阔的视野展开比较研究,说明格词尾贫乏这一现象在不同语言的双数和复数中也显而易见,同时解释了这一事实的具体表现,但是,关于空间与"逻辑"的类型区别并没有什么有益的见解可供借鉴。

期间,冯特还进行了一项比较研究,将梵语和拉丁语与英语相比较。那里,格概念却没有出现在概念系统中,似乎自动消失了。介词(或者少数后置介词)的广泛发展和使用取代了格的位置,无条件地成为"格系统"话题的组成部分,这时,清晰的格概念随之消失,此前还被热议的现象就像云朵一样被蓝天吞噬。对句子词序问题的讨论虽然还没有全面爆发,但却已经初露端倪,例如在我们现代印度日耳曼语言中,尤其是英语。这就使得情形变得复杂起来。实际上人们应该以汉语的方式来描写句法关系(以我之见,可取其"精神"以为我用),但却仍然固守陈旧的概念,这在我看来很不切实际。看到英语,看到甲柏连孜的著作和芬克的汉语文选导读,我个人第一次意识到格的问题属于语言理论的问题。

2. 我们继续讨论冯特的理论。他是怎么捕捉到那种已被忽略的现象的?冯特大概根本不会承认它被忽略了,所以才大胆提出了一个全面的发展模式,其中,闪米特语言和哈米特语言(Hami-

tisch)与印度日耳曼语言同样位于第三阶段,已知的格系统最为丰富的语言(美洲语言、高加索语言、乌拉尔语言、阿尔泰语言,以及土耳其语言)并列第二阶段,众多非洲语言,包括由施坦塔尔最先详细确认的曼德黑人语言(Mande-Negersprachen),还有霍屯督-布须曼语言(Hottentottisch-Buschmännisch)以及某些澳洲语言(Australisch),位居第一阶段。

在第一阶段有大量连接词汇(大部分缺乏系统性),一般性地说明名词性和动词性的概念关系,相应地也一般性地承担多种句法联系。第一发展阶段的类型特征至少包括:“小品词……通常为相对独立的词汇,既可以与动词组合,又可以与名词组合,有时与独立名词的语音和意义发生叠合。”(74页)第二阶段在表达“外在的、空间的、时态等感性直观的情形”方面基本缺乏语法手段,但拥有大量的词汇表达手段。在第三阶段中,印度日耳曼语言的情形与闪米特-哈米特语言稍有不同,闪米特语言“格的构成原本很贫乏,而且本质上仅限于所谓的语法格(第一格、第四格、第二格)”,相反,印度日耳曼语言原本拥有一个丰富的混合系统,经历了不断简化的发展阶段,与梵语相同,其系统表现出相互交错的两种类型,而且,从音位特点看,所谓的空间类型在所谓的语法类型之前已经逐步消失,尤其是空间类型不断被介词所替代。冯特认为通常存在多种变化的可能性,也可能直接从第一阶段发展到第三阶段。他本来比较喜欢“发展”这个概念,但此时也持十分谨慎的态度,相比较“发展阶段”,他更经常使用“类型”。

无论如何,我们又面对那两种类型,而且仍然不清楚它们应该怎样定义。最终,冯特巧妙地采取建设性(能产性)思维,出人意料地完成了定义。按照我个人的理解,冯特向我们展示了一段众所周知的语言历史,或者更准确地说,是两种形态,即拉丁语与现代法语或英语的情况,通过比较揭示了区别性的问题。我们自己对两种模式也进行了概括性和象征性的比较,一种是拉丁语的-us、-avit、-am,另一种应该是英语的典型模式 n-v-n(名词-动词-名词,例如 gentlemen prefer blonds)。冯特断言,用第一种模式可以区分任何类型的格,而用第二种(亦即仅仅通过句子的词序)只能区分所谓逻辑语法类型的格。他将这一语言历史事实上升为区别性特征,并试图进行客观的论证。关于格的类型,他的论据如下:

> 这是一个标准,因为,在一种格类型中,名词词干无需附带任何形式的后缀、介词或者后置介词,就可以通过格的形式充分表达诸成分之间的关系,相反,另一种格类型则必须依赖这些限定性成分,因为这些成分包含涉及概念关系本质的特定内容,否则,整个表达就根本残缺不全。我们可以不考虑不同格形式的本源和意义,独立表述这一情形,将第一种类型的格称为概念的内在限定,将第二种称为概念的外在限定,这样,第一格、第四格、第二格和第三格(即"远宾格"Kasus des entfernten Objekts)就是内在限定类型的格。(83－84 页)

简而言之,凡是通过相邻和位置因素能够表达清楚的,就属于(高贵的)逻辑类,否则,就是另一类。我认为,这是关于格理论最先进的思想和思维模式,值得予以进一步研究。为什么恰恰是位置因素成为第一种类型的区别性标记?相关因素的哪些意义元素使得该因素理所当然具备优先性?这两个问题必须得到解答。

3.批评应该具有建设性。冯特提到“位置”，但却没有说明是(或可能是)哪种类型的位置规则成为格类型分类的标准。因为，至少有两种截然不同的位置规则。我不知道是否已经有人提出适当的名称，但“绝对的”和“相对的”秩序也许是能够想到的一对贴切的概念，只是含义还不够清晰。因此，最好应该如下设问：哪里是零点，即坐标原点？英语的 n-v-n 会以某种方式存在于句子中，动词前的那个位置总是不同，与动词之后的一个或多个位置形成对立。这并非适用于一切位置规则，可能还有许多别的形式，例如，句首或者句末位置非常特殊。零点位置也可能在序列中央，且虚位以待(某种程度上)，其他占位成分孰先孰后出现竞争，例如复合词就是如此。对此，我们后文详述。

如果我们注意到英语的模式，零点位置被动词占据，那么，冯特提出的位置标准就十分中肯。这就提出一个问题，是否可以推测：之前或之后那个位置其实就是显示动词基本内涵最贴切、最便捷的手段？简单地说，应该提出并检验如下推测：没有动词就无所谓宾格，也就没有与印度日耳曼语言相匹配的主格。确如冯特所言，所有“高贵”、必要的格，整个类型都是动词的附庸，与格就是如此，或者与宾格一同出现，或者单独出现，属格也是如此，只具备说明定语关系的功能。这就是我们格理论的核心内容。这一思想完全不是什么令人称奇的创新，但是，将这一格思想与以动词为特征的语言象征场内在地联系起来，却是我们完成的任务。

冯特提出的格思想有些不同，为了批驳之，我们必须摒弃其逻辑学的某些内容。我们应该研究冯特的逻辑学，深刻领会他提出的内在和外在限定理论的基础。在关于概念关系的章节中，逻辑学家们一般只讨论一致关系、上位概念、下位概念、并列关系等，仅此而已，但冯特在讨论了这些问题之后拓展了视野，就“概念的关系形式”专辟一章，讨论了所谓“概念组合”。让我引证关键的一段：

> 独立的概念相互之间可以形成关系，与之不同，在另一种关系中，诸概念借助于某种关系形式组成一个复杂概念。这样的关系都是遵循二元结构规则而发生的：一个成分为主要概念，另一个为次要概念，后者与整个关系形式一起共同限定前者，因此，我们可以将两个概念分别称为被限定的和限定的，其间的关系称为限定关系。按照我们的思路，这样形成的限定性产品与原本具备整体性的概念具备同等价值，尤其是，二者都可以与其他概念组成相同的关系。（《逻辑学³ I》*Logik*³ I，136—137 页）

读到这里，人们马上会想到复合词和（自由）词组，因为它们也是冯特普通概念理论所关注的语言现象。冯特也阐述了它们的逻辑价值，发现概念组合中的成分通常属于不同的范畴（即词类）：

> 在诸如“guter Mensch”（好人）、“schlecht handeln”（搞砸）、“den König morden”（谋杀国王）等概念组合中，我们发现不同范畴的概念直接结合在一起。相反，在诸如“der Wille des Vaters”（父亲的意愿）、“der Baum im Walde”（林中的树）、“das Haus von Stein”（石头房屋）等组合中，关系之中的两个概念都属于客观概念。但是，第二个概念的范畴功能或者通过格的形式被改变，使其最终意义相当于一个特征概念的意义，或者作为对我们思考的补充，给限定性客观概念补充

> 一个动词性概念，使限定性概念与主要概念处于逻辑关系之中，同时，该限定性概念连同介词所表达的关系一起再与主要概念发生关系。（出处同上）

我重申：语文乃逻辑之师（lingua docet logicam）。冯特逻辑学无非是告诉我们，语言，而且是他的母语，给了他什么样的启发。他从上述复合词和自由词组得到了关于概念理论的启发，同样，亚里士多德也是根据希腊语的现象而完成了自己的范畴列表。日后如果有人在这些现象中发现了错误，会批评语言这个老师，说她缺乏逻辑性。但是，我属于热爱语言的人，认为应该批评学生，是他们没有准确理解语言产品的蕴涵。

冯特继续阐释道：例如“Kirchturm”（教堂塔）和“Turm auf Kirche(neben Kirche)”（教堂之上的塔[紧挨教堂的塔]）这两个结构，其中后者就是一个概念组合，在许多格系统丰富的语言中也可以无需介词，与我们的“Kirchturm”完全相同。语言学家会被专业术语搞得晕头转向，有一个“近处格”（Adessivus），还有一个“内格”（Inessivus），我不知道还有些什么。这些都是外在限定的情形，当然，除了我们的介词结构之外还可以通过后缀、前缀等构成。相反，真正的属格结构“Turm der Kirche”（教堂的塔）更为高雅，这一点在无词尾的结构“Kirchturm”中体现得十分明显。为什么？这正是逻辑学家冯特解释内在限定的要害。

究其根本，内在限定产生组合，其中，给定的成分无需补充新的内容（亦即从外部）。后者适用于另一种类型，即由外部限定的概念组合：“一切外在关系形式的基础或者是一个空间体验，或者是一个时间体验，或者是对条件的想象”（141页），例如，“Der Vogel auf(dem) Baum"(树上的鸟),"die Imperatoren nach Cäsar"(凯撒之后的皇帝们),"ein Brief mit Geld"(一个装有钱的信封),"mit Begeisterung reden"(激动地讲),"wegen Beleidigung klagen"(因为受辱而控告)。

应该承认,在冯特之前没有一位格理论学家对类型区别的问题有如此深刻的论述,达到非此即彼的清晰程度。在第二种类型中有空间体验和时间体验等参与其中,这是毫无疑义的。我们再细究上述那个补充性断言,即概念组合的第一种类型不需要补充任何数据,不需要补充功能相当的连接成分。这是冯特格理论的关键(重申一遍)。作为批评家,人们必须首先经过一关,既当诉讼代理人又当辩护人。"Kirchturm"(教堂塔)告诉人们,实际上有一个"塔"已经属于"教堂"这个概念的特征,果真如此,这意味着什么呢?复合词只是将蕴含于其中的内容提取出来,也就是说,按照康德区别分析判断与综合判断所提出的方法,分析判断仅仅使基本概念的蕴涵显化,而综合判断则给基本概念补充某种新的内容。有一种类似的思维模式对冯特区别观的出炉发挥了影响,只不过与康德的思想不完全相同,否则,就显得太过荒诞了。对"Kirchturm"的分析肯定不适用于"Hausvater"(家长)或者"Vaterhaus"(父宅),因为,概念"父亲"肯定不包含"房子",概念"房子"也肯定不包含"父亲"。

同样,冯特肯定也并非认为相关内容全部都包含在单个概念成分中,他说的是两部分的组合,例如,概念"钥匙"的特征中有一个空位是留给该物的使用范围的,我可以依次使用"房子""箱子"等,就可以构成相应的复合词。这里所言的空位十分必要,因为,每一把钥匙一定属于某一个预示的使用范围。那么,"父宅"又是怎样的情形呢？一座房子必有其主人，而“父亲们”可以占有某物，因此，二者的概念都已经蕴含着必要的空位。

我们要确证的不仅仅是上述最后一个例子，而是整个论证。关于这里使用的经院派内涵概念，我们在(《文集》)417页已有讨论，但冯特并未提及。我们在那里讨论了形容词“albus”(白色的)的内涵，其实就是某种特征。这是空位问题的一个特例，很符合冯特的思想，也有助于我们理解冯特的思想。简而言之，经院派逻辑学家们和密尔应该将冯特的理论纳入内涵问题的一般性构想，作为辩护人，我们替他们补了这一课。这样，关于定语结构的问题，我们的处境就不至于毫无希望。

4. 谓语结构、宾格、与格、属格，以及主格，这些成分的情形又是怎样的呢？主格与所有其他格都形成某种对立。我们对定语组合与谓语组合的区分仍然要跳出冯特的构想，甚至违背他的理论，但是，这样做也是为了凸显后文需要说明的那些原因，进而从冯特关于内在限定的思想中汲取更多的养分。

我们还需要修正思路，因为它不能指引我们弄清楚问题的要害。首先，除了宾格的所有使用方式之外，还明显存在“内在”宾语这一特殊情况。我们在德语里说“ein Spiel spielen”(玩一场游戏)、“eine Tracht tragen”(穿一件衣服)、“einen Gang gehen”(走一程)等，审视整个德语动词，这一模式在所谓主动动词或者及物动词中显得格格不入，因为，其中的宾格空位规则性地由另样的“宾语”所占据。“einen Trunk trinken”(喝一杯)尚还可以接受，“eine Sicht sehen”就有点强人所难，“听到”这样的说法我不知道该作何类推。面对我们这样的实验性例子，不及物动词比及物动词更为无助。人们模仿击剑运动员和网球运动员，说“einen (scharfen)Schlag schlagen”(大力一击),并不考虑该动词此时是及物还是不及物。“sitzen”(坐)无疑是一个高度自足的不及物动词,然而我们却允许骑术教师情急之下说“einen guten Sitz sitzen”[①](坐好坐姿)。[②]

内在宾语(das innere Objekt)现象应该体现了一种分析关系,因为实际上从动词概念中可以直接提取作为宾格的名词,类似于康德从“身体”概念中“延伸出”特征。塔多斯基几十年前在其体验心理学研究中区分了行为和(内在)对象,参照了语言现象,部分涉及我们这里分析的情况。这样的分析性宾格绝不可能上升为主要类型,这无需证明。“einen Gang gehen”(走一程)是一个分析性组合,但是,对“einen Löwen töten”(杀死一头狮子)的分析意味则不同,它具有更大的语言理论意义。

为了弄清楚主格和宾格相伴而出的最基本条件,我们分析一下“Caius necat leonem”(凯厄斯杀死狮子)这个例子。凡是借助描述性语言符号的两级系统都能清楚地再现诸如“杀死狮子”之类的事件,其中包含着一种意义组合,语言学家可以据此回答冯特的问题。假设,如同我们拉丁语的例子所示,两个生命体“凯厄斯”和“狮子”被分别提及,这样,一口气说出二者本身就已经确定二者都

---

① 这里德语举例的特殊之处在于,第四格宾语是句中动词派生的名词,相当于英语“同源宾语”(Cognate Object),德语中虽也有出现,但没有形成固定的术语,比勒称之为“内在宾语”。——译者注

② 自从马克斯·穆勒的语言学研究和乌西诺(Usener)关于圣名的著名论著之后,语言学对这样从动词构成名词的现象进行了许多研究。克雷奇默对此现象进行了解释,指出这些词多为阴性(例如 die Tracht,die Lage,die Sicht 等等),请参看波尔齐格的那篇优秀论文(《语言抽象词的功能》(*Die Leistung der Abstrakta in der Sprache*. Blätter f. deutsche Philos. 4/1930,此前刊于 Festschrift f. Streitberg. 1924,146 页起)。

是所描述事件的参与者，但是，至少还应该有第三个和第四个成分也出现在该含义清晰的语言组合中，那就是"死亡"及其属于(搏斗双方)二者之一的受害者。的确，有些语言中会出现这第三和第四个成分，与我们复杂的逻辑分析完全吻合：在这类语言的文本中，两个名词"凯厄斯"和"狮子"之后出现一个"事件词"(Ereigniswort)，该"事件词"之后又出现一个方向状语，说明"死亡"出自二者之中的哪一方，又指向哪一方。冯特自己把这样的组合架构用德语勾画如下：Caius Löwe töten-er-ihn，[1]并赞同马克斯·穆勒的观点，认为这适用于马来语言、高加索语言[2]和美洲语言。(94 页)

人们必须继续深入细致地分析，才能彻底解决问题。上述德语表述涉及一个因素，即补充了两个指示词(er、ihn)，从而完成了对方向的说明。这两个指示词本身是否可能是或者必然是变格的人称代词，如我们的"er-ihn"所示，这是语言理论的一个基本问题。如果是，则相关语言就属于主格-宾格类型的语言，在格的方面体现出与拉丁语的不同，格的语音标记只见于后补的回指指示词(人称代词)。但回答也许是否定的。因为如果用"hier-dort"(这里、那里)等不变格的小品词来完成这种后补的指示，又该如何？如果用笨拙的儿童德语来模仿此景，可以虚构一个故事："Maus hier dort"(老鼠这里那里)，这可能是说"老鼠从这里跑到那里去了"。这里，言语顺序"这里那里"反映了事件发生的情形。当然，对前述

① 本例中德语词义分别为 töten(及物动词"杀死")，er(他/它，第一格)，ihn(他/它，第四格)。——译者注

② 人们开始可能只想到特鲁别茨柯依所说的高加索语言中特殊的类别，他提出"受动格"(casus patiens)和"施动格"(casus agens)，以区别于空间类型，我不能断定冯特的模式是否适用于那里。参见特鲁别茨柯依(出处同上，还有 328 页)。

后补的两个指示词的回指用法也可以作这样的解读,这样,结果就不是“主格-宾格”的模式了。冯特自己也应该将这样的结构从第一种类型转归为第二种类型,即从内在限定转为外在限定。另外,这样的结构主要体现的是空间体验还是时间体验,也要求人们根据不同情况做出判断。对于整个思维方式和某些民族特别的死亡想象而言,更为恰当的解读应该是,将我们的凯厄斯视为致使狮子死亡的工具:“Caio nex leoni”,这样,冯特模式中的“外在”限定这一条件因素就占据主导地位。这里有必要再次提醒,冯特将整个外在限定细分为空间的、时间的和限定的。

我们如此不厌其烦地分析“杀死狮子”这个例子,目的就是要阐明在主语宾语关系框架下如何运用语言手段完成描述任务。语言理论学家的任务不是去证明这样的情况存在的偶然性(例如在巴斯克语中),而是对规则性的探究。如果能够在某一点使“内在限定”格的所谓逻辑必然性发生动摇,我们就满足了。冯特在对德语的分析中(也许效仿马克斯·穆勒)使用了动词“töten”(杀死),导致了草率的结论。如果能确证这样的分析适合于所有相关的情况,那就同样可以确定“凯厄斯”必定是主语,“狮子”必定是宾语,别无其他可能。也许会有某种语言有一种专门说明事件的词类(即事件词,而非动词),却没有主格和宾格。这里,冯特的格理论必须予以修正。

5. 与我们关于格问题的答案最接近的,是冯特根据语感得出的结论:某些被分析的词汇结构隐含着一个动词性概念(参见(《文集》)437 页引文末尾)。这个认识不是我们或者冯特的发现。这里用这一认识来批驳冯特逻辑学的核心。凡是在动词支配一个组合的地方就会有空位,而且只能如此,这一空位可以由凯厄斯和狮子占据,充当所谓内在限定的格。这里,我们将历史上一切由谓语衍生的定语结构置于一旁，通过“杀死狮子”这个例子集中思考印度日耳曼语是怎样完成描述任务的：Caius necat leonem。为什么是动词产生了 wer 和 wen[①] 的问题？因为那是对最原始的特定世界观的表达，是在（动物和）人类行为视角下对事实的理解和描述。

我们检验了德语动词支配一个分析性宾语的可能性，而且通过所谓不及物动词也得到了证实，说明不及物动词也可以内在地（在概念上）支配一个宾语。在这个问题上，人们也许应该特别关注一类数量较小的事件词汇的存在。这些事件词倾向于以“无人称”的形式出现，或只以这样的形式出现。对此，后文再议。一般情况下，印度日耳曼语言动词的配价会规则性地要求第一人称发送者、第二人称接受者，或者特别形式的所谓第三人称，说明“行为”的来源和目标，正所谓：“我爱你，你爱我，爱你，爱我“(amo te, amas me, amor a te, amaris a me)，等等。

这种行为范畴并不是促成语言描述的唯一范畴，甚至在印度日耳曼语言中也非如此，只有在被使用的地方，才需要提出“wer?”和“wen?”的问题。因此，并不像冯特所言，“Romam proficisci”（向罗马出发）中的结构成分蕴含着一个外在的内容，即空间秩序，而在“Romam defendere”（保卫罗马）中则不然，相反，第二种情况的行为范畴与空间处于同一逻辑地位。同样，“Romam fugere”（逃离罗马）和“Romam videre”（刚到罗马）的情形原则上也是如此。问题的关键并非对情形进行体验心理学的描述和对意图问题展开讨论，如果那样的话，wer 就是针对结构中意图主体那个成分的提问，而 wen 是对意图受体的提问，例如：“我看见、感

① 德语 wer 和 wen 为“谁”的主格和宾格形式。——译者注

受、思考,我想要这个",等等,当然也可以用"你"和"他"替代"我"。但情形不是那样。这样的体验心理学分析绝不是必要条件,我们运用行为主义的思维模式也可以解释这里的情况。

通过对动物和儿童的观察,人们区分了指涉感官对象的三种基本方式,一是积极观照(positive Zuwendung),二是消极御防(negative Abwendung)或逃避,三是消极观照(negative Zuwendung,即冒犯,拒绝)。在德语以及其他印度日耳曼语言中,每次都是相关对象占据宾格位置,例如"想往什么,热爱什么,吃什么;躲避什么,避免什么,攻击什么,抵抗什么,强迫什么",等等。[①] 至于对象是否是空间的,或如冯特所说是外在的,或者是某种决定行为的因素,不能一概而论。对于语言理论学家而言,最重要的是认识到(动物和人类的)行为就是对情形进行描述的思维模式,这样,才能理解我们所说的那一对格。如果蕴含这一思维模式的是一个称谓词,例如一个动词,那么,就蕴含两个空位,有待主格和宾格(或与格)去占据。主格和宾格的标记,无非就是我们此前所描写的某个特定象征场的空位的标记。至于是否也因此可以在逻辑上充分确定动词的词类,暂且可以不论。无论如何,我们在动词中发

① 这三种指涉对象的基本方式在某种更为丰富的格系统中是否相互区别,我认为这是一个很有意义的语言理论问题。除了专门的"控告格"(Anklagekasus),即表达消极观照的第四格,我可以想象还有一个专门表达积极观照(温柔、爱、关怀)和一个专门表达消极御防(躲避、嫌恶、避开)的格。"给予"(geben)使得第三格有其名,其运作方式的心理学因素更为复杂,但也可以上升为一种基本模式,这样,第一格和第三格原本是两个人,即发送者和接受者,他们也出现在我们的工具模式之中,但是,第一格和第三格在这里不是语言信息的发送者和接受者,而是一个物体或者一个(客观)事件。如果我们"给某某先生"写信,可想而知,我们原本会使用第三格,而且不需要第四格相伴,但通常我们的语言把第三格只是作为附属或独立成分使用,如人们所言,作为远宾格。除了第一格,我认为只有受者第三格(Adressendativ)属于正常情况。

现了蕴含这种空位的词汇。关于词类,我们至少还将进行一般性的论述(原著§19)。在我们的语言中,所谓内在限定格属于行为的思维模式,认识到这一点就足够了。对无人称问题的分析可以证明,在描述一个事件的时候,我们也可以用其他的思维模式建构句子,而在真正的名词句中情形又有所不同。

(7)建设性回顾

"语言的象征场"是个核心概念,其灵魂和载体源自于一个指导思想,那是我在对康德《纯粹理性批判》的研究中第一次意识到的。那里,我发现在许多不同的地方都系统性地存在一种媒介,并规则性地呈现出"模式"的特性,也确实被称为"模式"。在理性概念的模式中,康德思想完整而正式的表述晦涩难懂,距离我们的问题也十分遥远,我这里只好弃之不顾。相比之下,在《纯粹理性批判》第一版"范畴的超验推理"一节的残编中,康德关于秩序性模式的思想更为有血有肉,给人印象更为深刻,也更适合于实证检验。只是这些内容后来被删减了。那里,有关于如何从千变万化的感官数据中建构统一感知的思考,对此,我在自己的观念里予以彻底改造,扬弃了那些暂时的表象,使之在新的感知理论中重新焕发了生机。在外在和内在感知环境的变化中存在着恒定因素,这一认识是康德思想的再现,他在当时的分析中就已经有了清晰的认识,并提出了媒介和秩序的思想。[①]

对被感知事物的语言固化和表述就形成和植根于感知过程之

① 这方面当前最前沿的著作当推布伦斯威克(Brunswik)的《感知与客观世界》(*Wahrnehmung und Gegenstandswelt*. Wien/Deuticke,1934)和卡尔多斯的《物体与阴影》(*Ding und Schatten*. Leipzig/J. A. Barth,1934)。

中，而人们经常将感知与“之后”的语言表述严格区分，这不切实际。语言分析所显现的语义功能，即充分展现的信号功能、表征功能和象征功能，可以为人的感官所感知，即使在言语器官干预的情况下也是如此。对此，我在《心理学的危机》中就开始寻求证明。我们从事物和交际伙伴感知到有形和无形的自然信号和表征，而人类语言在言语交际中的导引机制就蕴含着这些信号和表征的潜能。如果人类离开语言，还能在多大程度上，或者曾经在多大程度上，解释和使用非语言信号和表征，这个问题绝非轻而易举所能回答。

在分析言语思维的过程中，1907 年我注意到对句法模式的体验。简述如下：由于一个偶然的机会，我意识到句法模式的存在，之后数月我对观察到的数据进行了研究，同时结合自己的言语思维，使得这一意识得到进一步巩固。随后，用其他人进行了思维实验，其中有两位职业心理学家和一些大学生，目的是希望他们也产生那样的意识。我把一些精简的句子读给受试听，要他们快速理解，如果针对内容有建设性意见，也应迅速发表。所用的句子都是尼采的格言及类似的东西。这样选择，主要是考虑到这些句子对受试很新颖，当然，也包含了对可能引发的思维过程的特殊预期。实验结论的细节无需介绍。无论如何，我的受试经常进入一种属于每个人生活中惯常的情景。面对一个语法结构明晰的语篇，人们寻找其中的思想要点，或者相反，寻找那些适合于自己思想的词语和简明的句式。有时，受试在寻找答案的努力中，内容和语言描述的模式各行其道，令人诧异的是，心理学家对此类经验的描述也体现出明显的差异。不断有人描写道，这样或者那样空置的句法模式先于回答的表述而存在，并且以某种方式明显地控制着言语的实际发生。这样的描写也常见于记忆实验，例如，给定一个谚语，让受试记起此前一行的另一个意义相近的谚语。那是一个近义的谚语，但形象性和语言形式相异，这样，受试就必须自问：刚才那句究竟是什么样子？随之就开始寻找同一思想的另一种语言表达形式。其结果简述如下：

> 当我们要表达一个复杂的思想，我们首先选择适当的句式，首先在内心清楚地形成一个针对操作计划的意识，该计划的完成标志着对表达词语的确定。我们对一个复杂的句子结构一目了然，靠的是对其语法结构的了解，我们了解整个形式各成分之间的关系。当我们自己言说时，情形也是如此。例如，当我们以"als"（当……之时）开始一个从句，然后在该从句之后又戛然而止，那么，我们就会有一种意识：我们期待过什么。我们期待一个主句，这不仅是一个内容的补充，而且也是一个语法的补充。在所有这些情形中，内容和语法都是分别进入我们的意识，而且在不经意之间，不被注意，总是或几乎总是悄然在思想和词语之间建立联系。那是一种关于句式和句子成分之间关系的知识，是对内化于我们的语法规则的直接表达。[①]

在这方面，皮克收集了大量语言障碍症患者的资料，并从精神病理学的视角对观察结果进行了验证和补充，在其《语法性语言障

---

① 参见卡尔·比勒《思维过程心理学的现状和问题》(*Tatsachen und Probleme zu einer Psychologie der Denkvorgänge*. Arch. Psychol. 12/1908，84 页起)。

碍症》(*Die agrammatischen Sprachstörungen*,1913,第一部分)中进行了理论分析。另外,夏洛特·比勒对构句过程进行了研究,也收集了许多观察资料,对此,塞尔茨在其《能产性思维和错误心理学》(*Zur Psychologie des produktiven Denkens und des Irrtums*,Ⅱ,1922,362 页起)中有简明扼要的论述。他对问题进行了深入的研究,使之成为其整体思维理论的组成部分。对于研究状况,我当时并不满意,即使今天仍不满意,尤其是对我们的方法。那些观察肯定没有问题,但那只是一些碎片状的事实,需要予以细致的研究。我们都是时代的产儿,都非常重视对言语思维必要元素的孤立观察和孤立界定,以便对当时极为短视的感觉论(Sensualismus)提出批评,因此,特别需要强调对"空置的"句子模式的体验。一般情况下,句法模式的确存在,且并非空置,至于在体验中是否可以被孤立,客观地看是一个次要问题。如果当时的观察技术达不到要求,人们就必须寻找别的途径以推动研究的开展。对自己的思维体验进行专业而细致的描写需要一定的条件,但我们不能把观察的结果永远与条件相联系,而应该努力使外行也能够明白那些结果,更重要的是,要对结果进行客观的论证。

本节说明了语言结构研究的意义,证明了自 1907 年起就萦绕在我脑际的模式意识。对此,我现在做如下表述:画家需要画布,绘图员需要由经度线和纬度线组成的网络,作曲家需要特殊的纸张,同样,言语思维以及与此相关的其他所有以认知为目的而对客观象征符号的使用,或者更一般地说,对任何描述符号的两级系统的使用,都需要一个象征场。显然,语言理论分析面对由此而提出的任务,其阐述还缺乏普遍性和逻辑精确性。

作为描述机制,目前我们所认识的人类语言经历了几个发展阶段，可以说，语言越来越超越指示，越来越超越模仿。具体的语言表达摆脱场景的辅助因素，摆脱语言的指示场，关于这个话题，我们可以通过对句子的讨论而获得令人满意的表述。相反，目前还缺乏一个十分清晰的非语言模式，来形象说明语言描述的方式。语言是一种高度象征的机制，超越了模仿，极具间接性，其功能的普遍性程度很高，这些都不难理解，但是，为什么关系忠实性描述的功能并没有彻底消失，坦率地讲，我的理解还没有达到完善的语言理论应有的水平。也许我们高估了语言对指示场的超越，也许我们低估了另一个事实，即对事物的每一个语言描述原则上都具有不确定性，都需要相关知识的补充，或者换句话说：对于一切用语言表达的知识而言，也许都存在一种补充源，该补充源虽然没有汇入语言象征系统的渠道，但却的确在生成真正的知识。

人名索引

A

阿波罗尼奥斯(Apollonios Dyskolos,公元2世纪),古希腊语法学家。

阿德龙(Johann Christoph Adelung,1732—1806),德国语言学家。

阿赫(Narziβ Kaspar Ach,1871—1946),德国心理学家。

埃尔德曼(Benno Erdmann,1851—1921),德国心理学家。

艾宾浩斯(Hermann Ebbinghaus,1850—1909),德国心理学家。

艾特迈耶(Karl von Ettmayer,1874—1938),奥地利语言学家。

奥克汉姆(Wilhelm von Ockhamum,1288—1347),中世纪哲学家、神学家,经院派晚期和唯名论的主要代表。

B

巴德尔(Theodor Baader)

巴恩斯(Barnes)

巴甫洛夫(Iwan Petrowitsch Pawlow,1849—1936),俄国生理学家、心理学家,诺贝尔生理学奖得主。

巴利(Charles Bally,1865—1947),瑞士语言学家,索绪尔的学生,《普通语言学教程》编辑之一。

白赫铁列夫(Wladimir Michailowitsch Bechterew,1857—1927),俄国神经心理学家。

柏拉图(Plato,前427—347),古希腊哲学家、思想家、教育家。

保罗(Hermann Otto Theodor Paul,1846—1921),德国语言学家。

鲍姆加特纳(M. Baumgartner)

贝尔(Bell)

贝克尔(Becker)

贝歇尔(Becher)

比勒(Charlotte Bühler,1893—1974),德国心理学家。

比勒(Karl Bühler,1879—1963),德国心理学家、语言心理学家、语言理论学家、格式塔心理学维尔茨堡学派领袖。

比特儿-李彭(Hugo-Berthold von Buttel-Reepen,1860—1933),德国动物学家。

比希曼(August Methusalem Georg Büchmann,1822—1884),德国语文学家。

宾丁(Karl Binding,1841—1920),德国法学家。

波尔(Niels Bohr,1885—1962),丹麦物理学家,诺贝尔奖得主。

波尔顿(Benjamin Bourdon,1860—1943),法国心理学家。

波尔齐格(Walter Porzig,1895—1961),德国语言学家。

波克尼(Julius Pokorny,1887—1970),德国语言学家。

伯恩菲尔德(Siegfried Bernfeld,1892—1953),奥地利心理分析学家。

波墨(Jakob Böhme,1575—1624),德国哲学家。
博尔扎诺(Bernard Bolzano,1781—1848),捷克神学家、数学家和哲学家。
布拉泽(Blasé)
布莱莫尔(Otto Bremer,1862—1936),德国日耳曼语言学家。
布兰德施泰特(Renward Brandstetter,1860—1942),瑞士语言学家。
布龙达尔(Rasmus Viggo Brøndal,1887—1942),丹麦语言哲学家。
布鲁克曼(Karl Friedrich Christian Brugmann,1849—1919),德国语言学家。
布伦斯威克(Egon Brunswik,1903—1955),奥地利心理学家。
布伦塔诺(Franz Clemens Brentano,1838—1917),德国哲学家、心理学家。
布施(Wilhelm Busch,1832—1908),德国诗人、画家。
布施曼(Johann Carl Eduard Buschmann,1805—1880),德国语文学家。

D

达尔文(Charles Robert Darwin,1809—1882),英国生物学家,进化论奠基人。
戴姆珀(H. Dempe)
德尔布吕克(Berthold Gustav Gottlieb Delbrück,1842—1922),德国语言学家。
狄奥夫拉斯特(Theophrast,约前371—前287),希腊语文学家和自然科学家。
狄尔泰(Wilhelm Dilthey,1833—1911),德国哲学家、历史学家、心理学家和社会学家。
迪茨(Diez)
笛卡尔(René Descartes,1596—1650),法国哲学家、物理学家、数学家,西方现代哲学的奠基人。
杜宁-波尔克夫斯基(Dunin-Borkowski,1864—1934),奥地利教育学家、哲学家和斯宾诺莎研究专家。

E

厄尔(Wilhelm Oehl)
恩格尔(Engel)

F

法特(Johann Severin Vater,1771—1826),德国神学家和语言学家。
费尔巴哈(Ludwig Andreas Feuerbach,1804—1872),德国哲学家。
费斯提斯(Festus)
费沃恩(Max Verworn,1863—1921),德国生理学家。
芬克(Franz Nikolaus Finck,1867—1910),德国语言学家。
冯克(Funke)
冯特(Wilhelm Wundt,1832—1920),德国生理学家、心理学家、哲学家,实验心理学之父。
弗莱彻尔(H. Fletcher)
弗赖伊尔(Hans Freyer,1887—969),德国社会学家和哲学家。
弗朗克(Reinhard Frank,1860—1934),德国刑法和国际法学家。
弗雷格(Friedrich Ludwig Gottlob Frege,1848—1925),德国数学家、逻辑学家和哲学家,数理逻辑和分析哲学的奠基人。
弗里施(Karl von Frisch,1886—1982),德国动物学家、动物行为学家、蜜蜂语言专家,诺贝尔生理学或医学奖得主。
弗伦柯尔(Else Frenkel,1908—1958),德国心理学家。
弗洛伊德(Anna Freud,1895—1982),西格蒙德·弗洛伊德的女儿,心理分析学家。
弗洛伊德(Sigmund Freud,1856—1939),奥地利心理学家、精神分析学派创始人。

G

盖格尔(Lazarus Geiger,1829—1870),德国语言学家和哲学家。

甘柏兹(Heinrich Gomperz,1873—1942),奥地利哲学家。

戈德斯坦(Kurt Goldstein,1878—1965),德国神经病学家和精神病学家。

格鲁勒(Hans Walter Gruhle, 1880—1958),德国精神病学家。

格律鲍姆(A. A. Grünbaum)

巩达(J. Gonda)

H

哈曼(Hamann)

海尔姆豪尔茨(Hermann Ludwig Ferdinand von Helmholtz, 1821—1894),德国生理学家和物理学家。

海泽尔(Hildegard Anna Helene Hetzer,1899—1991),奥地利心理学家。

汉卡莫尔(Paul Johannes August Hankamer,1891—1945),德国文学史家、日耳曼学家。

郝夫曼(Johann Baptist Hofmann,1886—1954),德国语文学家和语言学家。

荷马(Homer,约前 9—前 8 世纪),古希腊诗人。

贺拉斯(Horaz,前 65—前 8)古罗马诗人、批评家。

赫尔巴特(Johann Friedrich Herbart,1776—1841),德国哲学家、心理学家,科学教育学的奠基人。

赫尔德(Johann Gottfried Herder,1744—1803),德国哲学家、诗人。

赫尔曼(G. Hermann)

赫林(Karl Ewald Konstantin Hering,1834—1918),德国生理学家和脑科学家。

黑格尔(Georg Wilhelm Friedrich Hegel,1770—1831),德国哲学家。

洪堡特(Wilhelm von Humboldt,1767—1835),德国语言学家、语文学家和政治家。

胡塞尔(Edmund Husserl,1859—1938),德国哲学家,20 世纪现象学创始人。

华生(John Broadus Watson, 1878—1958),美国心理学家,行为主义心理学创始人。

惠威尔(William Whewell,1794—1866),英国哲学家和科学史家。

霍布斯(Thomas Hobbes,1588—1679),英国政治家、哲学家。

霍夫曼(Ernst Hoffmann,1880—1952),德国哲学家。

霍夫曼(J. B. Hoffmann)

J

伽利略(Galileo Galilei,1564—1642)。意大利数学家、物理学家、天文学家。

基斯威(Giesswein)

加德纳(Alan Gardiner,1879—1963),英国埃及学家。

嘉车特(Albert Samuel Gatschet,1832—1907),瑞士人种学家和语言学家。

甲柏连孜(Hans Georg Conon von der Gabelentz,1840—1893),德国语言学家和汉学家,现代共时语言学先驱之一。

K

卡尔多斯(L. Kardos)

卡尔纳普(Rudolf Carnap,1891—1970)德国哲学家。逻辑实证主义主要代表,维也纳学派领袖之一。

卡莱普基(Kalepky)

卡西尔(Ernst Cassirer,1874—1945),德国哲学家。

开普勒(Johannes Kepler,1571—1630),德国天文学家、自然哲学家、数学家。

凯尔森(Hans Kelsen,1881—1973),德国法学家。

凯雅(Eino Kaia)
康达敏(La Condamine,1701—1774),法国物理学家和地理学家。
康德(Immanuel Kant,1724—1804),德国哲学家。
柯内留斯(Cornelius)
科尔蒂(Curti)
科尔庭(Körting)
科勒(Sigismund Wilhelm Koelle,1820—1902),德国传教士和语言学家。
克拉格斯(Ludwig Klages,1872—1956),德国生命哲学家、心理学家和笔相学家。
克朗佛尔(Julius Klanfer)
克雷奇默(Paul Kretschmer,1866—1956),德国语言学家。
克里斯(Johannes Adolf von Kries,1853—1928),德国心理学家和生理学家。
克鲁格(Friedrich Kluge,1856—1926),德国语言学家。
克吕格尔(Felix Krueger,1874 —1948),德国心理学家和哲学家。
库尔(Curr)

L

拉德布鲁赫(Gustav Radbruch,1878—1949),德国法学家和法哲学家。
拉古娜(G. A. de Laguna)
拉斯柯尼科夫(Raskolnikow)
拉扎勒斯(Moritz Lazarus,1824—1903),德国心理学家。
莱布尼茨(Gottfried Wilhelm Leibniz,1646—1716),德国哲学家、数学家。
莱尔施(Philipp Lersch,1898—1972),德国心理学家。
莱维(L. Lewi)
莱西格(Karl Christian Reisig,1792—1829),德国语文学家。
莱辛(Gotthold Ephraim Lessing,1729—1781),德国戏剧家、文艺批评家和美学家。
赖宁格尔(Robert Reininger,1869—1955),奥地利哲学家。
朗格(Rudolf Lange,1850—1933),德国语言学家和日本学家。
劳伯(Jacques Loeb,1859—1924),美国生物学家和心理学家。
雷赫尔(Alois Adolf Riehl,1844—1924),奥地利哲学家。
李彬(R. Ripin)
李凯尔特(Heinrich Rickert,1863—1936),德国哲学家,新康德主义弗赖堡学派的主要代表。
李斯(John Ries)
李希特(Helene Richter,1861—1942),奥地利英国文学评论家。
列维-布留尔(Levy-Bruhl)
林德沃尔斯基(Lindworsky)
卢伯克(Lubbock)
路易克(Luick)
吕德勒尔(Hans Ruederer)
罗素(Bertrand Russell,1872—1970),英国哲学家、数学家、逻辑学家。
洛克(John Locke,1632—1704),英国哲学家。
洛克尔(Locker)
洛泽(Hermann Lotze,1817—1881),德国哲学家。

M

马蒂(Anton Marty,1847—1914),瑞士哲学家。
马蒂纳克(Martinak)
马丁(L. Martin)
马赫(Ernst Waldfried Josef Wenzel Mach,1838—1916),奥地利物理学家、心理学家和哲学家。
迈耶尔-吕贝克(Wilhelm Meyer-Lübke,1861—1936),瑞士语言学家。
麦卡锡(D. McCarthy)

曼斯菲尔德(Friedrich Mansfeld)
梅杰(Major)
梅农(Alexius Meinong,1853—1920),奥地利哲学家和心理学家。
梅耶(Paul Jules Antoine Meillet,1866—1936),法国语言学家。
孟金(Menghin)
米尔斯(Walter Richard Miles,1885—1978),美国实验心理学家。
米克罗希奇(Franz Xaver Ritter von Miklosich,1813—1891),奥地利哲学家、斯拉夫语言学家。
米乔特(Albert Michotte,1881—1965),比利时心理学家。
密尔(John Stuart Mill,1806—1873),英国哲学家、经济学家、逻辑学家。
莫仑布莱谢尔(Berthold Maurenbrecher,1868—1943),德国语文学家。
姆利(Walter Müri,1899—1968),瑞士语文学家。
姆绍尔德(Muschold)
穆勒(Georg Elias Nathanael Müller,1850—1934),德国心理学家。
穆勒(Max Müller)

N

尼采(Friedrich Wilhelm Nietzsche,1844—1900),德国哲学家、诗人。
牛顿(Isaac Newton,1643—1727),英国科学家。

O

欧几里得(Euklid von Alexandria,前330—前275),古希腊数学家。

P

帕杰(R. Paget)
帕西(Paul Édouard Passy,1859—1940),法国语言学家。
皮德里特(Piderit)
皮尔克(Pielker)
皮克(Arnold Pick,1851—1924)奥地利神经病理学家。
皮亚杰(Jean Piaget,1896—1980),瑞士心理学家。
珀策尔(Otto Pötzl,1877—1962),奥地利神经学家和心理学家。
普莱耶尔(Preyer)

Q

屈尔佩(Oswald Külpe,1862—1915),德国哲学家、心理学家。

S

萨利(James Sully,1842—1923),英国心理学家。
萨丕尔(Edward Sapir,1884—1939),美国人类学家和语言学家。
塞尔茨(Otto Selz,1881—1943),德国哲学家和心理学家。
桑代克(Edward Lee Thorndike,1874—1949),美国心理学家。
申克-旦齐格尔(Lotte Schenk-Danzinger,1905—1992),奥地利心理学家。
施拉德-内林(Schrader-Nehring)
施莱伯尔(Thomas Schreiber)
施莱歇尔(August Schleicher,1821—1868),德国语言学家。
施马尔茨(Joseph Hermann Schmalz,1846—1917),德国语言学家。
施密特(J. Schmidt)
施密特(P. W. Schmidt)
施密特(W. Schmidt)
施皮茨(Spitz)
施普朗格尔(Eduard Spranger,1882—1963),德国哲学家、心理学家、教育学家。
施泰恩(Clara Stern,1877—1948),德国发展心理学家。
施泰恩(William Stern,1871—1938),德国

心理学家。
施坦塔尔(Chajim Heymann Steinthal,1823—1899),德国语文学家和心理学家。
施特赖特贝格(Wilhelm August Streitberg,1856 —1925),德国日耳曼语言学家,哥特语专家。
施托尔茨(Friedrich Stolz,1850—1915),奥地利日耳曼语言学家。
史密斯(M. E. Smith)
舒尔策(Wilhelm Schulze,1863—1935),德国语言学家。
斯宾诺莎(Baruch de Spinoza,1632—1677),荷兰哲学家。
斯宾塞(Herbert Spencer,1820—1903),英国哲学家和社会学家。
斯克利普图尔(Scripture)
斯通普夫(Carl Stumpf,1848—1936),德国哲学家、心理学家。
斯维特(Sweet)
苏格拉底(Sokrates,前 469—前 399),古希腊哲学家。
索耐克(Bruno Sonneck)
索绪尔(Ferdinand de Saussure,1857—1913),瑞士语言学家,现代语言学理论的奠基者。

T

图洛特(Charles Thurot,1823—1882),法国语文学家。
塔博莱特(Ernst Tappolet,1870—1939),瑞士语言学家。
塔多斯基(Kazimierz Twardowski,1866—1938),波兰哲学家。
托尔曼(Edward Chace Tolman,1886—1959),美国心理学家。
涂尔干(Émile Türkheim,1858—1917),法国社会学家、人类学家。
涕灵(Thirring)
特劳特曼(Moritz Trautmann,1842—1920),德国语言学家。
特罗贝蒂(Alfredo Trombetti,1866—1929),意大利语言学家。
特鲁别茨柯依(Nikolay Trubetzkoy,1890—1938),俄国语言学家。

W

瓦尔德(Alois Walde,1869—1924),奥地利语言学家。
瓦尔泽尔(Oskar Walzel,1864—1944),奥地利文学家。
瓦格纳(Wilhelm Richard Wagner,1813—1883),德国作曲家。
瓦克纳格尔(Jacob Wackernagel,1853—1938),瑞士语言学家。
瓦罗(Varro)
瓦斯曼(Erich Wasmann,1859—1931),荷兰昆虫学家。
威尔沃尔(Alexander Willwoll)
威克斯库尔(Jakob Johann Baron von Uexküll,1864—1944),俄国生物学家、动物学家和哲学家。
威斯盖博(Leo Weisgerber,1899—1985),德国语言学家。
维尔纳(Heinz Werner,1890—1964),德国心理学家。
维格纳(Wegener)
维拉莫维茨(Wilamowitz)
维塔塞克(Stephan Witasek,1870—1915),奥地利心理学家。
维特尔(Wilhelm Viëtor,1850—1918),德国语言学家。
温科勒(Emil Winkler,1891—1942),奥地利文学家。
文德尔班(Wilhelm Windelband,1848—1915),德国哲学家。
文迪施(von Windisch)
乌西诺(Hermann Carl Usener,1834—1905),德国语文学家和神学家。
唔帕瓦萨(Upavarsha),印度思想家。

伍尔夫(Käthe Wolf),奥地利儿童心理学家。

X

西格尔(J. Segal)
西格瓦尔特(Sigwart)
西克曼(Hickmann)
西摩尔(Georg Simmel,1858—1918),德国哲学家和社会学家。
希尔伯特(David Hilbert,1862—1943),德国数学家。
希佛斯(Eduard Sievers,1850—1932),德国语言学家。
希勒布兰特(Franz Hillebrand,1863—1926),奥地利哲学家和心理学家。
希林(Schilling)
席勒(Johann Christoph Friedrich von Schiller,1759—1805),德国诗人、作家、剧作家。
谢勒尔(Wilhelm Scherer,1841—1886),奥地利语言学家。
休谟(David Hume,1711—1776),英国哲学家。
薛施蔼(Albert Sechehaye,1870—1946),瑞士语言学家,索绪尔的学生,《普通语言学教程》编辑之一。

Y

雅各布森(Jacobson)
雅科夫列夫(N. Jakovlev)
亚里士多德(Aristoteles,前384—前322),古希腊哲学家。
叶斯柏森(Jens Otto Harry Jespersen,1860—1943),丹麦语言学家。
伊贺朗斯基(Ichlonski)
伊瑟琳(Isserlin)
易普森(Gunther Karl Julius Ipsen,1899—1984),奥地利哲学家、社会学家、人口学家。
余伯维克(Friedrich Ueberweg,1826—1871),德国哲学家。

Z

詹宁斯(Jennings)
卓别林(Charlie Chaplin,1889—1977),英国表演大师。

主题索引

A

澳洲语言 Australisch
阿迪吉语 Adygisch
阿尔泰语言 Altaisch
阿拉伯语 Arabisch
埃及学 Ägyptologie
爱斯基摩语言 Eskimosprachen
暗(音)dunkel

B

不变量 Inviante
不定式 Infinitiv,Infinitum
不定式宾格 accusativus cum infinitive
不及物动词 Intransitivum
博阿斯手册 Boas Handbook
宾格 Objektkasus
并列关系 Nebenordnung
并行原理 Parallelenaxiom
病理学 Pathologie
病相学 Pathognomik
比喻 Gleichnis
闭(音)geschlossen
变格 Deklination
变级 Komparation
变量的 variabel
变体 Variante
变位 Konjugation
变音 Umlaut
标记 Indizien,notae
标记证明 Indizienbeweis
表达 Ausdruck
表达活动 Ausdrucksbewegung
表达句 Ausdruckssatz
表达理论 Ausdruckstheorie
表达性表征符号 Ausdruckssymptom
表情 Mimik
表征法 Indizienverfahren
表征符号 Symptome,Anzeichen,Indicium
比色度 Skala
本能行为 Instinkttätigkeit
本体的 ontologisch
本质 φύσει,Qualität
本质特征 wesentliches Merkmal
比较心理学 vergleichende Psychologie
巴布亚方言 Papuadialekt
巴斯克语 Baskisch
柏林格式塔心理学派 Berliner Gestaltpsychologie
班图语言 Bantusprachen
饱和度 Sättigung
饱和度波 Sättigungswelle
保加利亚语 Bulgarisch
爆破音 Explosionslaut

C

产地标记 Creszenz
产品 ergon,Gebilde
产品观 Gebildelehre
产品能力 Werkreife
阐释学 Hermeneutik
常规性的 usuell
常量 Invariant
场景标记 Situationsindizien
场域 Feld
场域符号 Feldzeichen

场域机制 Feldgeräte
场域能力 Feldfähigkeit
场域系统 Feldsystem
场域元素 Feldmoment
场值 Feldwert
超级方位 Superposition
超验的 transzendental
超验逻辑 transzendentale Logik
陈述 Aussage
陈述句 Aussagesatz
称呼 Anruf
称谓 Benennung
称谓词 Nennwort
称谓模仿 Namen-malen
称谓性表达 Nennäuβerung
称谓性呼语 Nennruf
成品分析 Instantanalyse
齿音 Dental
抽象 Abstraktion
抽象相关性原理 das Prinzip der abstraktiven Relevanz
穿越 Versetzung
创造 energeia
纯诗 poésie pure
纯语主义的 puristisch
唇音 Labial
词 Wort
词干 Wortstamm
词根 Wurzel
词汇 Wortschatz
词汇模仿 Wortmalerei
词汇学 Wortlehre, Morphologie
词类 Wortklasse
词序 Wortstellung
词源 Etymon
词源学 Etymologie
词源音乐 Etymonmusik
次级建构 Subkonstruktionen
刺激-反应配列 Reiz-Reaktionskoordination
从句 Nebensatz
存在特性 Seinseigenschaft
错读 Verlesen
错格 Anakoluthe
错写 Verschreiben
错语 Sichversprechen

D

对应符号 Zuordnungszeichen
多词句 Mehrwortsatz
多级系统 Mehrklassensystem
夺格 Ablativ
达尔文主义 Darwinismus
代词 Pronomen
代替 aliquid stat pro aliquot, Vertreten
代指示词 Prodemonstrativa
单词句 Einwortsatz
单级符号机制 einklassiges Zeichengerät
单级系统 Einklassensystem
单子论 Monadologie
导引主线 Leitfaden
倒吸气音 Schnalzlaut
德语 Deutsch
第二格 Genetiv
第三格 Dativ
第四格 Akkusativ
第一格 Nominativ
调节 Regulierung
叠音 Reduplikation
定语 Attribut
动词 Verb, Zeitwort
动物心理学 Tierpsychologie
动物学 Zoologie
动物语义学 Semantik im Tierreich
独立语义 autosemantisch

E

儿童心理学 Kinderpsychologie
二元论 Zweiheitslehre
二元系统 Zweiersystem
二元性 Zweiheit
二元整体性 Zweieinigkeit
二重性 Duplizität
颚音 Guttural

F

符号 Zeichen

符号词汇 Zeichenwort
符号发送者 Zeichengeber
符号功能 Zeichenfunktion
符号交际 Zeichenverkehr
符号接受者 Zeichenempfänger
符号理论 Theorie der Zeichen
符号体 Zeichending
符号性 Zeichennatur
符号学 Sematologie
辅音 Konsonant
附属语义的 synsemantisch
复合词 Kompositum
复合构词 Zusammensetzung
复数 Pluralis
复指 Wiederaufnehmen
副词 Adverb
发声器官 Stimmapparat
法语 Französisch
反命题 Antithese
反身性 Reflexion
反思 Reflexion
反应法 Resonanzverfahren
反映 Abbildung
反照率 Albedowert
犯罪学 Kriminologie
范畴 Kategogie
梵语 Sanskrit
方位格 Lokativ
方位信号 Ortszeichen
方位指示 Lokaldeixis
方位指示词 Positionszeigwort
方向性第四格 Richtungsakkusativ
方言 Dialekt
非本质特征 unwesentliches Merkmal
非现实条件句 irrealer Bedingungssatz
非圆(音)ungerundet
非洲语言 Afrikanisch
分布相互关系 Milieukorrelation
分析 Analysis
凤蝶词汇 Papilio-Wort

G

共变量 Covariante
共同行为 Gemeinschaftsakt
构词 Wortbildung
古代印度日耳曼语言 Urindogermanisch
古高地德语 Althochdeutsch
古印度语 Altindisch
固有音高 Eigentonhöhe
关系词 Beziehungswort, Relativum
关系从句 Relativsatz
关系忠实 Relationstreue
观念性的 ideell, ideal
观念主义 Konzeptualismus
冠词 Artikel
归纳法 Induktion
规约 Konvention
过程链 Verlaufsverkettungen
过去时 Präteritum
过去完成时 Plusquamperfektum
概念 Begriff
概念符号 Begriffszeichen
感官数据 Sinnesdaten
感觉论 Sensualismus
感叹词 Interjektion
感召 Appell
感召词 Appellwort
感召功能 Appellfunktion
感知 Wahrnehmung
感知场 Wahrnehmungsfeld
感知场景 Wahrnehmungssituation
感知理论 Wahrnehmungstheorie
感知数据 Wahrnehmungsdaten
感知影像 Wahrnehmungsbild
高加索语言 Kaukasisch
格 Kasus
格理论 Kususlehre
格式塔品质 Gestaltqualität
格式塔心理学 Gestaltpsychologie
格系统 Kasussystem
个体历史 Individualgeschichte
个体特性 Individualcharakter
个体心理学 Individualpsychologie
个体主义 Individualismus
个性 Persönlichkeit
根音节 Stammsilbe

工具 Organum
工具格 Instrumentalis
功能符号 Wirkzeichen
功能性定义 Zweckdefinition

H

汉语 Chinesisch
霍屯督-布须曼语言 Hottentottisch-Buschmännisch
哈米特语言 Hamitisch
喉头 Larynx
后指 Zurückgreifen
后缀 Suffix
后缀构词 Suffixbildung
呼格 Vokativ
画值 Bildwert
环境 Umfeld
换音 Ablaut
灰度值 Grauwert
徽章 Wappen
徽章符号 Wappenzeichen
徽章学 Heraldik
回指 Anaphora
绘画 Gemälde,Malerei
绘画光学 Gemäldeoptik

J

价值 Wert
价值结构 Wertstruktur
价值相关性 Wertbezogenheit
间歇 Pause
将来时 Futurum
将来完成时 Futurum exactum
交际 Kommunikation
交往 Kontakt
教学语法 Schulgrammatik
接受信号 Rezeptionssignal
节奏 Rhythmus
结巴 Stottern
结构规则 Strukturgesetz
结构效度 Strukturwirksamkeit
结构忠实性 Gestalttreue
结果从句 Finalnebensatz
解剖学 Anatomie
介词 Präposition
介质场 Mittlerfeld
近处格 Adessivus
经验表达 Kundgabe von Erlebnissen
经验科学 Erfahrungswissenschaft
经验主义 Empirismus
经院派 Scholastik
精神病理学 Psychopathologie
精神功能 Geistesfunktion
句法学 Syntax
句子 Satz
句子结构 Satzgefüge
句子语调 Satzmelodie
句子重音 Satzakzent
具体论 Konkretismus
机械联想 Assoziationsmechanik
及物动词 Transitivum
集体精神 Gemeinschaftsseele
集体人格 Gesamtpersönlichkeit
集体意志 Gesamtwille
几何学 Geometrie
记号 Marken,Male
记忆数据 Erinnerungsdaten

K

库伦特 kurrent
卡其-切尔克斯语 Kjachisch-Tscherkessisch
开(音)offen
开合度 Öffnungsgrad
科学理论 Wissenschaftstheorie
客观精神 objektiver Geist
客观稳定性原理 Prinzip der Dingkonstanz
客体 Objekt
客体指称符号 Gegenstandszeichen
空间定位 Raumorientierung
空间来源质量 räumliche Herkunftsqualität
空位 Leerstelle
控制 Steuerung
口吃 Stammeln
口语 Umgangssprache

L

拉丁语 Latein
拉马克主义 Lamarckismus
类比构词 Analogiebildung
类名 Artname
类推法 Analogie
类推原理 Analogieprinzip
类型标记 genera significandi
礼貌人称代词 Höflichkeitspronomina
理性行为 sinnvolles Benehmen
连词 Konjunktion
联想 Assoziation
联想理论 Assoziationstheorie
联想心理学 Assoziationspsychologie
联言判断 Konjunktion
两级系统 zweiklassiges System
亮(音)hell
亮度 Helligkeit
亮度波 Helligkeitswelle
邻对 Nachbar
临时属性 Akzidentien
逻各斯 Logos,λόγος
逻辑学 Logik,Eidologie

M

马来语言 Malaiisch
蚂蚁语言 Ameisensprache
曼德黑人语言 Mande-Negersprachen
盲文 Tastfingersprache
媒介 Mittler,Medium
美洲语言 Amerikanisch
蜜蜂语言 Bienensprache
蜜蜂语义学 Semantik der Bienen
面相学 Physiognomik
描述 Dartstellung
描述场 Darstellungsfeld
描述功能 Darstellungsfunktion
描述机制 Darstellungsgerät
描述价值 Darstellunswert
描述句 Darstellunssatz
描述特征的 ideographisch
民族精神 Volksseele
民族心理学 Völkerpsychologie
名词 Substantiv, Hauptwort, Nennwort, Nomen
命令式 Imperativ,Befehl
模仿场 Malfeld
模式思想 Modellgedanke
目标第三格 Zieldativ
目的相关性 Zweckbezogenheit
目的性产品 Zweckgebilde
目的性行为 Zweckhandlung
目的性主体 Zwecksubjekt
目的整体性 Zweckganzheit

N

"那个"指示 jener-Deixis
"那里"指示 istic-Deixis
"你"指示 Du-Deixis
内场 Infeld
内格 Inessivus
内涵 Konnotation
内心感知 innere Wahrnehmung
内心语言 Sprache des Herzens
内在宾语 das innere Objekt
内在限定 innere Determination
内在语言形式 innere Sprachform
南部斯拉夫语言 Südslawisch
南洋语言 Südseesprachen
喃喃词汇 Lallwort
囔囔 Poltern
能产性 Produktivität
拟人化 Anthropomorphismus
拟人化世界观 anthropomorphistisches Weltbild
拟声 lautmalend
拟声词汇 Schallwort
拟声构词 Onomatopöie
逆序法 proteron hysteron
黏着 agglutinierend
鸟语 Vogelsprache

P

普通关系学 allgemeine Verhältnislehre
排中律 tertium non datur

派生 Ableitung
判断 Urteil
普遍主体论 Subjektsuniversalismus

Q

屈折 Flexion
旗语信号 Flaggensignale
前软腭音 Vorderrelarität
前指 Kataphora, Vorgreifen
前缀构词 Präfixbildung
切尔克斯语 Tscherkessisch
清爆破音 Tenuis
情感世界 Gefühlswelt
区别性特征 Diakritikon

R

人称代词 Pronomen, Personalpronomen
人称冠词 persönlicher Artikel
人格 Persönlichkeit
人工语言 künstliche Sprache
人文科学 Geisteswisschenschaft
认识论 Epistemologismus, Erkenntnistheorie
认识心理学 Entdeckungspsychologie
日耳曼语言 Germanisch
日语 Japanisch
软腭音 Velar

S

塞音 Verschlußlaut
三段论 Syllogismus
三角想象 Dreiecksvorstellung
闪米特-哈米特语言 semitisch-hamitische Sprachen
闪米特语言 Semitisch
上位关系 Überordnung
上下文 Kontext
上下文标记 Kontexthilfen
舌背塞音 dorsaler Verschlusslaut
舌背音 Dorsal
舌尖音 Apikal
舌前音 Koronal
社会格 Sozialis
社会心理学 Spzialpsychologie
社会学 Soziologie
时间从句 Temporalsatz
时态 Tempo
识别符号 Erkennungszeichen
实体 Substanz
身体部位前缀 Körperteilpräfix
身体触觉图像 Körpertastbild
生活心理学 Lebenspsychologie
生理学 Physiologie
生命机制 Geräte des Lebens
生物学 Biologie
声道 Ansatzrohr
声调 Melodie
声调语言 Tonsprache
声门呼气音 Expiration
声门塞音 Kehlverschluss
声息 Flatus vocis
声息唯名论 Flatus-vocis-Nominalismus
声响 Klang
声学的 akustisch
声音饱和度 Schallfüllgrad
声音称谓词 Geräuschnamen
声音交际 lautliche Verständigung
声音模仿 Schallnachahmungen
声音语言 Lautsprache
省略 Ellipse
失读症 Agraphie
失用症 Apraxien
失语症 Aphasie
诗性 Poesis
施动格 casus agens
事件词 Ereigniswort
视角 Aspekt
视觉指示 demonstratio ad oculos
受动格 casus patiens
受体 Adressat
受者第三格 Adressendativ
数学 Mathematik
双场理论 Zweifelderlehre
双词句 Zweiwortsatz
双数 Dual
思维心理学 Denkpsychologie

思想世界 Ideenwelt
斯多葛派 Stoiker
斯拉夫语言 Slawisch
四场理论 Vierfelderschema
俗语 Redensart
速度 Tempo
随机的 occasionell
所属宾语 genitivus objektivus

T

to-指示 to-Deixis
体姿 Gebärde
体验哲学 Erlebnisphilosophie
体验心理学 Erlebnispsychologie
体验观 Erlebnisaspekt
土耳其语言 Turc-Sprachen
塔科马语言 Takelma
拓扑定位 topomnestische Orientierung
拓扑指示 topomnestisches Zeigen
条件从句 Bedingungsnebensatz
条件反射 conditioned reflex
特征 Merkmal,Eigenschaft
特征相互关系 Eigenschaftskorrelation
特征符号 Merkzeichen

W

物理环境 symphysisches Umfeld
物理学 Physik
物理主义 Physikalismus
物质忠实 Materialtreue
物主代词 Possessivpronomen
外部特征 Habitus
外在限定 äußere Determination
唯功能主义 Funktionalismus
唯名论 Nominalismus
维尔茨堡学派 Würzburger Schule
尾舞 Schwänzeltanz
位值 Stellenwert
谓语 Prädikat
问句 Fragesatz
"我"指示 Ich-Deixis
乌拉尔-阿尔泰语言 Ural-altaisch
乌拉尔语言 Uralisch

X

西高加索语族 Westkaukasisch
希伯来语 Hebräisch
希腊语 Griechisch
习语 Idiom
戏剧 Drama
下位关系 Unterordnung
现象 θέσει,Phänomen
现象学 Phänomenologie
现象忠实 Erscheinungstreue
相对性 Relativismus
相关性原理 Relevanzprinzip
想象理论 Vorstellungstheorie
想象世界 Vorstellungswelt
向性理论 Tropismentheorie
象形词汇 Bildwort,Hieroglyphen
象征场 Symbolfeld
象征符号 Symbol
象征概念 Symbolbegriff
象征机制 Symbolgerät
象征价值 Symbolwert
小品词 Partikel
心理分析 Psychoanalyse
心理生理学 Psychophysiologie
心理学 Psychologie
心理主义 Psychologismus
新高地德语 Neuhochdeutsch
信号 Signal
行为 Aktion,Tätigkeit,Handlung
行为场 Aktionsfeld
行为理论 Aktlehre
行为历史 Aktgeschichte
行为主义 Behaviorismus
形容词 Adjektiv,Eigenschaftswort
形式逻辑 Formale Logik
形态学 Morphologie
性格学 Charakterologie
修辞学 Rhetorik
虚拟式 Konjunktiv
虚拟指示 Deixis am Phantasma

Y

意大利语 Italienisch

意识 Bewuβtsein
意图 Intention
意义产品 Sinngebilde
意义概念 Sinnbegriff
意义谱系 Bedeutungsstammbaum
意义体验 Bedeutungserlebnis
意义载体 Sinnending
意指客观性 das Objektive des Meinens
意志因果 Willenskausierung
因果思维 Kausalgedanke
音 Laut
音长 Dauer
音调 Melodie
音高 Stimmhöhe,Tonhöhe
音节 Silbe
音强 Intensität,Stimmstärke
音色 Klangfarbe
音位 Phonem
音位门槛 Phonem-Riegel
音位学 Phonologie
音重 Gewicht
隐喻 Metapher
印第安语言 Indianersprache
印度尼西亚语言 Indonesisch
印度日耳曼语言 Indogermanisch
印度斯坦语 Hindustani
印欧语 Indoeuropäisch
英语 Englisch
硬腭音 Palatal
语法 Grammatik
语法缺失 Agrammatismus
语素学 Morphologie
语素音位 Morphonem
语文 Philologie
语系 Sprachfamilie
语序 Wortstellung
语言 la langue
语言病理学 Sprachpathologie
语言产品 Sprachgebilde
语言的工具模式 Organonmodell der Sprache
语言发展 Sprachentwicklung
语言符号 Sprachzeichen
语言美学 Sprachästhetik
语言萌发 Sprachbeginn
语言模仿 Sprachmalerei
语言目的 Sprachzweck
语言社会学 Sprachsoziologie
语言社团 Sprachgemeinschaft
语言生理学 Sprachphysiologie
语言现象学 Phänomenologie der Sprache
语言相面术 Sprachphysiognomik
语言象征场 Symbolfeld
语言心理学 Sprachpsychologie
语言行为 Sprechakt
语言行为理论 Theorie der Sprechhandlung
语言学 Sprachwissenschaft
语言学语音学 linguistische Phonetik
语言语言学 linguistique de la langue
语言障碍症 Sprachstörung
语言治疗 Sprachheilbehandlung
语言中枢 Sprachzentrum
语义变迁 Bedeutungswandel
语义环境 synsemantisches Umfeld
语义机制 semantische Einrichtung
语义交往 semantischer Kontakt
语义行为 semantische Bewegung
语义学 Semantik,Semasiologie
语音标记 Lautmale
语音理论 Lautlehre
语音模仿 Lautmalerei
语音迁移 Lautverschiebung
语音想象 Lautvorstellung
语音形象 Lautbild
语音学 Phonetik
语音语言 Lautsprache
语用环境 sympraktisches Unfeld
语用性 empraktisch
语支 Sprachzweig
预构 Vorkonstruieren
域 Sphäre
域类组织 Sphärenordnung
元理论 Elementenlehre
元音 Vokal
元音化 Vokalisation

元音三角形 Vokaldreieck
元音声响 Vokalklang
元音系统 Vokalsystem
元音音位 Vokalphonem
原级 Positiv
原因从句 Begründungsnebensatz
原子主义 Atomismus
圆舞 Rundtanz
远宾格 Kasus des entfernten Objekts
雅利安语 Arisch
亚美尼亚语 Armenisch
言语 la parole
言语产品 Sprachwerk
言语感召 Sprechappell
言语交际 Sprechverkehr
言语接触 Sprechkontakt
言语能力 Sprechfähigkeit
言语事件 Sprechereignis
言语体验 Sprecherlebnis
言语行为 Sprechhandlung
言语循环 Kreislauf des Sprechens
言语语言学 linguistique de la parole
谚语 Sprichwort
一物代替一物 aliquid stat pro aliquot
一元论 Einheitslehre, Monismus
一元系统 Einersystem
一致性 Kongruenz
伊壁鸠鲁派 Epikuräer
遗觉的 eidetisch
疑问代词 Fragepronomen

Z

自然主义 Naturalismus
自我中心定位 egozentrische Orientierung
自我中心指示 egozentrisches Zeigen
综合 Synthesis, Synthemata
组合链 Komplexionsverkettung
坐标的三维系统 Dreisystem von Koordinaten
坐标系 Koordinatensystem
"这个"指示 der-Deixis
"这里"指示 hic-Deixis
哲学 Philosophie
整体观 Syndetikon
整体结构性 Ganzheitskonstitution
整体特征 Gesamtgepräge
整体象征 globale Symbolisierung
整体性 Synopsis
整体音强 Gesamtintensität
整体质量 Gestaltqualität
肢体语言 Gebärdensprache
直观影像 Anschauungsbild
植物学 Botanik
指示 Deixis
指示场 Zeigfeld
指示词 Zeigwort
指示代词 Demonstrativa, Demonstrativpronomen
指示方式 Zeigarten, Demonstrationsarten
指示符号 Zeigzeichen
指示功能 Deixisfunktion
指示小品词 Zeigpartikel
质的规定性 ποιότης
秩序符号 Ordnungszeichen
置于括号 einklammern
中国戏剧 das chinesische Theaterspiel
中枢神经系统 Zentralnervensystem
中性科学 neutrale Wissenschaft
重音 Akzent
主格 Subjektkasus
主观性 Subjektivität
主句 Hauptsatz
主体 Subjekt
主体间的 intersubjektiv
主体相关性 Subjektbezogenheit
主体性 Subjektivität
主体主义 Subjektivismus
主语 Subjekt
助动词 Hilfszeitwort
传记学 Biographie
专名 Eigenname

附：

卡尔·比勒著作年表

1. 1907:《思维过程心理学的现状和问题:1. 论思想》(*Tatsachen und Probleme zu einer Psychologie der Denkvorgänge. Über Gedanken*. Archiv für die gesamte Psychologie, 9, S. 297-365)
2. 1907:《对复杂思维过程的分析》(*Eine Analyse komplizierter Denkvorgänge*. In: Bericht über den Ⅱ. Kongreß für experimentelle Psychologie 1906 in Würzburg, S. 263-266)
3. 1908:《思维过程心理学的现状和问题:2. 论思想关联;3. 论思想记忆》(*Tatsachen und Probleme zu einer Psychologie der Denkvorgänge. 2. Über Gedankenzusammenhänge. 3. Über Gedankenerinnerungen*. Archiv für die gesamte Psychologie, 12, S. 1-92)
4. 1908:《针对冯特关于实验体验中自我观察方法之批判的回应》(*Antwort auf die von W. Wundt erhobenen Einwände gegen die Methode der Selbstbeobachtung an experimentell erzeugten Erlebnissen*. Archiv für die gesamte Psychologie, 12, S. 93-123)
5. 1909:《思维实验批判》(*Zur Kritik der Denkexperimente*. Zeitschrift für Psychologie und Physiologie der Sinnesorgane, Ⅰ. Abteilung, 51, S. 108-118)
6. 1909:《论普通心理学视角下的语言理解》(*Über das Sprachverständnis vom Standpunkt der Normalpsychologie*

aus. In:Bericht über den Ⅲ. Kongreβ für experimentelle Psychologie 1908 in Frankfurt am Main,S. 94-130)

7. 1909:《对马蒂普通语法和语言哲学研究的评价》(*Kommentar zu Anton Martys Untersuchungen zur Grundlegung der allgemeinen Grammatik und Sprachphilosophie*. In: Göttingische gelehrte Anzeigen,S. 947-979)

8. 1911:《儿童心理学》(*Kinderpsychologie*. In: Vogt H. , Weygandt W. (Hrsg.) Handbuch der Erforchung und Fürsorge des jugendlichen Schwachsinns unter Berücksichtigung der psychischen Sonderzustände im Jugendalter,S. 120-194)

9. 1912:《论空间构成的比较》(*Über Vergleichung von Raumgestalten*. In: Bericht über den Ⅴ. Kongreβ für experimentelle Psychologie 1912 in Berlin,S. 183-185)

10. 1913:《格式塔感知:对空间和时间直觉之心理学和美学分析的实验研究》(*Die Gestaltwahrnehmungen. Experimentelle Untersuchungen zur psychologischen und ästhetischen Analyse der Raum-und Zeitanschauung*. Stuttgart:Spemann)

11. 1918:《儿童心理发展概论》(*Die geistige Entwicklung des Kindes*. Verlag Gustav Fischer,Jena

12. 1920:《近代句子理论批判》(*Kritische Musterung der neueren Theorien des Satzes*. In:Indogermanisches Jahrbuch, Ⅵ. Jahrgang 1918,S. 1-20)

13. 1922:《论颜色的表现形式》(*Die Erscheinungsweisen der Farben*. Handbuch der Psychologie Teil 1,Heft 1. Jena:G. Fischer)

14. 1922:《论语法的本质》(*Vom Wesen der Syntax*. In: Idealis-

tische Neophilologie, Festschrift für Karl Vossler, S. 54-84. Heidelberg: C. Winter)

15. 1923:《论语言描述的概念》(*Über den Begriff der sprachlichen Darstellung*. In: Festschrift für Johannes von Kries. Psychologische Forschung, 3, S. 282-294)

16. 1926:《论考夫卡的"心理学新论"》(*Die "Neue Psychologie" Koffkas*. Zeitschrift für Psychologie und Physiologie der Sinnesorgane, Ⅰ. Abteilung, 99, S. 145-159)

17. 1926,《论人类的本能》(*Die Instinkte des Menschen*. In: Bericht über den Ⅸ. Kongreβ für experimentelle Psychologie 1925 in München, S. 3-21)

18. 1927:《心理学的危机》(*Die Krise der Psychologie*. Verlag Gustav Fischer)

19. 1928:《语言的象征性》(*Die Symbolik der Sprache*. In: Kant-Studien. 33, S. 405-409)

20. 1931:《语音学与音位学》(*Phonetik und Phonologie*. Travaux du Cercle Linguistique de Prague. , 4, S. 22-53)

21. 1932:《语言理论:结构及其部分》(*Das Ganze der Sprachtheorie, ihr Aufbau und ihre Teile*. In: Bericht über den Ⅻ. Kongreβ der deutschen Gesellschaft für Psychologie 1931 in Hamburg, S. 95-122)

22. 1933:《表达理论》(*Ausdruckstheorie. Das System an der Geschichte aufgezeigt*. Verlag Gustav Fischer, Jena)

23. 1933:《语言学原理》(*Axiomatik der Sprachwissenschaften*. Frankfurt: Klostermann)

24. 1934:《语言理论:语言的描述功能》(*Sprachtheorie. Die Darstellungsfunktion der Sprache*. G. Fischer, Jena)

25. 1936:《语言的结构模式》(*Das Strukturmodell der Sprache*. In: Travaux du Cercle Linguistigue de Prague, 6, S. 3-12)

26. 1936:《心理学的未来与流派》(*Die Zukunft der Psychologie und die Schule*. Schriften des pädagogischen Instituts der Stadt Wien, Deutscher Verlag für Jugend und Volk Gesellschaft M.B.H., Wien-Leipzig)

27. 1960:《人类和动物生活中的格式塔原理》(*Das Gestaltprinzip im Leben des Menschen und der Tiere*. Enzyklopädie der Psychologie in Einzeldarstellungen, Band 5. Bern Stuttgart: Huber)

28. 1969:《生命之钟与残编续补》(*Die Uhren der Lebewesen und Fragmente aus dem Nachlass*. Verlag Böhlau, Wien, Köln, Graz)

29. 1969:《论心理学的模式思维》(*Der Modellgedanke der Psychologie*. In: Sitzungsberichte der Österreichischen Akademie der Wissenschaften, phil.-historische Klasse, 265. Band, S. 169-220)